I0815004

TITE-LIVE

HISTOIRE ROMAINE

LIVRES XLI et XLII

COLLECTION DES UNIVERSITÉS DE FRANCE
publiée sous le patronage de l'ASSOCIATION GUILLAUME BUDÉ

TITE-LIVE

HISTOIRE ROMAINE

TOME XXXI

LIVRES XLI et XLII

TEXTE ÉTABLI ET TRADUIT
PAR
PAUL JAL
Professeur à l'Université de Paris X

Deuxième tirage

PARIS
LES BELLES LETTRES
2003

Conformément aux statuts de l'Association Guillaume Budé, ce volume a été soumis à l'approbation de la commission technique, qui a chargé M. Jacques Perret d'en faire la révision et d'en surveiller la correction en collaboration avec M. Paul Jal.

95 boulevard Raspail, 75006 Paris
www.lesbelleslettres.com

Première édition 1971

ISBN : 2-251-01292-3
ISSN : 0184-7155

INTRODUCTION
AUX LIVRES 41-42

La « Ve Décade ». Les livres 41-50 de Tite-Live sont consacrés au récit des activités de Rome dans le bassin méditerranéen pendant les trente années 178-148 avant J.-C. De ces dix livres, nous ne possédons plus que les cinq premiers, et encore de façon incomplète : il nous manque ce qui constituait sans doute la majeure partie (dont le début) du livre 41 et la fin du livre 45, sans parler de nombreuses et importantes lacunes dans deux des trois autres livres, surtout 43. Cette « décade » couvre un espace de temps légèrement supérieur à la IVe (201-179 : 22 ans) et, davantage encore, à la IIIe (221-201 : 20 ans).

Les deux dates-limites de la Ve Décade correspondent, d'une part, à l'apparition, sous le règne de Persée, de signes présageant le conflit qui devait conduire, sept ans plus tard, à la troisième guerre de Macédoine (cf. la *Periocha* du livre 41 : *Initia belli Macedonici* (*hic liber*) *continet*), d'autre part, à l'écrasement du « Pseudo-Philippe » Andriscos, sous les coups du préteur Caecilius Metellus (c'est sur le rappel de ces faits que se termine la *Periocha* 50). Cette identité dans les sujets traités aux deux extrémités de la « Ve Décade » doit-elle conduire à considérer celle-ci comme un tout, embrassant une période bien définie chronologiquement et une matière une — ou du moins dominante — dans son ensemble : la fin de la Macédoine indépendante? C'est l'impression qui ressort des dates et des faits cités précédemment, celle aussi que donne la lecture des *Periochae*, où les livres 41-50 apparaissent comme encadrés par des allusions précises à la Macédoine : en particulier, les mots *recepta Macedonia* sur lesquels s'achève la *Periocha* 50 se réfèrent à l'entrée définitive de la Macédoine dans l'Empire romain, en l'automne 148[1].

Ces raisons sont-elles suffisantes pour admettre l'existence d'une « Ve Décade », surtout si l'on entend par là un groupe de livres aussi unis par la matière traitée que le sont, par exemple, les livres 21-30? Il n'est pas besoin de rappeler à cet égard le scepticisme des modernes : depuis Pétrarque[2] et surtout, au siècle dernier, W. Weissenborn, dont les arguments, exposés dans la très riche *Introduction* de son édition[3], sont inlassablement repris par de nombreux latinistes depuis un siècle, la majorité des savants se refuse à penser que la division de son œuvre en décades puisse remonter à Tite-Live (l'on sait que le mot « décade » apparaît pour la première fois dans une lettre du pape Gélase, en 496). L'historien ne devait, ajoute-t-on, éditer ses livres qu'un par un; en outre[4], au fur et à mesure qu'il se rapprochait de son époque et que la matière devenait à la fois plus riche et plus complexe, toute organisation rigide de l'œuvre avait dû se révéler irréalisable et tout groupement régulier des livres, arbitraire. — Beaucoup moins absolu, le savant éditeur des premiers tomes de Tite-Live dans cette collection, J. Bayet, tout en notant à son tour dans son *Introduction* « le caractère artificiel de la division en Décades »[5], admet théoriquement l'existence de trois

1. C'est par erreur en effet que l'auteur des *Periochae* (*Per.* 45) fixe après Pydna la réduction de la Macédoine en province romaine (*Macedonia in prouinciae formam redacta*).

2. Pétrarque, *Epist. uariae*, 22 (cité par W. Soltau, *Livius' Geschichtswerk. Seine Komposition und seine Quellen*, Leipzig, 1897, p. 17, n. 2).

3. Nous citerons désormais cette *Introduction* (*Intr.*) d'après le texte de la 6e édition (Berlin, Weidmann, 1875).

4. C'est là la thèse de H. Nissen, thèse généralement adoptée aujourd'hui.

5. J. Bayet, *Édition du Livre I* de Tite-Live, Paris, Les Belles Lettres, 1940, p. xv.

d'entre elles (VI-XV, XXI-XXX et XXXI-XL)[1]. Quant aux livres 41-50, il les répartit en deux groupes (qui débordent, eux, du cadre d'une « Ve Décade ») ainsi définis[2] : « L. XLI (préambule)-XLVII : Jusqu'au triomphe sur Persée (l. XLV) et au règlement des affaires d'Orient ; L. XLVIII (préambule)-LII : Troisième guerre punique et guerre d'Achaïe (jusqu'en 146 avant J.-C.). »

Le même éditeur note en effet que le texte des *Per.* 48 et 49 laisse supposer l'existence, dans les deux livres en question, de préambules importants (le « préambule » ou la « préface » constitue, à juste titre, pour J. Bayet, l'indice « à peu près sûr » du début d'un groupe de livres)[3] concernant la troisième guerre punique. — Plus récemment, M. R. Syme reprenait les arguments traditionnellement avancés contre l'existence, non plus seulement d'une Ve, mais même d'une IVe Décade : « From the end of the Second Punic War », écrit-il, « to the tribunate of Livius Drusus, in 91 B. C., decades appear undiscoverable »[4]. Le même auteur, examinant la répartition des livres 41-52 proposée par J. Bayet, préférerait voir un « nouveau commencement[5] » au livre 49 plutôt que 48, la *Per.* 49 s'ouvrant sur les mots *Tertii Punici belli initium*[6].

La Ve Décade se réduirait donc, si l'on s'en tient au principe de l'homogénéité de la matière traitée, à une « pentade » 41-45... De ce type de division, le principe était déjà admis par W. Soltau[7], dans son hypothèse d'une publication partielle et progressive de l'ouvrage

1. J. Bayet, *Édition du Livre I* de Tite-Live, Paris, Les Belles Lettres, 1940, p. XII-XIII.
2. *Ibid.*, p. XIII.
3. *Ibid.*, p. XII, n. 3.
4. R. Syme, *Livy and Augustus*, in *Harvard Studies in Classical Philology*, 64, 1959, p. 30. L'auteur n'exclut pas totalement cependant l'existence d'une « IVe Décade » (*Ibid.*)
5. *Ibid.* et note 12.
6. En fait, J. Bayet avait déjà envisagé cette hypothèse, cf. *loc. cit.*, p. XIII, n. 5, et surtout p. LXVI.
7. W. Soltau, *op. cit.*, p. 18.

de Tite-Live. E. Wölfflin[1] voulait en trouver des exemples dans d'autres décades, et P. G. Walsh[2] croit, d'ailleurs après beaucoup d'autres, reconnaître l'application de ce principe dans la IIIe Décade elle-même. De cette pentade 41-45 l'unité paraît, en tout cas, peu discutable, non seulement du fait du sujet qui occupe Tite-Live, mais aussi parce que la figure de Persée y est partout prédominante.

Certains historiens[3], reliant notre pentade à la décade précédente, ont songé, au contraire, à un ensemble de quinze livres 31-45 (ou 46) consacrés aux « Guerres de Macédoine », ensemble doté d'une « préface » propre, au livre 31. Que, de fait, la IVe Décade ne soit pas sans lien avec la pentade suivante, c'est ce que semblent prouver les nombreux passages des livres 39 et 40[4] où Tite-Live, reprenant la thèse fameuse de Polybe[5], considère Philippe comme le véritable responsable de la troisième guerre de Macédoine, Persée n'étant que l'héritier de ses desseins et, partant, un simple exécutant. Cette « pentekaidekade[6] », analogue à celle que l'on a parfois voulu découvrir dans les livres I-XV (Rome avant les guerres puniques) ou XVI à XXX (les deux premières guerres puniques)[7], constituerait ce que

1. E. Wölfflin, *Die Dekaden des Livius*, in *Philologus*, 33, 1874, p. 140.

2. P. G. Walsh, *Livy, his historical aims and methods*, Cambridge, 1961, p. 173.

3. Nissen, Wölfflin et, plus récemment, H. Bornecque, *Tite-Live*, Paris, Boivin, 1933, p. 14, et P. Zancan, *Tito Livio*, Milan, 1940, p. 17.

4. Cf. notamment Tite-Live, 39, 23, 5 ; 26, 9 ; 35, 1 ; 46, 7 ; 53 ; 40, 5, 5 ; 40, 16, 3, surtout : *haec uiuo Philippo uelut semina iacta sunt Macedonici belli, quod maximum cum Perseo gerendum erat* ; cf. aussi 40, 21-22 (récit de l'ascension du mont Hémus) et 40, 57, 2, où Tite-Live considère la mort de Philippe V comme une *dilatio belli* (cf. 42, 52, 3).

5. Polybe, 22, 18. L'historien grec interrompt son récit des événements des années 185-184 pour soutenir — avec véhémence — cette thèse. Tite-Live, imitant étroitement en l'occurrence son modèle grec, n'hésite pas à briser lui aussi le fil de son récit pour faire la même déclaration (cf. *infra*, p. LI, n. 2).

6. E. Wölfflin, *op. cit.*, p. 141.

7. W. Weissenborn, *Intr.*, p. 53, note que Tite-Live semble se réfé-

P. Zancan[1] considère, non sans quelque raison, comme l'équivalent d'une « monographie » sur les Guerres de Macédoine.

Quelque divergentes qu'elles soient, ces opinions montrent clairement que la division en décades ne s'impose guère pour la majeure partie des cinquante premiers livres de Tite-Live, et notamment pour les dix derniers d'entre eux. On est même en droit de se demander si ce ne sont pas plutôt les copistes qui, comme l'écrit J. Bayet, reprenant là une hypothèse déjà ancienne, auraient commencé, « dès que le *codex* se substitua aux *uolumina*, à grouper les livres cinq par cinq, ou dix par dix[2] ». Quoi qu'il en soit, Tite-Live devait rapidement, semble-t-il (depuis Nissen, l'accord se fait aujourd'hui sur ce point), abandonner une telle répartition, afin de ne pas donner au lecteur l'impression de procéder arbitrairement à des découpages artificiels : d'où une tendance incontestable chez lui, dès la IVe Décade, et surtout, si l'on en juge d'après les *Periochae*, à partir des livres 53 sq., à faire assez souvent empiéter le récit des événements d'une année sur le livre suivant[3], comme pour souligner l'unité de l'œuvre[4]. Tous les commentateurs ont noté, à la suite

rer, dans sa « Préface » du livre 31, à un groupe de quinze livres (16-30) concernant les deux premières guerres puniques.

1. P. Zancan, *op. cit.*, p. 17.

2. J. Bayet, *op. cit.*, p. xv. — W. Weissenborn (*op. cit.*, p. 53) voit au contraire dans cette hypothèse un argument contre la division en décades : éditer celles-ci séparément, alors que la plupart du temps (c'est le cas, à ses yeux, pour le passage de la IVe à la Ve Décade) l'auteur s'efforce d'établir une continuité dans son récit, aurait brisé l'unité de celui-ci.

3. Cf. aussi J. Bayet, *op. cit.*, p. XIII, n. 7, et p. LXVI. Il semble, autant qu'on puisse en juger par ce qui nous est parvenu de son œuvre, que Polybe faisait au contraire coïncider la plupart du temps le début d'un livre avec celui d'une olympiade (cf. P. Pédech, *La méthode historique de Polybe*, Paris, Les Belles Lettres, 1964, p. 451). — Ce dernier ouvrage, d'une extrême richesse, est, avec celui de P. Meloni cité plus loin (p. XXVIII, n. 1, *Perseo...*), l'instrument de travail indispensable pour toute recherche sur la Ve Décade de Tite-Live.

4. H. Nissen, *Das Geschichtswerk des Titus Livius*, in *Rh. M.*, 27, 1872, p. 541-542, relève de même de nombreux cas où le passage d'une

de W. Weissenborn, l'étonnement qui saisissait Tite-Live lui-même lorsque, au début du livre 31, il s'aperçoit que « 63 ans de cette histoire (lui) ont pris autant de volumes que les 488 années s'étendant de la fondation de Rome au consulat d'Appius Claudius, qui fit le premier la guerre aux Carthaginois ». Cet étonnement prouve que, tout préoccupé qu'il soit par le désir d'aller vite, l'auteur, loin de se conformer à un plan conçu *a priori*, comme le croyait H. Nissen à l'origine, se laissait guider d'abord, pour la répartition de ses livres, par la richesse et l'intérêt des faits : de ces deux seules conditions dépendent donc, en dernière analyse, la longueur et la structure du récit.

Dans la mesure où Tite-Live évite apparemment un regroupement par matières dans la rédaction de son ouvrage, mais se laisse toujours déterminer, pour l'ordonnance de celui-ci, par le déroulement chronologique, voire par la simultanéité des faits (sur ce point, il demeure fidèle à la conception annalistique), on peut même se demander, *à la limite*, si, pour ce qui nous est parvenu de la Ve Décade, l'historien a vraiment conçu d'avance comme un tout ce groupe de livres, dont l'unité paraît pourtant s'imposer au lecteur. — D'une part, en effet, certains modernes jugent opportun d'adjoindre à cette « pentade », soit, comme Nissen[1], le livre 46, soit, comme J. Bayet, les livres 46 et 47[2], soit même, comme R. Syme[3], les livres 46 à 48. D'autre part, il semble ressortir de la place occupée par le « préambule » du livre 41 (et cela, non seulement dans la *Periocha* correspondante, où les mots *Et initia belli Macedonici (hic liber) continet* n'apparaissent qu'à la ligne 15 — sur 17 — de l'édition Weissen-

Décade à une autre paraît purement arbitraire : ainsi, pour les livres X, L, LX, LXXX, etc...

1. H. Nissen, *op. cit.*, p. 556.

2. J. Bayet, *loc. cit.* — A noter cependant que la *Per.* 47 ne semble faire aucune allusion à ce qui pourrait passer pour un « règlement des affaires d'Orient ».

3. R. Syme, *op. cit.*, p. 30.

born-Müller, mais dans ce qui nous est parvenu de ce livre) que celui-ci ne traitait pas de la Macédoine avant son dernier quart : de fait, aucune allusion à ce pays n'apparaît avant le chapitre 19 (§ 4), soit huit chapitres avant la fin du livre. Est-on fondé dès lors à parler de « préambule », au sens propre du mot, et à faire du livre 41 le premier qui soit consacré au récit des affaires et de la guerre de Macédoine?

Cette leçon de relativisme nous semble devoir être aussi une leçon de prudence et nous inviter à nous tenir à l'écart de tout dogmatisme, aussi bien dans la négation et le scepticisme systématiques que dans l'adhésion passive — et commode — à la théorie traditionnelle concernant la division en décades. Il est entendu qu'à partir du moment où Rome intervient militairement, en une période donnée, sur plusieurs théâtres d'opérations à la fois — l'un d'entre eux étant primordial, au moins pendant quelque temps — l'historien de cette période peut fort bien faire coïncider, en certains cas, la distribution par matières et les divisions chronologiques de base : en l'occurrence, le livre 41 et le début d'une « décade » consacrée à la fin de l'indépendance macédonienne et à la transformation de ce pays en province romaine. Cela, compte tenu des exigences ou des modes (comme on voudra) traditionnelles de l'historiographie antique[1] ; compte tenu aussi — on l'oublie trop, sur ce point — des habitudes de Polybe (le principal modèle de Tite-Live dans la Ve Décade) qui, écrit P. Pédech, « faisait précéder l'histoire de chaque olympiade d'un prologue où il présentait le tableau des événements qu'il allait raconter[2] ».

C'est pourquoi, si artificiel que soit le groupement en décades et tout en reconnaissant qu'à partir des livres 51 et suivants, du moins à en juger par le contenu des *Perio-*

1. Cf. E. Wölfflin, *op. cit.*

2. P. Pédech, *op. cit.*, p. 454. Sur la προέκθεσις et la προγραφή, cf. *ibid.*, p. 509, n. 78.

chae, ce groupement est sans doute abandonné par l'auteur, nous nous demandons si l'on ne peut pas le maintenir malgré tout pour les livres 41-50. Qu'il y ait d'abord une coupure importante après le livre 40, c'est ce qui nous paraît sûr, moins du fait de la présence d'un « préambule » dans le livre 41, que parce que ce livre marque le début effectif du règne de Persée [1], désormais reconnu par Rome roi de Macédoine [2] et figure principale de la guerre. Celle-ci marque précisément aux yeux de Salluste [3] une coupure importante dans l'histoire de Rome ; aux yeux de Tite-Live, elle est, nous le verrons [4], le signe de la « revanche » définitive de son pays sur la Macédoine, revanche qui obsède notre historien depuis le fameux parallèle de Rome et d'Alexandre, au livre IX.

D'autre part, en admettant qu'on joigne à la pentade (purement macédonienne) 41-45 les livres 46-47 consacrés au « règlement des affaires d'Orient [5] », les livres 48, 49 et

1. Si celui-ci monte sur le trône à la fin de l'année 179, c'est seulement quatre chapitres avant la fin du livre 40 que Tite-Live raconte la mort de Philippe.

2. Comme le note Tite-Live lui-même avec retard en 45, 9, 3.

3. Salluste, *Hist.*, I, 8 M. : *Nam a principio Vrbis ad bellum Persi Macedonicum* (déjà noté par E. Wölfflin, *op. cit.*, p. 141). C'est pourquoi nous ne comprenons pas le jugement de W. Soltau (*op. cit.*, p. 17, n. 3) : « Das 41. Buch erzählt die Ereignisse von 178 v. Chr., ohne das 179 v. Chr. einen erkennbaren Abschnitt gemacht hätte. » Les arguments de W. Weissenborn (*Intr.*, p. 53), qui prend au pied de la lettre la thèse polybienne sur la continuité de la guerre déjà préparée par Philippe, ceux de R. Syme (*loc. cit.* : « The death of a foreign king, Philip V of Macedon, and the accession of Perseus, recounted at the end of Book XL, is not necessarily a significant date for the writer of Roman annals ») sont plus intéressants que convaincants. C'est avec Persée et non avec Philippe que recommence la guerre avec Rome ; c'est Persée et non Philippe qui demeurera, aux yeux des Romains, le symbole de la défaite définitive de la Macédoine ; enfin l'on ne peut guère dire que l'avènement de Persée soit « raconté » dans les deux derniers chapitres du livre 40 : quelques lignes à la fin de l'avant-dernier chapitre (58) mentionnent simplement l'envoi par lui d'une ambassade à Rome, aux fins de se faire confirmer par le sénat son titre de roi.

4. *Infra*, p. LII.

5. Cf. J. Bayet, *op. cit.*, p. XIII. (De fait, Velleius Paterculus unit étroitement en I, 11, 1 les *deux* victoires de Metellus Macedonicus

50 sont loin, pour leur part, de faire sur la Macédoine le silence que laissent supposer les répartitions de livres entreprises par certains latinistes depuis un siècle et, en particulier, l'attribution de ces trois livres à un autre groupe que les précédents. Si la *Per.* 48 ne mentionne qu'en deux lignes[1] les activités du « Pseudo-Philippe » Andriscos, c'est à ce personnage que, d'après la *Periocha* suivante, paraît être entièrement consacrée la fin du livre 49[2]. Quant au dernier livre de la décade, il semble, comme celle-ci, on l'a vu, « encadré » par des indications concernant la Macédoine, en l'occurrence les faits et gestes du même Andriscos. La *Periocha* 50 commence en effet par la mention des mesures prises par Rome pour défendre contre lui la Thessalie[3] ; elle se termine par trois lignes signalant que c'est avec la défaite du « Pseudo-Philippe », sous les coups du préteur Q. Caecilius Metellus, que la Macédoine a été (en 148) « reprise » par Rome[4]. ... 178-148 : ces deux dates qui ouvrent et ferment la décade, en même temps qu'elles voient se lever et s'éteindre à jamais les derniers espoirs de l'indépendance macédonienne, nous paraissent constituer les deux limites symboliques d'un « groupe de dix livres » qui, en dépit de l'hétérogénéité inévitable, surtout vers la fin, de la ma-

sur Andriscos et sur les Achéens.) Le livre 46 où étaient (cf. la *Periocha*) racontées la mort de Paul-Émile (et certainement aussi celle de Persée) devait contenir un certain nombre de pages consacrées à la Macédoine. Peut-être était-ce aussi le cas au livre 47 : c'est en 158, d'après la *Chronique* de Cassiodore, donc dans la période couverte par ce livre, que furent rouvertes les mines de Macédoine.

1. Sur 64, dans l'édition Weissenborn-Müller.

2. Cela, même si l'on ne tient pas compte des quinze dernières lignes consacrées au seul Andriscos (à partir de *fabulam autem finxerat*) et qui sont considérées comme interpolées par certains éditeurs des *Periochae*.

3. *Per.* 50 : *Thessalia, cum et illam inuadere armis atque occupare Pseudophilippus uellet, per legatos Romanorum auxiliis Achaeorum defensa est.*

4. *Ibid., Pseudophilippus in Macedonia, caeso cum exercitu P. Iuuentio praetore, ab Q. Caecilio uictus captusque est et recepta Macedonia.*

tière, n'en traitent pas moins, pour l'essentiel, de la Macédoine et aussi d'événements correspondant à une étape bien définie de l'histoire et de l'extension de Rome.

Sans doute l'argument le plus courant sous la plume de ceux qui nient l'existence d'une Ve Décade (en limitant par exemple cet ensemble de livres au groupe 41-47) consiste-t-il à invoquer la présence, au début des *Periochae* 48 et 49, d'indications très nettes[1] prouvant que c'est au livre 48 ou, au plus tard, 49[2], que commençait chez Tite-Live le récit de la troisième guerre punique. En fait, le parallélisme que l'on ne peut pas, croyons-nous, ne pas établir entre les expressions des *Per.* 48 et 49, d'une part, celles de la *Per.* 39, de l'autre, semble devoir nous inciter, là encore, à la prudence : l'épitomateur écrit en effet, dans cette dernière : *Initia causasque belli Macedonici (hic liber) continet.* Quelle que soit, on l'a vu, la part de vérité de cette affirmation, on saurait difficilement en conclure — et pour cause — que Tite-Live commence au livre 39 le récit de la troisième guerre de Macédoine.

Mais il y a plus. Que notre historien ait placé au livre 51 — et non 50 — le récit des deux dernières années de la troisième guerre punique ne nous paraît nullement prouver, comme le pensent de nombreux commentateurs, que Tite-Live veuille, en faisant enjamber ainsi le livre 50 sur 51, briser de façon ostentatoire le cadre « artificiel » de la décade. Bien au contraire. D'une part, le lien qui unit les livres 50 et 51 nous semble assez lâche : la *Per.* 50 ne consacre que 8 lignes (sur 22) à la guerre punique (et, de fait, les activités militaires en Afrique sont fort limitées, au cours des deux années 149-148 auxquelles correspond

1. Cf. *Per.* 48 (immédiatement après la mention d'un recensement) : *Semina tertii belli Punici referuntur* ; *Per* 49 : *Tertii Punici belli initium altero et sescentesimo ab urbe condita anno intra quintum annum, quam erat coeptum, consummati.*

2. C'est à la suite d'une coquille que l'ouvrage cité de H. Bornecque (p. 14) fait commencer cette troisième guerre punique au livre XLIV. Il faut lire évidemment XLIX (cf. du reste W. Weissenborn, *Intr.*, p. 53, que H. Bornecque traduit littéralement).

le livre en question)[1]. C'est au livre 51 que figure l'essentiel du récit de la guerre : c'est en effet à partir de l'année 147 que celle-ci commence vraiment, aux yeux de Tite-Live, avec l'arrivée au commandement suprême de son héros, Scipion Émilien[2]. D'autre part, n'est-ce pas parce qu'il a fixé la fin de la Ve Décade à la date de 148 et qu'il traite ainsi, pour la dernière fois, au livre 50, des affaires de Macédoine que, « débarrassé » de tout autre sujet, Tite-Live peut consacrer presque entièrement le livre 51 à la troisième guerre punique[3]?

Loin de provoquer dans l'exposé des événements aboutissant à la chute de Carthage cette coupure artificielle que dénonçait, il y a plus d'un siècle, W. Weissenborn, la séparation en deux décades distinctes des livres 50 et 51 nous paraît mettre en vedette, au début d'un nouveau livre et peut-être d'une nouvelle « décade », un événement aussi important que la chute de Carthage (puis, au livre 52, celle de Corinthe). A cet égard (on sait que, dans le premier événement, Velleius Paterculus voyait, après Salluste, le début d'une nouvelle ère pour Rome)[4], les défaites de la Grèce et de Carthage marquent non une fin, mais un commencement.

Il n'est pas jusqu'à la traditionnelle objection, d'ordre à la fois matériel et littéraire, suivant laquelle Tite-Live n'aurait pu accepter de voir interrompre, par une édition en deux décades séparées, un récit déjà commencé — ou

1. Telle est bien d'ailleurs l'impression donnée par le texte de Florus (qui s'inspire sans doute ici de Tite-Live dans une certaine mesure) : des trois « moments » que Florus distingue dans la guerre (I, 31, 2 : *trium temporum momenta*), le premier, dit-il, n'est consacré qu'à « engager la guerre » (*Ibid.*) *primo commissum est bellum.*

2. C'est aussi, apparemment, le sentiment de Velleius Paterculus, I, 12.

3. A noter, à ce propos, la façon dont Florus (*Ibid.* 30, 1), tout en soulignant la simultanéité avec laquelle ont commencé les « troisièmes guerres » de Macédoine et de Carthage, remarque que « le Macédonien fut le premier (*prior*, *Ibid.* 2) à secouer le joug ».

4. Velleius Paterculus, II, 1, 1 ; cf. Salluste, *Iug.* 41, 2 ; Florus, I, 31, 5 ; 47, 2.

annoncé — qui ne semble discutable. Outre que les *initia* ou *semina* mentionnés en 39-40, comme en 49-50, ne relatent en fait que les signes annonciateurs ou les débuts — peu importants — des guerres alors projetées ou engagées, il n'est pas sûr qu'auteur et, moins encore, éditeur aient vu tant d'inconvénients à ce qu'à la fin des deux décades le lecteur soit ainsi appâté par les débuts d'un récit dont il attend impatiemment la suite... et l'essentiel.

Il nous semble donc, en conclusion, qu'aucun argument décisif ne s'oppose à ce que l'on admette l'existence d'une « Ve Décade », étant entendu que le mot, comme le contenu, doit être compris dans un sens large et que c'est peut-être la dernière fois, dans l'ensemble de son ouvrage, que Tite-Live procède à une telle division. Compte tenu de ces réserves, compte tenu aussi de l'ancienneté[1] et aussi de la commodité[2] d'une tradition avec laquelle nous ne voyons pas de raison déterminante de rompre, compte tenu enfin du désaccord qui règne parmi les historiens qui tentent d'autres répartitions entre les cinquante premiers livres[3], nous continuerons à utiliser l'expression « Ve Décade » et à croire qu'elle correspond à une réalité[4].

1. Qu'avant le pape Gélase, les références, du reste fort peu nombreuses, faites par les grammairiens à Tite-Live ne désignent que les livres, jamais les décades, ne prouve rien : on ne cite pas un mot ou une phrase d'après une décade.

2. C'est sans doute pour cette raison que la plupart de ceux-là mêmes qui nient l'existence d'une Ve Décade emploient constamment ce terme... Cf. Weissenborn, *op. cit.*, p. 9 ; 37 ; 40 ; W. Soltau, *op. cit.*, p. 19 et surtout 27-46 ; J. Bayet, *op. cit.*, p. XXIX ; LI ; LXXVII et n. 2 ; CXII, n. 1 ; etc...

3. En particulier, la pulvérisation de l'œuvre à laquelle aboutit W. Weissenborn (*Intr.*, p. 56-57), dans sa tentative de distribution des livres liviens, d'après l'objet de chacune des guerres conduites par Rome, nous paraît avoir bien peu de chances de correspondre au « plan » de Tite-Live.

4. L'unique manuscrit que nous possédions des livres 41-45 semble bien (cf. *infra*, p. LXXXVI et n. 1) avoir contenu la Ve Décade en entier.

Le livre 41. Comme cela se produit souvent au début des *codices*, le livre 41, par lequel commençait l'unique manuscrit que nous possédions de la Ve Décade, a été amputé au cours des âges d'un certain nombre de ses premiers feuillets. Il est aujourd'hui, avec les livres 43 et 44 (si l'on exclut la perte de quelques lignes[1] à la fin de 45), un des trois livres de Tite-Live à nous être parvenu aussi incomplet[2]. Les pertes subies ici semblent, à en juger d'après la *Periocha*, très importantes, puisque la mention des événements survenus en Ligurie, en Histrie et en Sardaigne (c'est par la guerre d'Histrie que commence — ou plutôt que commençait[3] — notre codex) n'apparaît qu'au dernier quart du texte de la *Periocha*. Aussi relative et aléatoire que soit la proportion que l'on peut établir entre la longueur du texte d'une *Periocha* et celle du livre correspondant, on peut raisonnablement penser, avec A. Klotz[4], que (compte tenu également des autres pertes de feuillets subies par le manuscrit dans le courant du livre 41)[5] celui-ci nous est parvenu amputé d'au moins la moitié de son contenu. Il comprend soixante et une pages dans l'édition Weissenborn-Müller, soit la moitié du livre 42.

On peut, en combinant les maigres renseignements fournis, d'une part, par la *Periocha*[6] et l'ouvrage de J. Obsequens, de l'autre, par les allusions éparses chez

1. Quelques lignes (illisibles) seulement, puisque, après un espace blanc, on lit la suscription *Titi liui ab urbe condita lib. XLV. exp. inc. lib. XLVI. feliciter.*

2. Cf. *infra*, p. XXII.

3. Les feuillets contenant les chapitres 1 à 9, 11, chapitres que lisait encore Simon Grynaeus en 1527, ont eux-mêmes disparu depuis l'*editio princeps*.

4. A. Klotz, *Livius und seine Vorgänger*, Amsterdam, 1964, p. 61.

5. Ces lacunes vont de quelques mots (41, 8, 10 ; 9, 12 ; 17, 6 ; 23, 3) à près d'un quaternion (41, 18, 15 ; 19, 11 ; 20, 13).

6. Sur l'allusion inattendue de la *Periocha* 41 à la *lex Voconia*, qui date de 169 et devrait à ce titre être mentionnée aux livres 43 ou 44, cf. les justes remarques de Weissenborn-Müller dans leur édition (p. 61).

Florus et Orose notamment, conjecturer que le début du livre traitait de la répartition, entre les consuls et les préteurs, des provinces et des armées pour l'année 178 ; c'est avec cette année en effet que s'ouvre ce qui nous est parvenu du livre 41 (et que s'ouvrait d'ailleurs le livre lui-même)[1]. Peut-être y était-il aussi question de la reconnaissance par Rome du roi Persée, monté depuis peu sur le trône. Après quoi il était fait mention de l'incendie à Rome du temple de Vénus, de l'extinction du feu sacré dans celui de Vesta et du châtiment de la prêtresse coupable, ainsi que des exploits accomplis en Espagne par Ti. Sempronius Gracchus et L. Postumius Albinus. La première page du codex découvert par Simon Grynaeus a trait, en tout cas, à l'expédition entreprise par le consul A. Manlius Volso contre les Histriens.

Le livre 41 embrasse les événements survenus pendant cinq années, de 178 à 174. Les vingt-sept chapitres[2] qui nous sont parvenus comportent (ou plutôt comportaient)[3], dans l'ordre, le récit des opérations militaires menées en Histrie, en 178, sous le consulat d'A. Manlius Volso et de M. Iunius Brutus (chap. 1-5), la guerre ayant été engagée sur l'initiative du premier. Les chapitres 6-7 concernent les événements survenus à Rome pendant cette même année (annonce d'un soulèvement en Sardaigne, arrivée d'une ambassade lycienne, triomphes de Ti. Sempronius Gracchus et de L. Postumius Albinus sur les Espagnols, attaque de deux tribuns contre l'offensive illégale du consul Manlius en Histrie). L'année 177 s'ouvre au chapitre 8 par l'élection des consuls C. Claudius Pulcher et Ti. Sempronius Gracchus. Le même chapitre et le suivant font ensuite état des plaintes des alliés italiens à propos de l'émigration indue à Rome de leurs

1. C'est ce qui ressort du fait que le livre 40 (année 179) se termine sur l'énumération des magistrats élus pour 178.

2. La division en chapitres semble remonter au début du XVIIe siècle, celle en paragraphes, au début du XVIIIe siècle.

3. Cf. *supra*, p. XIX, n. 3.

concitoyens. En 10-13, sont mentionnées la suite (et la fin) de la guerre contre les Histriens (11, 1-9), puis les campagnes des consuls en Ligurie et en Sardaigne.

C'est en 14, 4 qu'a lieu le passage à l'année 176, pour laquelle sont élus consuls Cn. Cornelius Scipio Hispallus et Q. Petilius Spurinnus : l'un et l'autre meurent en cours d'exercice, le premier de maladie, l'autre en combattant les Ligures (18, 11). Cornelius Scipio est remplacé par C. Valerius Laevinus. Après une lacune, le manuscrit reprend en 19, 1 avec le récit des opérations militaires menées par un des consuls de 175, P. Mucius Scaevola, contre les Ligures. C'est en 19, 4 qu'est mentionné pour la première fois le nom de Persée, alors que celui-ci vient de lancer les Bastarnes contre les Dardaniens, alliés officieux de Rome. Nouvelle lacune en 19, 11. Le chapitre 20, 1 s'ouvre sur le portrait du roi de Syrie, Antiochus Épiphane, portrait interrompu par une autre lacune (20, 13), qui cesse avec l'indication (21, 1 ; nous sommes en 174) de la répartition des provinces pour cette même année (consuls : Sp. Postumius Albinus et Q. Mucius Scaevola). Après mention de menus événements survenus à Rome, il est à nouveau question en 22, 4 de ce qui se passe en Grèce et en Macédoine : Persée réprime le soulèvement des Dolopes et sonde les intentions des Achéens à son égard : débat contradictoire à ce sujet à l'assemblée de la Ligue. Troubles sociaux chez les Étoliens, les Crétois et les Lyciens. 26, 1-5 : révolte des Celtibères ; 27, 1-2 : à Rome, censure de Q. Fulvius Flaccus et A. Postumius Albinus et leurs réalisations. Puis (28, 4) élection des magistrats pour 173.

Ainsi, sur les vingt-sept chapitres qui nous restent du livre 41, cinq seulement sont consacrés aux événements de Grèce et de Macédoine, événements qui vont occuper au contraire une place prédominante au livre suivant. Sans doute peut-on dire, avec A. Klotz, que le livre paraît « très désordonné[1] », mais cette constatation ne saurait constituer un jugement de valeur, vu l'état matériel déplorable dans lequel nous est parvenu ce livre. Celui-ci comporte quatre centres d'intérêt majeurs : les Histriens, les Ligures, la Grèce et la Macédoine, Rome et l'Italie. Autant qu'on en puisse juger aujourd'hui, l'historien semble bien s'être efforcé[2] d'établir, dans toute la mesure du possible, des transitions entre ces différents sujets[3], de façon à donner au livre une certaine unité.

Le livre 42. C'est le seul de la pentade à nous être parvenu au complet. Si sa longueur (67 chapitres ; 120 pages Weissenborn-Müller) dépasse de beaucoup — et pour cause — celle des livres 41 et 43, elle l'emporte de peu sur celle du livre 44 (46 chapitres, 113 pages) qui souffre cependant de nombreuses lacunes et est inférieure à celle du livre 45 (44 chapitres, 127 pages). Ainsi Tite-Live semble avoir été amené, dans sa progression d'un livre à l'autre, à développer de plus en plus son récit au fur et à mesure qu'il approchait de l'issue de la guerre.

Le livre 42 traite des événements qui se sont déroulés en trois ans, de 173 à la fin de 171, à cette réserve près que le récit de ceux qui se sont produits ailleurs qu'en Macédoine, dans l'été et l'automne 171, sont rejetés au début du livre suivant. Autre particularité : la deuxième moitié des chapitres — exactement de 36, 8 à 67, soit 31 d'entre eux — est exclusivement consacrée aux événements de Grèce et de Macédoine. Le livre 42 occupe en effet une place à part dans la pentade : c'est avec lui que commence l'exposé des opérations militaires proprement dites, en l'occurrence de l'offensive macédonienne en

1. A. Klotz, *op. cit.*, p. 18.
2. *Infra*, p. LVII.
3. Cf. en 11, 10 (pour le passage de la guerre d'Histrie à celle de Ligurie) : *Sub Histrici finem belli apud Ligures concilia de bello haberi coepta.* Ainsi une guerre succède immédiatement à une autre.

Thessalie, au cours de l'été et de l'automne 171. Sans doute cet exposé débute-t-il seulement au dernier quart du livre (chapitre 53, 5), mais s'il faut reconnaître avec W. Weissenborn[1] que les récits de guerre constituent, d'ailleurs avec de nombreuses insuffisances, le sujet favori de Tite-Live, la « préparation » de la guerre préoccupe ici tout autant l'historien. On sait quelle place considérable Polybe, la source essentielle de Tite-Live dans la Ve Décade, accorde au problème des « causes » et des « origines » d'une guerre[2] : d'où la longueur et la minutie de certains détails fournis à ce propos par l'historien latin.

Les péripéties ne font pas défaut, d'ailleurs, dans le récit de ces préparatifs (discours d'Eumène, tentative d'assassinat de ce roi, tentative d'empoisonnement de certains sénateurs par L. Rammius, entrevue de la dernière chance entre Persée et Q. Marcius). Aussi, bien avant le chapitre 53, le livre 42 apparaît-il comme un livre où l'action fortement unifiée, compte tenu du but précis vers lequel il tend, compte tenu aussi de l'implacable volonté de guerre du sénat, ne cesse de progresser en intensité dramatique jusqu'à la rupture.

Par contraste, le livre 43 marquera une pause : la guerre traîne en longueur, de façon en général défavorable pour les Romains ; le livre 44 marque le départ d'une nouvelle campagne et se termine par la victoire de Pydna, dont le livre 45 décrit les conséquences.

Il résulte de ce qui précède que, dans le livre 42, Tite-Live doit, beaucoup plus encore qu'auparavant, tenir son lecteur au courant de ce qui se passe, à la fois à Rome (ou en Occident) et en Grèce. C'est du moins le cas jusqu'au chapitre 50, à partir duquel la Macédoine demeure jusqu'à la fin (chap. 67) le théâtre unique des événements. De fait, la succession des 49 premiers chapitres se pré-

1. W. Weissenborn, *Intr.*, p. 56.
2. Cf. *infra*, p. LIV.

sente comme un va-et-vient continuel entre Rome et la Grèce (il n'est pratiquement pas question de l'Espagne, et fort peu de l' « Occident » dans l'ensemble du livre). De celui-ci, le début (1, 1-4, 4 : année 173; consuls : L. Postumius Albinus et M. Popilius Laenas) concerne les événements d'Italie et notamment le sacrilège commis par le censeur Q. Fulvius Flaccus ; les chapitres 5 à 6, 3 sont consacrés aux troubles de Thessalie et d'Étolie ; 6, 6 à 10, 9 (Rome), à diverses réceptions d'ambassades, à la lutte contre les Ligures et à la redistribution de l'*ager Campanus*. L'année 172 (C. Popilius Laenas et P. Aelius Ligus étant consuls) débute avec le chapitre 10, 9 : jusqu'en 14, 10, Tite-Live raconte la réception par le sénat de diverses ambassades, notamment celle d'Eumène, roi de Pergame, venu à Rome pour accuser Persée de préparer la guerre ; 15, 1-16, 9 sont consacrés à l'attentat organisé à Delphes par Persée contre son rival ; 17, 1 à 20, 6, aux délibérations du sénat, décidé à faire la guerre l'année suivante ; 21, 1-22, 8, aux suites de l'affaire Popilius, le consul ayant attaqué sans droit les Ligures ; 23, 1-28, 9, aux divers préparatifs diplomatiques, politiques et militaires en vue de la guerre.

Au chapitre 29 (nous sommes désormais en 171, sous le consulat de P. Licinius Crassus et de C. Cassius Longinus), Tite-Live dresse la liste des alliés dont dispose chacun des belligérants : après quoi l'historien entame (de 30, 8 à 36, 7) le récit des levées de troupes à Rome (en 34, 2-15 prend place le célèbre discours du centurion Spurius Ligustinus) et du renvoi par le sénat de la dernière ambassade macédonienne. Les chapitres 36, 8 à 49, 10 mentionnent, outre l'activité fébrile de nombreux *legati* de tous pays, l'entrevue (elle a lieu, en réalité, en octobre 172) de Persée et de Q. Marcius sur les bords du Pénée ; puis le consul Licinius Crassus, chargé de la guerre, quitte Rome pour l'armée. Les dix-sept derniers chapitres font le récit de l'expédition de Persée en Thessalie et du succès remporté par sa cavalerie à Callinicos sur les

Romains et leurs alliés. A la fin de l'année (chap. 67), Persée rentre en Macédoine et le consul envoie ses troupes hiverner en Béotie.

Dans l'ensemble, quarante-sept chapitres sur soixante-sept, soit les deux tiers du livre 42, traitent donc, directement ou non, de la guerre contre Persée. Que Tite-Live ait dû, on l'a vu, rejeter les autres événements de l'année 171 au début du livre suivant[1], montre la richesse de la matière. Ainsi apparaissent aussi l'habile structure et l'unité du livre, celle-ci étant due à la convergence lente, mais régulière, des sujets traités (à la concentration progressive de l'intérêt, également) vers cette guerre depuis longtemps annoncée, sans cesse rappelée et qui finit par éclater dans la dernière partie du livre, où il n'est plus question désormais que d'elle. Même si l'on peut estimer, avec J. Bayet, que dans l'ensemble du récit des guerres de Macédoine (donc, depuis le livre 31), « la matière semble moins... dominée[2] » par un Tite-Live « noyé dans l'abondance polybienne[3] », le livre 42 constitue, à cet égard, une brillante exception.

Les sources des livres 41 et 42. L'étude des sources des livres 41-45 a été entreprise, depuis un siècle, à la fois dans le cadre général de recherches sur les sources de Tite-Live[4] et dans celui, plus étroit, des travaux consacrés à la IVe et à la Ve Décade[5]. Ces travaux, menés avec une

1. Le procédé n'était pas nouveau chez notre historien : cf. le passage du livre 37 à 38 (année 189) et, plus nettement encore, 38 à 39 (année 187).

2. J. Bayet, *op. cit.*, p. LXV.

3. *Ibid.*, p. LXVI.

4. Cf. sur ce point les travaux cités par J. Bayet, *op. cit.*, p. XXVI sq.

5. Citons notamment G. F. Unger, *Die römischen Quellen des Livius in der IV. und V. Dekade*, in *Philologus*, Suppl., Bd III, Heft 6, 1878 ; W. Soltau, *Die annalistichen Quellen in Livius IV. und V. Dekade*, in *Philologus*, 52, 1894, p. 664-702 ; U. Kahrstedt, *Zum Ausbruche des dritten römisch-makedonischen Krieges*, in *Klio*, 11, 1911, p. 415-430 ; A. Klotz, *Zu den Quellen der vierten und fünften Dekade*

rigueur croissante, chaque auteur mettant au point les résultats obtenus par son prédécesseur, permettent, une fois éliminés les excès et les erreurs, d'être aujourd'hui d'accord sur l'essentiel. Tite-Live a utilisé, pour rédiger les livres 41-45, deux catégories de sources[1] : d'une part, les annalistes récents, Valerius Antias et Claudius Quadrigarius, en particulier[2] ; de l'autre, Polybe[3].

Les moyens de repérage de ces sources, tout traditionnels qu'ils soient, revêtent cependant une importance particulière dans la Ve Décade : du fait de la guerre de Macédoine, un va-et-vient beaucoup plus fréquent que dans les livres précédents s'établit dans le récit livien entre Rome et la Grèce ; la confrontation entre les sources n'en est que plus intéressante. A cet égard, on s'accorde pour établir un rapport entre la nature de la matière traitée et l'origine probable de celle-ci : la majorité des événements concernant la Grèce ou l'Orient sont attribués à Polybe ; à l'annalistique, on fait remonter ce qui a trait aux autres pays et, d'une manière générale, tout ce qui nous est présenté par Tite-Live du point de vue du sénat, y compris les rapports, si nombreux dans les livres 41-42, faits devant l'assemblée par les ambassadeurs romains, grecs ou orientaux. Méritent également l'attention les contradictions, doublets, divergences chronologiques ou autres : le rôle de la propagande avant et pendant le conflit macédono-romain, objet de la Ve Décade, est tel que les informations, souvent tendancieuses, ne concordent pas toujours et que la documenta-

des Livius, in *Hermes*, 50, 1915, p. 481-536 (repris dans *Livius und seine Vorgänger*, Amsterdam, 1964).

1. Nous indiquerons, pour la plupart des chapitres (ou paragraphes), la ou les sources probables.

2. W. Soltau (*op. cit.*, p. 618 sq.) y ajoute Pison, qui serait la source de 41, 13, 1-17, 9 ; 21,1-22, 3 ; 28 ; 42, 3-4 ; 7, 1-3 ; 9, 7-10, 15 ; 18, 6-19, 8 ; 20 ; 28 ; 35, 3-7.

3. Il n'est pas exclu, comme le remarque à plusieurs reprises W. Soltau, qu'il y ait parfois, pour le même récit, une source romaine et une source grecque.

tion est particulièrement brouillée[1]. Chacun de ces « accidents[2] » est en tout cas l'indice probable d'un changement de source, sans exclure le brusque passage (ou, ce qui revient parfois au même, l'enjambement par-dessus un sujet différent)[3] d'une matière à une autre. En revanche, nous ne pensons pas qu'on puisse tenir compte dans la Ve Décade, au même titre que dans les précédentes, d'un élément au repérage beaucoup plus aléatoire à nos yeux, à savoir les disparates — ou ce qu'on croit tel — dans le style de Tite-Live : à cette étape de son œuvre, l'historien ne peut pas, nous l'avons vu, ne pas avoir acquis, grâce à un métier accru, un style plus ou moins uniforme, sorte de vulgate, qui recouvre tout de la même couleur et rend indiscernable la source dont l'auteur s'est inspiré.

Quoi qu'il en soit, l'accord se fait en général pour estimer que Polybe a été utilisé par Tite-Live :

1) *Au livre 41*, pour les chapitres[4] 19, 3-20, 13 et 22, 4-25, 8 qui traitent successivement de la guerre entre Bastarnes et Dardaniens, d'Antiochus Épiphane, de Persée (rapports avec les Dolopes et expédition à Delphes), de l'attitude des Achéens vis-à-vis de la Macédoine, enfin de la situation en Étolie, en Crète et en Lycie.

2) *Au livre 42*, pour les chapitres[5] 5, 1-6, 3 ; 11, 4

1. « L'histoire de cette période » (c'est-à-dire les six premières années du règne de Persée) « est obscure et confuse dans la tradition », écrit à juste titre P. Pédech, *op. cit.*, p. 134.

2. D'autre part — mais ceci n'est nullement particulier à la Ve Décade — la régularité avec laquelle sont mentionnés les décrets et séances du sénat, les rapports de magistrats, etc..., est pour W. Soltau (*Die annalistichen Quellen...*, p. 667) l'indice probable de l'utilisation par Tite-Live des *Annales Maximi.*

3. G. F. Unger (*op. cit.*, p. 177-178) note justement, par exemple, que 41, 17, 5 se relie directement (même sujet et même année 176 : chronique locale romano-italienne) à 41, 16, 6.

4. P. Pédech, *op. cit.*, p. 124, cite les chapitres 19, 4-11 et 22, 4-25, 8.

5. Pour P. Pédech, *loc. cit.*, les chapitres 5-6 ; 11, 1-18, 5 et 36-67 (il semble cependant difficilement admissible de ne pas attribuer à Polybe le chapitre 30, 1-7, où Tite-Live reproduit exactement l'éloge

(11, 8)-18, 5 ; 29, 1-30, 7 ; 36, 8 à 67 qui traitent respectivement des négociations de Rome avec les différents États grecs, de la déclaration (implicite) de guerre à Persée, et des premières opérations militaires des belligérants, en particulier de l'offensive de Persée en Italie.

Cependant, par une sorte de fatalité souvent déplorée par les historiens modernes[1], nous ne possédons plus que des fragments du texte polybien correspondant à la Ve Décade livienne — et notamment aux livres 41-42 qui nous intéressent ici[2]. Ces lacunes considérables ne nous empêchent pas seulement de vérifier les méthodes de travail de Tite-Live ; elles nous interdisent de trancher dans les cas où les modernes ne sont pas d'accord sur la source de l'historien latin : Polybe ou les annalistes[3]? Le fait que Tite-Live traite de sujets grecs n'est pas toujours en effet la preuve qu'il utilise Polybe : pour nous contenter de deux exemples, A. Klotz, d'une part[4], G. F. Unger de l'autre[5], divergent ainsi d'opinion sur la source des débuts du discours d'Eumène au sénat (42, 11, 1 sq.), le premier estimant, non sans quelque raison, que la mention de Valerius Antias dans la présentation du discours décèle une inspiration annalistique. De même, les indications données par Tite-Live en 42, 36, 8-9 sur les acti-

fait par Polybe (28, 6 sq. et 30, 6, 5) du parti de la neutralité en Grèce ; cf. d'ailleurs P. Pédech lui-même, *op. cit.*, p. 137, n. 199, et 300, n. 211.

1. Cf. en dernier lieu P. Meloni, *Perseo e la fine della monarchia macedone*, Rome, 1953 (nous indiquerons désormais cet ouvrage sous la simple rubrique *Perseo*) ; P. Pédech, *op. cit.*, *passim* ; E. Will, *Histoire politique du monde hellénistique (323-30 av. J.-C.)*, II, Nancy, 1967, p. 215-240.

2. Les fragments des livres 25 et 26 de Polybe (années 179-172) sont particulièrement insignifiants.

3. Cf. P. Pédech, *op. cit.*, p. 134 : « Chez Tite-Live... le livre XLII mélange sans méthode les sources annalistiques et la source grecque. »

4. Cf. A. Klotz, *Livius...*, p. 20 : Tite-Live ne s'inspirerait de Polybe qu'à partir de 42, 11, 8.

5. G. F. Unger (*op. cit.*, p. 183-184) : le texte est polybien à partir de 42, 11, 4.

vités de Cn. Sicinius en Épire seraient d'origine annalistique pour U. Kahrstedt[1] et F. W. Walbank[2], parce que nous aurions là le point de vue romain ; pour W. Soltau et A. Klotz[3], au contraire, ces paragraphes sont polybiens.

De toute façon, si, comme on l'a vu, la part de l'influence polybienne est considérable au livre 42, cela tient d'abord au fait que, depuis le début de la Ve Décade, l'historien grec constituait une source hautement appréciée[4]. Surtout, de la guerre dont Tite-Live commençait le récit, Polybe allait bientôt lui apparaître non seulement comme le témoin oculaire, mais comme l'acteur. Pour tous les traités et conventions conclus entre Rome et les cités grecques, pour les rapports des ambassadeurs (des *legati* de tous pays ne cessent, à partir de 173, de sillonner les mers et les terres), pour les comptes rendus des assemblées souvent tumultueuses des ligues, achéenne ou autres, Polybe, rompu comme il l'était à tous les usages diplomatiques, allait donc être la source sans cesse exploitée[5]. Se flattant lui-même d'avoir été non seulement αὐτόπτης[6] de la chute de la monarchie macédonienne, mais αὐτουργός dans le conflit[7], ami et familier de nombreux Romains, Grecs ou Macédoniens qui avaient participé aux événements[8], le « formidable Po-

1. U. Kahrstedt, *op. cit.*, p. 417.

2. F. W. Walbank, *A note on the embassy of Q. Marcius Philippus, 172 B. C.*, in *J. R. S.*, 31, 1941, p. 85.

3. P. Meloni, *Perseo...*, p. 193, n. 5, ne prend pas nettement parti.

4. Cf. le fameux jugement de Tite-Live en 33, 10, 10 : *Polybium... non incertum auctorem cum omnium Romanarum rerum, tum praecipue in Graecia gestarum.*

5. Sur la valeur de Polybe aux yeux de Tite-Live, cf. les remarques de P. Pédech, *op. cit.*, p. 124-125 et 286-287.

6. Αὐτόπτης τῆς πράξεως (Polybe 29, 21, 8).

7. On sait que Polybe déclare lui-même « avoir eu l'impression d'écrire un nouveau livre » (3, 4, 13 : προήχθην οἷον ἀρχὴν ποιησάμενος ἄλλην γράφειν) lorsqu'il aborda le récit des événements dont il avait été le témoin et auxquels il avait participé (συνεργός et χειριστής).

8. C'est le cas apparemment de plusieurs témoins de la célèbre

lybe[1] » est constamment consulté par Tite-Live dans ce qui nous reste de la Ve Décade.

Certes, les manières dont l'historien latin traduit son homologue grec sont, là comme ailleurs[2], fort variées. Ici, avec une fidélité absolue, autant qu'on en puisse juger, le texte livien passant alors, aux yeux de certains modernes, pour la transcription exacte du grec[3] (cette fidélité aboutit parfois à une adhésion si totale à l'opinion de son modèle, même si celle-ci est, en l'occurrence, peu favorable à Rome, qu'elle ne peut pas ne pas frapper le lecteur)[4]. Là, Tite-Live garde seulement l'essentiel de la pensée polybienne sans se perdre dans des détails inutiles pour son récit[5]. En d'autres endroits, Tite-Live suit Polybe avec une désinvolture qui tient en partie, sans doute, à la rapidité avec laquelle il travaille[6]; résumant quelquefois

entrevue entre Persée et Q. Marcius racontée par Tite-Live en 42, 41-42 (cf. P. Pédech, *op. cit.*, p. 269).

1. R. Syme, *op. cit.*, p. 27.

2. Cf. (notamment) J.-A. de Foucault, *Tite-Live traducteur de Polybe*, in *R. É. L.*, 1968, p. 208-221 ; R. Jumeau, 1) *Recherches méthodologiques sur l'utilisation de Polybe par Tite-Live dans la IVe et Ve Décade*; 2) *Tite-Live adaptateur de Polybe* (deux ouvrages dactylographiés ; 1954), *passim.*

3. Ainsi fait, sans doute à bon droit, P. Pédech (*op. cit.*, p. 136) pour Tite-Live, 42, 13-14 ou 42, 40, à propos des raisons qui ont motivé la déclaration de guerre de Rome à Persée. L'auteur oppose même sur plusieurs points le texte *latin* en question à celui du manifeste de propagande sénatoriale gravé à cette occasion sur une stèle de Delphes. — Autres utilisations analogues pour 42, 5, 4-5 (cf. *Ibid.*, n. 201) ; 13, 7 ; 40, 7 ; 41, 5 ; etc... De même, pour le portrait de Persée chez Polybe, portrait reconstruit presque entièrement par P. Pédech grâce à Tite-Live (*op. cit.*, p. 224-225), ou pour la place des discours chez Polybe. (On sait qu'un des indices sûrs de l'imitation de ce dernier par Tite-Live est la transcription directe — et le commentaire — en latin de termes ou d'usages grecs : ainsi du prytanée (41, 20, 7), du prytane (42, 45, 4), de l'emploi du mot « talents » (42, 67, 5) ou, à plus forte raison, « cestrosphendone » (42, 65, 9), etc...)

4. Ainsi au paragraphe 42, 30, 5, où Tite-Live, suivant étroitement Polybe, prend fait et cause pour le parti neutraliste en Grèce...

5. Ainsi du résumé des sentiments éprouvés parfois par les spectateurs des Jeux (cf. 42, 63, 2 et la note), ou du « condensé » de deux ambassades en une seule en 42, 46, 7 (= Polybe, 27, 5, 1).

6. Cf. P. Pédech, *op. cit.*, p. 124.

à l'excès son modèle, il rend peu compréhensible sa version des faits[1]. Ailleurs, au contraire, Tite-Live délaie exagérément[2].

Parmi les nombreuses raisons (valeur exceptionnelle d'un témoignage contemporain, compétence scientifique, richesse de l'exposé) de l'attirance exercée par Polybe sur Tite-Live pour le récit de la troisième guerre de Macédoine, la plus déterminante a consisté, à n'en pas douter, dans le fait qu'en définitive — autant qu'on en puisse juger par les minces fragments restants — Polybe approuve l'action de Rome. Quelque objectif que soit ou que veuille être[3] l'historien de Mégalopolis[4] — on sait ce que lui a coûté son appartenance au parti « neutraliste » — il n'en exprime pas moins, dans la grande majorité des fragments correspondant aux premiers livres de la Ve Décade, une opinion défavorable à la Macédoine et surtout à Persée[5]. Cela pour de nombreux motifs. Trois sont exposés en 27, 10, où Polybe rappelle, à propos du retentissement provoqué en Grèce par la défaite romaine de Callinicos : 1) les maux que la

1. C'est le cas pour sa description, incomplète, du cestrosphendone (42, 65, 9), pour les renseignements qu'il nous donne sur la disposition des troupes romaines à Callinicos (désaccord entre 42, 58, 11 et 59, 4) ou par la traduction fort peu claire (42, 12, 4 : *nuptias... deductas*) d'un probable νυμφαγωγία polybien (cf. Polybe, 25, 4 = 26, 7, 8).

2. Cf. P. Pédech, *op. cit.*, p. 277.

3. Cf. Polybe, 1, 14, 7-9 ; 6, 9, 11 ; 16, 14, 8-10.

4. Cf. P. Pédech, *op. cit.*, p. 138 : « Il (Polybe) n'avait aucune raison d'en vouloir à Persée. » M. Gelzer (compte rendu de l'ouvrage de P. Meloni, *Il valore storico e le fonti del libro Macedonico di Appiano*, Rome, 1955 ; cf. *infra*, p. XXXVI, n. 4, in *Kleine Schriften*, III, Wiesbaden, 1964, p. 280-285) critique de même et à juste titre P. Meloni pour avoir trop « oublié » que Polybe sait reconnaître les qualités de Persée (cf. 25, 3, 5-7) et qu'il est la « source » de deux textes liviens favorables au roi, à savoir le discours d'Archon (41, 24) et celui de Persée, à la conférence du Pénée.

5. « L'objectivité est pour lui un souci constant qu'il n'oublie guère que quand il parle des Étoliens ou de Persée qu'il déteste », écrit P. Lévêque (*Le monde hellénistique*, Paris, Armand Colin, 1969, p. 127). Ce jugement — sous les réserves qui découlent de la note précédente — nous paraît dans l'ensemble confirmé par les textes.

Macédoine avait causés dans le passé à la Grèce et, inversement, les bienfaits qu'au dire de Polybe, celle-ci avait reçus de Rome ; 2) le caractère arbitraire de toute monarchie absolue, comme celle de Persée ; 3) la sympathie tout irrationnelle, et fort blâmable aux yeux de l'aristocrate Polybe, éprouvée par la « multitude » (ὄχλος) envers le roi.

De telles déclarations montrent que si, avant Pydna, Polybe a pu effectivement proposer et soutenir une politique d'indépendance envers Rome, ses sentiments ont évolué à l'épreuve des faits et de son séjour dans l'*Urbs*. Dans la mesure où il admire Rome et méprise la corruption des Grecs[1], dans la mesure où il approuve alors le principe de l'hégémonie romaine dans son pays et surtout collabore de plus en plus ouvertement avec les vainqueurs[2], il était inévitable qu'il fût tout naturellement porté à blâmer ceux des Grecs[3], et à plus forte raison les Macédoniens, qui s'étaient opposés à cette hégémonie. C'est d'ailleurs pour le même motif qu'inversement[4] Polybe cherchera, plus ou moins consciemment, à atténuer pour les lecteurs romains de son ouvrage la force de l'opposition rencontrée en Grèce par leurs compatriotes, soit en en réduisant la portée, soit surtout en l'excusant, davantage qu'en la justifiant. Tite-Live n'est donc pas toujours responsable du « chauvinisme » qu'on lui reproche parfois[5]. Polybe est quelquefois passé par

1. C'est ce qui ressort nettement des fameux chapitres consacrés au jeune Scipion Émilien (cf. notamment 31, 25 (32, 11), 4, où Polybe déplore l'invasion des mœurs corrompues des Grecs à Rome et en Italie ; de même en 39, 1 (40, 6), 10, où Polybe reproche au consul hellénisant de 151, A. Postumius Albinus, d'avoir adopté « les pires vices » des Grecs.

2. L. Ferrero note — trop brièvement, il est vrai — que le séjour de Polybe chez les Scipions n'a pas pu ne pas « conditionner » son jugement (L. Ferrero, *Rerum scriptor. Saggio sulla storiografia romana*, Istituto di filologia classica, n° 9, Trieste, 1962, p. 135).

3. Ainsi Polybe (27, 2, 10) juge « téméraire et insensée » (προπετῶς καὶ ἀλογίστως) l'action des Béotiens qui s'étaient alliés à Persée.

4. Cf. P. Meloni, *Il valore storico*..., p. 146 sq.

5. Cf. *infra*, p. LXXVI sq.

là[1]. — Ces remarques — et ces réserves — faites, on peut dresser le tableau suivant des concordances existant entre les fragments conservés de Polybe et les passages plus ou moins correspondants des livres 41-42 de Tite-Live :

Polybe	Tite-Live	Sujets traités
25, 3	42, 11, 6 sq.	Quelques lignes du discours d'Eumène concernant le portrait de Persée
25, 4, 1-5	41, 6, 8-12	Rhodes, la Lycie et Rome
25, 6	41, 19	Bastarnes-Dardaniens
26, 1	41, 20	Antiochus IV Épiphane
27, 1-2	42, 43, 4-44, 6	Ambassade de Q. Marcius à Thèbes et en Béotie, en 172 av. J.-C.
27, 3-4	42, 45-46, 6	Ambassade romaine à Rhodes, la même année
27, 5-6	42, 46, 7 ; 47, 4 ; 48, 1-4	Persée et la Béotie. Retour à Rome de l'ambassade de Q. Marcius. Déclaration de guerre à la Macédoine et expulsion des Macédoniens d'Italie
27, 7, 14 et 16	42, 56, 6-7	Le préteur C. Lucretius renvoie les navires (inutiles) des alliés
27, 8	42, 62, 3-15	Tentatives de paix de Persée après Callinicos
27, 9-10	42, 63, 1-2	Retentissement en Grèce de la défaite romaine à Kallinikos
27, 11	42, 65, 9	Le « cestrosphendone »

1. Le cas le plus caractéristique se rencontre en 42, 46, 5, où l'expression « le parti le meilleur » appliquée à ceux des Rhodiens qui approuvent l'alliance avec Rome remonte à Polybe, 27, 4, 9 (νικῶντος... τοῦ βελτίονος).

A côté de ces fragments de Polybe, nous possédons, il est vrai, d'autres textes historiques dont on peut raisonnablement penser que, même s'ils sont contemporains de Tite-Live, voire très largement postérieurs, ils s'inspirent eux-mêmes de sources, latines ou grecques, que notre historien a pu éventuellement utiliser pour les livres qui nous intéressent ici.

C'est le cas de Diodore de Sicile, Justin, Plutarque, Appien et Dion Cassius. Mais, ou bien ces textes nous sont parvenus eux-mêmes dans un état très fragmentaire, ou bien ils ne contiennent que quelques allusions aux événements racontés par Tite-Live en 41-42. Du bref examen des trois premiers de ces auteurs et de Dion Cassius, il semble bien ressortir qu'ils ont eux-mêmes largement utilisé Polybe. De Justin[1] et de Dion Cassius[2], rien ne mérite une mention particulière pour la période qui nous concerne. Pour Diodore de Sicile[3], sa position favorable à Rome dans le conflit qui opposa cette dernière à Persée est bien révélée par le jugement — le seul digne d'être cité — où il déclare (à propos de la reconnaissance par le sénat du titre de roi de Persée) : « Le sénat trompa le trompeur[4] ».

Des maigres extraits qui nous sont parvenus des livres 29-31 de Diodore, on peut établir comme suit un tableau de concordance avec Tite-Live, étant entendu qu'à quelques lignes de l'historien grec correspondent par-

1. Justin, 32, 2-33, 2. Une influence hostile à Rome — celle de Timagène, en l'occurrence — n'est peut-être pas à exclure chez Trogue-Pompée (cf. *infra*, p. LXXIII, n. 3) dont Justin résume l'ouvrage.

2. Dion Cassius (= Zonaras), 9, 22.

3. Diodore de Sicile : livres 29-31 (fragments). Sa dépendance de Polybe est soulignée par P. Pédech (*op. cit.*, p. 124 ; 195 ; 197 ; 201-202) ; de même par E. Bikerman, *Notes sur Polybe.* III : *Initia belli Macedonici*, in *R. É. G.*, 66, 1953, p. 479.

4. Diodore de Sicile 29, 30 : (ἡ σύγκλητος) ... τὸν ἐξαπατῶντα ὁμοίως ἐξαπατῶσα.

fois des paragraphes entiers de ses homologues latins ou des éléments dispersés dans le contexte livien :

Diodore	Tite-Live	Sujets traités
29, 30	*passim*	Les buts politiques de Persée sont les mêmes que ceux de Philippe
29, 32	41, 20	Antiochus IV Épiphane
29, 33	42, 5, 7-8 ; 13, 5 ; 37, 4 ; etc.	Troubles sociaux et économiques en Épire et en Thessalie. Le sénat soupçonne les menées de Persée ; il demande des réparations pour l'expulsion d'Abrupolis
29, 34	42, 14, 1-4 ; 15, 1	*a*) Harpale, ambassadeur de Persée, n'obtient aucune réponse à Rome
	42, 14, 10	*b*) Le sénat fait des cadeaux à Eumène
	42, 16, 7-9	*c*) Attitude équivoque d'Attale, frère d'Eumène, après le faux bruit de la mort de ce dernier.
30, 7, 1 (avec déplacement chronologique)	42, 47	Les vieux sénateurs blâment le cynisme de Q. Marcius
30, 1	42, 48, 1-3	Déclaration de guerre à Persée. Expulsion des Macédoniens

De Plutarque, enfin, les *Vies de Paul-Émile, de Caton l'Ancien* et *de Flamininus*, dont la majeure partie est aussi inspirée par Polybe[1], ne contiennent que quelques

1. Cf. P. Pédech, *op. cit.*, p. 195. Sur les sources (parmi lesquelles Tite-Live lui-même) de Plutarque dans ces *Vies*, cf. R. Flacelière-

renseignements relatifs à la période couverte par nos livres 41-42.

Le cas d'Appien est différent. Seuls, les chapitres 11 et 12 de ses Μακεδονικά correspondent au règne de Persée. Deux tendances opposées, voire contradictoires, s'y reflètent, l'une faiblement représentée, favorable à Rome, l'autre, de beaucoup la plus sensible, favorable à Persée. L'auteur de la dernière étude d'ensemble[1] consacrée à la recherche des sources des Μακεδονικά d'Appien rattache la tendance proromaine à Polybe, pour l'essentiel et, pour une part beaucoup plus faible, à l'annalistique ; la seconde source serait un historien grec, un certain Posidonios[2] ou Straton[3]. Comme il fallait s'y attendre, une thèse aussi révolutionnaire a suscité les réserves de la critique attachée plus ou moins à la tradition[4] : quoi

E. Chambry, Édition des *Vies* de Plutarque, Paris, Les Belles Lettres, IV et V, 1966-1969.

1. P. Meloni, *Il valore storico...* (les conclusions ce cette étude sont exprimées aux pages 221-224 de l'ouvrage).

2. Plutarque, *Paul-Émile*, 19, 7, attribue à ce Posidonios une *Histoire de Persée* en plusieurs livres. Il était contemporain des faits (*Ibid.*, 10) et prenait la défense du roi (*Ibid.*, 20, 5 et 21, 7).

3. Ce Straton aurait, selon Diogène Laërce, V, 6, 1, écrit un ouvrage sur les guerres de Philippe et de Persée. Laqueur (*R. E.*, art. *Straton*, nº 10, c. 274-275) estime, non sans quelque vraisemblance, que cet auteur pouvait être l'un des historiens de la guerre de Persée auxquels s'en prend Polybe en 22, 18, 1 sq. R. Ullman (*La technique du discours dans Salluste, Tite-Live et Tacite*, Oslo, 1927, p. 179 sq.) ne semble pas, pour sa part, avoir été effleuré par l'idée que Polybe ne pouvait guère avoir été la source unique d'Appien. — Sur les différences considérables et fort nombreuses entre les indications d'Appien et celles de Tite-Live, cf. *infra*, p. LXXVIII, n. 3.

4. F. W. Walbank (*Classical Review*, *N. S.*, 7, 1957, p. 70-72) et E. Gabba (*Rivista Storica Italiana*, 68, 1956, p. 100-106) estiment, dans leur compte rendu respectif de l'ouvrage de P. Meloni, que point n'est besoin de faire appel à des historiens grecs si peu connus, une bonne partie des indications d'Appien pouvant fort bien provenir du Polybe perdu ; quant à la couleur antiromaine, E. Gabba, reprenant l'hypothèse d'E. Bikerman (*op. cit.*) pense qu'elle pourrait être due à une source annalistique antisénatoriale, d'inspiration catonienne par exemple. M. Gelzer, dont le compte rendu de la *Bibliotheca Orientalis*, 14, 1957, p. 55-57, est réimprimé dans les *Kleine Schriften* (cf. *supra*, p. XXXI, n. 4), se demande, après bien d'autres (cf. A. Klotz),

qu'il en soit, et dans la mesure où l'on semble s'accorder aujourd'hui pour reconnaître que seuls Polybe et l'annalistique romaine ont *effectivement* été utilisés par Tite-Live, il faut renoncer à voir, dans la source de la majeure partie du texte d'Appien, l'équivalent d'une source de Tite-Live, même si celui-ci, comme nous le pensons, a pu difficilement ignorer cette tradition hostile à la cause romaine[1].

En ce qui concerne, enfin, les chapitres non polybiens de Tite-Live, ceux, en l'occurrence, où notre historien s'inspire d'annalistes récents, désigner ces derniers de façon précise et surtout les répartir suivant leur correspondance probable avec le texte livien, serait entreprendre une tâche ardue et téméraire. Cette tâche a été néanmoins tentée, on le sait, depuis un siècle, sans que l'on s'entende toujours sur l'attribution de tel passage à tel annaliste, Valerius Antias, Claudius Quadrigarius ou Calpurnius Pison. U. Kahrstedt[2], conscient du caractère inévitablement précaire d'une partie de ces recherches — nous ne connaissons, des annalistes eux-mêmes, que de misérables fragments[3] — préfère distinguer, pour les livres 41-42 de Tite-Live[4], entre un annaliste I et un anna-

si la source grecque hostile à Rome ne serait pas Timagène, *felicitati urbis inimicus* (Sénèque, *Ep.* 91, 13). M. P. Lévêque nous paraît justement conclure en déclarant (*Revue des Études grecques*, 169, 1956, p. 493) que, même si la thèse de P. Meloni n'emporte pas l'adhésion, elle demeure « inattaquable » (P. Pédech cite, *op. cit.*, p. 101, n. 2, sans la commenter la démonstration du savant italien).

1. Cf. *infra*, p. LXXIII, n. 3.

2. U. Kahrstedt, *op. cit.*, p. 424, n. 1 (cf. A. Klotz, *Zu den Quellen...*, p. 534).

3. Sur la répartition des sources annalistiques nommément désignées dans l'œuvre de Tite-Live, cf. R. B. Steele, *The historical attitude of Livy*, in *A. J. Ph.*, 25, 1904, p. 15-44 (avec tableaux fort commodes). — Sur les caractères propres à l'œuvre de chaque annaliste, cf. P. G. Walsh, *Livy, his historical aims and methods*, Cambridge, 1961 (chapitre v) ; de même A. Klotz, *Livius...*, p. 43 sq. ; cf. aussi, du même auteur, *Der Annalist Q. Claudius Quadrigarius*, in *Rh. M.*, 91, 1942, p. 268-285 (compte rendu très critique de la *Dissertation* (du même titre) de Margarete Zimmerer, Munich, 1937).

4. Dans les livres en question, Valerius Antias n'est cité que deux

liste II[1]. Quelque aventureuse qu'ait été parfois la *Quellenforschung*, quelque artificiel qu'ait été aussi le travail de mosaïque[2] auquel elle aboutit pour Tite-Live, le résultat est loin d'être négligeable : ainsi a été réhabilitée en effet l'annalistique. C'est d'elle et non de Polybe que Tite-Live suit le mode de présentation des faits, conforme à la chronologie[3] ; c'est elle, non Polybe, qui forme le tissu du récit dans la Ve Décade[4] ; surtout, c'est « du côté de Rome » qu'en définitive nous voyons les événements, même si la Grèce et la Macédoine apparaissent plus souvent au premier plan.

On peut résumer dans les tableaux des pages XXXVIII-XXXIX la répartition proposée par un certain nombre de savants pour les sources annalistiques et polybienne de Tite-L ive 41-42.

Problèmes chronologiques dans les livres 41-42

Les problèmes posés par la chronologie livienne sont loin d'être aussi délicats pour la Ve Décade qu'ils le sont pour la I[re][5] ; J. Bayet le note implicitement au passage dans sa « Préface à la première Décade[6] ». De fait, les livres 41-45 ne soulèvent pas, en principe, pour les lecteurs d'aujourd'hui, de difficultés autres que celles, habituelles, causées par les défauts

fois (41, 27, 2 et 42, 11, 1) ; Claudius Quadrigarius et Pison, nulle part. Dans tous les autres cas, Tite-Live use du traditionnel *sunt qui* (42, 66, 9-10) ou des formules vagues qui lui sont habituelles : cf. 42, 11, 1 : *plurium annales.*

1. Kahrstedt (*op. cit.*, p. 422-423) répartit ainsi certains chapitres du livre 42 : Annaliste I : 18 ; 30, 8-32, 5 ; Annaliste II : 11, 1 ; 25-28 ; 35, 3-36, 9. Weissenborn-Müller et F. W. Walbank (*op. cit.*) parlent également de « sources annalistiques », sans chercher à préciser. A. Klotz (*Livius...*, *passim*) emploie les deux procédés.

2. A. Klotz le souligne lui-même (*Zu den Quellen...*, *loc. cit.*)

3. Cf. P. G. Walsh, *op. cit.*, p. 173 sq.

4. Le fait est souligné par A. Klotz, *Livius...*, p. 21.

5. Cf. sur ce point les pages remarquables de J. Bayet, *op. cit.*, p. CXII-CXXVI ; de même, en ce qui concerne le livre IV, l'Appendice, *Ibid.*, p. 110-126 ; le livre V, l'Appendice *Ibid.*, p. 96-107 ; le livre VI, l'Appendice *Ibid.*, p. 79-92.

6. J. Bayet, *op. cit.*, p. CXII, n. 1.

du calendrier antéjulien (en avance de soixante-dix jours environ sur le nôtre) et, pour Tite-Live, par le décalage existant entre ce calendrier, lui-même différent de celui de son temps, et celui de Polybe, fondé sur les Olympiades.

Cette divergence d'avec son modèle n'est pas cependant sans entraîner, dans notre décade comme dans les précédentes, de fâcheuses erreurs[1]. On relève aussi, à en juger par les datations contenues dans les *Per.* 47 et 49, quelques désaccords entre la chronologie varronienne, adoptée en principe par Tite-Live, et celle des *Fastes*[2]. Des confusions sont dues également à la mauvaise interprétation ou simplement à la reproduction, sans vérification suffisante, de renseignements d'origine annalistique fondés sur une chronologie erronée[3]. Si, d'une manière générale, comme cela est normal dans une période où tant d'événements importants allaient se produire, Tite-Live devait, plus encore que dans le passé, veiller de près à appliquer une datation aussi exacte que possible[4], il se trouve qu'au livre 42 la fixation de la chronologie revêtait une importance

1. Ainsi, pour nous contenter d'un exemple, en 41, 6, 8, où Tite-Live antidate d'un an, en la fixant en 178, l'arrivée de l'ambassade lycienne à Rome (cf. note *ad loc.*). — On sait en outre que, la plupart du temps, Polybe n'indique pas les noms des consuls romains (cf. P. Pédech, *op. cit.*, p. 465) et que l'année olympique commence quatre ou cinq mois plus tard que celle des consuls (le 1er mars pour cette dernière, dans la période qui nous concerne).

2. Cf. W. Weissenborn, *Intr.*, p. 50.

3. Cf. la discordance manifeste entre 41, 16, 5, où l'on voit les féries latines de 176 fixées trois jours avant les ides d'août, et 41, 17, 6, d'où il ressort que le consul aurait quitté Rome avant leur célébration ; de même, en 41, 26, 1-2, où la mention des activités du préteur Ap. Claudius Cento doit être reportée un an auparavant, ou encore en 41, 27, 3, où Tite-Live fait état en réalité de l'action du consul de l'année précédente.

4. Cf. en 42, 52, 1, à propos du départ du consul Licinius Crassus pour la guerre, « vingt-six ans après » Cynoscéphales ; de même, à en juger d'après les *Per.* 47 (date d'entrée en charge des consuls à partir du 1er janvier) et 49 (date du début de la troisième guerre punique, fixation de celle des Jeux célébrés en l'honneur de *Pater Dis*, par rapport à celle de la première guerre punique et de la fondation de Rome).

particulière pour les années ou tranches d'années 172-171 qui précèdent immédiatement les premières opérations militaires. Or, c'est précisément à ce moment que Tite-Live, sans doute victime d'inextricables contradictions entre ses sources latines et Polybe, présente dans son récit un ordre de succession des faits qui risque fort, par endroits, d'induire en erreur le lecteur. Les conséquences de cette maladresse ne sont pas limitées, comme c'est le cas ailleurs, au domaine chronologique : il s'agit en effet de déterminer, au moins implicitement, la responsabilité de la troisième guerre entre Rome et la Macédoine, en montrant qui avait commencé cette guerre et à quelle date. La fixation d'une chronologie sûre a donc des conséquences sur le plan à la fois politique et moral : le rapport d'avant à après est aussi, à certains égards, un rapport de cause à effet.

Sur ce point, Tite-Live rencontrait deux sortes de renseignements : d'une part, ceux de l'annalistique, en majeure partie[1] hostile à Persée. Pour elle, la guerre avait commencé du fait du roi, qui la préparait depuis fort longtemps, et cela, semble-t-il, à la fin de l'année 172, sans qu'il soit possible de préciser davantage. Rome, de son côté, n'aurait officiellement déclaré la guerre que quelques jours après le début de l'année consulaire ; or, les consuls furent élus le 18 février 171, soit dans les premiers jours de décembre 172 julien (42, 28, 4 et 7 ; 30, 10 sq.). Tite-Live disposait, d'autre part, de Polybe qui, de façon beaucoup plus conforme à la vérité, ne faisait vraisemblablement (le texte correspondant de Polybe est perdu) partir le consul Licinius Crassus pour la Macédoine qu'à la fin de mars (julien) 171[2] au plus tôt, les opérations

1. On ne doit pas exclure *a priori* l'éventualité d'une hostilité analogue de tel ou tel annaliste envers le sénat ou les consuls d'une année ou d'une période donnée. On sait ainsi combien l'annalistique est peu favorable aux Quinctii.

2. Ἐπεὶ δὲ τὸ ἔαρ ἐπέστη (« quand le printemps commença »), dit Dion Cassius (= Zonaras, 9, 22).

militaires ne débutant qu'en avril de la même année[1]. Or, il se trouve que, pour des raisons sur lesquelles nous reviendrons, Tite-Live semble s'efforcer de concilier les deux traditions, cela dans la mesure même où, nous l'avons vu, il utilise les deux sources, l'annalistique, probablement de 42, 30, 8 à 42, 36, 8, Polybe, de 42, 36, 8 à la fin du livre[2]. De ce changement de source, il résulte en pratique que les événements dont Tite-Live fait le récit à partir de 42, 36, 8 sont — et cela pour une douzaine de chapitres[3] — *antérieurs* à ceux racontés dans la première partie du chapitre 36[4].

Ce déplacement chronologique de nombreux chapitres a deux conséquences : l'une, de faire apparaître des discordances dans le texte livien, compte tenu du moins de l'ordre trompeur dans lequel l'historien nous présente les événements ; l'autre, de révéler indirectement cer-

1. On ne sait pas quand exactement, *pour Polybe*, la guerre fut déclarée par Rome. La date d'avril 171 est celle proposée par P. Meloni, *Perseo*, p. 463-464 ; celle indiquée par E. Bikerman (*op. cit.*, p. 498, n. 6), à savoir février 171, nous semble trop précoce.

2. Tite-Live indique, certes, en 42, 36, 8, que les faits auxquels il vient de faire allusion (arrivée en Italie, puis expulsion des ambassadeurs macédoniens d'Italie) sont « antérieurs au départ des consuls pour leur province » (*haec Romae acta nondum profectis in prouinciam consulibus*), mais Tite-Live ne précise pas — et c'est là toute la question — le laps de temps qui sépare : 1) l'arrivée du départ des dits ambassadeurs, 2) chacun de ces événements du départ de Cn. Sicinius pour l'Épire, ce second départ étant, certes, signalé, mais de façon trop vague (*priusquam magistratu abiret*). — Sur l'expression, non moins ambiguë, *paucis post diebus* de 37, 1, cf. *infra*, p. XLIII.

Tout incomplètes et équivoques qu'elles soient, ces notations chronologiques, qui indiquent un retour en arrière dans le récit, semblent bien prouver, compte tenu de leur place inattendue dans le fil de l'exposé, qu'il y a changement de source à partir du chapitre 36, 8. Nous ne pouvons donc sur ce point accepter l'opinion de U. Kahrstedt (*op. cit.*, p. 416-417) et de F. W. Walbank (*A note...*, p. 86), pour qui les §§ 36, 8 et 9 seraient d'origine annalistique, au même titre que les précédents (P. Meloni, *Perseo...*, p. 193, n. 5, s'abstient de prendre parti).

3. Jusqu'au chapitre 47 compris.

4. La consécution chronologique se fait donc en pratique de 42, 36, 8 à 42, 48.

taines des raisons probables pour lesquelles l'annalistique semble bien avoir légèrement faussé la chronologie, à savoir effacer ou atténuer la responsabilité manifeste de Rome dans le début des hostilités. Que les discordances apparaissent assez nettement chez Tite-Live semble prouver en tout cas que l'historien ne saurait être suspecté, quant à lui, d'avoir voulu masquer la vérité en « arrangeant » son récit et en tentant d'harmoniser à tout prix les divergences entre les dates[1].

Quoi qu'il en soit, le lecteur éprouve quelque étonnement, alors que le départ du consul romain pour la guerre n'est mentionné qu'au chapitre 49, à constater que dès 42, 28, 11 (source annalistique), soit à la fin du récit des événements de 172, les deux fils du censeur Q. Fulvius Flaccus combattaient déjà en Illyrie[2], preuve[3] qu'ils appartenaient à l'armée de Cn. Sicinius, donc que le commandant romain était déjà à pied d'œuvre dans la région où il luttait contre les alliés des Macédoniens[4]. Et cela, avant même que le peuple romain soit consulté sur l'opportunité d'une déclaration de guerre[5].

1. Sur les conséquences fâcheuses de ces ruptures chronologiques — d'ailleurs rares — dans le récit livien, cf. les excellentes remarques de J.-P. Chausserie-Laprée, *L'expression narrative chez les historiens latins*, Paris, De Boccard, 1969, p. 26.

2. Seule la date de l'année (172) est précisée (§ 10 : *eo anno*). Il ne peut s'agir que des mois de novembre ou décembre (julien).

3. Cf. Weissenborn-Müller (*adn. ad loc.*)

4. Cf. Tite-Live, 42, 36, 9. Sans doute Tite-Live le laisse-t-il entendre, lorsqu'il déclare (cf. *supra*, p. XLI, n. 2) qu' « avant le départ des consuls pour leur province » (ce départ n'avait pu avoir lieu qu'après les féries, fixées pour 171 à mars julien = 1er juin romain, cf. 42, 35, 3), Cn. Sicinius, lui-même parti de Brindes en novembre et dont on avait prorogé le commandement d'un an (42, 27, 6) *in agro Apolloniati castra habebat* et guerroyait en Illyrie (42, 36, 9). Mais le caractère trop vague de *nondum* (42, 36, 8 : *haec Romae acta nondum profectis in prouinciam consulibus*) dissimule qu'en fait Sicinius était en Épire sans doute depuis *six mois* quand Licinius Crassus y débarqua à son tour (en avril 171), la guerre ayant été cette fois officiellement déclarée.

5. De fait celle-ci n'est mentionnée, on l'a vu (et de façon d'ailleurs fort vague) qu'en 42, 30, 10 sq.

Autre gêne chronologique, l'expression fort imprécise[1] *paucis post diebus*, par laquelle Tite-Live date (42, 37, 1) le départ de la fameuse ambassade de Q. Marcius et A. Atilius, accompagnés d'un contingent de troupes. Il n'est pas sûr que le lecteur non averti pense que *post* s'applique aux événements (eux-mêmes antérieurs à ceux racontés dans les paragraphes précédents) racontés dans les deux derniers paragraphes[2] du chapitre 36[3], et dont on sait qu'ils eurent lieu en novembre-décembre 172 (julien). Il y a toutes chances pour qu'à ses yeux, au contraire, *post* se rapporte aux faits mentionnés dans la première partie (§§ 1-6) du chapitre 36, c'est-à-dire à l'expulsion de Rome de l'ambassade macédonienne. Il en résulte que Q. Marcius paraît partir *après* la rupture entre les deux pays : du coup, l'envoi de troupes romaines avec les ambassadeurs est justifié. En fait, la date et le rapport de consécution temporelle indiqués par Tite-Live sont faux, puisque Q. Marcius était parti (sans doute) en septembre 172[4], donc deux mois *avant* la traversée de Sicinius relatée... précédemment. L'action militaire de Rome était donc « préventive ».

Mais il y a plus grave. Placé aux chapitres 49 sq., après la mention de la *rogatio* portée devant le peuple (chap. 30) et l'expulsion de l'ambassade macédonienne (36, 7) (sans parler des chapitres précédents qui — dès 18, 1 — retentissent de bruits de guerre)[5], le récit de l'entrevue Q. Marcius-Persée, entrevue datable d'oc-

1. Ce qui n'est pas une raison, pensons-nous, pour en faire, comme F. W. Walbank (*op. cit.*, p. 85), une simple copule, sans valeur chronologique.

2. C'est-à-dire 36, 8-9, où il est fait mention de l'arrivée de Cn. Sicinius en Épire ; cf. sur ce point la n. 4 de la page précédente.

3. U. Kahrstedt (*op. cit.*, p. 427 sq.) refusait également de voir un lien chronologique entre *paucis post diebus* et l'arrivée de Cn. Sicinius à Apollonie.

4. Cf. U. Kahrstedt, *op. cit.*, p. 427 ; F. W. Walbank, *A note...*, p. 85 ; P. Meloni, *Perseo...*, p. 463.

5. Cf. *infra*, p. XLV, n. 5.

tobre 172[1], devait tout naturellement donner au lecteur l'impression que celle-ci était postérieure et à la *rogatio* et à l'expulsion. Mieux, le fait qu'une trêve soit accordée à Persée, l'emploi même du mot[2], tendaient à faire croire que le roi, le seul à posséder sur place une armée prête depuis longtemps à la lutte, interrompait des opérations militaires déjà virtuellement commencées et, par voie de conséquence, qu'il était le responsable de la guerre. Un des buts de la version annalistique des événements consistait, en effet, à laisser entendre, comme l'écrit E. Bikerman, qu'inversement « Rome se jeta dans cette guerre sans y être préparée[3] ».

La datation « tardive » de l'entrevue de Q. Marcius et de Persée aboutissait en outre à une contradiction. Si la rencontre entre les deux hommes avait lieu, comme on est fondé à le croire d'après Tite-Live, en 171, Rome aurait dû (et de fait elle les avait *à cette date*) avoir sur place les avant-gardes de Cn. Sicinius. Dès lors, le lecteur ne comprend plus pourquoi Q. Marcius se félicitait *in petto* pendant l'entrevue (d'ailleurs à juste titre, à la date réelle où celle-ci se déroulait) d'avoir obtenu une trêve parce que Rome n'avait là-bas « ni armée ni chef[4] ».

1. U. Kahrstedt, *Ibid.*, p. 427 ; F. W. Walbank, *Ibid.*, p. 86 ; P. Meloni, *Ibid.*

2. E. Bikerman remarque à juste titre (*op. cit.*, p. 497) que le mot « trêve » (*indutiae* : cf. 42, 43, 2) laisse entendre que la guerre avait déjà commencé. Seul « le général conduisant une campagne », ajoute-t-il d'ailleurs (ce n'était pas le cas de Q. Marcius) « pouvait accorder une suspension d'armes pendant la durée de son commandement ». — Que Polybe use lui-même cependant du terme ἀνοχάς (27, 5, 7) nous semble quelque peu affaiblir la thèse de l'auteur (cf. note à 42, 43, 2). Il n'en reste pas moins vrai cependant que, comme le remarque aussi E. Will (*op. cit.*, II, p. 225), Tite-Live aurait dû parler, pour sa part, non de « trêve », mais de « maintien de la paix ».

3. E. Bikerman, *op. cit.*, p. 498. — C'est bien ainsi, d'ailleurs, que Q. Marcius présente les faits au sénat, en janvier-février 171 (julien) : 42, 47, 2 : *adeo enim apparatibus belli (Perseum) fuisse instructum, ipsis nulla parata re, ut omnia opportuna loca praeoccupari ante ab eo potuerint quam exercitus in Graeciam traiceretur.*

4. Tite-Live 42, 43, 3 : *non exercitum, non ducem.* — Q. Marcius invoquera après coup, pour justifier sa ruse, la même raison devant le

C'est encore à une tradition chronologique brouillée et, par suite, à des rapports tendancieux d'origine annalistique, que sont dues d'autres contradictions : il s'agit de la double attitude prêtée par Tite-Live à Persée, au cours de l'année 172, vis-à-vis de Rome, et inversement, par endroits, de celle de Rome vis-à-vis du roi. D'une part, en effet, l'historien nous montre ce dernier, sur le rapport alarmant de son ambassadeur Harpale, « voulant la guerre »[1] parce qu'il se croyait en état de la gagner (*iam etiam* [*bellum*] *uolebat, in flore uirium se credens esse*)[2], et, plus loin, chassant brutalement de son territoire les *legati* romains[3], tantôt, au contraire, envoyant des ambassadeurs à Rome pour s' « étonner » du débarquement de troupes romaines en Épire et offrant même des réparations[4]. « Contradiction » aussi dans la conduite des Romains : ici, on nous les présente s'attendant d'un moment à l'autre[5] à une guerre qu'ils ne font rien, bien au contraire[6], pour éviter ; là, inversement, on voit cette guerre, décidée en principe[7], délibérément retardée d'un an[8]. Le sénat n'hésite même pas à faire partir pour

sénat, à son retour à Rome, en janvier 171 (P. Meloni, *op. cit.*, p. 463). La date de février 171 proposée pour ce retour par U. Kahrstedt (*op. cit.*, p. 428) est trop tardive. Tite-Live dit *principio hiemis* (42, 44, 8), et l'on sait, depuis la démonstration d'Holleaux (*R. É. A.*, 25, 1923, p. 354 ; cf. F. W. Walbank, *op. cit.*, p. 83-84) que l'expression polybienne κατὰ χειμῶνα (27, 2, 12) qui lui sert, en ce passage, à situer dans le temps la période d'activité des ambassadeurs romains en Grèce, désigne « la période avoisinant l'équinoxe d'automne ».

1. Cf. déjà au début de 173, où Persée refuse de recevoir les ambassadeurs romains : 42, 2, 1 ; cf. *Ibid.*, 5, 1.

2. Tite-Live, 42, 15, 2 ; cf. *Ibid.*, 5, 1.

3. *Ibid.*, 25, 12.

4. *Ibid.*, 36, 3 ; 48, 1.

5. *Ibid.*, 42, 2, 3 : *cum bellum Macedonicum in exspectatione esset* ; 19, 3 : *cum in exspectatione senatus esset, bello etsi non indicto, tamen iam decreto* ; 20, 1 : *in suspensa ciuitate ad exspectationem noui belli* ; 26, 2 : *cum Macedonicum bellum exspectaretur.*

6. Cf. l'accueil très hostile réservé par le sénat à l'ambassade d'Harpale (42, 14, 3 ; 15, 1).

7. Tite-Live, 42, 18, 2.

8. *Ibid.*, *Belli administratio ad nouos consules reiecta est* ; cf. 18, 6 : *cum Macedonicum bellum in annum dilatum esset.*

l'Espagne les renforts depuis longtemps réclamés par les gouverneurs[1], preuve évidente qu'à cette date, Persée ne semblait pas si redoutable, ni la guerre si urgente que le prétend Tite-Live[2]. Et pourtant venaient d'arriver coup sur coup[3] deux nouvelles faisant état d'actes franchement hostiles de Persée : son attentat manqué contre Eumène, d'une part, ses projets d'empoisonnement de sénateurs et d'ambassadeurs romains, de l'autre.

La datation erronée de l'entrevue de Q. Marcius et de Persée, en l'espèce son report apparent à l'année 171, donc sous le consulat de Licinius Crassus et Cassius Longinus, entraînait une autre conséquence politique (c'était sans doute le but recherché) : donner au lecteur l'illusion que les ambassadeurs macédoniens envoyés par Persée, après l'entrevue du Pénée (42, 43, 1), pour la mission de la « dernière chance », avaient été reçus par le sénat peu de temps après leur arrivée à Rome (42, 48, 1)[4]. Encore cette audience — c'est l'impression que l'on retire du récit — leur est-elle accordée par pure complaisance, et pour tenter de sauver la paix *in extremis*, par une Rome présentée comme un modèle de patience et d'indulgence[5], et cela, bien qu'on fût à la veille du départ du consul Licinius Crassus pour la guerre (42, 49). — La réalité était fort différente, et c'est précisément cette réalité qu'il

1. Tite-Live, 42, 18, 6.
2. *Ibid.*, 18, 1 : *quo maturius hostis Perseus iudicaretur.*
3. Les récits de ces attentats ou projets d'attentats précèdent *immédiatement* (42, 16-17), dans le récit, l'annonce du report de la guerre (42, 18, 2).
4. Il y a tout lieu de penser, si l'on applique au récit livien sa vraie chronologie — ce qui revient à relier directement, on l'a vu, le chapitre 36 au chapitre 48 — que les deux ambassades macédoniennes mentionnées respectivement dans chacun de ces chapitres n'en forment en réalité qu'une seule : Tite-Live donne en 36, 1-7 la version annalistique de cette ambassade ; en 48, 1-4, la version polybienne. E. Bikerman (*op. cit.*, p. 506) considère même la première comme purement fictive.
5. *Vobis quiescentibus et patientibus*, déclare Eumène au sénat (42, 13, 10).

fallait masquer : l'entrevue du Pénée datant probablement d'octobre 172, il faut admettre que les ambassadeurs macédoniens avaient dû, vu la hâte manifestée par Persée pour obtenir un règlement, arriver à Rome dès novembre 172 ; le sénat les avait donc, suivant un procédé qui ne lui était pas inhabituel[1], fait attendre quatre, voire cinq mois une audience... ou plutôt une fin de non-recevoir ! De cette attente, Rome tirait au moins deux avantages : 1) Persée serait placé devant le fait accompli de la rupture, et cela au dernier moment ; 2) Rome aurait le temps de préparer jusqu'au bout sa campagne[2] : aussi le débarquement de l'armée consulaire en Grèce suit-il de bien peu — si même il n'est pas concomitant — le début de l'offensive de Persée en Thessalie[3].

La même distorsion chronologique avait ainsi pour résultat[4] de masquer la succession des différentes initiatives par lesquelles Rome avait réalisé son plan de guerre et mis ses troupes en place. Le sénat avait en effet (l'« ambassade armée » Q. Marcius ayant eu lieu en septembre 172) fait passer, deux mois après, Sicinius en Épire, donc : 1) après la date habituelle de fermeture de la navigation en Adriatique[5] ; 2) au cours même de la trêve qui avait été conclue en octobre : alors que Persée appliquait cette trêve au point de se refuser à envoyer des renforts à certaines villes béotiennes[6], Rome la violait délibérément ; 3) au début de l'hiver, afin que, celui-ci écoulé, les Romains pussent disposer de bases de départ toutes prêtes pour leur offensive contre la Macédoine[7].

1. Cf. F. W. Walbank, *op. cit.*, p. 93.

2. Persée dénonce lui-même le procédé dans un discours adressé à ses troupes (cf. ci-dessous, n. 7).

3. Cette offensive ne peut commencer, bien entendu, qu'après le retour à Pella des ambassadeurs de Persée (42, 50, 1).

4. Nous reprenons ici les conclusions des deux articles, souvent cités précédemment, de F. W. Walbank et E. Bikerman.

5. Cf. Tite-Live, 31, 47, 1.

6. *Ibid.*, 42, 46, 10.

7. Persée dénonce explicitement le procédé dans un discours à ses

Quelle que soit la part de responsabilités de Tite-Live dans ces confusions chronologiques, on peut penser que sa brusque utilisation de Polybe — à partir du chapitre 36, 8 et jusqu'à la fin du livre 42 — est due en grande partie aux inextricables difficultés qu'il rencontrait sur ce point dans ses sources annalistiques[1]. Si le choix de Polybe comme source unique, à partir de 42, 36, 8, a finalement permis à Tite-Live de retrouver la clarté — et la vérité — historique, il a eu pour résultat indirect de faire ressortir dans le récit livien une forte discordance : la tendance, d'origine annalistique, à avancer la date de la guerre à la fin de 172 s'y heurte en effet au nécessaire recul — de plusieurs mois — d'autres dates, elles aussi déterminantes pour la fixation du début du conflit armé : celles de la *legatio Marcia* et de l'entrevue du Pénée.

Ces confusions d'ordre chronologique ne sont, certes, pas les seules erreurs commises par Tite-Live dans les livres 41-42 : mais l'examen de quelques-unes[2] d'entre elles montre que, contrairement à ce qui se produit pour la chronologie ou les formes du récit, les livres en question

troupes, sans doute en avril 171 : *extractam hiemem ut tempus ad comparandum (Romani) haberent* (42, 52, 8).

1. En particulier en ce qui concerne les ambassades, romaines ou macédoniennes, dont le nombre se multiplie au cours des années qui précèdent la guerre. Cf. sur ce point la tentative de classification chronologique de E. Bikerman (*op. cit.*, p. 505-506, appendice concernant « les ambassades échangées entre Persée et les Romains »). Cf. aussi les tableaux chronologiques de U. Kahrstedt (*op. cit.*, p. 427-429 : à propos de la « déclaration de guerre », à partir de juin-juillet 172) et surtout, pour l'ensemble des événements du règne de Persée, ceux de P. Meloni (*op. cit.*, p. 459-468).

2. Des « listes d'erreurs » ont été, bien entendu, établies, à la fin du siècle dernier, pour Tite-Live comme pour d'autres historiens de l'Antiquité (cf., pour Florus, *Édition de Florus*, Paris, Les Belles Lettres, I, 1967, p. XXXII, n. 7 et 8). H. Bornecque (*op. cit.*, p. 96) relève, à propos de Tite-Live, l'existence d'une liste d'erreurs dressée par E. Cocchia (*Saggio critico intorno alla vita e all' opere di Tito Livio*, Torino e Roma, Loescher, 1895, p. 31, n. 62), « liste qui s'arrête au livre XXX et qui est d'ailleurs très incomplète ». Cf. récemment P. G. Walsh, *op. cit.*, p. 143-167.

ne présentent, sur ce point, aucune particularité[1] par rapport aux autres décades, en particulier à la précédente. Certaines de ces erreurs sont dues, en effet, comme c'était déjà le cas dans la IVe Décade, à la double utilisation par Tite-Live des annalistes et de Polybe — qu'il y ait entre les deux sortes de sources soit contradiction, soit répétition, mais avec modification, du même renseignement. Seul, peut-être, le fait que bon nombre de ces fautes interviennent à propos des indications concernant les ambassades est un trait caractéristique des livres 41 et surtout 42, où ces ambassades, fort nombreuses, on l'a vu, et d'un rôle déterminant, constituent une source continuelle de confusion[2].

1. Cf. pour les confusions ou contradictions *concernant les chiffres* : d'après 42, 27, 3, Sicinius devait avoir 400 cavaliers ; d'après 42, 31, 3 : 600 ; de même en 42, 55, 10, les cavaliers thessaliens venus comme auxiliaires des Romains sont 300 ; 400, d'après 42, 58, 14. Parfois la contradiction a lieu à quelques lignes de distance : cf. celle qui existe entre 42, 7, 9-10 : 10.000 Ligures tués et plus de 700 prisonniers ; or, d'après 42, 8, 1, les Ligures n'étaient pas plus de 10.000 ; etc...

Confusions *sur les prénoms* : en 42, 1, 5 (et 43, 2, 8), Tite-Live donne à tort à Matienus le prénom M., alors qu'il l'appelle justement C. en 41, 28, 5 ; etc... Confusions *sur certains titres* : en 41, 15, 6, Aebutius est qualifié de préteur, alors qu'il était propréteur ; une certaine insuffisance de Tite-Live sur le plan militaire peut également être constatée en 41, 4, 1, où un tribun militaire semble posséder un *signifer* particulier ; de même, sur le plan juridique : au grand étonnement du lecteur moderne, l'historien n'éprouve pas le besoin de préciser, par exemple, si, quand et dans quelles conditions le peuple avait finalement voté la *rogatio* qui lui était soumise concernant la déclaration de guerre contre la Macédoine (42, 30, 11). — Pour les *doublets* : cf. 41, 9, 5-7 et 41, 13, 1-3 : deux listes de prodiges la même année.

2. Le départ d'une ambassade romaine pour les îles signalé en 42, 19, 7 (source annalistique) semble répété en 42, 45, 1 (source polybienne) ; de même pour les « deux » ambassades macédoniennes — en fait la même — auxquelles Tite-Live se réfère en 42, 36, 1-7 (annalistique) et 42, 48, 1 sq. (polybienne) ; l'ambassade romaine en « Étolie-Macédoine » de 42, 2, 1 a déjà, notent à juste titre Weissenborn-Müller, été indiquée par Tite-Live (d'après Polybe) en 41, 25, 5 : elle est mentionnée à nouveau en 41, 27, 4 (annalistique) ; etc... De même, le départ pour Brindes du préteur C. Lucretius, au début de 171, signalé en 42, 35, 3 d'après l'annalistique, est répété en 42, 48, 5 d'après Polybe. — A noter qu'en 42, 25, 1, Tite-Live parle du retour d'une ambassade dont il n'a jamais indiqué le départ, alors qu'in-

Rôle et formes du récit livien dans les livres 41-42. La Ve Décade constitue chronologiquement, mis à part quelques fragments (relatifs à Sertorius) issus du livre 91 et quelques lignes du livre 120 sur la mort de Cicéron, le dernier texte suivi que nous possédions de Tite-Live. Il est donc permis de penser (sans vouloir par là reprendre, pour l'ensemble de l'œuvre, la conception trop absolue que se faisait Stacey de l' « évolution » du style livien)[1], que notre décade peut donner une idée plus exacte que les précédentes de l'expérience, voire de la maîtrise acquise par Tite-Live dans tous les domaines. Sans doute a-t-on souvent noté le changement sensible qui s'est effectué à la fois dans la méthode d'exposition et dans le style, le vocabulaire notamment, de l'auteur, entre la Ire et la IIIe Décade[2]. Si, arrivé aux livres 31 sq., c'est-à-dire à l'histoire des guerres de Macédoine, Tite-Live trébuche parfois — preuve que l'évolution n'est pas nécessairement une amélioration et n'exclut pas les paliers ou même les reculs — parce que, comme l'écrit par exemple J. Bayet, « la matière (y) étant plus complexe, l'unité y est moins franche[3] », on doit admettre que, cette « complexité » devenant de plus en plus grande au fur et à mesure que l'auteur se rapproche de son temps, les livres 41-45 sont beaucoup plus représentatifs du

versement, en 41, 22, 3, il est fait état du départ pour la Macédoine de *legati* dont nous n'entendrons plus parler. Sur d'autres erreurs concernant les ambassades, cf. 42, 6, 4-6 ; 17, 1 ; etc...

1. S. G. Stacey, *Die Entwicklung des livianischen Stiles* in *Archiv f. lat. Lexikographie*, X, 1898, p. 118 sq.

2. Sur l'évolution du style de Tite-Live au sein même de la Ire Décade, cf. J. Bayet, *op. cit.*, p. LXIV-LXV. Cf. aussi J.-P. Chausserie-Laprée, *op. cit.*, p. 35 : « L'étendue même de l'œuvre de Tite-Live et l'extrême diversité de la matière historique sur laquelle il travaillait expliquent les transformations profondes qui se produisent chez lui après la première décade. Il y a, par exemple, entre la manière de l'historien des premiers temps de Rome et celui des 3e et 4e décades un contraste absolu qui saute aux yeux du lecteur le plus inattentif » (cf. aussi *ibid.*, p. 376-377 ; 567 et 602, n. 4).

3. J. Bayet, *Ibid.*, p. LXV (et surtout p. LXVI).

« vrai » Tite-Live, celui des cent livres que nous avons perdus, que celui de la Ire ou même de la IIIe Décade. Or, il se trouve que, par un singulier paradoxe, la Ve Décade est de beaucoup (sauf peut-être en ce qui concerne la *Quellenforschung* et le minutieux découpage de textes auquel elle a donné lieu) la plus négligée dans toutes les études concernant à la fois la méthode historique et la valeur littéraire de Tite-Live [1]. Tout compréhensible et justifié que soit l'intérêt éprouvé par le lecteur d'aujourd'hui pour la Ire ou la IIIe Décade (en raison des problèmes suscités par exemple par l'archéologie ou la seconde guerre punique), on doit penser que le récit de la troisième guerre de Macédoine rend peut-être mieux compte, vu le laps de temps qui sépare les époques respectives de rédaction des livres 1 et 45, de l'expérience de l'historien et des caractères généraux de son œuvre.

C'est à une période nouvelle et, à certains égards, exceptionnelle que parvient Tite-Live au début de la Ve Décade. Depuis dix ans, en effet, aucune guerre importante ne s'était produite et voici qu'éclate la grande épreuve entre Rome et la Macédoine, celle que tout le monde grec et romain attendait et dont Tite-Live ne cesse, on l'a vu, de rappeler l'imminence au cours des livres 41 et 42 [2]. C'est à la fin de ce dernier que commence le récit d'une guerre qui, bien avant Polybe, avait fait l'objet de plusieurs ouvrages historiques [3], et qui met fin

1. L'examen des titres de l'immense bibliographie livienne parue depuis un siècle est à cet égard significatif. Non moins « significatif », le fait que, sur la centaine de passages de Tite-Live commentés par J.-P. Chausserie-Laprée dans sa remarquable étude (*op. cit.*, p. 708 : *index*), un seul (45, 9, 2) appartienne à la 5e décade...

2. On sait d'ailleurs que, dans une déclaration catégorique et dont, en dépit de toutes les tentatives d'explication, la place ne cesse d'étonner (cf. *supra*, p. x, n. 5), Tite-Live — interrompant brusquement le récit des événements de l'année en cours (186-185) — qualifie la guerre contre Persée d' « imminente » : 39, 23, 5 : *Cum Perseo rege et Macedonibus bellum quod inminebat...* Ce, quatorze ans avant que commence cette guerre et sept ans avant l'avènement de Persée lui-même.

3. Cf. Polybe, 22, 18, 2 ; Plutarque, *Paul-Émile* 19, 7.

à l'un des plus grands et, en tout cas, au plus célèbre royaume du monde grec depuis l'expédition d'Alexandre. Le rapprochement d'Alexandre et de Persée — rapprochement que l'on retrouve chez Justin[1] — est fait à deux reprises au livre 42, lors de la comparaison des armées des deux rois[2], puis, par Persée lui-même, dans le discours qu'il adresse à ses troupes[3]. On le trouvait déjà en bonne place dans le jugement célèbre où, longtemps avant le récit de la guerre entre Rome et Persée, Polybe énumérait les véritables causes de cette guerre : Persée ne fait, pour lui, Grec, qu'appliquer les plans élaborés par son père[4], comme Alexandre l'avait fait en reprenant les projets de Philippe II[5].

Mais surtout les événements dont Tite-Live commençait le récit au début de la Ve Décade allaient lui permettre d'apporter enfin au lecteur, preuves en main, la confirmation de la solennelle et fière déclaration qu'il lançait comme un défi à la fin du fameux parallèle établi par lui au livre IX entre Rome et Alexandre : « Les Romains », écrivait-il alors par anticipation, « ont rencontré non pas, à vrai dire, Alexandre, ni les forces intactes de la Macédoine, mais du moins les Macédoniens, comme ennemis, dans leurs luttes contre Antiochus, Philippe, Persée, et cela non seulement sans défaite, mais sans danger pour eux[6]. »

1. Cf. Justin, 33, 1, 1 : *quippe cum (Macedones) gloria Orientis domiti... iuuabantur* ; cf. *Ibid.*, 3. — Florus fait un rapprochement du même ordre, mais à propos de la *première* guerre de Macédoine (I, 23, 3).

2. Tite-Live, 42, 51, 11 : *magnus Alexander.*

3. *Ibid.*, 52, 14-15. Cf. Justin, 33, 1, 3 : *ueterem Alexandri gloriam considerare suos (Perseus) iubebat.*

4. Sur la conception légèrement différente de Tite-Live, cf. *infra*, p. LVI, n. 3.

5. Polybe, 22, 18, 10 : cf. la traduction de cet important chapitre *infra*, p. LVI, n. 3.

6. Tite-Live, 9, 19, 14 : *Non quidem Alexandro duce nec integris Macedonum rebus, sed experti tamen sunt Romani Macedonem hostem aduersus Antiochum, Philippum, Persen, non modo cum clade ulla, sed ne cum periculo quidem suo.* (Trad. E. Lasserre.)

Du coup, le récit de la troisième guerre de Macédoine permettait à l'historien de mettre en relief, pour le plus grand plaisir des lecteurs, l'extraordinaire retournement de « fortune » qui s'était produit à cette occasion. En cela, Tite-Live ne faisait que suivre Polybe et surtout Démétrius de Phalère, dont le jugement célèbre sur le rôle de la Τύχη dans la formation du royaume de Macédoine est interprété par Polybe [1] — et plusieurs autres historiens [2] — comme une déclaration prophétique annonçant la perte de cet État [3]; du coup Rome — et Polybe le souligne — acquérait l'empire du monde [4]. Ces événements, dont Tite-Live commence le récit au livre 41, où l'on voit la Macédoine s'écrouler à son tour [5] sous les coups de Rome, où l'on voit surtout, peu de temps avant la chute, elle aussi définitive, de Carthage, une des manifestations éclatantes du nouvel impérialisme romain, il importait à l'historien de les mettre en valeur dès le début de sa nouvelle décade. C'est pourquoi, plus encore que dans les précédentes, et à la différence de Polybe qui, sans parler de son goût pour la polémique, ne cesse de souligner l'importance de ce qu'il raconte ou va raconter, Tite-Live semble se refuser à introduire dans son récit des commentaires ou des digressions où il exposerait ses conceptions historiques, philosophiques, morales ou même littéraires [6]. Tout au plus note-t-il, de-ci de-là, en quelques mots, l'importance de la guerre (42, 29, 1) ou rappelle-t-il qu'il ne veut traiter que des *res Romanae* (41, 25, 8) ou encore

1. Polybe, 29, 21.

2. Cf. Diodore de Sicile, 31, 10 et, de façon indirecte, Tite-Live lui-même, 45, 9, 7.

3. Démétrius de Phalère soulignait notamment la puissance de la Fortune grâce à laquelle les Macédoniens, pratiquement inconnus cinquante ans avant Alexandre, avaient abattu le royaume des Perses, alors maîtres du monde.

4. Polybe, 31, 25 (32, 11), 6.

5. Sur cette succession des Empires, cf. *infra*, p. LXIX, n. 3.

6. Ainsi Polybe, au début du livre 36, sur le rôle des discours prêtés par l'historien à chacun des deux belligérants dans le récit d'un conflit armé.

— à propos du départ de Rome du consul Licinius Crassus pour la guerre, au printemps 171 — souligne-t-il (42, 49) l'émotion qui étreint les spectateurs romains, au moment où vont se heurter deux États si puissants. Mais ce sont là réflexions fugitives et que l'auteur évite, parce qu'il répugne à briser le fil de son exposé. Celui-ci, au point où nous pouvons en mesurer, au début de la Ve Décade, la perfection technique, écarte autant que possible tout ce qui pourrait entraver un cheminement régulier.

Davantage encore, les livres 41-42 offraient à l'historien latin une matière dont celui-ci pouvait pleinement voir à travers Polybe, son modèle, quelle était l'extraordinaire richesse, à savoir l' « exposé des causes » d'une guerre, notamment d'une guerre aussi considérable par son retentissement dans le monde antique que par ses conséquences pour Rome. Sans doute Tite-Live avait-il commencé à indiquer certaines de ces causes, de façon d'ailleurs très clairsemée et indirecte, dès le livre 39 de son ouvrage : mais c'était évidemment au livre 42, au cours du récit consacré aux deux années précédant le conflit, qu'il avait à les présenter au lecteur. Remarquablement étudiée dans un ouvrage récent[1], l'étiologie apparaît en effet comme une des bases fondamentales, tant la notion de cause y est analysée en profondeur, de l'historiographie polybienne. Il se trouve précisément, comme le souligne P. Pédech, que l' « étude des origines de la guerre de Persée est l'application la plus parfaite du système étiologique de Polybe[2] ». Tite-Live avait donc lui aussi, en pareille matière, l'occasion de montrer son savoir-faire.

Les deux premiers livres de la Ve Décade, le second en

1. P. Pédech, *op. cit.*

2. *Ibid.*, p. 139. Ce serait en effet, suivant le même savant, avec l'exemple de cette guerre dont il avait été le témoin que Polybe aurait construit l'étiologie des autres guerres, notamment des guerres puniques.

particulier, laissent clairement apparaître les différences considérables qui opposent sur ce point les deux historiens. Si, quant au fond, Tite-Live partage entièrement l'opinion de Polybe sur les causes réelles de la troisième guerre de Macédoine, la technique d'exposition de celles-ci, autant qu'on en puisse juger par le caractère très fragmentaire de ce qui nous reste de Polybe, révèle une profonde divergence de méthode : loin de réunir de façon systématique, en un seul chapitre, comme son prédécesseur[1], les « raisons » qui lui paraissent être celles de cette guerre, Tite-Live répartit sur l'ensemble des livres 41[2] et 42[3] les arguments mis en avant par chaque belligérant, de façon à les incorporer au récit et à conserver à celui-ci son homogénéité et sa fluidité. Ce n'est pas que Tite-Live n'exploite pas à fond lui aussi la richesse de la matière, mais il la distribue autrement, en nourrit son récit qu'il équilibre soigneusement entre argumentation (plaidoyers, accusations) et narration proprement dite. L'auteur étend ainsi sur les vingt-huit premiers chapitres du livre 42 (années 173 et 172) — la guerre n'éclatera effectivement qu'un an plus tard — l'exposé des préparatifs faits par Rome. D'autre part, en des formules d'une grande similitude[4], l'auteur éprouve le besoin de rappeler, de chapitre en chapitre, que la guerre approche, et cela dès le début du récit concernant les événements de l'année 173[5].

Quant à porter un jugement personnel — à la manière

1. Cf. (déjà) Polybe, 22, 18, dont le jugement est reproduit à la page suivante, note 3.

2. Cf. les discours de Callicratès et d'Archon devant l'assemblée de la Ligue Achéenne.

3. Notamment à travers le discours d'Eumène, repris par les rapports des ambassadeurs romains, puis par Q. Marcius. Les « réponses » figurent dans les discours d'Harpale et surtout de Persée.

4. Cf. *supra*, p. XLV, n. 5.

5. Cf. 42, 2, 3 : *cum bellum Macedonicum in exspectatione esset*; cf. *Ibid.*, 5, 1.

polybienne — sur les arguments des deux belligérants, Tite-Live s'en garde soigneusement. Tout au plus glisse-t-il indirectement quelques éléments de ce jugement dans les discours qu'il prête aux personnages mis en scène par lui, Eumène et Q. Marcius en particulier : ceux-ci exposent ainsi, l'un devant le sénat[1], l'autre devant Persée lui-même[2], les raisons qui avaient poussé Rome à faire la guerre[3].

1. Tite-Live, 42, 11-13.
2. *Id.*, 42, 40.
3. Tout en admettant, on l'a vu, le principe polybien suivant lequel Persée, en faisant la guerre à Rome, reprenait les plans et les desseins de son père, Tite-Live modifie sur deux points importants la pensée de son prédécesseur : 1) Au lieu de faire de Persée un simple « exécutant » (χειριστής) des plans paternels, Tite-Live déclare que « Persée *songeait* déjà à la guerre du vivant de son père » (42, 5, 1 : *Perseus bellum iam uiuo patre cogitatum in animo uoluens*), ce qui est fort différent ; de fait, au livre 42, le roi, tel qu'il apparaît dans son récit, a sans cesse l'initiative sur le plan militaire. Cf. *Ibid.*, 15, 2 : *iam etiam* (*bellum uolebat*). 2) Tite-Live se garde bien, à l'instar de Polybe, de présenter comme de purs « prétextes » (προφάσεις) les « causes » qui poussaient Rome à la guerre, telles qu'elles sont exposées par Eumène ou Q. Marcius, entre autres ; cela, pour ne pas contredire la version annalistique des faits, pour éviter de détruire l'unité du livre 42 et, surtout, pour ne pas atténuer la force de l'argumentation des personnages exposant la thèse romaine. Compte tenu de son importance, nous croyons devoir reproduire ici, dans l'excellente traduction qu'en donne P. Pédech (*op. cit.*, p. 79-80), l'opinion de Polybe sur les causes « véritables » de la guerre de Persée (Polybe, 22, 18, 2) : « Je n'ignore pas que certains historiens de la guerre entre Rome et Persée, voulant nous exposer les causes du conflit, indiquent d'abord l'expulsion d'Abrupolis hors de son propre royaume, en représailles de son attaque contre les mines du mont Pangée, après la mort de Philippe ; Persée vint à la rescousse, le battit complètement et le dépouilla de son propre pouvoir ; vient ensuite l'invasion de la Dolopie et l'apparition de Persée à Delphes, puis l'attentat contre le roi Eumène à Delphes et l'assassinat des ambassadeurs béotiens, événements d'où quelques-uns disent que naquit la guerre entre Rome et Persée. Mais je prétends qu'il est très important pour les historiens et pour les savants de connaître les causes (τὰς αἰτίας) d'où naît et provient chaque événement : ces points sont embrouillés chez la plupart des historiens, parce qu'on n'y a pas pour règle de distinguer le prétexte (πρόφασις) d'une guerre de sa cause, et le commencement (ἀρχή) du prétexte. Puisque les événements m'y ramènent d'eux-mêmes, je me vois forcé de répéter la même déclaration. Dans les événements énumérés ci-dessus, les premiers sont des pré-

En donnant ainsi à son récit le « fondu » qui en constitue l'unité, Tite-Live arrive à résoudre le difficile problème de la distribution de la matière[1] : il lui faut en effet éviter à tout prix, dans un ouvrage aussi vaste, de donner au lecteur l'impression fâcheuse d'être ce que P. G. Walsh appelle joliment « a scissors and paste historian[2] ». Dans l'ensemble des livres 41-42, Tite-Live fait d'abord appel, pour assurer les transitions, aux moyens « traditionnels », notamment le classement par rubriques identiques ou voisines. Ainsi, des séditions en Vénétie (41, 27, 3), il passera tout naturellement à celles d'Étolie (§ 4) ; des supplications à propos de l'Espagne (41, 28, 1), à celles offertes en « expiation » d'un tremblement de terre en Italie (§ 2) ; ailleurs (41, 22, 1-3), l'auteur juge bon de réunir en quelques paragraphes les renseignements concernant les ambassades (carthaginoises, romaines et macédoniennes). La mention faite par Eumène (42, 11, 9) de l'*auctoritas* acquise par Persée permet au roi de Pergame de reprendre un peu plus loin dans son discours (42, 12, 3) son développement sur le rayonnement dans le monde grec de cette *auctoritas* royale. — Non moins traditionnelles, les transitions par parallélisme, antithétique

textes, les derniers, c'est-à-dire l'attentat contre Eumène et l'assassinat des ambassadeurs, ainsi que d'autres faits du même genre arrivés à la même date, sont manifestement les commencements de la guerre entre Rome et Persée et de l'anéantissement de la puissance macédonienne ; mais aucun absolument n'en est la cause ; on le verra par ce qui suit. De même que nous avons dit que Philippe, fils d'Amyntas, conçut et projeta de faire la guerre à la Perse et qu'Alexandre vint après lui comme exécuteur de ses décisions, de même nous disons maintenant que Philippe, fils de Démétrius, conçut d'abord cette guerre contre Rome, qui fut la dernière, et qu'il faisait tous les préparatifs en vue de cette entreprise et qu'après sa mort Persée fut l'exécuteur de ses intentions. S'il en est ainsi, il est clair aussi que les causes n'ont pas pu être postérieures à la mort de celui qui avait décidé et projeté la guerre ; or c'est ce qui résulte des dires des autres historiens, puisque tous les faits qu'ils énumèrent sont postérieurs à la mort de Philippe. »

1. J. Bayet souligne avec raison (*op. cit.*, p. XLVII-XLVIII) les progrès réalisés en ce domaine par Tite-Live à partir de la IVe Décade.

2. « Un historien compilateur » (P. G. Walsh, *op. cit.*, p. 287).

ou non : ainsi, au discours de Callicratès, adversaire de Persée (41, 23, 5-18), succède celui d'Archon, partisan du roi (24, 1-18) ; de même, lors de l'entrevue du Pénée, le discours de Marcius (42, 40, 1-11)[1] est suivi de la « réponse » du roi (42, 41-42). Que le plaidoyer de ce dernier ait été mis par Appien dans la bouche des ambassadeurs macédoniens amène à se demander si, comme nous le pensons, c'est Appien ou sa source[2], ou bien si, comme le suppose P. Meloni[3], c'est Tite-Live qui, en l'occurrence, fait la part la plus large à la symétrie rhétorique.

Sans doute le récit paraît-il parfois décousu dans certains chapitres d'origine annalistique : ainsi lorsque[4] Tite-Live présente les événements dans l'ordre (et à la date) dans lequel le sénat s'en occupe (41, 13, 4 sq.) ou simplement dans celui où ils figurent dans sa source[5]. Ailleurs, dans certaines énumérations, l'enchaînement très logique des faits mentionnés révèle le travail opéré par l'historien. C'est le cas dans l'ensemble du chapitre 21 du livre 41, chapitre dont la « construction » rigoureuse paraît bien être l'œuvre de Tite-Live : §§ 1-3 : répartition des provinces ; § 4 : levée de troupes ; § 5 : levée difficile en raison d'une épidémie : §§ 6-7 : les ravages opérés par celle-ci chez les animaux et les hommes ; § 8 : morts qui affectent à cette occasion les prêtres publics ;

1. Comme le remarque R. Ullmann (*La technique des discours dans Salluste, Tite-Live et Tacite*, Oslo, 1927, p. 179 sq.), le discours de Q. Marcius n'est guère lui-même qu'une simple reprise rhétorique de celui d'Eumène.

2. Cf. M. Gelzer, *op. cit.*, p. 282.

3. P. Meloni, *Il valore storico...*, *passim*.

4. A. Klotz, *Livius...*, p. 43. L'auteur attribue à Valerius Antias ce mode de présentation des faits.

5. Contribue à provoquer cette impression le fait que, dans certains cas, Tite-Live ne donne pas de conclusion à tel événement auquel il semblait pourtant avoir attaché de l'importance : ainsi du temple de Junon Lacinia, dont il est peu vraisemblable qu'il reste éternellement privé de toit (42, 3, 11). Ailleurs, l'historien « oublie » (cf. 42, 25, 13) de nous dire l'objet et le résultat des ambassades (thessalienne et étolienne) dont il signale l'arrivée à Rome, etc.

§ 9 : élection de leurs remplaçants ; § 10 : consultation des livres sibyllins pour expier le fléau ; § 11 : sacrifices offerts dans ce but ; § 12-13 : les présages en dehors de Rome.

La distribution de la matière au début de la Ve Décade paraît d'ailleurs avoir été plus facile qu'elle ne l'était pour l'historien dans les livres 38-40 : sans doute le « va-et-vient » Rome (Italie, Occident) — Grèce (Macédoine) continue-t-il, mais la préparation de la guerre de Macédoine concentre progressivement, à partir du livre 41, l'intérêt sur ce seul point. Aussi est-ce presque uniquement par rapport à ce conflit que s'ordonnent peu à peu toutes les indications fournies par l'historien sur la Grèce et l'Orient. La part considérable prise par la guerre de Persée dans le livre 42 (à partir du chapitre 25, il n'est plus question d'autre chose) contribue donc à atténuer, sinon même à effacer l'impression de décousu que donne parfois la narration livienne, liée comme elle l'est dans son ensemble à la technique de l'annalistique.

Grâce à ce resserrement progressif de l'intérêt, la dualité du sujet traité dans les livres 41-42 (Rome-la Macédoine) cesse peu à peu d'être un obstacle à l'unité. Dans ce domaine, et pour obtenir le même résultat, Tite-Live utilise d'ailleurs avec une habileté consommée ce qu'on est tenté d'appeler le « procédé » des récits d'ambassades. Les mentions de ces *legationes*, romaines ou macédoniennes, fort nombreuses, en effet[1], en cette période et dont Tite-Live n'omet guère de signaler les divers mouvements et activités, établissent tout naturellement dans le récit un lien étroit entre ce qui concerne Rome, d'une part, la Grèce, la Macédoine ou l'Orient, de l'autre. Elles

1. G. Colin (*op. cit.*, p. 390-391) compte treize ambassades romaines pour les seules années 174-171. — Que les indications concernant certaines de ces ambassades, romaines ou autres, soient probablement dues à des doublets d'origine annalistique n'enlève rien à l'effet produit sur le lecteur par leur répétition : le caractère artificiel de la mention de leur existence en est même renforcé.

permettent en même temps à l'historien d'exposer à plusieurs reprises, et à tour de rôle, les points de vue des deux belligérants, et cela de la manière qui lui est chère, parce qu'elle s'insère le plus aisément et le plus discrètement dans le récit, à savoir le style indirect, particulièrement de mise dans les « rapports d'ambassade ».

En même temps, les transitions deviennent, de ce fait, plus souples et plus commodes. Ainsi en 41, 19, 4, où Tite-Live, qui vient de parler du *tumultus Gallicus et Ligustinus*, mentionne le retour à Rome d'ambassadeurs romains *qui missi ad res uisendas in Macedoniam erant* : aussi est-ce de la Macédoine que traite le chapitre suivant (malheureusement interrompu par une lacune). D'une façon plus nette encore, l'indication en 41, 22, 3 du départ d'une ambassade romaine pour le même pays[1] — dont il est désormais question, à partir du § 4 — confirme le rôle de charnière des paragraphes 1-3, uniquement consacrés[2] aux activités des *legati* : d'Italie, où il se trouvait à la fin du chapitre 21, le lecteur est ainsi transporté chez les Dolopes, dont Persée réprime le soulèvement.

On peut faire des remarques analogues sur le rôle des *legationes* mentionnées successivement en 42, 2, 1[3]; 42, 4. 5[4]; 42 11, 1 sq., où Eumène joue le rôle d'ambassadeur plénipotentiaire, apportant au sénat — et au lecteur — des renseignements d'une exceptionnelle richesse sur la Macédoine, qui fait désormais l'objet du

1. Tite-Live, 41, 22, 3 : *in Macedoniam quoque mittendos legatos senatus censuit.*

2. *Supra*, p. XXI.

3. C'est avec l'indication du retour d'Étolie et de Macédoine d'ambassadeurs romains que Tite-Live passe du récit des événements survenus à Rome à ceux qui se déroulaient en Grèce.

4. Il s'agit cette fois de l'arrivée à Rome de *legati* étoliens, puis thessaliens, *nuntiantes quae in Macedonia gererentur* : Tite-Live enchaîne alors (chap. 5) sur les dispositions des cités grecques vis-à-vis de Persée.

récit[1] ; 42, 14, 2 sq., où l'ambassade d'Harpale donne aux Macédoniens l'occasion d'exprimer leur point de vue, et notamment de présenter une défense à la fois violente et maladroite des intérêts du roi, en réponse au discours d'Eumène ; 42, 17, 1, où, C. Valerius, revenu de Macédoine, confirme les accusations du roi de Pergame ; 42, 19, 3 : arrivée d'ambassadeurs cappadociens ; 42, 25, 1 sq., où le retour de Macédoine des trois *legati* romains[2] sert, de la même façon, de transition à l'historien pour faire passer son lecteur de Masinissa à Persée.

Il n'est pas jusqu'aux différents sujets de préoccupation du sénat ou de la population de l'*Vrbs* ou de la péninsule, de 175 à 172, que Tite-Live ne s'efforce de relier à la guerre de Macédoine — ou inversement. C'est ce qui se produit à plusieurs reprises, alors que la partie « romaine » du récit énumère une série de faits n'ayant apparemment aucun rapport avec le conflit contre Persée, à savoir la traditionnelle énumération des prodiges de l'année. Dans deux cas, l'enchaînement se fait grâce à l'évocation des scrupules religieux qui préoccupent les esprits. Ainsi en 42, 2, 3 : *cum bellum Macedonicum in exspectatione esset, priusquam id susciperetur, prodigia expiari pacemque deum peti precationibus... placuit* (suit la liste des prodiges) ; de même en 42, 20, 1 : *in suspensa ciuitate ad expectationem noui belli, nocturna tempestate columna rostrata in Capitolio... discussa est...* Cette *expectatio belli* était en 41, 19, 3 une *cura belli* que Tite-Live utilisait de la même façon pour conduire le lecteur du *tumultus Gallicus et Ligustinus* aux intrigues de Persée s'immisçant dans le conflit opposant Dardaniens et Bastarnes : *Et tumultus quidem Gallicus... haud magno conatu breui oppressus erat : belli Macedonici subibat iam cura, miscente Perseo inter Dardanos Bastarnasque certamina...* Non

1. Il était question de Rome dans les lignes qui précédaient immédiatement (42, 10, 15).

2. Cette ambassade est sans doute une fiction annalistique.

moins habiles, les deux transitions par lesquelles (42, 18, 6 et 19, 3) l'historien passe successivement, à une quinzaine de lignes de distance, de la guerre de Macédoine ou d'Orient aux affaires strictement romaines et inversement ; dans le premier cas, le report du conflit permet à Rome d'envoyer des troupes en Espagne : *cum Macedonicum bellum in annum dilatum esset, ceteris praetoribus iam in prouincias profectis...* ; dans le second, Tite-Live fait à nouveau appel au double procédé de l'*exspectatio* (mais celle-ci concerne cette fois l'attitude des rois dans le conflit imminent) et des mentions d'ambassades, pour relier l'*ager Campanus* au... roi Ariarathès de Cappadoce : *cum in expectatione senatus esset, bello etsi non indicto, tamen iam decreto, qui regum suam, qui Persei secuturi amicitiam essent, legati Ariarathis... Romam uenerunt.*

On doit noter à ce propos l'équilibre que l'historien a su réaliser dans son récit en établissant de façon particulièrement judicieuse l'alternance Rome-Grèce dans la première partie du livre 42[1] : Rome (chap. 1) ; Grèce (chap. 2) ; Rome (chap. 3-4) ; Grèce (chap. 5-6) ; Rome (chap. 7-10, 9) ; Grèce (chap. 10, 9-19) ; Rome (chap. 20-24) ; Macédoine-Grèce (chap. 25 à fin du livre). L'alternance entre les deux matières se double à chaque fois, on le voit, d'une progression régulière dans la part faite à la Grèce et à la Macédoine, proportion normale étant donnée la nature des événements racontés.

Ce n'est pas, certes, que l'utilisation de sources hétérogènes, jointe à la complexité de la matière traitée, n'entraîne, de-ci, de-là, des maladresses dans la disposition des paragraphes. C'est le cas notamment en 42, 6, 3, où Tite-Live annonce l'arrivée à Rome d'Eumène apportant avec lui un *commentarium... de apparatibus belli.* Or c'est seulement au chapitre 11 qu'après avoir répété l'annonce de l'arrivée du roi, l'historien commence à

1. Le caractère lacunaire du livre 41 interdit de s'y livrer à une vérification analogue.

révéler le contenu de ce mémoire. Qu'un changement de sources soit à l'origine de ce « déplacement », cela est très probable[1] ; nous mesurons là, en tout cas, les difficultés éprouvées par Tite-Live pour harmoniser ses renseignements, en même temps que son incapacité à les insérer parfois au bon endroit dans un récit d'ensemble[2].

Ce sont là, cependant, fautes vénielles et peu nombreuses. Si la nature lacunaire du livre 41 exclut tout jugement sur ce point, l'exposé des causes et des débuts de la guerre qui constitue l'essentiel du livre 42 — même s'il n'est pas systématique — présente les qualités traditionnelles d'élégance, de concision et de clarté (συντομία, σαφηνεία), ainsi que l'harmonie équilibrée des matières, toutes qualités fortement recherchées par les rhéteurs. De cette clarté comme de cet heureux agencement, nous ne citerons que deux exemples, l'un qui concerne l'exposé des causes, l'autre la narration elle-même. Pour l'exposé des causes, on peut citer les deux premiers paragraphes du chapitre 17, où nous voyons rassemblées quatre des raisons invoquées par Rome, à la fin de 172, pour déclarer la guerre à Persée : le réquisitoire d'Eumène, les rapports accablants des ambassadeurs romains revenus de Macédoine, la tentative d'assassinat contre Eumène, celle d'empoisonnement, enfin, contre de grands personnages romains occasionnellement hébergés par L. Rammius à Brindes. Quant à la bonne disposition de la matière, les chapitres 29 et 30 (jusqu'au § 7 inclus) en fournissent un

1. Comme cela ressort du tableau de la p. XXXVIII, les modernes sont en total désaccord sur les limites exactes à partir desquelles s'opère ce changement.

2. A noter une distorsion analogue, mais beaucoup moins sensible, en 42, 17. Tite-Live signale au § 2 l'arrivée au sénat de L. Rammius, *talis indicii delator* ; or, ce n'est qu'au § 5 qu'est exposée la *delatio*. — Cf. la disposition fâcheuse des paragraphes en 41, 27, 1-5 : §§ 1-2, élection des censeurs et leur action au sénat ; § 3 : départ des consuls pour leur province ; sédition en Vénétie ; § 4 : arrivée d'une ambassade romaine revenant d'Étolie ; §§ 5-13 : retour aux censeurs et renseignements détaillés sur leurs activités.

exemple particulièrement net[1]. Commençant avec eux le récit des événements survenus en 171[2], Tite-Live juge bon de passer alors en revue les forces dont dispose chaque belligérant, ainsi que les appuis respectifs sur lesquels les deux États, romain et macédonien, peuvent compter dans le monde grec et oriental.

L'acquisition d'une technique aussi éprouvée, à la fois dans l'art des transitions et dans celui, beaucoup plus délicat encore, de la distribution de la matière dans le récit, prouve assez la maîtrise à laquelle avait su parvenir Tite-Live au début de la Ve Décade. Cette maîtrise est d'autant plus remarquable qu'en ce domaine notre auteur, selon toute vraisemblance, dépend assez peu de Polybe, dont l'histoire se voulait « universelle » et dont l' « abondance »[3] a parfois obligé son successeur à opérer dans le récit des coupes sombres.

La figure de Persée dans les livres 41-42.

Si le récit livien revêt, au début de la Ve Décade, les formes assez particulières que nous avons examinées, les autres aspects littéraires traditionnellement étudiés chez Tite-Live (discours, style, langue notamment) ne semblent pas présenter de caractères propres à cette partie de l'œuvre.

Il n'en est pas de même des portraits — ou plutôt du seul portrait important[4] — contenu dans les livres 41-42, celui de Persée, étant admis que, par « portrait », nous

1. Que ces deux chapitres soient très probablement (tous les commentateurs sont d'accord sur ce point) empruntés à Polybe n'enlève rien au fait — le seul à importer ici — que Tite-Live les a opportunément placés en tête de son récit des événements de l'année.

2. A l'exception, bien entendu, de ceux du groupe formé par les chapitres 36, 8-47, groupe dont nous avons signalé l'insertion fautive dans cette partie du livre 42.

3. *Supra*, p. XXV et n. 3.

4. Sur le « portrait » du centurion Spurius Ligustinus, cf. *infra*, p. LXXXIII. Cf. aussi le portrait d'Antiochos IV (41, 20).

entendons un ensemble de traits disséminés[1] au fil du récit.

Intéressante, la figure de Persée l'est à plus d'un titre. D'abord, parce qu'elle contribue en grande partie, en raison de son importance, à forger l'unité de la pentade 41-45 : Persée est d'ailleurs le seul personnage à être présent dans chacun des cinq livres[2]. Ensuite et surtout, parce que cette figure est complexe, pour ne pas dire contradictoire, dans certains de ses traits[3]. Sans doute le personnage était-il bien connu des lecteurs au début de la Ve Décade (ne serait-ce qu'en raison de la place qu'il occupe au livre 40, où on le voit intriguer longuement auprès de son père et réussir à éliminer son frère Démétrius). Mais — et c'est ce qui frappe d'emblée — Persée, comme si la possession d'un trône nouvellement acquis l'avait entièrement transformé, n'est plus, à partir du livre 41, le même homme que dans la décade précédente.

Non seulement son rôle était alors restreint — son action se limitait aux frontières du royaume de Macédoine et, de toute façon, l'écrasante personnalité de Philippe effaçait en grande partie celle de son fils — mais son caractère était dépeint sous des couleurs particulièrement sombres, dont les contours sont beaucoup moins

1. H. Bornecque (*op. cit.*, p. 175) note à ce propos que « l'on ne trouve chez lui (= Tite-Live) à peu près aucun portrait *ex professo*, conçu comme un morceau d'apparat se détachant du texte », à l'exception de ceux de Papirius Cursor (au livre IX) et de Caton l'Ancien. Il semble par contre, à en juger par le fragment (25, 3, 5-8) qui nous en est parvenu, que Polybe avait réservé un certain nombre de paragraphes au portrait de Persée.

2. On a vu (*supra*, p. XIV, n. 5) qu'il l'est sans doute également au livre 46.

3. Que le portrait de Persée ait été (ou ait dû être) particulièrement fouillé par Polybe, c'est ce qui ressort non seulement des maigres fragments conservés, mais encore de ce que nous devinons des relations personnelles de l'historien avec les « Amis de Persée » et peut-être le roi captif lui-même. Cf. sur ce point P. Pédech, *op. cit.*, *passim* (notamment les p. 52, 203, 361-362, 403). Sur Persée victime de l'ἄλογον, cf. *Ibid.*, p. 224.

nets et qui s'accompagnent parfois de teintes plus riantes dans les livres 41-42. Ambitieux, cruel, fourbe, haineux, criminel dénué de tout scrupule, tel se montre à nous le frère et rival de Démétrius, dans la IVe Décade[1], sans qu'il y soit jamais fait allusion à quelque qualité, morale ou autre, susceptible de le racheter à nos yeux. Non, certes, que cette image très défavorable ait disparu au début de la décade suivante : c'est en train de manœuvrer en sous-main pour pousser les Bastarnes contre les Dardaniens, amis de Rome, que Persée se présente à nous pour la première fois, au livre 41[2]. Ailleurs, il apparaît non seulement comme l'ennemi héréditaire de Rome[3], mais comme un adversaire retors, n'agissant que par des moyens lâches et détournés, assassinat et empoisonnement[4], etc...

Mais à cet aspect que l'on peut qualifier d'attendu et de traditionnel chez Tite-Live (il correspond à l'orientation violemment antimacédonienne de l'annalistique)[5], vient s'en ajouter un autre, tout différent, dont il faut reconnaître qu'il s'accorde parfois assez mal avec le premier. Sans aller jusqu'à peindre Persée sous un jour aussi favorable que le fait la source utilisée par Appien au chapitre 11 de ses Μακεδονικά[6], Tite-Live, en partie sans doute sous l'influence de Polybe[7], nous le montre par

1. Même image, mais isolée, chez Justin, 32, 2, 7 sq.

2. Tite-Live, 41, 19, 4 : *miscente Perseo inter Dardanos Bastarnasque certamina.*

3. *Ibid.*, 23, 11 : ... *Persea quem belli cum populo Romano prius paene quam regni heredem* ; cf. 42, 11, 5 : *itaque Persea hereditarium a patre relictum bellum et simul cum imperio traditum... alere.*

4. *Ibid.*, 42, 18, 1 (à propos de l'affaire L. Rammius) : ... *quippe quem* (*Perseum*) *non iustum modo apparare bellum regio animo, sed per omnia clandestina grassari scelera latrociniorum ac ueneficiorum cernebant* (cf. 42, 5, 4).

5. Cf. *supra*, p. XL.

6. Cf. *supra*, p. XXXVI. L'auteur présente par exemple (§ 3) Persée comme un « roi sage, travailleur, généreux envers de nombreuses personnes » (βασιλέα σώφρονα καὶ φιλόπονον καὶ ἐς πολλοὺς φιλάνθρωπον). De même dans les paragraphes suivants.

7. Polybe fait en 25, 3, 5-7 un portrait très favorable de Persée au début de son règne.

endroits, à partir du livre 41, comme désireux, dès le début de son règne, de se distinguer sur plusieurs points de son père, cherchant notamment à se réconcilier à tout prix avec les ennemis de celui-ci (41, 22, 7 ; 24, 11)[1] : Persée est présenté aussi comme un excellent soldat (42, 11, 6-7), un chef sachant faire respecter la discipline (41, 22, 6), un habile diplomate (42, 11, 8 ; 12, 6) et un remarquable administrateur (42, 12, 8-10). Il jouit d'un prestige (*auctoritas* 42, 11, 9 ; 12, 3) dont Eumène lui-même souligne l'étendue ; sa munificence et sa majesté toutes royales[2] font l'admiration de Tite-Live (42, 50, 11 ; 51, 2). Grande est sa générosité envers tous (41, 22, 8 ; 23, 3), au point que sa popularité, considérable dans tous les États grecs, s'étend jusqu'en Asie (42, 14, 9). — Surtout, le nouveau roi veut apparaître comme profondément pacifique : la paix, il la recherche par tous les moyens (42, 59, 10 ; 62, 8) et use à l'égard de Rome d'une extraordinaire patience, alors même que celle-ci semble agir injustement (42, 36, 3). Il fait même preuve de la plus rigoureuse loyauté en respectant une trêve (42, 46, 10) que son adversaire n'hésite pas à violer à plusieurs reprises.

Que la plupart de ces qualités, décernées ou reconnues à Persée par des ennemis (Eumène en particulier), soient bien souvent présentées par eux comme autant de preuves de l'hypocrisie du personnage — ou du danger qu'il représente — ne diminue en rien l'impression assez favorable qui se dégage souvent de ces faits... A quoi ou à qui attribuer dès lors ce double aspect de Persée chez Tite-Live ? A Polybe, certes, en partie, encore que, d'une manière générale, l'historien grec soit fort peu porté à approuver le roi, en qui il voit un obstacle sérieux à

1. Polybe (*Ibid.*, 1-2) parle aussi de l'amnistie accordée par le nouveau roi aux Macédoniens bannis par son père.

2. Polybe (25, 3, 5) note aussi la « dignité royale » que Persée montra toute sa vie (ἐπέφαινε δὲ καὶ τὴν κατὰ ἐν τῷ λοιπῷ βίῳ προστασίαν τὸ τῆς βασιλείας ἀξίωμα).

l'hégémonie, bénéfique à ses yeux, conquise par Rome dans le monde méditerranéen[1]. A Tite-Live surtout, et sans doute moins à une objectivité, fort discutable en l'occurrence[2], qu'à son savoir-faire et à son talent littéraire. A lui s'imposait, en effet, dès le début de la Ve Décade, l'absolue nécessité d'équilibrer les éléments du caractère de Persée : il s'agissait d'obtenir que son lecteur soit porté à la fois à admirer la victoire de Rome sur le roi de Macédoine et en même temps, conformément aux normes de l'historiographie hellénistique, à s'apitoyer sur la destinée misérable du monarque. Dans ce but, l'historien devait contradictoirement rendre par endroits celui-ci sympathique au lecteur, tout en en faisant, à d'autres, un adversaire redoutable pour Rome. C'est ainsi que, lors du départ pour la guerre du consul Licinius Crassus, Tite-Live présente Persée comme l'un des « ennemis puissants et fameux par leur bravoure ou leur fortune »[3] que Rome avait rencontrés ou devait rencontrer et déclare de lui que « depuis son avènement au trône et en raison de l'attente où l'on était de la guerre, on n'avait jamais cessé de prononcer son nom[4] ». Persée n'était-il pas le successeur du grand Alexandre — le roi lui-même ne manque pas de s'en prévaloir[5] — le chef d'un peuple

1. Cf. P. Pédech, *op. cit.*, p. 137-139.

2. Cf. *infra*, p. LXXXVI sq.

3. Tite-Live, 42, 49, 2 : ... *magnum nobilemque aut uirtute aut fortuna hostem*... Cf. Velleius Paterculus, I, 9, 5 : *maximum nobilissimumque regem* (cf. § 6 : *magnitudine regis Persei*...).

4. *Ibid.*, 7 : *tum ipsius Persei nunquam ex quo regnum accepisset desitum belli exspectatione celebrari nomen.* — La volonté livienne d'équilibrer, pour les besoins de la cause, la puissance et le prestige des deux adversaires se manifeste pleinement en 42, 39, 3, où, soulignant le grand nombre de délégués des cités grecques qui accompagnent Q. Marcius se rendant à la conférence du Pénée, l'historien écrit : « Ils éprouvaient la curiosité, naturelle aux mortels, d'assister à la rencontre entre un roi fameux (*nobilem regem*) et les ambassadeurs du premier peuple du monde. »

5. Sur le rappel (fréquent) de ce prestigieux ancêtre de Persée au livre 42, cf. Tite-Live, 42, 50, 7 ; 51, 1 : le conseil de guerre présidé par Persée se tient *in uetere regia Macedonum*. — Le fils de Persée

traditionnellement et éminemment guerrier[1], le maître d'un pays aux ressources considérables[2], le dernier monarque du dernier empire existant avant l'Empire romain[3]?

Pour la même raison — et pour nous contenter de ce seul exemple — Tite-Live devait, tout en notant ou en laissant entendre à plusieurs reprises l'insuffisance, voire l'incapacité militaire de Persée[4], ne pas la faire éclater trop ouvertement : c'eût été du même coup, en effet, atténuer la portée de la victoire romaine. Aussi l'historien s'emploie-t-il, par deux fois, à masquer les faiblesses du roi en ce domaine en attribuant indirectement son manque de clairvoyance — ou d'habileté à saisir l'occasion favorable — au seul désir de conciliation éprouvé par Persée[5].

Tout complexe, voire contradictoire qu'il peut nous

s'appelle Alexandre (Tite-Live, 42, 52, 5 ; Plutarque, *Paul-Émile*, 33, 3-4 ; 37, 3).

1. Cf. Tite-Live, 42, 49, 7 : *bello clara Macedonum gens* ; cf. 52, 16 : *gens bello nobilis* ; cf. Justin, 33, 1, 3 : *Macedonicum inuictae opinionis exercitum*.

2. On sait que le butin pris par Paul-Émile après Pydna permit aux Romains d'être délivrés d'impôts (Valère-Maxime, 4, 3, 8) pour un siècle et demi. — Polybe souligne lui aussi (31, 25 = 32, 11, 7) les richesses de la Macédoine.

3. Le fait est souligné par Aemilius Sura, l'auteur inconnu d'*Annales du peuple romain* (Velleius Paterculus, I, 6, 6). — Sur cette conception, profondément implantée dans l'historiographie romaine, de la succession des hégémonies dans l'espace et le temps, et le pessimisme qui s'ensuit, cf. L. Ferrero, *op. cit.*, p. 53 sq.

4. Cf. Tite-Live, 42, 55, 3 ; 59, 7-11 ; 60, 5 ; 66, 2-4. S'il est exact de dire avec P. Pédech (*op. cit.*, p. 225), à propos de certains échecs ou maladresses de Persée (cf. après Callinicos ou à Crannon), que « l'historien » (c'est-à-dire Polybe à travers Tite-Live) « prend même la peine de développer les raisonnements qu'il (Persée) aurait dû faire », nous ne pensons pas que la « leçon » ainsi donnée au roi soit accablante pour lui, compte tenu de l'importance, somme toute assez faible, de ces deux rencontres.

5. Cf. les deux formules d'expression très voisines employées en 42, 59, 10 (Persée suit le conseil qu'on lui donne de ne pas engager la phalange à Callinicos) : *in hoc consilium pronior erat animus regis* et 42, 62, 7 (le roi accepte d'emblée les propositions « pacifistes » de son entourage) : *nunquam ab talibus consiliis abhorrebat regis animus*.

apparaître, le personnage de Persée prend d'autant plus de relief dans les deux premiers livres de la Ve Décade que le roi, il faut l'avouer, ne trouve guère en face de lui d'adversaire romain digne de ce nom[1]. Par ailleurs, un habile effort de dramatisation pathétique de la part de Tite-Live fait dans certains cas (ainsi dans le discours que lui prête l'historien, lors de la conférence du Pénée)[2] apparaître Persée, non plus comme l'ennemi acharné dont Rome attendait les coups depuis longtemps[3], mais au contraire comme la victime d'une cabale montée contre lui par Eumène. Le « puissant » roi de Macédoine en est ainsi réduit, avant même de commencer les opérations militaires, à « plaider sa cause[4] » devant les « juges » que constituent les ambassadeurs romains, à espérer que ces derniers seront pour lui des *iudices aequi*[5] et à solliciter d'eux une trêve que Marcius lui accorde avec condescendance et comme une grande faveur[6].

Ainsi Tite-Live réussit-il, dans une certaine mesure, à accroître et la *misericordia* du lecteur pour Persée et son admiration pour Rome. On ressentira une impression analogue, aussi mêlée et ambiguë, aux livres 44 et 45, devant les attitudes fort divergentes, voire déconcertantes par leur variété, de Paul-Émile à l'égard de son prisonnier. Ce dernier est traité en effet par le général romain tantôt avec élégance, tantôt avec mépris, tantôt (notamment dans le fameux discours qu'il prononce

1. Cf. *infra*, p. LXXV.

2. La plupart des arguments attribués au roi dans ce discours par Tite-Live sont placés par Appien dans la bouche des ambassadeurs macédoniens (*Mac.*, 11, 5 sq.), ce qui, quoi qu'on puisse penser de la réalité (cf. *supra*, p. XXXVI), n'en affaiblit pas moins la portée.

3. Cf. Tite-Live, 42, 2, 2 (rapport des légats romains au sénat) : *facile tamen apparuisse sibi bellum parari nec ultra regem ad arma ire dilaturum*; cf. *Ibid.*, 5, 1 : *Perseus bellum iam uiuo patre cogitatum in animo uoluens.*

4. C'est l'expression même employée par Q. Marcius s'adressant à Persée (42, 40, 11) : *agendae tuae apud senatum causae.*

5. Tite-Live, 42, 41, 1.

6. *Ibid.*, 43, 2 : *magnam gratiam.*

pour les obsèques de ses fils) avec humanité, tantôt avec pitié... Dès le début de la Ve Décade, Persée n'allait-il pas devenir — et rester désormais dans la littérature antique[1] — le symbole de l'homme en proie aux caprices de la Fortune? Peut-être même ces variations de la « fortune de Persée » ont-elles entraîné, comme par contagion, des contrastes tout aussi frappants entre les principaux traits de caractère prêtés à Persée par les historiens ou les moralistes?

Le jugement de Tite-Live sur la conduite des Romains dans la préparation de la troisième guerre de Macédoine.

Tite-Live n'ignorait pas — en entamant, au livre 42, le récit des causes de la troisième guerre de Macédoine — que cette guerre avait été, un siècle avant lui, pour une partie de l'opinion, le premier signe de la « nouvelle manière », beaucoup plus brutale, de l'impérialisme romain : Rome, estimaient en effet certains des Grecs mis en scène par Polybe, « avait fait éclater les premières manifestations de sa nouvelle politique vis-à-vis de Persée, en détruisant de fond en comble le royaume de Macédoine[2] », destruction qui allait être suivie bientôt de celle, non moins brutale et injuste, de Carthage[3]. Diodore, qui s'inspire sans doute de Polybe, puisqu'il exprime la même idée, ajoute à ces deux noms de villes ou d'États ceux de Corinthe et de Numance : pour lui aussi, l'écrasement de Persée est le *premier* signe du tournant marqué par

1. Ainsi Valère-Maxime souligne que « dans le court espace d'un moment, (Persée) était tombé de la royauté à la condition de prisonnier » (V, 1, 8 : *... Persen parui temporis momento captiuum ex rege ad se adduci*). Plutarque note de son côté qu' « en moins d'une heure était tombé l'héritage d'Alexandre » (*Vie de Paul-Émile*, 27, 4) : ὥρας μιᾶς μορίῳ (Ἀλεξάνδρου διαδοχήν) πεσοῦσαν.

2. Polybe, 36, 9, 7 : νῦν δὲ προοίμιον μὲν ἐκτεθεῖσθαι τῆς ἰδίας προαιρέσεως τὰ κατὰ Περσέα, βαστάσαντας ἐκ ῥιζῶν τὴν Μακεδόνων βασιλείαν.

3. *Ibid.*

Rome dans sa politique d'hégémonie[1]. Caractérisée jusque-là par un « excès de générosité » (διὰ τὴν ὑπερβολὴν τῆς ἡμερότητος), cette politique se définira désormais « par la terreur et la destruction des plus puissantes cités[2] ».

Tite-Live savait aussi, au début de la Ve Décade, quel retentissement exceptionnel avait eu dans le monde grec[3] le conflit dont il commençait l'exposé, en raison de la célébrité (« plus grande encore que celle de Carthage », écrit Justin)[4] de la Macédoine, en raison aussi du changement considérable qui s'était produit dans la politique romaine : pour la première fois dans son histoire, Rome allait, au terme d'une guerre livrée à un peuple « civilisé », ne plus laisser subsister l'adversaire vaincu, comme elle l'avait fait pour Hannibal, Philippe et Antiochus[5] et leurs pays respectifs, mais le détruire définitivement. A l'incroyable générosité de Flamininus ou même de Scipion, allait succéder la brutalité des dix commissaires sénatoriaux chargés de dépecer la Macédoine[6]. Du coup, les

1. Diodore de Sicile, 32, 4, 5 (sans se conformer à l'ordre chronologique) : Κόρινθον γὰρ κατέσκαψαν καὶ τοὺς κατὰ τὴν Μακεδονίαν ἐρριζοτόμησαν, οἷον τὸν Περσέα, καὶ Καρχηδόνα κατέσκαψαν καὶ ἐν Κελτιβηρίᾳ τὴν Νομαντίαν.

2. Diodore de Sicile, *Ibid.* : ... φόβῳ καὶ τῇ τῶν ἐπιφανεστάτων πόλεων ἀπωλείᾳ.

3. Un prodige tel que les pleurs versés par l'Apollon de Cumes, au IIe siècle, lors de chaque défaite infligée à des Grecs par des Romains — dès l'époque d'Antiochus et de Persée (J. Obsequens, 28 (87) ; saint Augustin, *C. D.*, III, 11 ; cf. J. Gagé, *Apollon Romain*, Paris, De Boccard, 1955, p. 39-41) — montre à quel point l'opinion était alors, en Grèce comme à Rome, sensibilisée à tout ce qui pouvait apparaître comme un conflit entre les deux pays.

4. Justin, 33, 1, 1 : *tanto clarius (bellum Macedonicum) quanto nobilitate Macedones Poenos antecesserunt.*

5. La comparaison entre les guerres menées par Rome contre Hannibal, Philippe ou Antiochus d'une part, Persée de l'autre, est faite à plusieurs reprises dans le livre 42 : cf. 42, 32, 6 ; 34, 6 ; 8 ; 37, 8-9 ; 38, 3 ; 6 ; 44, 4-5 ; 50, 6-7 ; 10.

6. A. Piganiol souligne lui aussi, dans un remarquable chapitre sur l' « Orient méditerranéen, de Pydna à la guerre de Mithridate (168-89 avant J.-C.) », la brutalité de la nouvelle politique romaine après Pydna (*La conquête romaine...*, p. 323-324).

premiers livres de la Ve Décade prennent une signification particulière dans le vaste ouvrage que Tite-Live avait entrepris pour la plus grande gloire de Rome : avec eux, l'historien continuait moins un panégyrique de sa patrie qu'il ne commençait un plaidoyer en sa faveur.

Face aux accusations des historiens grecs qui dénonçaient les nouvelles méthodes de l'impérialisme romain, l'attitude de Tite-Live est double, voire contradictoire, dans la mesure où ses intentions et convictions morales, d'une part, patriotiques de l'autre[1], ne sont pas loin de s'opposer. Les premières l'invitent à dénoncer les excès, tous les excès, commis par ses compatriotes comme par d'autres, donc d'abord à ne pas les dissimuler : ainsi peut-il révéler à ses lecteurs comment, peu à peu, la décadence morale de Rome en était arrivée à ce degré où « ni les vices ni leurs remèdes ne peuvent être supportés[2] ». Les secondes, au contraire, le poussent à montrer que c'est en bâtissant son immense empire que le peuple romain a le mieux révélé sa grandeur. Sur ce dernier point, Tite-Live trouvait dans le récit de la guerre de Persée l'occasion de reprendre, sur une vaste échelle, des idées déjà exprimées par lui au livre IX sous la forme d'une violente polémique contre certains historiens grecs, dans cet « étonnant hors-d'œuvre[3] », que cons-

1. Cf. J. Bayet, *op. cit.*, p. LXXII-LXXIV (« Morale et nationalisme »).
2. Tite-Live, *Préface*, 9 : *nec uitia nostra nec remedia pati possumus.*
3. J. Bayet, *op. cit.*, p. LXXIII. Le savant éditeur rappelle à ce propos (*Ibid.*, p. LXV, n. 1) l'hypothèse de C. Brakman, selon lequel, parmi ces *leuissimi ex Graecis*, figurait peut-être le contemporain de Tite-Live, Timagène, « venimeux ennemi de Rome ». On a vu (*supra*, p. XXXIV), que pour certains historiens, ce même Timagène pourrait avoir servi de source à Trogue-Pompée et à Appien dans ses Μακεδονικά. Nous nous demandons, pour notre part, si le titre *Histoires Philippiques* donné par Trogue-Pompée, autre contemporain de Tite-Live, à son vaste ouvrage, si le fait — curieux — que plus de la moitié de cette histoire qui se proclame « universelle » (*totius orbis historias*, Justin, *Préface*, 1) soit en réalité consacrée à la seule Macédoine, ne sont pas autant d'indices de l'existence dans l'*Vrbs*, à cette date,

titue le célèbre parallèle de Rome et d'Alexandre[1].

En ce qui concerne d'abord les différents excès commis par les magistrats romains, les livres 41-42 apportent leur habituelle moisson d'exactions, dont certaines ont trait aux méthodes désormais plus brutales[2] ou plus cyniques[3] de l'impérialisme romain. Il faut reconnaître qu'avec une grande franchise (le livre 41 s'ouvre sur un récit à cet égard édifiant) Tite-Live donne plusieurs exemples de cette politique agressive de Rome envers les peuples voisins ou alliés. C'est le cas des attaques lancées, sans aucun droit, ni même déclaration de guerre, par le ou les consuls de 178 et de 173 contre les Histriens[4] et les Ligures[5]. Malgré l'indignation du sénat[6], les protestations des tribuns[7] et, apparemment, de l'opinion unanime[8], le coupable réussit à garder l'impunité, impunité que Tite-Live condamne formellement[9], comme il condamne l'abus de pouvoir de L. Postumius Albinus, le consul de 173, à l'égard des Prénestins[10], l'arrogance de son collègue Popilius envers le sénat, « arrogance analogue à celle dont il avait fait preuve à l'égard des Ligures[11] » ou le pillage du temple de Junon Lacinia par le censeur de 173, Q. Fulvius Flaccus, qui devait, vu la nature de sa charge, donner l'exemple de la pureté des mœurs[12]. La

parmi certains cercles d'historiographes grecs ou autres, d'une opinion assez peu favorable à Rome : il se serait agi notamment d'établir une comparaison — pas toujours flatteuse pour les Romains — entre leur empire récemment et difficilement consolidé et celui d'Alexandre...

1. Tite-Live, 9, 17-19.

2. Cf. pour les Prénestins, 42, 1, 8-12.

3. Cf. pour l'ambassade de Q. Marcius en Grèce, 42, 47, 4 sq.

4. Ainsi fait le consul Manlius Volso en 178 (41, 1-5 ; 6, 2) ; mêmes agissements en 177 (41, 10, 1 sq.).

5. Ainsi fait le consul M. Popilius en 173 (42, 7, 4 sq.).

6. 42, 8, 5 ; 21, 2-8 ; 22, 2-5.

7. 41, 6, 2 ; 7, 5-10 ; 42, 21, 4.

8. 42, 21, 8.

9. *Ibid.*, 22, 8 : *ita rogatio de Liguribus arte fallaci elusa est.*

10. *Ibid.*, 42, 1, 8 sq.

11. *Ibid.*, 9, 1 : *Consul qua ferocia animi usus erat in Liguribus, eamdem ad non parendum senatui habuit.*

12. *Ibid.*, 42, 3 ; cf. 28, 11.

façon dont en opposant aux procédés de ruse employés par Q. Marcius envers Persée la loyauté des Romains d'autrefois à l'égard des Falisques ou de Pyrrhus, Tite-Live fait condamner cette attitude par les « vieux sénateurs », le rappel qu'il fait à ce propos, en termes fort explicites, de la traditionnelle controverse philosophique sur l'*utile* et l'*honestum*[1], tout cela semble prouver que l'historien ne cherche guère, en l'occurrence, à masquer la gravité de tels agissements.

Pas davantage, on ne saurait lui reprocher d'avoir cherché, dans les deux premiers livres de la Décade, à flatter le portrait des magistrats ou généraux romains qu'il met en scène. A quelques exceptions près[2], ce sont de bien piètres et peu sympathiques personnages que les dix-sept ou dix-huit consuls qui se succèdent de 178 à 171[3], les deux derniers étant peut-être les moins estimables, qu'il s'agisse de Licinius Crassus, chargé de mener la campagne contre Persée, alors que son incompétence militaire était notoire[4], ou de Cassius Longinus qui — ce sera l'objet du livre 43 — se fera sévèrement rappeler à l'ordre par le sénat à la suite de sa folle et illégale équipée en Illyrie. Il n'est pas jusqu'à Q. Marcius, l'habile et triomphant négociateur du Pénée, dont le succès dans l'intrigue ne

1. 42, 42, 47, 9 : *uicit tamen ea pars senatus, cui potior utilis quam honesti cura erat.*

2. Ainsi le consul Q. Petilius, mort courageusement en combattant les Ligures (41, 18, 11).

3. Il semble même que Tite-Live s'égaie quelque peu aux dépens du consul de 177, C. Claudius Pulcher, lorsque, après la mention du triomphe remporté par lui sur les Ligures (41, 13, 6-8), il enchaîne aussitôt : *Cum is triumphus de Liguribus agebatur, Ligures... agrum Mutinensem populati, repentino impetu coloniam ipsam ceperunt.* On appréciera l'emploi de l'imparfait *agebatur* et la répétition immédiate *Liguribus, Ligures.*

4. Il n'avait même pas l'expérience du gouvernement d'une province, ayant éludé cette charge au temps de sa préture (41, 15, 9 ; 42, 32, 1-4). C'est Eumène qui, après l'échec de Callinicos, dicte au consul (qui « avait honte d'avouer sa peur », 42, 60, 4 : *consul moueri flagitio timoris fatendi*) la conduite à tenir (*Ibid.*, 3). — On doit noter aussi que Persée possède toujours, dans cette campagne de 171, l'initiative des combats.

déconsidère la cause romaine et n'embarrasse quelque peu le narrateur[1].

A côté de ces aveux des vices ou des faiblesses de Rome, Tite-Live devait exploiter l'occasion qui s'offrait de démontrer l'écrasante supériorité de son pays sur le dernier successeur d'Alexandre et de prendre ainsi une sorte de revanche sur les panégyristes du héros macédonien. Il n'est pas impossible d'ailleurs que l'objectivité avec laquelle Tite-Live montrait et dénonçait *certains* défauts des Romains lui ait masqué quelque peu la déformation qu'il faisait subir à la réalité en d'autres cas, plus graves, où il laissait au contraire apparaître un patriotisme jaloux et plus ou moins conscient[2]. Sans doute ne doit-on pas oublier, à sa décharge, que ses sources, polybienne et annalistiques, étaient dans l'ensemble, on l'a vu, largement défavorables à Persée. Il en résulte que, en dépit de ce qui est souvent écrit, une comparaison sur ce point entre les témoignages respectifs de Tite-Live et de Polybe est assez peu instructive pour la découverte de la vérité.

Tout au plus peut-on relever entre les deux historiens

1. Tite-Live (42, 47) reprend à son compte, tout au moins sur ce point, le blâme que portait sans doute Polybe (le texte est perdu, mais Diodore, 30, 7, 1, s'inspire vraisemblablement de l'historien de Mégapolis). A défaut du passage exactement correspondant de ce dernier, un rapprochement est traditionnellement établi avec Polybe, 13, 3, 7, où l'auteur loue au contraire la franchise dont Rome fait preuve d'habitude dans les combats.

2. Il semble qu'en certains cas le simple bon sens aurait dû avertir Tite-Live de l'excès de certaines de ses affirmations. P. Meloni relève justement à ce propos, dans son étude sur les sources du *libro Macedonico* d'Appien (*op. cit.*, p. 161), l'invraisemblance qu'il y avait à placer implicitement, comme le fait Tite-Live, *tous* les États grecs — y compris les Rhodiens, indûment qualifiés de *socii* (42, 56, 6) et à la seule exception des trois villes béotiennes de Thisbé, Haliarte et Coronée (42, 46, 7 ; 63, 12) — dans le camp allié des Romains. C'est d'ailleurs ce que prouvent abondamment les événements postérieurs, en particulier la modicité des secours adressés par ces mêmes États à Licinius Crassus ; cf. 42, 55, 10 : les Thessaliens, pour citer ce seul exemple, n'envoient que 300 cavaliers, alors qu'on attendait toute leur cavalerie.

quelques divergences de détail qui révèlent, à n'en pas douter, la déformation de certains faits opérée par Tite-Live en faveur de Rome, cette déformation consistant tout autant, sinon plus, en « silences » prudents qu'en altérations proprement dites. Ainsi, et pour nous contenter de ces quelques exemples, Tite-Live ne reproduit pas la réserve, pourtant bien légère, exprimée par Polybe lui-même, sur l'opportunité de la fière réponse faite par les Romains vaincus aux offres de paix macédoniennes, après Callinicos[1]. Plus loin, Tite-Live attribue la fierté de cette réponse à la seule *Romana constantia*, alors que Polybe la porte explicitement au compte du conseil de guerre (des Romains et des alliés) « unanime » (ὁμοθυμαδόν). Pas davantage, à propos de l'arrivée à Rome, en 177, d'une ambassade lycienne[2], l'historien ne mentionne, comme le fait son modèle grec, la plainte des Rhodiens selon lesquels « l'intervention romaine dans le différend qui les opposait aux Lyciens avait pour but » (d'après Polybe) d' « épuiser les provisions et le trésor des Rhodiens ; ceux-ci, à ce qu'ils (les Romains) avaient appris, avaient récemment accompagné chez elle la fiancée de Persée et avaient procédé à des manœuvres navales[3] » (telle était bien en effet la raison de l'irritation de Rome). De même le titre de *socius populi Romani* conféré à trois reprises par Tite-Live à Abrupolis[4] serait, d'après

1. Tite-Live, 42, 62, 11-13. Cf. Polybe, 27, 8, 8-9 : les Romains refusent la paix « parce que c'est dans tous les cas une habitude pour eux de se montrer le plus impérieux et le plus exigeants possible quand ils sont vaincus, mais le plus indulgents quand ils sont vainqueurs » — et Polybe d'ajouter : « C'est là, sans doute, je l'avoue, une noble habitude ; mais peut-être n'est-ce pas toujours réalisable... »

2. Tite-Live, 41, 6, 8-12. L'ambassade lycienne doit être datée, on l'a vu (*supra*, p. XXXIX, n. 1) de 177.

3. Polybe, 25, 4 (= 26, 7), 7-8 : Ἐδόκουν γὰρ οἱ Ῥωμαῖοι τὰ κατὰ τοὺς Ῥοδίους καὶ Λυκίους διαγωνοθετεῖν, θέλοντες ἐκδαπανᾶσθαι τὰς παραθέσεις τῶν Ῥοδίων καὶ τοὺς θησαυρούς, ἀκηκοότες τήν τε νυμφαγωγίαν, τὴν νεωστὶ τῷ Περσεῖ γεγενημένην ὑπ' αὐτῶν καὶ τὴν ἀνάπειραν τῶν πλοίων.

4. Tite-Live, 42, 13, 6 ; 40, 5 ; 41, 10.

P. Pédech, « un coup de pouce au texte de Polybe[1] ». Inversement, on ne trouve nulle trace chez notre auteur du jugement (ἀλόγως) nettement défavorable porté par son prédécesseur[2] sur le bien-fondé de la déportation des chefs étoliens, prétendûment responsables de la défaite de Callinicos. Non moins instructive, d'ailleurs, serait la liste, beaucoup plus longue, d'autres « silences » gardés par Tite-Live, liste qui ressortirait d'une comparaison entre le texte latin et celui d'Appien, à supposer que nous puissions établir que telle des sources, très hostile à Rome, de ce dernier, n'a pas été ignorée de notre historien[3]. Notons enfin que, là même où nous ne possédons

1. P. Pédech, *op. cit.*, p. 134 et notes 179-180.

2. Polybe 27, 15, 14.

3. Cf. *supra*, p. XXXVI. Il est difficile d'admettre que cette ignorance ait été totale, à en juger par l'irritation de Tite-Live contre les *leuissimi (historici) ex Graecis* (*supra*, p. LXXIII et n. 3). Cette irritation, Tite-Live la partage d'ailleurs avec plusieurs historiens latins, de l'annalistique à Florus, exaspérés de voir leurs rivaux de langue grecque exalter à l'excès et exclusivement les exploits accomplis par leurs compatriotes (cf. Cicéron, *Tusc.* I, 49, 116 ; Salluste, *Cat.* 8, 2-3 ; Valère-Maxime, III, 2, 22 ; Tacite, *Annales* II, 88, 4 ; cf. surtout la polémique suscitée dans l'historiographie latine par la publicité — ou plutôt l'absence de publicité — faite autour de l'épisode de Calpurnius Flamma : Tite-Live, *Per.* 17 ; 22, 60, 11 ; Florus, I, 18, 14 ; Aulu-Gelle, III, 7, 1 ; l'anecdote figurait déjà chez Caton et Claudius Quadrigarius). On peut noter aussi que, plus d'un siècle après Tite-Live, Plutarque cite encore, dans sa *Vie de Paul-Émile* (19, 7), un des historiens grecs contemporain du roi Persée et favorable à ce roi. Quoi qu'il en soit, nous ne jugeons pas inutile de donner ici la liste des points sur lesquels la version d'Appien (*Mac.* 11-12) s'oppose radicalement à celle de l'historien latin pour la période couverte par lui dans ses livres 41-42 : 1) Si Rome voulait abattre Persée, c'était (aussi) « en raison de l'amitié de celui-ci pour des hommes que les généraux romains avaient remplis de haine pour le peuple romain » (*Mac.* 11, 1) ; 2) C'est parce qu'Eumène craignait Persée, comme il avait déjà craint Philippe, qu'il venait l'accuser devant le sénat et non (comme le dit Tite-Live) pour avertir les Romains de se garder du roi de Macédoine ; 3) Persée était pour Rome un de ces « voisins modérés, justes et courageux » (§ 8) qu'elle jalousait et voulait détruire ; 4) Rome étant, de toute façon et dès le début, décidée à abattre le roi, le discours d'Eumène et le complot monté contre celui-ci ne lui servaient que de prétextes commodes pour justifier la guerre ; 5) Appien, qui ne consacre d'ailleurs que quelques lignes à l'attentat contre Eumène, ne laisse à aucun mo-

plus le texte de Polybe, nous sommes très vraisemblablement fondés, si l'on en croit un juge particulièrement compétent en la matière, A. Aymard (*Les Assemblées...*, p. 339, n. 2), à soupçonner parfois Tite-Live d'avoir fait subir une déformation sensible au texte de son modèle. C'est le cas pour les deux grands discours antithétiques de Callicratès, partisan de Rome, et d'Archon, favorable à Persée, devant l'assemblée achéenne (41, 23, 5-24, 18), discours « en grande partie fabriqués par Tite-Live » selon le même savant : celui-ci cite plusieurs passages qui sont autant d'indices de la partialité de l'historien en faveur de Rome.

L'objectivité que nous avons reconnue plus haut à Tite-Live paraît d'ailleurs devoir être assez limitée. N'attendrait-on pas quelque commentaire défavorable de sa part lorsqu'il nous apprend que M. Lucretius, frère du préteur, fait main basse, à son arrivée à Dyrrachium, sur les navires appartenant à des neutres (et, parmi eux, le roi Gentios d'Illyrie, que Rome essayait

ment supposer que Persée puisse en être le responsable ; 6) Eumène lui-même s'était, par ses calomnies, attiré l'hostilité de plusieurs sénateurs romains (Caton en particulier, d'après Plutarque, *Vie de Caton l'Ancien* 8, 12) ; 7) La grande popularité de Persée tenait surtout à ce qu'il était « philhellène » (le mot est répété § 4) ; 8) Certains des États grecs ne s'étaient alliés aux Romains contre Persée que parce qu'ils y avaient été forcés (§ 4 ἀναγκαζομένους) ; 9) La signature par Rome du traité reconnaissant à Persée le titre de roi était *postérieure* à l'expulsion d'Abrupolis (§ 6) ; 10) Alors que Tite-Live (42, 36, 7 ; 48, 3) limite l'expulsion d'Italie aux seuls ambassadeurs macédoniens, Appien (§ 9) étend la mesure à toutes les familles des résidents macédoniens en Italie et relève les conditions lamentables et odieuses de leur exode ; 11) Appien considère explicitement comme une pure « calomnie » (κατεψεύσατο : chap. 12) l'accusation lancée contre les chefs étoliens prétendûment responsables de la défaite de Callinicos ; 12) Alors que Tite-Live, comme Polybe, attribue à l'ensemble du conseil de guerre romano-allié la décision d'envoyer à Rome les « coupables », Appien (*ibid.*) l'attribue, lui, au seul consul romain ; 13) Appien est le seul à envisager, parmi les raisons qui poussèrent Persée, tout victorieux qu'il était, à demander la paix, l'hypothèse suivant laquelle le roi aurait voulu « se moquer » de Crassus (εἴτ' ἐπιγελῶν Κράσσῳ καὶ τωθάζων αὐτὸν), hypothèse évidemment peu flatteuse pour l'amour-propre romain.

par ailleurs de rallier à sa cause...), « faisant semblant de croire que ces navires avaient été préparés pour l'usage des Romains[1] »? Pas le moindre blâme non plus à l'adresse du même préteur, C. Lucretius, quand celui-ci ordonne, une fois détruite la ville béotienne d'Haliarte, de charger sur des navires les *ornamenta urbis, statuae et tabulae pictae, et quicquid pretiosae praedae fuit*[2]. Pas davantage, lorsque, pour empêcher Persée d'installer, *après* la « trêve », une garnison à Larissa, A. Atilius profite de la même trêve pour occuper la capitale de la Thessalie[3]. C'est aussi, en apparence, avec bonne conscience que Tite-Live reproduit le jugement de Polybe qualifiant de « parti le meilleur[4] » celui des Rhodiens favorables à Rome[5] ou qu'inversement, il reprend une opinion analogue, et remontant sans doute[6] à son modèle grec, sur la plèbe alliée de Persée, laquelle « éprouvait, comme d'habitude, de la sympathie pour la plus mauvaise cause et penchait vers le roi et les Macédoniens[7] ».

On a remarqué également que, pour renforcer l'éloge de Rome, Tite-Live le plaçait fréquemment dans la bouche d'étrangers ; c'est le cas en 42, 44, 4, où on le trouve prononcé par les *principes* des Béotiens[8], ou, en

1. Tite-Live, 42, 48, 8 : *simulans se credere eos in usum Romanorum comparatos esse.*

2. *Ibid.*, 63, 11. Il est vrai qu'en ce qui concerne C. Lucretius, Tite-Live fera, au livre suivant (43, 4, 5 sq. ; 7, 8 sq.), largement écho aux plaintes exprimées contre lui par les Grecs, un an après, ainsi qu'à sa condamnation par le peuple romain (43, 8, 9-10). Mais ce qui vaut peut-être pour C. Lucretius ne vaut pas pour les autres circonstances mentionnées ci-dessus.

3. *Ibid.*, 47, 10.

4. Polybe, 27, 4, 9 : νικῶντος αὐτοῖς τοῦ βελτίονος.

5. Tite-Live, 42, 46, 5 : *potentior esse partis melioris auctoritas coeperat.*

6. Le texte de Polybe est perdu, mais tous les modernes sont d'accord (cf. *supra*, p. XXVIII) pour faire remonter le passage à Polybe.

7. Tite-Live, 42, 30, 1 (texte douteux) : *plebs ubique omnis ferme, ut solet, deterioris erat ad regem Macedonasque inclinata.*

8. *Ibid.*, 44, 4 : *sed constantia principum docentium... quanta esset uis et fortuna imperi Romani.*

42, 45, 4, par Hégésiloque, le prytane de Rhodes[1]. Il arrive, certes, que cet éloge reçoive notre pleine adhésion : ainsi des raisons qui motivent le refus opposé par les Romains pourtant vaincus, aux offres de paix de Persée, « tant on avait alors coutume », écrit Tite-Live, « d'afficher, dans la mauvaise fortune, le visage de la prospérité et de faire preuve, dans la bonne, de modération[2] » ; ou encore, tout au long du discours du centurion Spurius Ligustinus[3]. Cependant cet éloge de Rome apparaît, pour l'essentiel, celui de la « puissance » romaine, d'une force qui inspire la crainte, nullement la sympathie ou même l'admiration : en témoigne la présence du mot *uis* (ou *uires*) dans chacun des deux exemples cités plus haut, comme dans le jugement porté par Persée sur des adversaires qu'il sait « confiants en leurs forces[4] ». Cette confusion des valeurs, Tite-Live paraît la ratifier à nouveau, lorsque, pour exprimer son irritation devant la popularité de Persée parmi les Grecs, il reprend à son compte, dans un raccourci vigoureux, mais sans nuances, l'opinion de Polybe[5] : comparant Rome et le roi à deux athlètes luttant l'un contre l'autre, Tite-Live s'indigne de ce que la sympathie des spectateurs aille instinctivement (et cela, *non ob aliam causam quam prauo studio*) vers celui des deux combattants qui se montre — l'alliance de mots est révélatrice et choque notre sensibilité moderne — « le pire et le plus faible » (*deteriori atque infirmiori fauendo*)[6].

1. Tite-Live, 45, 4 : ... *Romanam societatem unam tum in terris uel uiribus uel fide stabilem.*
2. *Ibid.*, 62, 11 : *ita tum mos erat in aduersis rebus uoltum secundae fortunae gerere, moderari animis in secundis.*
3. *Ibid.*, 34, 2-15.
4. *Ibid.*, 62, 14.
5. Polybe, 27, 9-10. Beaucoup plus nuancée, parce que plus développée, l'opinion de l'historien grec se justifie davantage (cf. note 1 à 42, 63, 2).
6. Tite-Live, 42, 63, 2. Polybe (27, 9, 5) juge avec une égale sévérité, et sans nullement chercher à comprendre les réactions popu-

Si le nationalisme de Tite-Live se manifeste, dans les livres 41-42, par un certain mépris des peuples faibles, il s'exprime aussi par le mépris, non moins traditionnel à Rome, pour les *uersutiae Punicae*[1] ou, plus encore, pour la *calliditas Graeca*[2]. Jugement qui frappe d'autant plus à cette place[3], sous la plume de Tite-Live, que l'historien latin, à en croire le texte de Diodore[4], ne le trouvait sans doute pas sous cette forme chez Polybe. — Non moins caractéristique paraît le motif donné par Tite-Live pour expliquer le départ hâtif du consul Licinius Crassus, suivi de toute l'armée, en vue de secourir les huit cents hommes encerclés par Persée près de Phalanna : le consul était « alarmé, écrit Tite-Live, du péril couru par tant de citoyens : ils étaient presque huit cents et tous Romains[5] ». N'est-ce pas sur les seuls Grecs, les Étoliens en premier lieu[6], que l'historien fait porter la responsabilité de la défaite de Kallinikos ? Inversement, la conduite héroïque du tribun militaire L. Pompeius et de ses huit cents compatriotes[7] est louée avec d'autant plus d'insistance qu'elle sauve l'honneur de Rome dans une campagne par ailleurs fort peu brillante.

laires, le « paradoxe » en vertu duquel la foule est entraînée par une sorte d'instinct naturel à manifester sa sympathie envers l'athlète le plus faible : παραδόξως... συμπαθεῖς, γινόμενοι καὶ τῷ καταδεεστέρῳ φύσει προσμερίζοντες τὴν ἑαυτῶν εὔνοιαν.

1. Tite-Live, 42, 47, 7.
2. *Ibid.*
3. Il s'agit des sénateurs qui osent approuver la ruse employée par Q. Marcius pour tromper Persée à la conférence du Pénée.
4. Diodore (30, 7, 1) se contente de déclarer qu'aux yeux des « vieux sénateurs », il ne convenait pas aux Romains d'imiter les Phéniciens (= les Carthaginois) (μὴ πρέπειν Ῥωμαίοις μιμεῖσθαι Φοίνικας).
5. Tite-Live, 42, 65, 12 : *motus (consul) periculo tot ciuium—nam octingenti ferme et omnes Romani erant...* A. Klotz relève malignement (*Eine römische Verlustliste*, in *Rh. M.*, 83, 1934, p. 251-254) un détail assez semblable en 37, 44, 1 : la source romaine dont s'inspire Tite-Live (et Polybe : cf. Appien, *Syr.* 36) ne mentionne, pour la bataille de Magnésie, que les pertes subies par les... citoyens romains.
6. *Ibid.*, 60, 9 : *secutos pauorem Aetolorum et ceteros socios Graecorum populorum.*
7. *Ibid.*, 65, 6-12.

Tend enfin — « last, but not least » — au même but la complaisance visible avec laquelle Tite-Live développe longuement — fait exceptionnel chez lui — l'épisode du centurion Spurius Ligustinus : l'idéalisation de l'homme, la curieuse évolution qui s'opère peu à peu chez ce dernier, au fil de son discours (de porte-parole des révoltés qu'il était au début, l'officier devient progressivement un modèle de soumission envers le sénat et les généraux), le plaidoyer peu commun que lui prête l'historien, sans parler du brillant *curriculum uitae militaris* dont se targue l'orateur, l'exaltation, assez rare chez Tite-Live, des humbles et du petit peuple, tout concourt à faire de Sp. Ligustinus non seulement le type du soldat romain, mais encore le héros de la conquête romaine : héros pauvre, courageux, dévoué s'il en est à ses chefs et à sa patrie. L'évidente et touchante sympathie que Tite-Live manifeste pour ce centurion symbolique [1], le mérite éclatant de cet éternel « rengagé » excusent en partie le chauvinisme de l'auteur. Notre indulgence ne lui est-elle pas due d'ailleurs, compte tenu de la conception avant tout pragmatique et utilitaire que se faisaient de l'historiographie la majorité des Romains? Compte tenu aussi de l'attitude de Polybe, suivi de si près par Tite-Live dans la Ve Décade : Polybe n'est-il pas prêt, en effet, à admettre que tout historien, à condition de ne pas déformer les faits, puisse « donner de l'importance à son propre pays [2] »?

Le texte

Le manuscrit V (Vindobonensis Lat. 15) Les cinq premiers livres de la Ve Décade nous sont transmis — de façon, on l'a vu, parfois fort lacunaire — par un seul manuscrit, le

1. Sur les mises au point qu'impose ce portrait idéalisé, cf. L. Catin, *En lisant Tite-Live*, Paris, Les Belles Lettres, 1944, p. 21 sq.

2. Polybe, 16, 14, 6 : ἐγὼ δὲ διότι μὲν δεῖ ῥοπὰς διδόναι ταῖς αὑτῶν πατρίσι τοὺς συγγραφέας συγχωρήσαιμ' ἄν.

codex *Vindobonensis Lat. 15* (actuellement conservé à Vienne), d'où le sigle *V* sous lequel il est habituellement désigné. C. Wessely en a édité en 1907 un fac-similé photographique[1].

Dans son état actuel, le codex comprend 193 feuillets, comportant 29 lignes par page (onciales, petites capitales), sur parchemin ; sa rédaction, en *scriptura continua*, date probablement de la fin du ve ou du début du vi^{e} siècle. L. P. Lambecius, bibliothécaire de la Bibliothèque Palatine de Vienne, nous a laissé une relation[2] fort pittoresque des conditions dans lesquelles il assura lui-même, en 1665, le transfert du manuscrit (parmi des centaines d'autres) depuis le château d'Ambras (*ex arce Ambrasiana*), près d'Innsbruck (Tyrol autrichien), jusqu'à la Bibliothèque Palatine (Bibliotheca Caesareana) de Vienne[3]. Le codex, autrefois mss. 626 de l'*Historia profana*, était, avant son transfert à Vienne, l'Ambras. 287.

En fait, le manuscrit avait été découvert, dès 1527, dans la bibliothèque du couvent de St. Nazaire, à Lorsch[4], près de Würzbourg, par Simon Grynaeus, disciple de Melanchthon, qui en assura quatre ans plus tard l'édition (*editio princeps*), préfacée par Érasme, en 1531, à Bâle, sur les presses du célèbre et érudit imprimeur Froben[5]. Une seconde édition devait être donnée chez le même imprimeur en 1535.

Nul ne sait comment le manuscrit était passé de Lorsch, où il se trouvait en 1527, à Ambras, d'où Lambe-

1. Carolus Wessely, *Codex Vindobonensis Lat. 15, phototypice editus*, Leyde, Sijthoff, 1907. Un exemplaire de cette édition se trouve à la Bibliothèque nationale, sous la cote « Fac-similé Fol. 182 (XI) ». Nous l'avons soigneusement revu et collationné à nouveau.

2. L. P. Lambecius, *Comment.* II, p. 519 sq.

3. Cf. l'édition de l' « Academia Caesarea Vindobonensis » des *Tabulae codicum manu scriptorum in Bibliotheca palatina Vindobonensi asservatorum*, Vienne, 1864, I, p. 2.

4. Cf. l'annotation, de la main même de Grynaeus, en bas de la page 102 (recto) du codex Ἐὗρον ἐν τῇ Λαυρῖσσᾳ.

5. D'où la notation fréquente (nous l'utiliserons nous-même) : « editio Frobeniana ».

cius le retira en 1665. Pendant la même période avait d'ailleurs disparu du codex (dont manquait déjà, en 1527, le premier quaternion) un quaternion entier (le deuxième) qui contenait le texte de 41, 1, 1 (référence actuelle) à 41, 9, 10 (*ad legem et edic* / /*tum*). On ne peut donc lire aujourd'hui ces huit chapitres que d'après l'*editio princeps*. Tout laisse à penser d'ailleurs que le codex découvert en 1527 se trouvait dans un piteux état. C. Wessely souligne à cet égard le mérite de Grynaeus qui accomplit un admirable travail de remise en ordre des quaternions déplacés (ou des feuillets isolés) du manuscrit, dont il numérota soigneusement les feuillets pour reconstituer la suite du texte, lui-même lacunaire, du codex. Non seulement, en effet, celui-ci avait perdu les cinq derniers livres de la Ve Décade, mais encore, les trente-quatre quaternions[1] correspondant aux cinq premiers livres avaient eux-mêmes subi des pertes fâcheuses. Le premier quaternion — qui contenait le début du livre 41 — avait en effet disparu en entier, et cela, on le verra, dès avant le VIIIe siècle ; il en était de même des 15e, 16e, 17e et 18e. Il ne restait qu'un feuillet, sur les huit, du 4e et 5e ; du 25e quaternion, il manquait les feuillets 1, 4, 5 et 8 ; du 26e, les feuillets 3, 4, 5 et 6 ; du 27e, les feuillets 4 et 5 ; du 28e, le feuillet 8 ; du 30e, les feuillets 1 et 8 ; du 34e et dernier quaternion, le 1er feuillet.

On lit à la dernière page (fol. 193 verso) de notre codex les mots suivants (en partie effacés) dont l'écriture remonte au VIIIe siècle :

« [i]st[e co]dex [est t]heutberti epi-dedorostat », qu'il faut sans doute interpréter : « iste codex est Theutberti episcopi de Dorostat ». Certes, il n'y eut jamais d' « évêché » dans la bourgade de Dorostat (près d'Utrecht), mais, comme le remarque, après beaucoup d'autres, C. Wessely, il était assez fréquent, au VIIIe siècle, de conférer

1. 33 en réalité, l'avant-dernier étant un trinion de six feuillets.

à quelqu'un — ou de s'attribuer à soi-même — un titre supérieur à celui réellement possédé.

L'existence, à cette place, d'une telle indication prouve en tout cas que le codex était déjà, au VIIIe siècle, privé des cinq derniers livres de la décade ; la présence intégrale de celle-ci dans le codex semble confirmée par celle, page 193 verso, de l'*explicit* du livre 45 et de l'*incipit* du livre 46[1]. La nature de l'écriture, celle aussi de certaines fautes, ont conduit la plupart des savants à fixer à la fin du Ve siècle ou au début du VIe la date probable de la rédaction du codex. Notons enfin qu'on lit à la première page de celui-ci : « Titus Livius de urbe condita historiarum liber » et en haut de chaque feuillet, au recto, le numéro du livre, au verso, « titi liuii ».

Établissement du texte Les difficultés soulevées par l'établissement du texte des livres 41-42 tiennent, dans l'ensemble, à deux faits :

1) L'existence d'un seul manuscrit rend irrémédiables les lacunes, d'une grande ampleur, subies par la majorité des livres de la pentade 41-45 et rend la plupart des corrections purement conjecturales ;

2) Le texte du manuscrit est lui-même très défectueux : il comporte, outre des omissions, un nombre considérable de fautes de toute nature[2].

Il semble d'ailleurs que, quelle que soit la responsabilité du copiste, particulièrement ignorant (il connaît fort mal le latin) et distrait, son modèle comportait lui-même un assez grand nombre d'erreurs. Près de la moitié de celles commises par notre copiste sont d'ailleurs dues à une mauvaise interprétation des abréviations. L'absence de

1. « Titi liui ab urbe condita — lib. XLV exp. — inc. lib. XLVI — feliciter. »

2. C. Wessely note à juste titre (Préface, p. XCIV) que peu de manuscrits se prêtent mieux que le nôtre, en raison de l'extrême diversité des erreurs commises, à la formation d'un « catalogue des fautes de copiste ». A noter qu'un réviseur a exponctué un certain nombre de lettres, syllabes ou mots erronés.

toute séparation entre les mots facilitait en outre les confusions[1].

De ces fautes, C. Wessely a dressé, livre par livre[2], sinon un relevé complet, du moins un catalogue, par catégories d'erreurs, si détaillé et si minutieux[3] qu'il suffit désormais d'y renvoyer le lecteur. Notons aussi le nombre exceptionnellement élevé (Wessely, en 1907, en énumérait 34) des *emendatores* modernes qui se sont, à la suite de S. Grynaeus[4], appliqués à la critique du texte des livres 41-45. Parmi eux figurent les noms des plus célèbres latinistes, au premier rang desquels il faut placer Madvig[5] et Vahlen[6]. A ces noms, il faut ajouter notamment ceux de Novak[7], Gitlbauer[8] et Harant[9].

Le texte que nous avons adopté pour notre part est conforme dans l'ensemble à celui de l'édition de C. Giarratano[10] : nous nous en sommes séparé cependant sur vingt-deux points, à savoir : 41, 1, 6 ; 8 ; 3, 4 ; 8, 10 ; 18, 4 (*bis*) ; 7 ; 24, 14 ; 42, 2, 7 ; 19, 6 (*bis*) ; 29, 3 ; 37, 8 ; 43,

1. Afin d'alléger l'apparat critique, nous n'avons pas cru bon d'y faire figurer toutes les leçons aberrantes de V, chaque fois que la correction proposée (en général, dès l'*editio princeps*) s'imposait à l'évidence et était adoptée par tous les éditeurs.

2. Sous la rubrique « Memoria libri XLI..., libri XLII..., etc...

3. Cf. les pages XI à XCV de sa « Préface ».

4. Le travail de correction effectué par S. Grynaeus est en tous points remarquable. Là même où les éditeurs les plus récents n'adoptent pas son texte, ils sont amenés, la plupart du temps, à emprunter la voie que leur avait tracée l'éditeur de 1531.

5. J. Madvig, *Emendationes livianae iterum auctiores editae*, Hauniae, 1877.

6. J. Vahlen, *Ephem. Austr.*, 1861, p. 261 ; 1873 ; *Philol.*, 1863, p. 156 ; *Index lect. Berol.*, 1877 ; *Hermes*, 1882, p. 610.

7. Novák, *Ceské museum filol.*, V, p. 433 ; VII, p. 52 ; VIII, p. 26 ; X, p. 403 ; *Emendationes livianae a 1894 Acad. Bohem. insertae*, p. 259 ; *Ephem. Austr.*, 1892, p. 205.

8. M. Gitlbauer, *De cod. Liviano vetustissimo Vindobonensi*, Diss. Wien, 1876.

9. Al. Harant, *Emendationes et adnotationes ad Titum Livium*, Paris, Belin, 1880.

10. *Titi Livi ab urbe condita libri XLI-XLV*, Caesar Giarratano recensuit, Rome, 1933.

10 ; 51, 4 ; 7 ; 56, 10 ; 58, 12 ; 59, 3 ; 60, 2 ; 63, 12 ; 66, 2 (où, à la suite d'une coquille, il faut, dans l'édition italienne, lire *ut* et non *et*)[1]. Est-il besoin d'ajouter que nous avons eu constamment sous les yeux l'édition Weissenborn-Müller[2], remarquable et indispensable instrument de travail[3], dont les notes, très précieuses, sont à la base de toute étude concernant le texte de Tite-Live?

Il nous reste à exprimer notre vive reconnaissance à M. J. Perret, professeur à la Sorbonne, qui a bien voulu, une fois de plus, nous faire bénéficier, pour cette édition, de corrections et suggestions particulièrement nombreuses et précieuses ; MM. Le Bonniec et Nicolet, professeurs à la Sorbonne, M. R. Villers, professeur à la Faculté de Droit de Paris, dont les renseignements nous ont été fort utiles ; M. R. Jumeau, ancien professeur à la Faculté des Lettres de Caen, qui a eu la grande complaisance de nous prêter ses thèses dactylographiées consacrés aux rapports de Tite-Live et de Polybe.

1. Nous avons rejeté en note les commentaires qu'appelle en maints endroits la critique ou l'interprétation d'un texte souvent difficile.

2. *Titi Livi ab urbe condita libri*, bearbeitet von W. Weissenborn und H. J. Müller, Neunter Band, Buch XLI und XLII, Fünfte Auflage, Berlin-Dublin-Zürich, 1965, Weidmannsche Verlagsbuchhandlung.

3. Il y a lieu cependant de déplorer le nombre relativement élevé (une vingtaine pour les seuls livres 41-42) de coquilles qui se sont malheureusement, d'une édition à l'autre, maintenues dans le texte comme dans les notes de l'ouvrage.

CONSPECTVS SIGLORVM

Codices.

V	Vindobonensis Lat. 15.
Fr	editio Frobeniana, Basilae 1531.
Fr. 2	editio Frobeniana, Basilae 1535.

Editiones et adnotationes criticae.

Baumgarten-Crusius	D. C. W. Baumgarten-Crusius, in editione Eutropii, Leipzig, 1862.
Bekker	E. Bekker, *Lectiones* in editione W. Fabri, Nuremberg, 1840.
Burman	P. Burman, *Antiquitatum romanarum breuis descriptio*, Francfort, 1742.
Clericus	J. Le Clerc, Édition de Tite-Live, Amsterdam, 1710.
Cluverius	Ph. Clüver, *Introductionis in universam geographiam...*, *libri VI*, Leyde, 1624.
Crévier	J.-B. Crévier, Édition de Tite-Live, Paris, 1735-1742.
Curio	C. S. Curio, *Lectiones* in editione Corvini, Francfort, 1568.
Doviatius	Jean Doujat, Édition de Tite-Live, Paris, 1679-1680.
Drakenborch	A. Drakenborch, Édition de Tite-Live, Amsterdam, 1738-1746.
Duker	Ch. A. Duker, Édition de Tite-Live, Leyde, 1738.
Ernesti	A. W. Ernesti, Édition de Tite-Live, Leipzig, 1769.
Florebellus	A. Fioribello (Florebelli), évêque de Lavello.
Freinshemius	J. Freinsheim, *Annotationes* et *Supplementum* in editione Crévier (cf. *supra*).
Fügner	F. Fügner, Comptes rendus des éditions des livres 41 et 42 de Tite-Live de A. Zingerle (Prague, 1883 sq.; Vienne, 1899-1901) dans

	Berliner Philologische Wochenschrift, 1899, p. 1483-1488; 1901, p. 1196-1201.
Gertz	M. C. Gertz, *Studia critica*, Hauniae, 1874.
Giarratano	C. Giarratano, *Titi Livi ab urbe condita libri XLI-XLV*, Rome, 1933.
Gitlbauer	M. Gitlbauer, *De cod. Liviano vetustissimo Vindobonensi*, Vienne, 1876.
Goldbacher	A. Goldbacher, *Kritische Beiträge zum XLI, XLII und XLIII Buche des Livius*, in *Sitzungsberichte der Preussischen Akademie der Wissenschaften*, 193, 1919, 2, p. 108 sq.
Gronovius J. F.	J. F. Gronovius, *Notae* in editione E. G. Fabri, Amsterdam, 1678.
Gronovius Jakob	J. Gronovius, *Notae* in eadem editione.
Gruter	J. Gruter, Édition de Tite-Live, Francfort, 1609-1628.
Harant	Al. Harant, *Emendationes et adnotationes ad Titum Livium*, Paris, Belin, 1880.
Hartel	W. Hartel, *Kritische Versuche zur fünften Dekade des Livius*, in *Sitzungsberichte der Phil. hist. Klasse der kais. Akad. d. Wissenschaften*, 116, 1888, p. 783-860.
Hearne	Th. Hearne, Édition de Tite-Live, Oxford, 1708.
Heerwagen	W. Heerwagen, Révision de l'édition W. Fabri, Nuremberg, 1852.
Held	J. Held, Progr. Suidnic. (Schweidniz), 1849.
Heraeus	W. Heraeus, Comptes rendus des éditions A. Zingerle (cf. *supra*, Fügner), *Wochenschrift für klassische Philologie*, 1900, p. 466-475.
Heraldus	D. Hérauld, *Observationes ad jus atticum et romanum*, Paris, 1650.
Hertz	M. Hertz, *De Livii ab U. C. lib. XLII capita I-XIII ad cod. Vindobonensis fidem recognita*, Breslau, 1863.
Heusinger	K. Heusinger, Traduction annotée de Tite-Live, Brunschvig, 1821.
Koch	H. A. Koch, *Zur ersten und fünften Dekade des Livius*, in *Zeitschr. f. d. Gymnasialw.*, 21, 1867, p. 231-234.
Kreyssig	J. Th. Kreyssig, Édition de Tite-Live, Oxford, 1840-1841.
Lipsius	Juste-Lipse, *Observationes* in editione Modii (*infra*).

Luchs	A. Luchs, *Emendationes livianae*, Erlangen, 1882-1889.
Madvig	J. Madvig, *Emendationes livianae iterum auctiores editae*, Hauniae, 1877.
Marquardt	J. Marquardt, *Handbuch der römischen Althertums*, Leipzig, 1843 sq.
Modius	F. Modius, Édition de Tite-Live, Francfort, 1588.
Mommsen	Th. Mommsen, *Analecta liviana*, Leipzig, 1873.
Mueller	H. J. Cf. *infra*, Weissenborn.
Mueller M.	Cf. *infra*, Weissenborn (édition des livres XLI et suivants), Leipzig, Teubner, 1930.
Muretus	M. A. Muret, *Variarum lectionum libri XV*, Paris, 1586.
Novák	R. Novák, *Emendationes livianae* a 1894 Acad. Bohem. insertae, p. 259 ; cf. *Ceské museum filol.*, V, p. 433 ; VII, p. 52 ; VIII, p. 26 ; X, p. 403 ; *Ephem. Austr.*, 1892.
Perizonius	Jacques Voorbrœck (dit P.), *Notae* in editione A. Drakenborch, Amsterdam, 1738.
Pighius	E. Pighius, *Fasti magistratuum romanorum*, Anvers, 1561.
Pithoeus	P. Pithou, Édition des *Histoires Philippiques* de Justin, Strasbourg, 1613.
Roth	K. L. Roth, *Römische Geschichte*, Munich, 1905.
Ruperti	G. A. Ruperti, *Notae* in editione Schaefer, Londres, 1825.
Scaliger	Joseph-Juste Scaliger, *Opuscula varia*, Paris, 1605.
Schel	Schel, *Dissertatio ad Polyb.* cap. v, p. 1211.
Schmidt	A. Schmidt, *Kritische Bemerkungen zu T. Livii histor. lib. XLI, 8-9*, Fribourg-en-Brisgau, 1856.
Sigonius	C. Sigonio, Édition de Tite-Live, Venise, 1555.
Turnebus	D. Turnèbe, Éd. de Tite-Live (cf. *Historiae selectae, narrationes...*, Paris, 1860, in-12).
Vahlen	J. Vahlen, *Ephem. Austr.*, 1861, p. 261 ; 1873 ; *Philol.*, 1863, p. 156 ; Index lect. Berol. 1877 ; *Hermes*, 1882, p. 610.
Vascosanus	Michel Vascosan, imprimeur de nombreuses éditions savantes de 1560 à 1580 (Paris).

Walch	G. L. Walch, *Emendationes livianae*, Berlin, 1815.
Weissenborn	W. Weissenborn-H. J. Müller, Édition de Tite-Live, Berlin, Weidmann, 1854 sq.
Wesenberg	A. S. Wesenberg, *Emendationes livianae*, *Tidskrift for Philol.*, IX, 1870-1871 ; X, 1872-1873.
Zingerle	A. Zingerle, Édition de Tite-Live, Prague, 1883-1907.

LIVRE XLI

TITE-LIVE
HISTOIRE ROMAINE

LIVRE XLI

Guerre en Histrie.

I. ... Il avait armé[1], disait-on, (le peuple) que son père[2] avait maintenu en état de paix, et gagné par là la vive sympathie d'une jeunesse avide de pillage. — Le consul[3] tint un conseil consacré à la guerre d'Histrie : les uns étaient d'avis de la faire tout de suite, avant que l'ennemi pût rassembler ses forces, d'autres, de consulter d'abord le sénat. L'avis de ceux qui voulaient agir sans délai l'emporta. Parti d'Aquilée, le consul établit son camp aux bords du lac formé par le Timave[4]. Ce lac est en bordure de la mer[5]. C'est là aussi que se rendit avec dix navires C. Furius[6], *duumuir naualis*[7]. Pour lutter contre la flotte des Illyriens, on avait créé des *duumuiri nauales* qui, afin de surveiller le rivage de la Mer Supérieure, rayonnaient pour ainsi dire, avec vingt navires, à partir d'Ancône. De cette base, L. Cornelius[8] devait, à droite, exercer sa surveillance jusqu'à Tarente, C. Furius, à gauche, jusqu'à Aquilée. On fit partir ces navires pour le port le plus proche, aux confins de l'Histrie, avec des vaisseaux de transport et des approvisionnements abondants ; le consul suivit avec ses légions et établit son camp à cinq milles environ de la mer. Dans le port se créa en peu de temps un marché très fréquenté d'où l'on transportait jusqu'au camp toutes les marchandises. En outre, pour obtenir une

TITI LIVI
AB VRBE CONDITA
LIBER XLI

I. 1** A patre in pace habitam armasse eoque iuuentuti praedandi cupidae pergratus esse dicebatur. Consilium de Histrico bello cum haberet consul, alii gerendum extemplo, antequam contrahere copias hostes possent, alii consulendum prius senatum censebant. 2Vicit sententia, quae diem non proferebat. Profectus ab Aquileia consul castra ad lacum Timaui posuit; imminet mari is lacus. Eodem decem nauibus C. Furius duumuir naualis uenit. 3Aduersus Illyriorum classem creati duumuiri nauales erant, qui tuenda*e* uiginti nauibus maris superi orae Anconam uelut cardinem haberent; inde L. Cornelius dextra litora usque ad Tarentum, C. Furius laeua usque ad Aquileiam tueretur.4 Eae naues ad proximum portum in Histriae fines cum onerariis et magno commeatu missae, secutusque cum legionibus consul quinque ferme milia a mari posuit castra. 5In portu emporium breui perfrequens factum, omniaque hinc in castra subportabantur. Et,

Initium codicis deest. In capp. I-IX, 11 (usque ad syllabam -tum *uocis* edictum*) pro codice nobis praesto est editio princeps, quae Basileae a. 1531 (ed. Froben = Fr.) prodiit.*

I, 3 tuendae *Muretus* : tuendam *Fr.* || superi orae *Muretus* : superiore *Fr.*

plus grande sécurité, on plaça tout autour du camp des postes de garde. Face à l'Histrie, on installa un poste fixe, où l'on plaça une cohorte levée à la hâte à Plaisance ; entre la mer et le camp, et afin que le même point d'appui servît à ceux qui iraient chercher de l'eau au fleuve, on donna l'ordre à M. Aebutius, tribun militaire de la seconde légion, de conduire deux manipules de ses troupes ; les tribuns militaires T. et C. Aelius[1] avaient emmené la troisième légion sur la route qui conduit à Aquilée, afin de protéger les hommes chargés d'apporter le fourrage et le bois. Dans la même direction, à environ mille pas, se trouvait le camp gaulois[2] : Catmelus tenait lieu de roi à un contingent ne dépassant pas trois mille hommes armés.

II. Dès que les Romains eurent commencé à avancer leur camp près du lac formé par le Timave, les Histriens, pour leur part, se placèrent dans les endroits cachés par des collines ; de là, par des chemins de traverse, ils suivaient notre marche[3], prêts à saisir la moindre occasion, sans que rien de ce qui se passait sur terre et sur mer leur échappât. Quand ils se furent aperçus de la faiblesse des postes placés devant le camp, de la quantité de gens sans armes circulant sur le forum[4] pour trafiquer entre le camp et la mer, sans la moindre protection sur terre ou sur mer, ils attaquent deux postes en même temps, celui de la cohorte de Plaisance et celui des manipules de la seconde légion. Leur action s'était engagée sous le couvert de la brume matinale ; lorsque celle-ci se dissipa sous les premiers rayons du soleil, la lumière qui perçait déjà quelque peu, mais de façon encore incertaine, multipliait comme d'habitude aux regards la quantité des objets ; en cette occasion aussi, elle trompa les Romains en leur faisant voir une armée ennemie beaucoup plus nombreuse qu'elle n'était. Remplis de terreur à cette vue, les soldats des deux postes

quo id tutius fieret, stationes ab omnibus castrorum partibus circumdatae sunt : [6]in Histriam *uer*sum praesidium statiuum, repentina cohors Placentina opposita ; inter mare et castra et, ut idem aquatoribus ad fluuium esset praesidium, M. Aebutius tribunus militum secundae legionis duos manipulos militum d*u*cere iussus est ; [7]T. et C. Aelii tribuni militum legionem tertiam, quae pabulatores et lignatores tueretur, uia, quae Aquileiam fert, duxerant. [8]Ab eadem regione mille ferme passuum castra erant Gallorum : Catmelus pro regulo erat tribus *h*au*d* amplius milibus armatorum.

II. [1]Histri, ut primum ad lacum Timaui castra Romana *sunt mota, ipsi post collem occulto loco consederunt, [2]et inde obliquis itineribus agmen sequebantur, in omnem occasionem intenti ; nec quicquam eos, quae terra marique agerentur, fallebat. [3]Postquam stationes inualidas esse pro castris, *f*orum turba inerm*i* frequens inter castra et mare mercantium sine ullo terrestri aut maritimo munimento uiderunt, duo simul praesidia, Placentinae cohortis et manipulorum secundae legionis, adgrediuntur. [4]Nebula matutina texerat inceptum ; qua dilabente ad primum teporem solis perlucens iam aliquid, incerta tamen, ut solet, lux speciem omnium multiplicem intuenti reddens, tum quoque frustrata Romanos, multo maiorem iis, quam erat, hostium aciem ostendit. [5]Qua territi utriusque stationis milites ingenti tumultu cum in castra

I, **6** Histriam (Istriam) versum *I. F. Gronovius* : Histriamque suum *Fr.* || ducere *Weissenborn* : adiicere *Fr.* || **8** haud *Florebellus* : aut *Fr.*

II, **1** Romana sunt *Novák* : sunt Romana *Fr.* || **3** forum *Ios. Scaliger* : eorum *Fr.* || inermi *I. F. Gronovius* : inermis *Fr.*

se réfugièrent dans le camp dans un indescriptible désordre ; ils y causèrent une frayeur bien plus forte que celle qui les y avait conduits : ils étaient en effet incapables de dire pourquoi ils s'étaient enfuis, tout autant que de répondre à ceux qui les questionnaient. On entendait des cris aux portes, car il ne s'y trouvait aucun poste de garde susceptible de soutenir un assaut ; en outre, dans leur course éperdue, ils se bousculaient dans l'obscurité au point qu'on se demandait si l'ennemi n'était pas à l'intérieur du retranchement. Ce n'était qu'un cri : à la mer ! Ce cri poussé au hasard et sans réfléchir par un seul individu se répercutait çà et là dans l'ensemble du camp. C'est pourquoi, au début, comme s'ils en avaient reçu l'ordre, un petit nombre d'entre eux, ⟨les uns⟩ avec leurs armes, la plupart sans armes, courent vers la mer ; ils furent ensuite plus nombreux à le faire, enfin presque tous, dont le consul en personne : c'est en vain qu'il avait tenté de rappeler les fuyards ; ni ses ordres, ni son prestige, ni, enfin, ses prières, n'y avaient réussi. Seul resta M. Licinius Strabon[1], tribun militaire de la deuxième légion[2], qui avait été laissé dans le camp avec trois manipules de sa légion. Les Histriens, qui avaient fait irruption dans le camp laissé vide sans rencontrer la moindre résistance armée, fondirent sur lui alors qu'il se trouvait dans le prétoire en train de former en bataille et de haranguer ses hommes. La lutte fut plus farouche que ne l'aurait laissé croire le petit nombre de ceux qui résistaient et ne prit fin qu'avec la mort du tribun militaire et de ceux qui l'entouraient. Après avoir abattu la tente du prétoire et pillé ce qui s'y trouvait, les ennemis parvinrent au *quaestorium*, au forum et à la *via quintana*[3]. Trouvant là, à portée de la main, des étalages de provisions de toute sorte, et, dans le *quaestorium*, des lits dressés, leur roi s'attabla et commença à banqueter. Tous les autres se mettent bientôt à faire de même, sans plus penser à la guerre et à l'ennemi et, chose naturelle pour des gens inhabitués à une chère si raffinée, se gorgent exagérément de vin et de nourriture.

confugissent, haud paulo ibi plus, quam quod secum ipsi attulerant, terroris fecerunt. [6]Nam neque dicere, quid fugissent, nec percontantibus reddere responsum poterant; et clamor in portis, ut ubi nulla esset statio, quae sustineret impetum, audiebatur; et concursatio in obscuro incidentium aliorum in alios incertum fecerat, an hostis intra uallum esset. [7]Vna uox audiebatur ad mare uocantium; id forte temere ab uno exclamatum totis passim personabat castris. [8]Itaque primo, uelut iussi id facere, pauci, armati ⟨alii⟩, maior pars inermes, ad mare decurrunt, dein plures, postremo prope omnes et ipse consul, cum frustra reuocare fugientes conatus nec imperio nec auctoritate nec precibus ad extremum ualuisset. [9]Vnus remansit M. Licinius Strabo, tribunus militum *secund*ae legionis, cum tribus signis ab legione sua relictus. Hunc in uacua castra impetu facto Histri, cum alius armatus iis nemo obuiam isset, in praetorio instruentem atque adhortantem suos oppresserunt. [10]Proelium atrocius quam pro paucitate resistentium fuit, nec ante finitum est, quam tribunus militum quique circa eum constiterant interfecti sunt. [11]Praetorio deiecto direptis*que*, quae ibi fuerunt, ad quaestorium, forum quintanamque hostes peruenerunt. [12]Ibi cum omnium rerum paratam expositamque copiam et stratos lectos in quaestorio inuenissent, regulus accubans epulari coepit. [13]Mox idem ceteri omnes, armorum hostiumque obliti, faciunt; et, ut quibus insuetus liberalior uictus esset, auidius uino ciboque corpora onerant.

II, **8** alii *add. Weissenborn* || **9** secundae *M. Mueller* : tertiae *Fr.* || **11** direptisque *Drakenborch* : direptis *Fr.*

III. Fort différente se présentait alors la situation du côté des Romains. Sur terre comme sur mer, c'est l'affolement ; les marins démontent les tentes et emportent à bord des navires les provisions étalées sur le rivage ; les soldats, sous le coup de la terreur, se jettent dans les barques et dans la mer ; quant aux matelots, pour éviter que les embarcations ne soient surchargées, ils barrent la route à la foule tandis que d'autres éloignent en hâte les navires du rivage, en eau profonde. Il en résulte des bagarres, bientôt même des combats entre soldats et marins, avec des blessés et des morts des deux côtés : finalement, sur l'ordre du consul, on emmena la flotte loin du rivage. Il commença ensuite à séparer les gens sans armes de ceux qui en avaient. Sur un aussi grand nombre d'hommes, on eut du mal à en trouver douze cents avec leurs armes, et, parmi les cavaliers, fort peu qui eussent emmené leurs chevaux. Tout le reste ne formait qu'une masse confuse semblable à une troupe de valets et de cantiniers qui, à coup sûr[1], n'aurait pas manqué d'être la proie des ennemis, si ceux-ci s'étaient souvenus de la guerre. C'est seulement à ce moment qu'⟨on envoya⟩ un messager rappeler la troisième légion et le contingent gaulois ; en même temps, de partout, les soldats commencèrent à revenir dans l'intention de reprendre le camp et d'effacer leur honte. Les tribuns militaires de la troisième légion donnent l'ordre de déposer le fourrage et le bois et ordonnent aux centurions de décharger les bêtes de somme et de placer sur chacune d'elles deux soldats âgés, aux cavaliers, de prendre chacun en croupe un jeune fantassin : ce serait une gloire extraordinaire pour leur légion de reprendre grâce à leur courage le camp que la peur avait fait perdre à la deuxième légion ! Et il était facile de le reprendre, s'ils fondaient brusquement sur les barbares occupés à faire du butin ; comme ceux-ci l'avaient pris, ils pouvaient le prendre. Ces exhortations rencontrèrent auprès des soldats l'accueil le plus enthousiaste. Ils portent rapidement les enseignes en avant, sans que les *signiferi* aient à attendre les soldats. Les premiers cependant à atteindre le retranchement furent le consul et les troupes qu'il ramenait de la mer. L. Atius[2], premier tribun[3] de la deuxième légion, ne se contentait pas d'encourager ses soldats, mais leur démontrait aussi que

III. [1]Nequaquam eadem est tum rei forma apud Romanos. Terra mari trepidatur; nautici tabernacula detendunt commeatumque in litore expositum in naues rapiunt; [2]milites in scaphas et mare territi ruunt; nautae metu, ne compleantur nauigia, alii turbae obsistunt, alii ab litore naues in altum expellunt. [3]Inde certamen, mox etiam pugna cum uulneribus et caede in uicem militum nautarumque oritur, donec iussu consulis procul a terra classis submota est. Secernere inde inermes ab armatis coepit. [4]Vix mille ducenti ex tanta multitudine, qui arma haberent, perpauci equites, qui equos secum eduxissent, inuenti sunt; cetera deformis turba uelut lixarum calonumque, praeda uere futura, si belli hostes meminissent. [5]Tunc demum nuntius ⟨missus⟩ ad tertiam legionem reuocandam et Gallorum praesidium; et simul ex omnibus locis ad castra recipienda demendamque ignominiam rediri coeptum est. Tribuni militum tertiae legionis pabulum lignaque proicere iubent, centurionibus imperant, ut grauiores aetate milites binos in ea iumenta ex quibus onera deiecta erant, imponant; equites ut singulos e iuuenibus pedites secum in equos tollant : [7]egregiam gloriam legionis fore, si castra metu secundanorum amissa sua uirtute recipiant. Et recipi facile esse, si in praeda occupati barbari subito opprimantur; sicut ceperint, posse capi. [8]Summa militum alacritate adhortatio audita est. Ferunt citati signa, nec signiferos armati morantur. Priores tamen consul copiaeque, quae a mari reducebantur, ad uallum accesserunt. [9]L. Atius, tribunus primus secundae legionis, non hortabatur modo

III, 5 missus *add. Weissenborn.*

si les Histriens vainqueurs avaient eu l'intention de garder le camp, une fois pris, avec les mêmes armes que celles grâce auxquelles ils l'avaient pris, ils auraient commencé par poursuivre l'ennemi jusqu'à la mer, après l'avoir chassé de son camp ; ensuite, ils auraient à tout le moins maintenu des postes de garde devant le retranchement : selon toute vraisemblance, les Barbares étaient plongés dans l'ivresse et le sommeil.

IV. Là-dessus, il ordonna à A. Baeculonius[1], son porte-enseigne, un homme d'un courage bien connu, d'aller de l'avant ; celui-ci dit que s'ils le suivaient, il hâterait leur avance et, lançant de toutes ses forces son enseigne de l'autre côté du retranchement[2], il fut le premier de tous à franchir la porte ; par ailleurs, T. et C. Aelius, tribuns militaires de la troisième légion, arrivent avec la cavalerie. Puis aussitôt après, à la fois ceux que l'on avait placés deux par deux sur les bêtes de somme et le consul avec toute la colonne. Quant aux Histriens, un petit nombre d'entre eux, qui avaient bu du vin modérément, avait songé à fuir ; tous les autres passèrent directement du sommeil à la mort et les Romains récupérèrent intact tout ce qui leur appartenait, à l'exception de ce qui avait été consommé en vin et en nourriture. Quand les soldats malades, que l'on avait laissés dans le camp, se furent, de leur côté, aperçus de la présence de leurs camarades dans l'enceinte du retranchement, ils prirent les armes et se livrèrent à un grand carnage. L'exploit de beaucoup le plus remarquable fut celui du cavalier C. Popilius, surnommé Sabellus : c'est lui qui, laissé au camp à cause d'une blessure au pied, tua le plus grand nombre d'ennemis. Huit mille Histriens environ furent tués, aucun ne fut fait prisonnier, car la colère et l'indignation empêchèrent de songer au butin. Cependant le roi des Histriens, que les siens avaient en hâte hissé sur un cheval, ivre comme il était au sortir du festin, prit la fuite[3]. Parmi les vainqueurs, deux cent trente-sept soldats périrent ; il en tomba davantage au cours de la fuite du matin que lors de la reprise du camp.

milites, [10]sed docebat etiam, si uictores Histri, quibus armis cepissent castra, iisdem capta retinere in animo haberent, primum exutum castris hostem ad mare persecuturos fuisse, deinde stationes certe pro uallo habituros : uino somnoque ueri simile esse mersos iacere.

IV. [1]Sub haec A. Baeculonium, signiferum suum, notae fortitudinis uirum, inferre signum iussit. [2]Ille, si [unum] se sequerentur, quo celerius fieret, facturum dixit ; conixusque cum trans uallum signum traiecisset, primus omnium portam intrauit. [3]Et parte alia T. et C. Aelii, tribuni militum tertiae legionis, cum equitatu adueniunt. Confestim et quos binos oneraria in iumenta imposuerant secuti, et consul cum toto agmine. [4]At Histrorum pauci, qui modice uino *u*si erant, memores fuerant fugae, aliis somno mors continuata est ; integraque sua omnia Romani, praeterquam quod uini cibique absumptum erat, receperunt. [5]Aegri quoque milites, qui in castris relicti fuerant, postquam intra uallum suos senserunt, armis arreptis caedem ingentem fecerunt. [6]Ante omnes insignis opera fuit C. Popili equitis ; Sabello cognomen erat. Is pede saucio relictus longe plurimos hostium occidit. [7]Ad octo milia Histrorum sunt caesa, captus nemo, quia ira et indignatio immemores praedae fecit. Rex tamen Histrorum temulentus ex conuiuio, raptim a suis in equum impositus, fugit. [8]Ex uictoribus ducenti triginta septem milites perierunt, plures in matutina fuga quam in recipiendis castris.

IV, 2 unum *secl. Novák* || 4 uino usi *Heerwagen* : vinosi *Fr.*

V. Il arriva par hasard que Cn. et L. Gavillius Novellus, des habitants d'Aquilée, qui arrivaient avec du ravitaillement, faillirent tomber, vu leur ignorance, dans le camp pris par les Histriens. Abandonnant leurs marchandises, ils s'enfuirent à Aquilée, semant la terreur et le désordre non seulement dans cette ville, mais encore à Rome, quelques jours après. Là, on annonça non seulement des nouvelles exactes, à savoir que notre camp avait été pris par les ennemis et que nous avions fui, mais encore que tout était perdu et que l'armée avait été détruite en entier. Aussi, comme cela a lieu en cas d'invasion, décida-t-on une levée exceptionnelle de troupes, non seulement à Rome, mais dans toute l'Italie ; on enrôla deux légions de citoyens romains, et l'on ordonna aux alliés de droit latin de fournir dix mille fantassins, ainsi que cinq cents cavaliers. Le consul M. Iunius[1] reçut l'ordre de passer en Gaule et d'exiger des cités de cette province tous les soldats que chacune pourrait fournir. On prit en même temps une série de décrets : le préteur Tiberius Claudius[2] enjoindrait par édit aux soldats de la quatrième légion et à cinq mille soldats et deux cent cinquante cavaliers fournis par les alliés de droit latin de se rassembler à Pise et de protéger cette province en l'absence du consul ; le préteur M. Titinius[3] ordonnerait à la première légion et à un nombre égal de fantassins et de cavaliers alliés de se rassembler à Ariminum : Nero partit revêtu du *paludamentum* pour Pise, sa province ; le tribun militaire C. Cassius[4] ayant été enovyé à Ariminum pour commander la légion, Titinius fit la levée à Rome. Le consul M. Iunius passa de chez les Ligures dans la province de Gaule ; après avoir aussitôt ordonné aux cités gauloises de lui fournir des auxiliaires et aux colonies, des soldats, il arriva à Aquilée. Là, il apprit que l'armée était saine et sauve ; après avoir

V. [1]Forte ita euenit, ut Cn. et L. Gauillii Nouelli, Aquileienses, cum commeatu uenientes, ignari prope in capta castra ab Histris inciderent. [2]Ii cum Aquileiam relictis impedimentis refugissent, omnia terrore ac tumultu non Aquileiae modo, sed Romae quoque post paucos dies inpleuerunt; [3]quo non capta tantum castra ab hostibus nec fuga, quae uera era*n*t, sed perditas res deletumque exercitum omnem allatum est. [4]Itaque, quod in tumultu fieri solet, dilectus extra ordinem non in urbe tantum, sed tota Italia indicti. Duae legiones ciuium Romanorum conscriptae, et decem milia peditum cum equitibus quingentis sociis nominis Latini imperata. [5]M. Iunius consul transire in Galliam et ab ciuitatibus prouinciae eius, quantum quaeque posset, militum exigere iussus. [6]Simul decretum, ut T*i*. Claudius praetor militibus legionis quartae et socium Latini nominis quinque milibus, equit*ibus* ducentis quinquaginta, Pisas ut conuenirent, ediceret, eamque prouinciam, dum consul inde abesset, tutaretur; [7]M. Titinius praetor legionem primam, parem numerum sociorum peditum equitumque, Ariminum conuenire iuberet. [8]Nero paludatus Pisas in prouinciam est profectus; Titinius C. Cassio tribuno militum Ariminum, qui praeesset legioni, misso dilectum Romae habuit. [9]M. Iunius consul ex Liguribus in prouinciam Galliam transgressus, auxiliis protinus per ciuitates Galliae militibusque coloni*i*s imperatis, Aquileiam peruenit. [10]Ibi certior factus exercitum incolumem esse, scriptis lit-

V, **1** Gavillii Novelli *B. G. Niebuhr, Hist. Rom. II, 293, n. 595* : Gavillii, novelli *Fr.* || **3** erant *I. F. Gronovius* : erat *Fr.* || **6** Ti. *Sigonius* : T. *Fr.* || equitibus *I. F. Gronovius* : equitum *Fr.* || **9** coloniis *Doviatius* : colonis *Fr.*

écrit à Rome pour y faire renaître le calme, il renvoya les auxiliaires qu'il avait requis des Gaulois et partit rejoindre son collègue[1]. Grande fut la joie à Rome à cette nouvelle inattendue ; on mit un terme à la levée, on donna leur congé à ceux qui avaient prêté serment et l'armée qui avait été, à Ariminum, en proie à une épidémie, fut renvoyée dans ses foyers. Les Histriens avaient leur camp, avec de nombreuses troupes, non loin de celui du consul, mais, quand ils eurent appris l'arrivée de l'autre consul, accompagné d'une armée nouvelle, ils se dispersèrent de tous côtés dans leurs bourgades. Les consuls ramenèrent les légions à Aquilée dans leurs quartiers d'hiver.

Rome : Indignation des tribuns contre le consul Manlius ; ambassades diverses.

VI. L'alarme causée par les Histriens étant enfin apaisée, on prit un sénatus-consulte en vertu duquel les consuls devaient décider entre eux à l'amiable lequel des deux reviendrait à Rome tenir les comices. En l'absence de Manlius, les tribuns de la plèbe ⟨A.⟩ Licinius Nerva[2] et C. Papirius Turdus[3] le prenaient violemment à partie dans les réunions qu'ils tenaient ; ils affichèrent un projet de loi interdisant la prorogation du commandement de Manlius au-delà des ides de mars (on avait déjà prorogé en effet d'un an la durée du gouvernement des consuls dans les provinces)[4] de façon qu'il pût venir plaider sa cause dès après la fin de sa magistrature[5] ; leur collègue Q. Aelius[6] opposa son veto à cette proposition de loi et eut beaucoup de peine à obtenir qu'elle ne fût pas votée.

Sur ces entrefaites, Tiberius Sempronius Gracchus[7] et L. Postumius Albinus[8] étaient rentrés d'Espagne à Rome : le préteur M. Titinius réunit pour eux le sénat dans le temple de Bellone pour leur permettre de faire un compte rendu de leurs exploits et de réclamer les honneurs qu'ils avaient mérités ⟨ainsi que⟩ pour rendre honneur aux dieux immortels.

A la même époque, on apprit par une lettre du préteur

teris Romam, ne tumultuarentur, ipse remissis auxiliis, quae Gallis imperauerat, ad collegam est profectus. [11]Romae magna ex necopinato laetitia fuit : dilectus omissus est, exauctorati, qui sacramento dixerant, et exercitus, qui Arimini pestilentia adfectus erat, domum dimissus. [12]Histri magnis copiis cum castra haud procul consulis castris haberent, postquam alterum consulem cum exercitu nouo aduenisse audierunt, passim in ciuitates dilapsi sunt. Consules Aquileiam in hiberna legiones reduxerunt.

VI. [1]Sedato tandem Histrico tumultu senatus consultum factum est, ut consules inter se compararent, uter eorum ad comitia habenda Romam rediret. [2]Cum absentem Manlium tribuni plebis ⟨A.⟩ Licinius Nerua et C. Papirius Turdus in contionibus lacerarent rogationemque promulgarent, ne Manlius post idus Martias — prorogatae namque consulibus iam in annum prouinciae erant — imperium retineret, uti causam extemplo dicere, cum abisset magistratu, posset, [3]huic rogationi Q. Aelius collega intercessit magnisque contentionibus obtinuit, ne perferretur.

[4]Per eos dies T*i*. Sempronius Gracchus et L. Postumius Albinus ex Hispania Romam cum reuertissent, senatus iis a M. Titinio praetore datus in aede Bellonae ad *e*disserendas res, quas gessissent, postulandosque honores meritos ⟨et⟩ ut diis immortalibus haberetur honos.

[5]Eodem tempore et in Sardinia magnum tumul-

VI, 2 A. *add. Sigonius* || 4 Ti. *Fr. 2* : T. *Fr.* || edisserendas *I. F. Gronovius* : disserendas *Fr.* || et *add. I. F. Gronovius.*

T. Aebutius[1], lettre que son fils avait apportée au sénat, que de grands désordres s'étaient produits également en Sardaigne. Les Iliens[2] avaient, avec l'aide d'auxiliaires fournis par les Balari[3], envahi une province pacifiée et l'on ne pouvait leur opposer de résistance, compte tenu de la faiblesse de l'armée et du fait qu'une épidémie l'avait en grande partie décimée. Ces nouvelles étaient confirmées par les députés des Sardes qui demandaient (tout au moins pour les villes, car, pour les campagnes, on en déplorait déjà la perte) l'aide du sénat. Cette ambassade, comme tout ce qui concernait la Sardaigne, fut renvoyée devant les nouveaux magistrats.

Tout aussi pitoyable fut l'ambassade envoyée par les Lyciens, qui se plaignaient de la cruauté des Rhodiens[4], sous le pouvoir desquels ils avaient été placés par L. Cornelius Scipion[5] : ils avaient été, disaient-ils, sous la domination d'Antiochus ; l'esclavage que le roi leur avait imposé leur apparaissait, comparé à leur situation présente, comme une merveilleuse liberté. Ce n'était pas seulement en tant qu'État qu'ils étaient en butte à l'oppression du pouvoir : les particuliers enduraient individuellement un véritable esclavage ; leurs femmes et leurs enfants étaient maltraités ; sur leurs corps, sur leurs dos, s'abattaient les coups ; leur réputation était — chose scandaleuse — souillée et déshonorée ; il était évident que si leurs maîtres les traitaient de façon odieuse, c'était aussi en vue d'affirmer leur droit ; eux-mêmes ne devaient se faire aucune illusion : il n'y avait aucune différence entre eux et des esclaves achetés à prix d'argent. Ému par ces faits, le sénat remit aux Lyciens une lettre pour les Rhodiens : il était d'avis que les Lyciens ne devaient nullement être réduits en esclavage par les Rhodiens, ni aucun homme né libre, par qui que ce fût. Les Lyciens étaient placés sous la domination et la protection des Rhodiens dans des conditions semblables à celles des cités alliées soumises à l'autorité de Rome.

Triomphes. Attaques des tribuns contre Manlius.

VII. On célébra ensuite coup sur coup deux triomphes sur l'Espagne. *Tiberius* Sempronius Gracchus triompha le premier sur les Celtibères et leurs alliés ; le lendemain, ce fut L. Postumius, sur les Lusitaniens et les Espagnols

tum esse litteris T. Aebuti praetoris cognitum est, quas filius eius ad senatum attulerat. [6]Ilienses adiunctis Balarorum auxiliis pacatam prouinciam inuaserant, nec eis inualido exercitu et magna parte pestilentia absumpto resisti poterat. [7]Eadem et Sardorum legati nuntiabant orantes, ut urbibus saltem — iam enim agros deploratos esse — opem senatus ferret. Haec legatio totumque, quod ad Sardiniam pertinebat, ad nouos magistratus reiectum est.

[8]Aeque miserabilis legatio Lyciorum, qui crudelitatem Rhodiorum, quibus ab L. Cornelio Scipione attributi erant, querebantur : [9]fuisse ⟨se⟩ sub dicione Antiochi ; eam regiam seruitutem conlatam cum praesenti statu praeclaram libertatem uisam. Non public*e* tantum se premi imperio, sed singulos iustum pati seruitium. [10][Iustos] coniuges liberosque uexari ; in corpus, in tergum saeuiri ; famam, quod indignum sit, maculari dehonestarique ; et palam res odiosas fieri iuris etiam usurpandi causa, ne pro dubio habeant, nihil inter se et argento parata mancipia interesse. [11]Motus his senatus litteras Lyciis ad Rhodios dedit, nec Lycios Rhodiis nec ullos ali*i* cuiquam, qui nati liberi sint, in seruitutem dari placere ; [12]Lycios ita sub Rhodiorum simul imperio et tutela esse, ut in dicione populi Romani ciuitates sociae sint.

VII. [1]Triumphi deinde ex Hispania duo continui acti. [2]Prior ⟨Ti.⟩ Sempronius Gracchus de Celtiberis sociisque eorum, postero die L. Postumius

VI, **9** se *add. Drakenborch* || publice *Duker* : publico *Fr.* || **10** iustos *secl. Hartel* || **11** alii cuiquam *Heraldus* : alicuiquam *Fr.*

VII, **2** Ti. *add. H. I. Mueller.*

de la même région ; Gracchus fit porter dans le cortège quarante mille livres d'argent, Albinus vingt mille. Tous deux distribuèrent vingt-cinq deniers à chaque fantassin, le double à chaque centurion, le triple à chaque cavalier ; les alliés reçurent les mêmes sommes que les Romains.

Il se trouva qu'à la même époque le consul M. Iunius revint d'Histrie à Rome pour présider les comices. Après l'avoir, au sénat, harcelé de questions sur ce qui s'était passé en Histrie, les tribuns de la plèbe Papirius et Licinius le conduisirent aussi devant l'assemblée du peuple. Comme le consul répondait qu'il n'était pas resté plus de onze jours dans cette province et que, sur ce qui s'était passé en son absence, il était, comme eux, renseigné par la seule renommée, ils le poursuivaient alors de leurs questions : pourquoi n'était-ce pas plutôt A. Manlius qui était venu à Rome rendre compte de ses actes au peuple romain ? pourquoi était-il sorti de la province de Gaule, qu'il avait obtenue du sort, pour passer en Histrie ? quand le sénat avait-il décrété cette guerre ? quand le peuple romain l'avait-il ordonnée ? — « Mais, dira-t-on, si c'est, par Hercule, à la suite d'une décision d'ordre privé que cette guerre a été entreprise, elle a du moins été menée avec prudence et courage ! — Bien au contraire, il était impossible de dire ce qui était le pire, la nocivité de la décision qui l'avait fait engager ou la façon inconsidérée dont elle avait été conduite ! Deux postes avaient été surpris et écrasés par les Histriens, le camp romain pris, les fantassins et les cavaliers qui s'y trouvaient, ⟨massacrés⟩ ; tous les autres avaient fui sans armes et en désordre et, à leur tête, le consul en personne, vers la mer et les navires. C'était en simple particulier que celui-ci rendrait compte de ces faits, puisqu'il n'avait pas voulu le faire comme consul. »

Élections pour 177. Immigration illicite des alliés à Rome.

VIII. Les élections eurent lieu ensuite. On proclama consuls C. Claudius Pulcher[1] et Ti. Sempronius Gracchus[2]. Le lendemain on élit à la préture P. Aelius Tubero[3] pour

de Lusitanis aliisque eiusdem regionis Hispanis triumphauit. Quadraginta milia pondo argenti [Ti.] Gracchus transtulit, uiginti milia Albinus. [3]Militibus denarios quinos uicenos, duplex centurioni, triplex equiti ambo diuiserunt; sociis tantumdem quantum Romanis.

[4]Per eosdem forte dies M. Iunius consul ex Histria comitiorum causa Romam uenit. [5]Eum cum in senatu fatigassent interrogationibus tribuni plebis Papirius et Licinius de *ïis*, quae in Histria essent acta, in contionem quoque produxerunt. [6]Ad quae cum consul se dies non plus undecim in ea prouincia fuisse responderet, quae se absente acta essent, se quoque, ut illos, fama comperta habere, [7]exequebantur deinde quaerentes, quid ita non potius A. Manlius Romam uenisset, ut rationem redderet populo Romano, cur ex Gallia prouincia, quam sortitus esset, in Histriam transisset? [8]Quando id bellum senatus decreuisset, quando [id bellum] populus Romanus iussisset? At hercule priuato quidem consilio bellum susceptum esse, sed gestum prudenter fortiterque. [9]Immo, utrum susceptum sit nequius an inconsultius gestum, dici non posse. Stationes duas necopinantes ab Histris oppressas, castra Romana capta, quod peditum, quod equitum in castris fuerit, ⟨caesum⟩; [10]ceteros inermes fusosque, ante omnes consulem ipsum, ad mare ac naues fugisse. Priuatum rationem redditurum earum rerum esse, quoniam consul noluisset.

VIII. [1]Comitia deinde habita. Consules creati

VII, 2 Ti. *secl. Madvig* ‖ 5 de iis *Kreyssig* : de his *Fr.* ‖ 8 id bellum *secl. I. F. Gronovius* ‖ 9 caesum *add. Crévier.*

la seconde fois, C. Quinctius Flamininus[1], C. Numisius[2], L. Mummius[3], Cn. Cornelius Scipion[4], C. Valerius Laevinus[5]. A Tubero échut la juridiction urbaine, à Quinctius la pérégrine, à Numisius la Sicile, à Mummius la Sardaigne, mais, en raison de l'importance de la guerre, cette province fut rendue consulaire. Scipion et Laevinus obtinrent la Gaule, divisée en deux provinces[6]. Aux ides de mars, jour de l'entrée en charge des consuls Sempronius et Claudius, on se contenta de faire mention des provinces de Sardaigne et d'Histrie et des ennemis qui, dans chacune de ces provinces, avaient suscité une guerre. Le lendemain, les ambassadeurs sardes dont l'audition avait été ajournée jusqu'à l'entrée en charge des nouveaux magistrats, ⟨ainsi que⟩ L. Minucius Thermus[7], qui avait été le légat du consul Manlius en Histrie, vinrent au sénat. Par eux, le sénat apprit l'importance de la guerre qui avait lieu dans ces provinces.

Le sénat fut impressionné aussi par les députations des alliés de droit latin[8] qui, après avoir harcelé et les censeurs et les précédents consuls, furent enfin introduites au sénat. Pour l'essentiel, leurs plaintes portaient sur le fait que leurs concitoyens recensés à Rome avaient, pour la plupart, émigré à Rome[9] ; si on laissait s'accomplir de tels faits, après quelques lustres, leurs villes désertes, leurs champs déserts ne pourraient plus fournir le moindre soldat. En outre, les Samnites et les Péligniens se plaignaient de ce que quatre mille familles les eussent quittés pour s'installer à Frégelles[10] : ni les uns ni les autres[11] ne devaient pour autant fournir un nombre moins grand de soldats. Deux procédés de fraude avaient été mis en œuvre par les particuliers pour changer de cité. Une loi permettait aux alliés de nom latin qui laissaient chez

C. Claudius Pulcher, T*i*. Sempronius Gracchus. Et postero die praetores facti P. Aelius Tubero iterum, C. Quinctius Flamini*n*us, C. Numisius, *L*. Mummius, Cn. Cornelius Scipio, C. Valerius Laeuinus. [2]Tuberoni urbana iurisdictio, Quinctio peregrina euenit, Numisio Sicilia, Mummio Sardinia ; sed ea propter belli magnitudinem prouincia consularis facta. [Gracchus eam sortitur, Histriam Claudius]. [3]Scipio et Laeuinus Galliam in duas diuisam prouincias sortiti sunt. [4]Idibus Martiis, quo die Sempronius Claudiusque consulatum inierunt, mentio tantum de prouinciis Sardinia Histriaque et utriusque hostibus fuit, qui in his prouinciis bellum conciuissent. [5]Postero die legati Sardorum, qui ad nouos magistratus dilati erant, ⟨et⟩ L. Minucius Thermus, qui legatus Manli consulis in Histria fuerat, in senatum uenit. Ab his edoctus est senatus, quantum belli eae prouinciae haberent.

[6]Mouerunt senatum et legationes socium nominis Latini, quae et censores et priores consules fatigauer*a*nt, tandem in senatum introductae. [7]Summa querellarum erat, ciues suos Romae censos plerosque Romam commigrasse ; quod si permittatur, perpaucis lustris futurum, ut deserta oppida, deserti agri nullum militem dare possi*n*t. [8]Fregellas quoque milia quattuor familiarum transisse ab se Samnites Paelignique querebantur, neque eo minus aut hos aut illos in dilectu militum dare. [9]Genera autem fraudis duo mutandae uiritim ciuitatis in-

VIII, **1** Ti. *Fr. 2* : T. *Fr.* || Flaminınus *Fr. 2* : Flaminius *Fr.* || L. Mummius *Sigonius* : C. Mummius *Fr.* || **2** Gracchus-Claudius *secl. Drakenborch* || **5** et *add. Clericus* || **6** fatigaverant *I. F. Gronovius* : fatigaverunt *Fr.* || **7** possint *Madvig* : possent *Fr.* || **8** dilectu : delectu *Duker* delectum *Fr.*

eux un fils[1] de devenir citoyens romains. En faisant de cette loi un mauvais usage, les uns faisaient tort aux alliés, les autres, au peuple romain. D'une part, en effet, pour éviter de laisser un fils chez eux, ils le livraient comme esclave à n'importe quel Romain, à la condition qu'il fût libéré et, en tant qu'affranchi, devînt citoyen; d'autre part, ceux qui n'avaient pas de descendance qu'ils pussent laisser sur place... devenaient citoyens romains...[2] Par la suite, faisant fi même de ces caricatures du droit, on accédait pêle-mêle, sans tenir compte de la loi, sans laisser de descendant, à la citoyenneté romaine, en émigrant à Rome et en s'y faisant recenser. Les députés demandaient qu'on mît un terme à ces procédés et qu'on ordonnât aux alliés de revenir dans leur cité; ensuite, qu'on prît des mesures légales pour empêcher que l'on pût adopter ou aliéner quelqu'un en vue d'un changement de citoyenneté; que tous ceux qui se-raient devenus citoyens romains dans ces conditions ⟨fussent privés du droit de cité⟩. Ils obtinrent sur tous ces points gain de cause auprès du sénat.

Levée de troupes. Prodiges. Lex « Claudia de sociis ».

IX. On assigna ensuite par décret ⟨aux consuls⟩ les provinces en guerre, la Sardaigne et l'Histrie. Pour la Sardaigne, ils reçurent l'ordre d'enrôler deux légions de chacune cinq mille deux cents fantassins et trois cents cavaliers, et de recruter parmi les alliés et les peuples de droit latin douze mille fantassins, six cents cavaliers et dix quinquérèmes, au cas où le consul voudrait les retirer des arsenaux. On décréta pour l'Histrie des levées de fantassins et de cavaliers équivalentes à celles qui avaient été faites pour la Sardaigne. Les consuls reçurent également l'ordre d'envoyer en Espagne à M. Titinius[3] une légion avec trois cents

ducta erant. Lex sociis [ac] nominis Latini, qui stirpem ex sese domi relinquerent, dabat, ut ciues Romani fierent. Ea lege male utendo alii sociis, alii populo Romano iniuriam faciebant. [10]Nam et ne stirpem domi relinquerent, liberos suos quibusquibus Romanis in eam condicionem, ut manu mitterentur, mancipio dabant, libertinique ciues essent ; et quibus stirp*s* deesset, quam relinquerent, ut *** ciues Romani fiebant. [11]Postea his quoque imaginibus iuris spretis, promiscue sine lege, sine stirpe in ciuitatem Romanam per migrationem et censum trans*i*bant. [12]Haec ne postea fierent, petebant legati, et ut redire in ciuitates iuberent socios ; deinde, ut lege cauerent, ne quis quem ciuitatis mutandae causa suum faceret neue alienaret ; et si quis ita ciuis Romanus factus esset, ⟨id ratum ne esset⟩. Haec impetrata ab senatu.

IX. [1]Prouinciae deinde, quae in bello erant, Sardinia atque Histria ⟨consulibus⟩ decretae. [2]In Sardiniam duae legiones scribi iussae, quina milia in singulas et duceni pedites, treceni equites, et duodecim milia peditum sociorum ac Latini nominis et sescenti equites et decem quinqueremes naues, si deducere ex naualibus vellet. [3]Tantumdem peditum equitumque in Histriam, quantum in Sardiniam, decretum. Et legionem unam cum equitibus trecentis, et quinque milia peditum sociorum et ducentos quinquaginta mittere equites in Hispaniam consules ad M. Titinium iussi. [4]Prius-

VIII, **9** ac *del. Drakenborch* || **10** stirps *Weissenborn* : stirpes *Fr.* || *lacunam ante* ciues *indicavit Crévier*, *post* Romani *Giarratano* || **11** transibant *Curio* : transiebant *Fr.* || **12** id ratum ne esset *add. Marquardt.*

IX, **1** consulibus *add. Perizonius.*

cavaliers et, en fait de contingents alliés, cinq mille fantassins et deux cent cinquante cavaliers. Avant le tirage au sort des provinces par les consuls, on annonça des prodiges : une pierre était tombée du ciel dans le bois sacré de Mars, sur le territoire de Crustumérie[1] ; un enfant au corps dépourvu de membres était né sur le territoire romain et l'on avait aperçu un serpent muni de quatre pattes ; à Capoue, de nombreux édifices du forum avaient été frappés du feu céleste ; à Pouzzoles, deux navires avaient été incendiés par la foudre. Tandis qu'on annonçait ces prodiges, un loup fut pourchassé à Rome même : entré par la porte Colline, il s'échappa par la porte Esquiline, poursuivi par une foule nombreuse. Pour expier ces prodiges, les consuls immolèrent des victimes majeures et une supplication d'un jour eut lieu dans tous les sanctuaires. Une fois les sacrifices régulièrement accomplis, les consuls tirèrent au sort les provinces : l'Histrie échut à Claudius, la Sardaigne à Sempronius.

Ensuite, C. Claudius fit voter, à la suite d'un sénatus-consulte, une loi concernant les alliés et rendit un édit : les alliés de nom latin, eux-mêmes et leurs ascendants[2], qui avaient été, sous la censure de M. Claudius[3] et de T. Quinctius[4] et dans les années suivantes, inscrits sur les registres des alliés de nom latin, devaient tous rentrer chacun dans sa cité d'origine avant les calendes de novembre[5]. La charge de l'enquête concernant ceux qui ne seraient pas rentrés ainsi fut confiée par décret au préteur L. Mummius[6]. Un sénatus-consulte vint compléter la loi et l'édit du consul : tout dictateur, consul, interroi, censeur, préteur alors en fonction ⟨ou appelé à l'être⟩[7] auquel on amènerait un esclave pour l'affranchir, en vue de revendiquer pour lui la liberté[8], devait exiger de celui qui l'affranchissait le serment que cet affranchissement n'avait pas pour but un changement de citoyenneté ; on décida de refuser l'affranchissement de tout homme à propos duquel ce serment ne serait pas prêté. Ces précau-

quam consules prouincias sortirentur, prodigia nuntiata sunt : [5]lapidem in agro Crustumino in l*u*cum Martis de caelo cecidisse ; puerum trunci corporis in agro Romano natum, et quadrupedem anguem uisum ; et Capuae multa in foro aedificia de caelo tacta ; et Puteolis duas naues fulminis ictu concrematas esse. [6]Inter haec, quae nuntiabantur, lupus etiam Romae interdiu agitatus, cum Collina porta intrasset, per Esquilinam magno consectantium tumultu euasit. [7]Eorum prodigiorum causa consules maiores hostias immolarunt, et diem unum circa omnia puluinaria supplicatio fuit. [8]Sacrificiis rite perfectis prouincias sortiti sunt ; Claudio Histria, Sempronio Sardinia obuenit.

[9]Legem dein de sociis C. Claudius tulit ⟨ex⟩ senatus consulto et edixit, qui socii [ac] nominis Latini, ipsi maioresue eorum, M. Claudio T. Quinctio censoribus post*ue* ea apud socios nominis Latini censi essent, ut omnes in suam quisque ciuitatem ante kal. Nouembres redirent. [10]Quaestio, qui ita non redissent, L. Mummio praetori decreta est. [11]Ad legem et edictum consulis senatus consultum adiectum est, ut dictator, consul, interrex, censor, praetor, qui nunc esset ⟨quiue postea futurus esset⟩, apud eorum quem ⟨qui⟩ manu mitteretur, in libertatem uindicaretur, ut ius iurandum daret, qui eum manu mittere*t*, ciuitatis mu*t*andae causa manu non mittere ; in qu*o* id non iurare*t*, eum manu mit-

IX, **5** lucum *Cluverius* : lacum *Fr.* || **9** ex *add. I. F. Gronovius* || ac *secl. A. Schmidt* || postue *Mommsen* : postque *Fr.* || **11** *a syllaba* -tum *uocis* edictum *incipit V* || quiue postea futurus esset *add. Weissenborn* || qui *add. Crévier* || mitteret *Fr.* : mittere *V* || mutandae *Fr.* : multandae *V* || mittere in quo id *Heerwagen* : mittereinquid *V* || iuraret *Fr.* : iurare *V.*

tions furent prises pour l'avenir et, à la suite d'un édit du consul C. Claudius, (les alliés?) reçurent l'ordre (de rentrer chez eux...?)[1].

Opérations en Histrie ; le consul C. Claudius prend le commandement.

X. Pendant que ces événements se déroulaient à Rome, M. Iunius et A. Manlius, qui avaient été consuls l'année précédente et avaient pris leurs quartiers d'hiver à Aquilée, firent, au début du printemps, entrer leurs armées sur le territoire des Histriens ; comme ils ravageaient ce pays sur une large étendue, les Histriens se soulevèrent davantage sous le coup de la douleur et de l'indignation qu'ils ressentirent à voir piller leurs biens qu'avec l'assurance de disposer de forces suffisantes pour être en mesure de tenir tête à deux armées. Après un rassemblement hâtif et précipité des hommes mobilisables de toutes les peuplades, leur armée, lançant un premier assaut, combattit avec plus de vigueur que de persévérance ; quatre mille d'entre eux environ tombèrent sur le champ de bataille ; tous les autres, abandonnant la lutte, se dispersèrent çà et là dans leurs cités. De là, ils envoyèrent d'abord des députés dans le camp romain pour demander la paix, ensuite des otages qu'on leur avait ordonné de livrer. Lorsqu'on eut appris ces nouvelles à Rome par une lettre des proconsuls, le consul C. Claudius craignit qu'à la suite de ces événements, on n'en vînt à lui enlever la province et l'armée : sans prononcer ses vœux, sans licteurs revêtus du manteau de guerre, et après n'en avoir informé que son seul collègue, de nuit, il partit brusquement pour sa province ; là, sa conduite fut encore plus inconsidérée[2] que son arrivée. Après avoir en effet convoqué une assemblée, il accusa A. Manlius de s'être enfui du camp, s'attirant ainsi parmi ses auditeurs l'hostilité des soldats qui avaient fui eux-mêmes les premiers, et couvrit M. Iunius de violents reproches pour s'être associé à l'action déshonorante de son collègue ; finalement il leur ordonna à l'un et à l'autre de quitter la pro-

tendum non censuerunt. [12]Haec in posterum cau*t*a iussique edicto C. Claudi cons. *** Claudio decreta est.

X. [1]Dum haec Romae geruntur, M. Iunius et A. Manlius, qui priore anno consules fuerant, *cum* Aquileiae hibernassent, principio ueri*s* in finis Histrorum exercitum introduxerunt; [2]ubi cum effuse popularentur, dolor magis et indignatio diripi res suas cernentis Histros, quam certa spes satis sibi uirium aduersus duos exercitus ⟨esse⟩, *exciuit.* [3]Concursu ex omnibus populis iuuentutis facto repentinus et tumultuarius exercitus acrius primo impetu quam perseuerantius pugnauit. [4]Ad quattuor milia eorum in acie caesa; ceteri omisso bello in ciuitates passim diffugerunt. Inde legatos primum ad pacem petendam in castra Romana, deinde obsides imperatos miserunt. [5]Haec cum Romae cognit*a* litteris proconsulum essent, C. Claudius consul ueritus, ne forte ea*e* res prouinciam ⟨et⟩ exercitum sibi adimerent, non uotis nuncupatis, non palu*d*atis lictoribus, uno omnium certiore facto collega, nocte profectus, praeceps in prouinciam abiit; ubi inconsultius quam uenerat se gessit. [6]Nam cum contione aduocata fugam e castris A. Manlio aduers*i*s auribus militum, quippe qui primi ipsi fugissent, *ob*i*e*ctasset ⟨et⟩ ingessi*sse*t probra M. Iunio, quod se dedecoris socium collegae fecisset, ad extremum utrumque decedere prouincia

IX, **12** cauta *Madvig* : causa *V* || *lacunam indicavit Madvig.*

X, **1** cum *Fr.* : qui *V* || veris *Fr.* : ueri *V* || **2** exercitus esse excivit *Fr.* (esse *hic add. Madvig*) : exercitusid *V* || **5** cognita *Fr.* : cognitis *V* || eae *Vahlen* : ea *V* || et *add. Vahlen* || paludatis *Fr.* : pabulatis *V* || **6** adversis *Fr.* : aduersus *V* || obiectasset *Madvig* : iactasset *V* || et ingessisset *Kreyssig* : ingessitsed *V*.

vince. A quoi ceux-ci répondirent qu'ils n'obéiraient à l'ordre du consul que lorsque celui-ci aurait, conformément à l'usage des ancêtres, quitté la Ville après avoir prononcé ses vœux au Capitole et entouré de ses licteurs revêtus du manteau de guerre : le consul, ivre de rage, fit appeler le questeur de Manlius et lui demanda des chaînes, menaçant de faire envoyer Iunius et Manlius chargés de liens à Rome. Mais celui-ci repoussa lui aussi avec mépris l'ordre du consul, et les soldats qui les entouraient, manifestant leur sympathie à la cause de leurs généraux et leur hostilité envers le consul, encourageaient encore les assistants à ne pas obéir. Finalement, le consul, lassé d'être en butte aux outrages individuels et aux moqueries de la foule — car ils allaient jusqu'à rire de lui — rentra à Aquilée sur le même navire qui l'avait amené. De là, il écrivit à son collègue, pour lui demander d'ordonner par édit au contingent de nouvelles recrues affecté à la province d'Histrie de se réunir à Aquilée : ainsi rien ne viendrait le retarder, à Rome, pour prononcer ses vœux et sortir de la Ville avec le manteau de guerre. Son collègue s'acquitta avec complaisance de cette mission et fixa par édit un court délai pour le rassemblement des troupes. Claudius arriva peu après l'envoi de sa lettre. Après avoir, dès son arrivée, tenu une assemblée consacrée à Manlius et Iunius, il ne s'attarda pas plus de trois jours à Rome et, accompagné de ses licteurs revêtus du manteau de guerre, après avoir prononcé ses vœux au Capitole, il partit pour sa province avec la même précipitation que précédemment.

Fin de la guerre d'Histrie.

XI. Quelques jours auparavant, Iunius et Manlius avaient commencé à mener avec la plus grande vigueur le siège de la place de Nesattium[1], où les chefs des Histriens et leur roi Épulon luimême s'étaient réfugiés. Claudius y amena ses deux

iussit. [7]⟨Ad⟩ quod cum illi tum consulis imperio dicto audientes futuros esse dicerent, cum *i*s more maiorum, secundum uota in Capitolio nuncupata, lictoribus paludatis profectus ab urbe esset, [8]furens ira uocatum, qui pro quaestore Manli erat, catena*s* poposcit, uinctos[que] se Iunium Manliumque minitans Romam missurum. [9]Ab eo quoque spretum consulis imperium est; et circumfusus exercitus, fauens imperatorum causae et consuli infestus, animos ad no*n* parendum addebat. [10]Postremo fatigatus consul et contumeliis singulorum et multitudinis — nam insuper inridebant — ludibriis, naue eadem, qua uenerat, Aquileiam redit. [11]Inde collegae scripsit, ut militum nouorum ei parti, quae scripta in Histriam prouinciam esset, ediceret, Aquileiam ut conueniret, ne quid se Romae teneret, quo minus uotis nuncupatis paludatus ab urbe exiret. [12]Haec a colleg*a* obsequenter facta, breuisque dies ad conueniendum edicta est. Claudius prope consecutus est litteras suas. [13]Contione adueniens de Manlio et Iunio habita, non ultra triduum morat*us* Romae, paludatis lictoribus uotisque in Capitolio nuncupatis, in prouinciam aeque a*c* p*r*ius praecipiti celeritate abit.

XI. [1]Paucis ante diebus Iunius Manliusque oppidum *N*e*s*attiu*m*, quo se principes Histrorum et regulus ipse Aepulo receperat, summa ui oppu-

X, **7** ad *add. Mueller* || is *Fr.* : his *V* || **8** catenas *Fr.* : catena *V* || vinctos se *Fr.* : uinctosquese *V* || minitans *Fr.* : ministrans (*sed pr.* s *exp.*) *V* || **9** non *Fr.* : nos *V* || **12** a collega *Madvig* : acollegae *V* collegae *Fr.* || **13** moratus *Fr.* : moratis *V* || aeque ac prius *Florebellus* : aequaeamplius *V*.

XI, **1** oppidum Nesattium *Fr.* : oppidumetmattius *V*.

nouvelles légions et renvoya l'ancienne armée avec ses chefs ; pour sa part, il fit entourer la place de fortifications et se mit en devoir de mener l'assaut avec des mantelets ; quant au fleuve qui longeait les remparts et qui constituait à la fois un obstacle pour les assaillants et une source d'approvisionnement en eau pour les Histriens, il le fit détourner, utilisant un nouveau lit creusé au prix de nombreuses journées de travail. A la vue du prodige qui leur coupait l'eau, les Barbares furent terrifiés : aussi, sans songer, même alors, à demander la paix, ils se mirent à massacrer leurs femmes et leurs enfants et même pour offrir à leurs ennemis le spectacle d'un crime si barbare, debout sur les remparts, sous leurs yeux, ils précipitaient d'en haut les corps de leurs victimes. Ce fut au milieu de ces lamentations des femmes et des enfants, au milieu de ce massacre abominable, que nos soldats franchirent les remparts et pénétrèrent dans la place. Lorsque le roi entendit le vacarme provoqué par la prise de la ville et dû aux cris d'épouvante des fuyards, il se perça la poitrine de son épée, pour ne pas être capturé vivant ; tous les autres furent pris ou tués. Deux places fortes, Mutila et Faveria[1], furent ensuite prises d'assaut et détruites. Le butin, compte tenu de la pauvreté de ce peuple, fut plus grand qu'on ne l'espérait et fut entièrement abandonné aux soldats : cinq mille six cent trente-deux captifs furent mis en vente. Les responsables de la guerre furent battus de verges et frappés de la hache. A la suite de la destruction de ces trois places fortes et de la mort du roi, l'Histrie fut pacifiée dans sa totalité[2] et toute la population, après avoir remis des otages, fit sa soumission.

Au moment où la guerre d'Histrie se terminait, les Ligures commencèrent à tenir des réunions en vue de la guerre[3].

Guerre contre les Ligures. Prodiges. Triomphe de C. Claudius.

XII. Le proconsul Ti. Claudius, qui avait été préteur l'année précédente[4], commandait à Pise une légion qui s'y trouvait en garnison. Informé de ce qui se passait par une lettre de ce dernier, le sénat

gn*ar*ant. [2]Eo Claudius duabus legionibus nouis adductis, uetere exercitu cum suis ducibus dimisso, ipse oppidum circumsedit et uineis oppugnare inte*n*dit, [3]amnemque praeterfluentem moenia, qui et inpedimento oppugnantibus er*a*t et aquationem Histris praebebat, multorum dierum opere exceptum nou*o* alueo auertit. [4]Ea res barbaros miraculo terruit abscisa*e* *a*quae : et ne tum quidem memores pacis, in caedem coniugum ac liberorum uersi, etiam ut spectaculo hostibus tam foedum facin*us* esse*t*, palam in muris trucidatos praecipitabant. [5]Inter simul conplorationem feminarum puerorumque, simul nefandam caedem, milites transgressi murum oppidum intrarunt. [6]Cuius capti tumul*tum* *ub*i ex pauido clamore fugientium accepit rex, traiecit ferro pectus, ne uiuus caperetur ; ceteri capti aut occisi. [7]Duo deinde oppida, Mutila et Faueria, ui capta et deleta. [8]Praeda, ut in gente inopi, spe maior fuit, et omnis militibus concessa est. Quinque milia capitum sescenta triginta duo sub corona uenierunt. Auctores belli uirgis caesi et securi percussi. [9]Histria tota trium oppidorum excidio et morte regis pacata est ; omnesque undique populi obsidibus datis in dicionem uenerunt.

[10]Sub Histrici finem belli apud Ligures concilia de bello haberi coepta.

XII. [1]T*i*. Claudius proconsul, qui praetor priore anno fuerat, cum praesidio legionis unius Pisis

XI, **1** oppugnarant *Madvig* : oppugnant *V* || **2** intendit *Fr.* : interditam *V* || **3** erat *Fr.* : erant *V* || novo *Fr.* : noua *V* || **4** abscisae aquae *Fr.* : abscisaquae *V* || facinus esset *Fr.* : facinoresse *V* || **6** tumultum ubi *Vahlen* : tumuli *V* tumultum ut *Fr.*

XII, **1** Ti. *Sigonius* : T. *V*.

décide de transmettre la lettre elle-même à C. Claudius — car l'autre consul était déjà passé en Sardaigne — et prend en outre un décret qui l'invitait, maintenant que sa mission en Histrie était achevée, à mener son armée, s'il le jugeait bon, contre les Ligures. En même temps à la suite de la lettre que le consul avait écrite pour relater les événements d'Histrie, on décréta une supplication de deux jours. L'autre consul, Ti. Sempronius, conduisit lui aussi en Sardaigne une campagne victorieuse. Il mena son armée sur le territoire des Sardes Iliens. Les Balari [1] avaient envoyé d'importants renforts aux Iliens ; il combattit en bataille rangée contre les deux peuples. Les ennemis furent repoussés, mis en fuite et chassés de leur camp, douze mille hommes en armes furent tués. Le lendemain, le consul donna l'ordre d'entasser les armes ramassées et de les brûler en sacrifice à Vulcain. Il ramena son armée victorieuse dans les quartiers d'hiver des villes alliées. De son côté, C. Claudius, après avoir reçu la lettre de Ti. Claudius et le sénatus-consulte, conduisit ses légions d'Histrie contre les Ligures. Les ennemis qui avaient progressé dans les plaines avaient leur camp près du fleuve Scultenna [2]. C'est là qu'on livra contre eux une bataille rangée. Quinze mille furent tués, plus de sept cents furent pris, soit au cours de la bataille, soit dans leur camp — celui-ci aussi avait été enlevé d'assaut — et l'on s'empara de cinquante et une enseignes militaires. Les Ligures qui avaient échappé au massacre se réfugièrent dans les montagnes, et le consul, au cours du pillage qu'il opéra çà et là dans les territoires situés en plaine, ne rencontra nulle part la moindre résistance armée. Claudius, qui avait vaincu deux peuples dans la même année et — fait presque unique — pacifié deux provinces sous son consulat, rentra à Rome.

praeerat. [2]Cuius litteris senatus certior factus, eas ipsas litteras ad C. Claudium — nam alter consul iam in Sardiniam traiecerat — [3]deferendas censet et adicit decretum, quoniam Histria prouincia confecta esset, si ei uideretur, exercitum traduceret in Ligures. [4]Simul ex litteris consulis, quas de rebus in Histria gestis scripserat, in biduum supplicatio decreta. Et ⟨ab⟩ altero consule *Ti.* Sempronio in Sardini*a* prospere res gesta. [5]Exercitum in agrum Sardorum Iliensium induxit. Balarorum magna auxilia Iliensi*bus* uenerant; cum utraque gente signis conlatis conflixit. Fusi fugatique hostes castrisque exuti, duodecim milia armatorum caesa. [6]Postero die arma lecta conici in aceruum iussit consul sacrumque id Vulcano cremauit. Victorem exercitum in hiberna sociarum urbium reduxit. [7]Et C. Claudius litteris T*i.* Claudi et senatus consulto accepto ex Histria legiones in Ligures transduxit. [8]Ad *S*cultennam flumen in campos progressi castra habebant hostes, ibi cum *i*is acie dimicatum. Quindecim milia caesa, plus septingenti aut in proelio aut in castris — nam ea quoque expugnata sunt — cap*t*i, et signa militaria unum et quinquaginta capta. [9]Ligures, reliquiae caedis, in montes refugerunt, passimque populant*i* campestris agros consuli nulla usquam apparuerunt arma. [10]Claudius duarum gentium uno anno uictor, duabus, quod raro alius, in consulatu pacati*s* prouinciis Romam *r*euertit.

XII,**4** ab *add. Fr.* || consule Ti. Sempronio *Fr.* : cons-iissempronio *V* || Sardinia *Fr.* : sardiniam *V* || gesta *Kreyssig* : gestae *Fr.* gestia *V* || **5** Iliensibus *Fr.* : illiensium *V* || **7** Ti. *Sigonius* : T. *V* || **8** Scultennam *Fr.* : cultennam *V* || iis *Kreyssig* : his *V* || capti *Fr.* : capiti *V* || **9** passimque populanti *Madvig* : passimpopulantiquae *V* || **10** pacatis *Fr.* : pacatisque *V* || revertit *Fr.* : euertit *V.*

XIII. On annonça cette année-là des prodiges : sur le territoire de Crustumérie[1], un oiseau « sanqualis », comme on l'appelle[2], avait frappé de son bec une pierre sacrée[3] ; en Campanie, une vache avait parlé ; à Syracuse, une génisse d'airain avait été montée et arrosée de sperme par un taureau qui s'était écarté de son troupeau des champs. Sur le territoire de Crustumérie, une supplication d'un jour eut lieu sur place ; en Campanie, la vache fut confiée à quelqu'un qui l'éleva aux frais de l'État ; quant au prodige de Syracuse, il fut expié après que les haruspices eurent fait connaître les dieux auxquels serait adressée la supplication.

M. Claudius Marcellus mourut cette année-là alors qu'il était pontife ; il avait été consul et censeur[4]. Il fut remplacé comme pontife par son fils M. Marcellus[5]. La même année, on conduisit à Luna[6] deux mille citoyens romains pour y fonder une colonie. Les triumvirs qui la fondèrent furent P. Aelius[7], ⟨M. Aemilius⟩ Lepidus[8] et Cn. Sicinius[9] ; cinquante et un arpents et demi de terre[10] furent donnés à chaque colon. Ce terrain avait été enlevé aux Ligures ; il avait appartenu aux Étrusques avant d'avoir appartenu aux Ligures.

Le consul C. Claudius vint à Rome ; quand ⟨il eut fait⟩ au sénat ⟨le compte rendu de⟩ ses succès en Histrie et en Ligurie, on lui accorda par décret le triomphe, sur sa demande. Il triompha pendant sa magistrature sur les deux peuples en même temps. Dans ce cortège de triomphe, il fit porter trois cent sept mille deniers et quatre-vingt-cinq mille sept cent deux victoriats[11]. A chaque soldat, on donna quinze deniers, le double à chaque centurion, le triple à chaque cavalier. Aux alliés, on donna moitié moins qu'aux citoyens ; aussi suivirent-ils le char en silence, de façon à manifester leur irritation.

XIII. [1]Prodigia eo anno nuntiata : in Crustumino auem san*q*ualem, quam uocant, sacrum lapidem rostro cecidisse, bouem in Campania locut*am*, [2]uaccam aene*am* Syracusis ab agresti tauro qui a pecor*e* aberrasset, initam ac semine aspersam. [3]In Crustumino diem unum in ipso loco supplicatio fuit, et in Campania bos alenda publice data, Syracusanumque prodigium expiatum editis ab haruspicibus dis, quibus supplicaretur.

[4]Pontufex eo anno mortuus est M. Claudius Marcellus, qui consul censorque fuerat, in eius locum suffectus est pontifex filius eius M. Marcellus. Et *L*una*m* colonia eodem anno duo milia ciuium Romanorum sunt deducta. [5]Triumuiri deduxerunt P. Aelius, ⟨M. Aemilius⟩ Le*pid*us, Cn. Sicinius ; quinquagena et singula iugera et semisses agri in singulos dati sunt. De Ligur*ibus* *is* captus ager erat ; Etruscorum ante quam Ligurum fuerat.

[6]C. Claudius consul a*d* urbe*m* uenit ; cui, cum in senatu de rebus in Histria Liguribusque prospere gestis ⟨disseruisset⟩, postulanti triumphus est decretus. Triumphauit in magistratu de duabus simul gentibus. [7]Tulit in eo triumpho denari*um* trecenta septem milia et uictoriatum octoginta quinque milia septingentos duos. Militibus in singulos quini deni denarii dati, duplex centurioni, triplex equiti. [8]Sociis dimidio minus quam ciuibus datum. Itaque taciti, ut irat*o*s esse sentires, secuti sunt curru*m*.

XIII, **1** sanqualem *Hardouin* : sãgualem *V* || locutam *I. Gronovius* : locutum *V* || **2** aeneam *Fr.* : aene *V* || pecore *Hertz* : pecora *V* || **4** Lunam *Fr.* : una *V* || **5** M. Aemilius *add. Kreyssig* || Lepidus *Kreyssig* : legibus *V* L. Egilius *Fr.* || de Liguribus is captus *Gitlbauer* : deligurescaptus *V* || **6** ad urbem *Fr.* : aburbe *V* || gestis *Fr.* : estis *V* || disseruisset *add. Fr.* || **7** denarium *Fr.* : denaria *V* || **8** iratos *Fr.* : iratus *V* || currum *Fr.* : currus *V*.

Élections pour 176. Reprise de la guerre contre les Ligures.

XIV. ⟨Alors qu'⟩on célébrait ⟨ce⟩ triomphe sur les Ligures, les Ligures[1], s'étant aperçus que non seulement l'armée du consul avait été emmenée à Rome, mais que Ti. Claudius[2] avait renvoyé sa légion de Pise[3], furent libérés de leur crainte : ils mobilisèrent secrètement une armée et, après avoir franchi les montagnes par des chemins de traverse et être descendus dans la plaine, pillèrent le territoire de Modène et, à la suite d'une attaque soudaine, s'emparèrent de la colonie elle-même. Quand on eut apporté cette nouvelle à Rome, le Sénat ordonna au consul C. Claudius de convoquer les comices au plus tôt et, après avoir proclamé les magistrats élus pour l'année suivante, de retourner dans sa province et de reprendre la colonie aux ennemis. Aussi, conformément à la décision du sénat, les comices furent-ils réunis. On élut consuls Cn. Cornelius Scipio Hispalus[4] et Q. Petilius Spurinus[5]. Puis furent proclamés préteurs M. Popilius Laenas[6], P. Licinius Crassus[7], M. Cornelius Scipio[8], L. Papirius Maso[9], M. Aburius[10], L. Aquilius Gallus[11]. On prorogea le consul C. Claudius pour un an dans son commandement et il obtint la province de Gaule ; et, pour que les Histriens ne fissent pas la même chose que les Ligures, on le chargea d'envoyer en Histrie les alliés de droit latin qu'il avait tirés de leur province pour participer à son triomphe.

Les consuls Cn. Cornelius et Q. Petilius ayant, le jour de leur entrée en charge, immolé chacun un bœuf à Jupiter, suivant la coutume, on ne trouva pas de tête au foie de la victime sacrifiée par Q. Petilius. Comme il avait rapporté la chose au sénat, celui-ci lui ordonna de recommencer à sacrifier des taureaux jusqu'à ce qu'il ait obtenu satisfaction[12]. Un sénatus-consulte relatif aux provinces assigna ensuite Pise et les Ligures comme provinces aux consuls ; on ordonna à celui qui aurait obtenu Pise de revenir pour tenir les comices, quand arriverait

XIV. [1]⟨Cum is⟩ triumphus de Liguribus agebatur, Ligures postquam senserunt non consularem tantum exercitum Romam a*b*ductum, [2]sed legionem ab T*i*. Claudio Pisis dimissam, soluti metu, clam exercitu indicto, per transuersos limites superatis montibus in campos d*e*gressi, agrum Mutinensem populati, repentino impetu coloniam ipsam ceperunt. [3]Id ubi Romam adlatum est, senatus C. Claudium consulem comitia primo quoque tempore habere iussit creatisque in annum magistratibus in prouinciam redire et coloniam ex hostibus *re*cipere. [4]Ita, uti cens*ui*t senatus, comitia habita. Consules creati Cn. Cornelius Scipio Hispalus, Q. Petilius Spurinus. [5]Praetores inde facti M. Popilius Laenas, P. Licinius Crassus, M. Cornelius Scipio, L. Papirius Maso, M. Aburius, L. Aquilius Gallus. [6]C. Claudio consuli prorogatum in annum imperium et Gallia prouincia ; et ne Histri *i*dem, quod et Ligures, facerent, socios nominis Latini in Histriam mitteret, quos triumphi causa de prouincia deduxisset.

[7]Cn. Cornelio et Q. Petilio consulibus, quo die magistratum inierunt, immolantibus Ioui singulis bubus, uti solet, in ea hostia, qu*a* Q. Petilius sacrifica*u*it, in iocinere caput non inuentum. Id cum ad senatum rettulisset, boue perlitare iussus. [8]De prouinciis deinde consultus senatus Pisas *et* Ligures prouincias consulibus decreuit ; [9]cui Pisae prouincia obuenisset, cum magistratuum creando-

XIV, **1** Cum is *add. Drakenborch* || abductum *I. F. Gronovius* : adductum *V* || **2** Ti. *Sigonius* : T. *V* || degressi *I. F. Gronovius* : digressi *V* || **3** habere *Fr.* : haberi *V* || recipere *Kreyssig* : eripere *V* || **4** censuit senatus *Fr.* : censissenatus *V* || **6** idem *Kreyssig* : quidem *V* || **7** qua Q. Petilius sacrificavit *Fr.* : quaequ. Petiliussacrificabit *V* || **8** Pisas et *Fr.* : ipsased *V*.

le moment d'élire les magistrats ; le décret prescrivait en outre qu'ils devaient enrôler chacun deux légions nouvelles et trois cents cavaliers ; ils devaient aussi ordonner aux alliés et aux peuples de droit latin de leur fournir à chacun dix mille fantassins et six cents cavaliers. Le commandement de Ti. Claudius fut prorogé jusqu'au moment où le consul arriverait dans sa province.

Répartition des provinces ; refus opposé par certains magistrats.

XV. Pendant qu'on réglait ces affaires au sénat, Cn. Cornelius étant, à l'appel d'un appariteur, sorti du temple[1], y revint peu après, le visage bouleversé, et exposa aux sénateurs que le foie d'un bœuf « sescenaris[2] » qu'il avait immolé s'était liquéfié. Comme il ne croyait guère à ce que lui annonçait le victimaire, il lui avait ordonné, disait-il, de vider l'eau du chaudron où l'on faisait bouillir les entrailles et il avait constaté lui-même que, tandis que tout le reste des entrailles était intact, le foie avait été entièrement dévoré par une indescriptible pourriture. Alors que les sénateurs étaient effrayés par ce prodige, l'autre consul ajouta encore à leur inquiétude : après avoir immolé trois bœufs dont le foie n'avait pas de tête, il déclara n'avoir pas obtenu de présage favorable. Le sénat ordonna de continuer le sacrifice avec des victimes majeures jusqu'à satisfaction : on rapporte qu'on obtint des présages favorables de tous les dieux ; de la seule Salus, dit-on, Petilius n'en obtint pas. Les consuls et les préteurs tirèrent ensuite au sort leurs provinces : Pise échut à Cn. Cornelius, les Ligures à ⟨Q.⟩ Petilius. Parmi les préteurs, L. Papirius Maso obtint la préture urbaine, M. Aburius la pérégrine. M. Cornelius Scipio Maluginensis eut l'Espagne ultérieure, L. Aquilius Gallus la Sicile. Deux préteurs demandèrent à ne pas partir pour leur province ; ce fut le cas de M. Popilius pour la Sardaigne : Gracchus pacifiait cette province ; le sénat lui avait donné comme adjoint le préteur T. Aebutius[3]. Il ne fallait à aucun prix inter-

rum tempus esset, ad comitia reuerti iussit. [10]Additum decreto, ut binas legiones nouas scriberent et trecenos equites; et dena milia peditum sociis nominique Latino et sescenos imperarent equites. [11]*Ti.* Claudio prorogatum est imperium in id tempus, quo in prouinciam consul uenisset.

XV. [1]Dum de iis rebus ⟨in⟩ senatu agitur, Cn. Cornelius euocatus a uiatore, cum templo egressus esset, paulo post red*i*it confuso uultu et exposuit patribus conscriptis bouis sescenaris, quem inmolauisset, iocur d*if*fluxisse. [2]Id se uictimario nuntianti parum credentem ipsum aquam effundi ex olla, ubi exta coquerentur, iussisse et uidisse ceteram integram partem extorum, iecur omne inenarrabili ta*b*e absumptum. [3]Territ*is* e*o* prodigi*o* patribus et alter consul curam adiecit, qui se, quod caput iocineri defuisset, tribus bubus perlitasse negauit. [4]Senatus maioribus hostiis usque ad litationem sacrificari iussit. Ceteris diis perlitatum ferunt; Saluti Petilium perlitasse negant. Inde consules praetoresque prouincias sortiti. [5]Pisa*e* Cn. Cornelio, Ligures ⟨Q.⟩ Petilio obuenerunt. Praetores L. Pa*pir*ius Maso urbanam, M. Aburius inter peregrinos sortiti sunt. M. Cornelius Scipio Maluginensis Hispaniam ulteriorem, L. Aquilius Gallus Siciliam habuit. [6]Duo deprecati sunt, ne in prouincias irent, M. Popilius in Sardiniam : Gracchum eam prouinciam pacare; e*i* *T.* Aebutium praetorem

XIV, **11** Ti. *Sigonius* : C. *V*.

XV, **1** in *add. Fr.* || rediit *Fr.* : redit *V* || diffluxisse *I. Perizonius* : defluxisse *V* || **2** inenarrabili tabe *Kreyssig* : inenarrabilitate *V* || **3** territis eo prodigio *Fr.* : territuseaprodigia *V* || **5** Pisae *Fr.* : pisa *V* || Q. *add. Iac. Gronovius* || Papirius *Fr.* : paetilius *V* || **6** pacare ei *I. F. Gronovius* : pacareet *V* || T. *Fr.* : C. *V*.

rompre le cours d'un commandement, la continuité étant l'instrument le plus efficace, quand il s'agit de mettre le point final à une affaire ; dans le temps où a lieu la passation des pouvoirs et où le successeur est novice, période qui doit être consacrée davantage à prendre connaissance des affaires qu'à les gérer, on laisse souvent passer les occasions d'obtenir des succès. On approuva les raisons alléguées par Popilius pour s'excuser. Publius Licinius Crassus alléguait, lui, comme raison de ne pas partir pour sa province, l'obligation où il était de faire des sacrifices solennels : il avait obtenu l'Espagne citérieure. Mais on lui ordonna soit de s'y rendre, soit de jurer devant l'assemblée qu'il en était empêché par un sacrifice solennel. Quand on eut pris cette décision à l'égard de P. Licinius, M. Cornelius demanda qu'on lui permît à lui aussi de prêter serment pour ne pas partir pour l'Espagne ultérieure. Les deux préteurs jurèrent selon la même formule. Les proconsuls[1] M. Titinius[2] et ⟨T.⟩ Fonteius[3] reçurent l'ordre de rester en Espagne avec les mêmes prérogatives de commandement ; on décida aussi de leur envoyer en renfort trois mille citoyens romains avec deux cents cavaliers, ainsi que cinq mille alliés de droit latin et trois cents cavaliers.

Mort du consul Cn. Cornelius Scipio. Reprise de Modène.

XVI. Les féries latines[4] eurent lieu trois jours avant les nones de mai ; comme, au cours de celles-ci, le magistrat de Lanuvium, en frappant une victime, n'avait pas prié pour le peuple romain des Quirites, on eut des scrupules religieux. Comme on avait rapporté la chose au sénat et que celui-ci avait renvoyé l'affaire au collège des pontifes, ceux-ci décidèrent, les féries latines n'ayant pas été célébrées régulièrement, de les faire recommencer et d'obliger les habitants de Lanuvium, par la faute desquels elles étaient recommencées, à fournir les victimes. Les scrupules religieux étaient encore accrus ⟨du fait qu'⟩à son retour du mont Albain, le consul Cn. Cornelius s'était écroulé, à moitié paralysé : étant

adiutorem ab senatu datum esse. [7]Interrumpi tenorem rerum, in quibus peragendis continuatio ipsa efficacissima esset, minime conuenire; [8]inter traditionem imperii nouitatemque successoris, quae noscendis prius quam agendis rebus inbuenda sit, saepe bene gerendae rei occasiones intercidere. Probata Popili excusatio est. [9]P. Licinius Crassus sacrificiis se impediri sollemnibus excusabat, ne in prouinciam iret; ⟨ei⟩ citerior Hispania obuenerat. [10]Ceterum aut ire iussus aut iurare pro contione sollemni sacrificio se prohiberi. Id ubi in P. Licinio ita statutum est, et ab se uti iu*s* iurand*um* acciperent M. Cornelius postulauit, ne in Hispaniam ulteriorem iret. Praetores ambo in eadem uerba [iure]iurarunt. [11]M. Titinius et ⟨T.⟩ Fonteius proconsules manere cum eodem imperii iure in Hispania iussi; et ut in supplementum hi*s* tria milia ciuium Romanorum cum equitibus ducentis, quinque milia socium Latini nominis et trecenti equites mitterentur.

XVI. [1]Latinae feriae fuere ante diem tertium nonas Maias, in quibus, quia in una hostia magistratus *Lanuu*inus precatus non erat populo Romano Quiritium, religioni fuit. [2]Id cum ad senatum relatum esset senatusque ad pontificum collegium reiecisset, pontificibus, quia non recte factae Latinae essent, instaura*ri* Latin*as* placuit, Lanuuinos, quorum opera instaura*ndae* essent, hostias praebere. [3]Accesserat ad religionem, ⟨quod⟩ Cn. Cornelius

XV, **9** ei *add. Gitlbauer* || **10** ius iurandum *Fr.* : iureiurando *V* || iurarunt *Crévier* : iureiurarunt *V* || **11** T. *add. Fr.* || his *Fr.* : hi *V.*

XVI, **1** Lanuvinus *Fr.* : ianinus *V* || **2** instaurari Latinas *Vahlen* : instauratislatinis *V* || instaurandae *Drakenborch* : instaurati *V* || **3** quod *add. Fr.*

parti pour les Eaux de Cumes[1], sa maladie s'aggrava et il mourut à Cumes[2]. Mais on ramena de là son corps à Rome, où on lui fit de magnifiques funérailles et où on l'enterra. Il avait aussi été pontife[3]. Le consul Q. Petilius eut l'ordre, dès que les auspices le permettraient, de tenir les comices pour pourvoir au remplacement de son collègue, et de fixer par édit les féries latines : il fixa par édit les comices au troisième jour avant les nones d'août, ⟨les féries⟩ au troisième jour avant les ides d'août. Alors que les esprits étaient pleins de scrupules religieux, on accrut encore ceux-ci en annonçant des prodiges : à Tusculum, on avait vu une torche dans le ciel; à Gabies, le temple d'Apollon et plusieurs maisons privées, à Gravisque, le mur et une porte[4] avaient été frappés de la foudre. Les sénateurs ordonnèrent que ces prodiges fussent expiés de la façon qu'auraient prescrite les pontifes.

Tandis que les consuls se trouvaient empêchés d'abord par des affaires religieuses, puis par la mort de l'un d'eux, par les comices et le recommencement des féries latines, C. Claudius conduisit son armée aux approches de Modène, prise par les Ligures l'année précédente. Trois jours après le début du siège, il reprit la ville aux ennemis et la rendit aux colons. Huit mille Ligures y furent tués à l'intérieur des remparts. Il écrivit immédiatement à Rome une lettre dans laquelle, non content de raconter l'affaire, il se vantait de ce que, grâce à sa valeur et à sa chance, le peuple romain n'avait désormais plus d'ennemi en deçà des Alpes et de ce qu'il s'était emparé d'une étendue de territoire suffisante pour pouvoir y créer des lots individuels pour plusieurs milliers d'hommes.

Soumission de la Sardaigne. C. Valerius Laevinus consul suffect. Soulèvement des Ligures.

XVII. A la même époque également, Ti. Sempronius, après avoir livré en Sardaigne de nombreux combats favorables, soumit définitivement les Sardes. Quinze mille ennemis furent tués et tous les peuples sardes qui avaient fait

consul ex monte Albano rediens concidit et, parte membrorum captus, ad Aquas Cumanas profectus ingrauescente morbo Cumis decessit. [4]Sed inde mortuus Romam adlatus et funere magnifico elatus sepultusque est. [5]Pontifex idem fuerat. Consul Q. Petilius, cum primum per auspicia posset, collegae subrogando comitia habere iussus et Latinas edicere, comitia in ⟨ante⟩ diem tertium nonas Sextiles, ⟨Latinas⟩ in a*nte* diem tertium idus Sextiles edixit. [6]Plenis religionum animis prodigia insuper nuntiata : Tusculi facem in caelo uisam, Gabiis aedem Apollinis et priuata aedificia complura, Grauiscis murum portamque de caelo tacta. E*a* patres procurari, uti pontifices censuissent, iusserunt.

[7]Dum consules primum religiones, deinde alterum alterius mors et comitia et Latinarum instauratio inpediunt, interim C. Claudius exercitum ad Mutinam, quam Ligures priore anno ceperant, admouit. [8]*In*t*ra* triduum, quam oppugnare coeperat, receptam ex hostibus colonis restituit. Octo milia ibi Ligurum intra muros caesa ; [9]litteraeque Romam extemplo scriptae, quibus non modo rem exponeret, sed etiam gloriaretur sua uirtute ac felicitate neminem iam *cis* Alpis ⟨esse⟩ hostem populi Romani, agrique aliquantum captum, qui multis milibus hominum diuidi uiritim posset.

XVII. [1]Et *Ti.* Sempronius eodem tempore in

XVI, **5** ante *add. Sigonius* || latinas *add. Fr.* || ante *Sigonius* : ad *V* || **6** tacta ea *Fr.* : tactae *V* || **7** instauratio *Kreyssig* : instauratione *V* || **8** intra *I. Perizonius* : ante *V* || **9** cis *Fr.* : sic *V* || esse *add. Madvig* || populi Romani *ed. Lugd. 1553* : pro *V*.

XVII, **1** Ti. *Fr.* : C. *V*.

défection furent réduits à l'obéissance. On imposa et on fit payer aux anciens tributaires un impôt doublé; tous les autres fournirent du blé. Quand on eut pacifié la province et reçu deux cent trente otages de l'ensemble de l'île, des délégués furent envoyés à Rome pour annoncer la nouvelle et demander au sénat qu'en raison des succès obtenus sous la conduite et les auspices de Ti. Sempronius, on rendît grâces aux dieux immortels et qu'on lui permît à lui-même de ramener son armée avec lui, lorsqu'il quitterait sa province. Le sénat, réuni dans le temple d'Apollon, décréta, après avoir entendu le discours des délégués, une supplication de deux jours, ordonna aux consuls de sacrifier quarante victimes majeures et au proconsul Ti. Sempronius de rester cette année-là avec son armée dans sa province.

Les comices qui devaient ensuite pourvoir au remplacement d'un seul consul ⟨et qui⟩ avaient été fixés au troisième jour avant les nones d'août eurent lieu au jour dit. Le consul Q. Petilius proclama comme collègue C. Valerius Laevinus [1], qui devait aussitôt entrer en charge. Comme il désirait lui-même depuis longtemps obtenir une province, une lettre vint, fort opportunément pour son désir, annoncer que les Ligures s'étaient soulevés : aux nones d'août [2], revêtu du *paludamentum* [3]... Ayant entendu la lecture de cette lettre et en raison de cette révolte, ⟨le sénat⟩ ordonna à la troisième légion de partir pour la Gaule rejoindre le proconsul C. Claudius, et aux *duumuiri nauales* de se rendre à Pise avec leur flotte, de façon, en longeant la côte ligure, à provoquer aussi du côté de la mer la terreur chez ce peuple. C'est aussi à Pise que le consul Q. Petilius avait fixé par édit

Sardinia multis secundis proeliis Sardos perdomuit. [2]Quindecim milia hostium sunt caesa, omnes Sardorum populi, qui defecerant, in dicionem redacti. Stipendiariis ueteribus duplex uectigal imperatum exactumque ; ceteri frumentum contulerunt. [3]Pacata prouincia obsidibusque ex tota insula ducentis triginta acceptis legati Romam, qui ea nuntiarent, missi, qu*i*que ab senatu peterent, ut ob eas res ductu auspicioque *Ti.* Sempron*i* prospere gestas diis inmortalibus honos haberetur ipsique decedenti de prouincia exercitum secu*m* deportare liceret. [4]Senatus in aede Apollinis legatorum uerbis auditis supplicationem in biduum decreuit, et quadraginta maioribus hostiis consules sacrificare iussit, T*i*. Sempronium proconsulem exercitumque eo anno in prouincia manere.

[5]Comitia deinde consulis unius subrogandi, ⟨quae in⟩ ante diem tertium nonas Sextiles edicta erant, eo ipso die sunt confecta. [6]*Q.* Petilius consul collegam, qui extemplo magistratum occiperet, creauit *C.* Valerium Laeuinum. I*p*se iam diu cupidus prouinciae, cum opportunae cupiditati eius litterae allatae essent Ligures rebellasse, nonis Sextilibus paludatus**... ⟨Senatus⟩ litteris auditis tumultus eius causa legionem tertiam ad C. Claudium proconsulem in Galliam proficisci iussit, [7]et duumuiros nauales cum classe Pisas ire, qui Ligurum oram, maritumum quoque terrorem admouentes, circumuectarentur. [8]Eodem *Pisas* et Q. Petilius consul

XVII, **3** quique *Fr.* : quoque *V* || Ti. Semproni *Fr.* : C. Sempronius *V* || secum deportare *Fr.* : secundaeportare *V* || **4** Ti. *Fr.* : T. *V* || **5** quae in *add. Sigonius* || **6** Q. *Fr.* : T. *V* || C. *Sigonius* : M. *V* || ipse iam *Madvig* : iisetiam *V* || *lacunam indicavit Duker et* senatus *add. Heusinger* || **8** Pisas *Kreyssig* : ipsas *V*.

⟨un jour pour le⟩ le rassemblement de son armée. A la nouvelle du soulèvement des Ligures, le proconsul C. Claudius fit lui aussi mouvement vers le territoire ligure avec une armée comprenant non seulement les troupes qu'il avait avec lui à Parme, mais encore des soldats levés à la hâte.

Le consul Q. Letilius est tué au combat.

XVIII. A l'arrivée de C. Claudius, les ennemis, se souvenant que ce général les avait naguère vaincus et mis en fuite sur les bords du Scultenna[1], et voulant utiliser les fortifications naturelles de leur pays plutôt que les armes pour se défendre contre une force dont ils avaient éprouvé les effets à leurs dépens, occupèrent les deux monts Letus et Ballista[2], qu'ils entourèrent en outre d'un rempart. Ceux qui mirent trop longtemps à abandonner leurs champs furent massacrés et périrent au nombre de quinze cents ; tous les autres restaient dans les montagnes et, conservant, même dans la crainte qu'ils éprouvaient, leur sauvagerie naturelle, ils exercent leur fureur sur le butin pris à Modène. Ils tuent leurs prisonniers en les mutilant atrocement ; ils abattent les troupeaux dans les sanctuaires, au hasard, plutôt qu'ils ne les sacrifient rituellement. Une fois rassasiés du massacre des êtres vivants, ils lancent contre les murs[3] les objets inanimés, les vases de toute sorte faits pour l'usage courant plutôt que pour l'ornementation destinée à attirer les regards. Le consul Q. Petilius, craignant que le combat décisif n'eût lieu en son absence, écrivit une lettre à C. Claudius, lui demandant de lui amener son armée en Gaule : il l'attendrait aux Campi Macri[4]. A la réception de cette lettre, Claudius leva son camp de chez les Ligures et vint remettre son armée au consul, aux Campi Macri. L'autre consul, C. Valerius, arriva au même endroit quelques jours après. Là, après avoir divisé leurs troupes, tous deux purifièrent leur armée en commun,

ad conueniendum exercitu*i* ⟨diem⟩ edixerat. [9]Et C. Claudius proconsul audita rebellione Ligurum praeter eas copias, quas secum Parmae habebat, subitariis collectis militibus exercitum ad fines Ligurum admouit.

XVIII. [1]Hostes sub aduentum C. Claudi, a quo duce se meminerant nuper ad *S*cultennam flumen uictos fugatosque, locorum magis praesidio aduersus infeliciter expertam uim quam armis se defensuri, duos montes Letum et Ballistam ceperunt mur*o*que insuper amplexi ⟨sunt⟩. [2]Tardius ex agris demigrantes oppressi ad mille et quingenti perierunt ; [3]ceteri montibus se tenebant, et ne in metu quidem feritatis ingenitae obliti saeuiunt in praedam, quae Mutinae parta erat. Captiuos cum foeda laceratione interficiunt ; pecora in fanis trucidant uerius passim quam rite sacrificant. [4]Satiati caede animantium, quae inanima erant parietibus adf*li*gunt, uasa omnis generis usui magis quam ornamento in speciem facta. [5]Q. Petilius consul, ne absente se debellaretur, litteras ad C. Claudium misit, ut cum exercitu ad se in Galliam ueniret : campis Macris se eum expectaturum. [6]Litteris acceptis Claudius ex Liguribus castra mouit exercitumque ad campos Macros consuli tradidit. Eodem [tempore] paucis post diebus C. Valerius consul alter uenit. [7]Ibi diuisis copiis, ⟨prius⟩ quam *di*grederentur, communiter ambo exercitus lustrauerunt.

XVII, **8** exercitui diem *Fr.* : exercitum *V.*

XVIII, **1** scultennam *Fr.* : cultennam *V* || muroque *Fr.* : murosque *V* || sunt *add. Duker* || **4** adfligunt *Sigonius* : adufigunt *V* || **6** tempore *secl. Fr. 2* || **7** prius *add. Fr.* || digrederentur *Fr. 2* : congrederentur *V* ⟨cum hoste⟩ congrederentur *Madvig.*

avant de se séparer[1]. Puis, ne voulant pas attaquer tous les deux l'ennemi du même côté, ils tirèrent au sort les directions vers lesquelles ils iraient. Pour Valerius, le tirage au sort[2] s'était incontestablement effectué en accord avec les exigences des auspices, car il avait eu lieu dans l'espace consacré, mais, pour Petilius, les augures déclarèrent plus tard que le rite avait été vicié, parce que... le sort qu'il avait jeté dans l'urne[3]... Ils partirent de là dans des directions opposées. Petilius établit son camp en face de la chaîne formée par les monts Ballista et Letus, chaîne qui relie ces monts d'une crête continue. Là, dit-on, haranguant ses soldats devant l'assemblée, il annonça en guise de présage, sans songer à l'ambiguïté du mot, qu'il prendrait Letus ce jour-là[4]. Il commença à faire monter ses troupes des deux côtés à la fois vers les monts qui lui faisaient face. La colonne dans laquelle il se trouvait avançait avec ardeur. Comme les ennemis avaient repoussé l'autre, le consul se porta à cheval vers elle pour rétablir la situation compromise ; il réussit, certes, à rallier les fuyards, mais en s'avançant trop imprudemment devant les enseignes, il tomba transpercé d'un trait. Non seulement les ennemis ne s'aperçurent pas de la mort de ce chef, mais un petit nombre de ses hommes, qui l'avaient vu, mirent le plus grand soin, sachant que la victoire en dépendait, à cacher son corps. Tous les autres, la grande masse des fantassins et des cavaliers, bousculèrent les ennemis et s'emparèrent des monts sans avoir de général. Cinq mille Ligures environ furent tués ; dans l'armée romaine tombèrent cinquante-deux hommes. Ce qui s'était passé n'était pas seulement le résultat tout à fait manifeste d'un sinistre présage[5] : on entendit aussi dire à un pullaire qu'il y avait eu un défaut dans la prise des auspices, et que le consul ne l'ignorait pas. A la nouvelle (de la mort de son collègue?), C. Valerius[6]...

Tum sortiti, quia non ab eadem utr*u*mque parte adgredi hostem placebat, regiones, quas peterent. [8]Valerium auspicato sortitum constabat, quod in templo fuisset; in Petilio id uiti*i* factum postea augures responderunt, quod extra templum sortem in sitellam † in templum latam foris ipse † oporteret. [9]Profecti in*de* in diuersas regiones. Petilius aduersus Ballistae et Leti iugum, quod eo*s* montes perpetuo dorso inter se iungit, castra habuit. [10]Ibi adhortantem eum pro contione milites, inmemorem ambiguitatis uerb*i*, ominatum ferunt se eo die Letum ca*p*turum esse. [11]Duabus simul partibus subire in aduersos montes coepit. Ea pars, in qua ipse erat, inpigre succedebat. Alteram hostes cum propulissent, ut restitueret rem inclinatam, consul equo aduectus suos *quid*em *a* fuga reuocauit, ipse, dum incautius ante signa obuersatur, missili traiectus cecidit. [12]Nec hostes ducem occisum senserunt, et suorum pauci, qui uiderant, haud neglegenter, ut qui in eo uictoriam uerti scirent, corpus occultauere. [13]Alia multitudo peditum equitumque deturbatis hostibus montis sine duce cepere. Ad quinque milia Ligurum occisa; ex Romano exercitu duo et quinquaginta ceciderunt. [14]Super tam euidentem tristis ominis euentum etiam ex pullario auditum es*t* uitium in auspicio fuisse, nec id consulem ignorasse. [15]C. Valerius audita...

XVIII, **7** utrumque *Fr.* : utrimque *V* || **8** uitii *Madvig* : uitio *V* || quod ... oporteret *sic V* : *alii aliter coniecere* || **9** inde *Fr.* : in *V* || eos *Fr.* : eo *V* || **10** verbi ominatum *Fr.* : uerbisomniatum *V* || capturum *Fr.* : facturum *V* || **11** quidem a fuga *Fr.* : etiamfuga *V* || **14** est *Fr.* : se *V*.

(Les augures ?)[1] compétents en ce qui concerne les pratiques religieuses et le droit public disaient que, puisque les deux consuls ordinaires de l'année étaient morts, l'un de maladie, l'autre au combat, le consul suffect ne pouvait convoquer régulièrement les comices[2]...

Soumission des Ligures. Guerre entre Bastarnes et Dardaniens.

XIX. ... les emmena pour les établir comme colons[3]. Les Garuli, les Lapicini et les Hergates[4] avaient habité en deçà de l'Apennin, les Briniates[5] de l'autre côté, de ce côté-ci de la rivière Audena[6]. P. Mucius[7] combattit contre ceux qui avaient pillé Luna[8] et Pise et, après les avoir tous forcés à faire leur soumission, leur enleva leurs armes. En raison des actions accomplies en Gaule et chez les Ligures sous la direction et les auspices des deux consuls, le Sénat décréta trois jours de supplications[9] et ordonna de sacrifier quarante victimes.

Le soulèvement qui avait eu lieu au début de cette année, en Gaule et en Ligurie, avait été réprimé en peu de temps et sans beaucoup d'effort : déjà se faisait jour le souci d'une guerre possible avec la Macédoine, Persée[10] intervenant pour provoquer des conflits entre les Dardaniens[11] et les Bastarnes[12]. D'ailleurs les ambassadeurs qui avaient été envoyés en Macédoine pour voir ce qui s'y passait étaient déjà rentrés à Rome[13] et avaient rapporté qu'il y avait la guerre en Dardanie.

En même temps qu'eux étaient aussi venus des représentants du roi Persée en vue de le justifier : ce n'était pas lui qui avait appelé les Bastarnes et il n'était pour rien dans leurs entreprises. Le sénat s'abstint à la fois

* * *

[16]periti religionum iurisque publici, quando duo ordinarii consules eius anni, alter morbo, alter ferro perisset, suffectum consulem negabant recte comitia habere posse...

* * *

XIX. ... [1]deduxit. Cis Appenninum Garuli et Lapicini et Hergates, trans Appenninum Briniates fuerant, intr*a* Audenam amnem. *P.* Mucius cum iis, qui Lunam Pisasque depopulati erant, bellum gessit, omnibusque in dicionem redactis arma ademit. [2]Ob eas res in Gallia Liguribusque gestas duorum consulum ductu auspicioque senatus in triduum supplicationes decreuit et quadraginta hostiis sacrificari iussit.

[3]Et tumultus quidem Gallicus et Ligustinus, qui principio eius anni exortus fuerat, haud magn*o* conat*u* breui oppressus erat; [4]belli Macedonici subibat iam cura, miscente Perseo inter *Dardan*os Bastarnasque certamina. Et legati, qui missi ad res uisendas in Macedoniam erant, iam reuerterant Romam renuntiauerantque bellum in Dardania esse. [5]Simul uenerant et ab rege Perseo oratores, qui purgarent nec accitos ab eo Bastarnas nec auctore eo quidquam facere. [6]Senatus ne*c* libera*ui*t

XVIII, **16** *uerba* periti-posse *ex Prisciani l. XVII 29 huc inseruit Sigonius* || *periit quaternio quartus codicis, excepto folio uno (fol. 9).*

XIX, **1** intra *Crévier* : inter *V* || P. *Sigonius* : Cl. *V* || **3** magno conatu *Fr.* : magnusconatus *V* || **4** Dardanos *Fr.* : barbaros *V.* || **6** nec liberavit *Fr.* : neliberare *V.*

de disculper le roi de cette faute et de la lui imputer ; il l'avertit seulement de veiller soigneusement à montrer clairement qu'il respectait religieusement le traité existant entre lui et les Romains. Quand les Dardaniens virent que les Bastarnes non seulement ne sortaient pas de leur territoire, comme ils l'avaient espéré, mais aggravaient de jour en jour leurs exactions, grâce aux secours que leur apportaient leurs voisins Thraces et Scordisques [1], ils estimèrent qu'il leur fallait tenter un coup audacieux, fût-il aventureux : tous, ils se rassemblent en armes dans la place la plus proche du camp des Bastarnes. C'était l'hiver, et ils avaient choisi l'époque de l'année où les Thraces et les Scordisques partaient pour leur pays. Quand ce fut chose faite, et qu'ils surent que les Bastarnes étaient seuls désormais, ils divisent leurs forces en deux : une partie devait marcher droit devant elle et, de façon manifeste, provoquer l'ennemi ; l'autre, opérant un mouvement tournant par un défilé écarté, attaquer par derrière. Mais la bataille eut lieu avant qu'ils pussent achever d'encercler le camp ennemi ; aussi les Dardaniens, vaincus, sont-ils refoulés dans leur cité, distante d'environ douze milles du camp des Bastarnes. Les vainqueurs, se mettant aussitôt à leur poursuite, entourent la ville, ne doutant pas que, le lendemain, ou bien les ennemis effrayés feraient leur soumission, ou bien eux-mêmes prendraient la ville d'assaut. Pendant ce temps, l'autre troupe des Dardaniens qui avait opéré son mouvement tournant et ignorait le désastre des siens, (s'empara du?) camp des Bastarnes démuni de défenseurs [2]...

Antiochus Épiphane.

XX. (Antiochus) [3] rendait la justice (à la romaine?), assis sur un siège d'ivoire, et jugeait les controverses portant sur les sujets les plus insignifiants. Comme son

eius culpae regem neque arguit ; moneri eum tantum modo iussit, ut etiam atque etiam curaret, ut sanctum habere[t] foedus, quod ei cum Romanis esse*t*, uideri posset. 7Dardani, cum Bastarnas non modo non excedere finibus suis, quod sperauerant, sed grauiores fieri in dies cernerent, subnixos Thracum accolarum et Scordiscorum auxiliis, audendum aliquid uel temer*e* rati, omnes undique armati ad oppidum, quod proximum castris Bastarnarum erat, conueniunt. 8Hiems erat, et id anni tempus elegerant, ut Thraces Scordiscique in fines suos a*b*irent. Quod ubi ita factum et solos iam esse Bastarnas audierunt, bifaria*m* diuidunt copias, pars ut recto itinere *ad* lacessendum ex aperto iret, pars deuio saltu circumducta ab tergo adgrederetur. 9Ceterum priusquam circumire castra hostium possent, pugnatum est ; uictique Dardani compelluntur in urbem, quae fere duodecim milia ab castris Bastarnarum aberat. 10Victores confestim *sec*uti circumsidunt urbem, haud dubie postero die aut metu dedituris se hostibus aut ui expugnaturi. 11Interim Dardanorum altera manus, quae circumducta erat, ignara cladis suorum, castra Bastarnarum sine praesidio relict*a*...

* * *

XX. 1** ⟨Romano⟩ more, sella eburnea posita, ius dicebat disceptabatque controuersias minima-

XIX, **6** habere... esset *Iac. Gronovius* : haberet... esse *V* || **7** temere *Fr.* : temerare *V* || **8** abirent *Fr.* : adiberent *V* || bifariam *Fr.* : bifarias *V* || ad *Fr.* : et *V* || **10** secuti *Vahlen* : uti *V* || **11** relic *V sic desinens* ; *periit codicis quaternio quintus excepto folio uno (fol. 10).*

XX, **1** Romano *add. Muretus.*

caractère le poussait à mener des genres de vie toujours différents, il échappait à toute classification sociale[1], si bien que ni lui ni personne ne savait vraiment qui il était. Il n'adressait pas la parole à ses amis, souriait familièrement à des gens qu'il connaissait à peine, se ridiculisait lui-même et en ridiculisait d'autres par ses générosités inconséquentes ; à certaines personnes de distinction, et qui avaient d'elles-mêmes une haute idée, il faisait des cadeaux convenant à des enfants, tels que des aliments ou des jouets ; d'autres, qui ne s'y attendaient nullement, recevaient de lui une fortune. Aussi donnait-il à certains l'impression de ne pas savoir ce qu'il voulait ; les uns disaient qu'il s'amusait comme un enfant, d'autres, que, sans aucun doute, il était fou[2]. Cependant, en deux domaines importants et honorables, il montrait une âme vraiment royale : les cadeaux qu'il offrait aux cités et le culte des dieux. Aux Mégalopolitains d'Arcadie, il promit d'entourer leur ville d'un rempart, et il leur fournit la majeure partie de l'argent nécessaire ; à Tégée, il fit construire un magnifique théâtre de marbre ; au prytanée de Cyzique — c'est le sanctuaire[3] de la ville, l'endroit où sont nourris aux frais de l'État ceux qui font l'objet de cette mesure honorifique — il fournit, pour une table, un service en vaisselle d'or. Aux Rhodiens, il n'offrit pas de cadeau remarquable, mais il leur en fit de toutes sortes, selon leurs besoins. Quant à sa générosité envers les dieux, on peut en trouver la preuve rien que dans le temple de Jupiter Olympien, à Athènes, le seul au monde dont les plans de construction répondent à la grandeur du dieu ; en outre, il orna Délos d'un autel[4] remarquable et d'un grand nombre de statues ; à Antioche, il fit édifier à Jupiter Capitolin un temple magnifique, non seulement lambrissé d'or, mais aux murs recouverts entièrement de feuilles d'or ; quant aux nombreuses autres promesses qu'il avait faites ailleurs, il ne put les accomplir, vu l'extrême brièveté[5] de son règne. Il l'emporta également sur les rois qui l'avaient précédé par la magnificence des spectacles de toute sorte qu'il donna. Ces spectacles étaient dans l'ensemble[6] conformes aux

rum rerum. [2]Adeoque nulli fortunae adhaerebat animus per omnia genera uitae errans, uti nec sibi nec aliis, quinam homo esset, satis constaret. [3]Non adloqui amicos, uix notis familiariter arridere, munificentia inaequali sese aliosque ludificari; quibus*dam* honoratis magnoque aestimantibus se puerilia, ut escae aut lusus, munera dare, alios nihil expectantes ditare. [4]Itaque nescire, quid sibi uellet, quibusdam uideri; quidam ludere eum simpliciter, quidam haud dubie insan*ire* *ai*ebant. [5]In duabus tamen magnis honestisque rebus uere regius erat animus, in urbium donis et *d*eorum cult*u*. [6]Megalopolitanis in Arcadia murum se circumdaturum urbi est pollicitus maioremque partem pecuniae dedit; Tege*ae* thea*trum* magnificum e marmore facere instituit; [7]Cyzici ⟨in⟩ prytaneo — id est penetrale urbis, ubi publice, quibus is honos datus est, uescuntur — uasa aurea mensae unius posuit. Rhodiis, ⟨ut⟩ nihil unum insigne, ita omnis generis, ut quaeque usus eorum [ut qua] postulauerunt, dona dedit. [8]Magnificentiae uer*o* in deos uel Iouis Olympii templum Athenis, unum in terris incohatum pro magnitudine dei, potest ⟨testis⟩ esse; [9]sed et Delum aris insignibus statuarumque copia exornauit, et Antiochiae Iouis Capitolini magnificum templum, non laqueatum auro tantum, sed parietibus totis lammina inauratum, et alia multa in aliis locis pollicitus, quia perbreue tempus regni eius fuit, non perfecit. [10]Spectaculorum quoque omnis generis magnificentia superiores reges uicit, reli-

XX, **3** quibusdam *Fr.* : quibus *V* || **4** insanire aiebant *Fr.* : inseanebant *V* (*pr.* e *exp.*) || **5** deorum cultu *Fr.* : eorumcultum *V* || **6** Tegeae theatrum *Fr.* : thegetea *V* || **7** in *add. Fr.* || ut *add. Freinshemius* || ut qua *secl. Fr.* || **8** vero *Fr.* : uere *V* || testis *add. Fr.*

traditions nationales et mis en œuvre par des artistes grecs. Il donna aussi des combats de gladiateurs empruntés aux usages romains ; cette initiative causa d'abord plus de terreur que de plaisir à un public inhabitué à ce genre de divertissements ; ensuite, en en donnant plus souvent et en interdisant aux combattants, tantôt de poursuivre la lutte au-delà de la première blessure, tantôt de faire quartier, il réussit même à rendre ce spectacle familier et agréable à ceux qui le regardaient, et excita ainsi chez la plupart des jeunes gens la passion des armes. Aussi, lui qui avait pris d'abord l'habitude de faire venir des gladiateurs achetés fort cher à Rome, désormais [1]...

Répartition des provinces. La peste à Rome. Prodiges.

XXI. ... Scipion [2] eut la préture pérégrine ; le préteur M. Atilius [3] avait obtenu la province de Sardaigne, mais il reçut l'ordre de passer en Corse avec la légion nouvelle, levée par les consuls, de cinq mille fantassins et trois cents cavaliers. Pendant qu'il y faisait la guerre, Cornelius [4], prorogé dans son commandement, devait garder la Sardaigne. A. Cn. Servilius Caepio [5], en Espagne ultérieure, et à P. Furius Philus [6], en citérieure, on envoya trois mille fantassins romains et cent cinquante cavaliers, et, recrutés parmi les alliés de droit latin, cinq mille fantassins et trois cents cavaliers ; la Sicile fut attribuée par décret à L. Claudius [7], sans renforts. En outre, les consuls reçurent l'ordre d'enrôler deux légions avec leur effectif réglementaire de fantassins et cavaliers, et de se faire livrer par les alliés dix mille fantassins et six cents cavaliers. La levée

quorum sui moris et copia Graecorum artificum; [11]gladiatorum munus, Romanae consuetudinis, primo maiore cum terrore hominum, insuetorum ad tale spectaculum, quam uolu*p*tate dedit; [12]deinde saepius dando et modo uolneribus tenus, modo sine missione, etiam [et] familiare oculis gratumque id spectaculum fecit, et armorum studium plerisque iuuenum accendit. [13] Itaque qui* primo ab Roma magnis pre*tii*s paratos gladiatores accersere solitus erat, iam suo...

* * *

XXI. ... [1]*Sci*pio inter peregrinos. M. Atilio praetori prouincia Sardinia obuenerat; [2]sed cum legione noua, quam consules conscripserant, quinque milibus peditum, trecentis equitibus in Corsicam iussus est transire. Dum is ibi bellum gereret, Cornelio prorogatum imperium, uti obtineret Sardiniam. [3]Cn. Seruilio Caepioni in Hispaniam ulteriorem et P. Furio Philo in citeriorem tria milia peditum Romanorum [peditum], equites centum quinquaginta, et socium Latini nominis quinque milia peditum, trecenti equites, Sicilia L. Claudio sine supplemento decreta. [4]Duas praeterea legiones consules scribere iussi [cum] iusto numero peditum equitumque, et decem milia peditum sociis imperare et sescentos equites. [5]Dilectus consulibus eo difficilior erat,

XX, **11** uoluptate *Fr.* : uoluntate *V* || **12** et *secl. Madvig* || **13** qui primo *Fr.* : primoqui *V* || pretiis *Kreyssig* : praedis *V* praemiis *Fr.*

XXI, **1** Scipio *Sigonius* : pio *V* || *hic incipit quaternionis sexti folium primum (fol. 11)* || **3** peditum *secl. Fr.* || **4** cum *secl. Drakenborch.*

était d'autant plus difficile pour les consuls qu'une épidémie qui, l'année précédente, s'était abattue sur le bétail, rendait, cette année-là, malades les humains ; les victimes avaient de la peine à franchir le cap du septième jour ; les survivants restaient sous le coup de maux interminables, fièvre quarte notamment. C'étaient surtout les esclaves qui mouraient ; leurs cadavres, laissés sans sépulture, jonchaient toutes les rues. Libitina ne pouvait même pas suffire aux funérailles des hommes libres. Les cadavres que ne touchaient ni les chiens ni les vautours étaient en proie à la décomposition ; c'est d'ailleurs un fait bien établi que, cette année-là, ni la précédente, alors qu'il y avait tant de cadavres de bœufs et d'hommes, on n'avait vu nulle part de vautours. Parmi les prêtres du culte public succombèrent à l'épidémie le pontife Cn. Servilius Caepio[1], père du préteur, Ti. Sempronius Longus[2], décemvir chargé des sacrifices et fils de Tiberius, P. Aelius Paetus[3] l'augure, Ti. Sempronius Gracchus[4], C. Mamilius Atellus[5] le grand curion[6] ⟨et⟩ M. Sempronius Tuditanus[7] ⟨le pontife⟩. Comme pontife, on choisit C. Sulpicius Galba[8]... pour remplacer Tuditanus. Comme augures, on choisit, à la place de Gracchus, T. Veturius Gracchus Sempronianus[9], à celle de P. Aelius, Q. Aelius Paetus[10]. Comme décemvir aux sacrifices, on choisit C. Sempronius Longus[11], comme grand curion, C. Scribonius Curio[12]. Comme l'épidémie ne cessait pas, le sénat décréta que les décemvirs consultassent les livres sibyllins. Conformément à leur prescription, il y eut un jour de supplications et le peuple réuni au forum fit le vœu, en répétant les paroles de Q. Marcius Philippus[13], de célébrer, si la maladie et l'épidémie étaient écartées du territoire romain, une fête religieuse chômée de deux jours et une supplication. Dans le territoire de Véies naquit un enfant avec deux têtes ; à Sinuessa[14], un avec une seule main ;

quod pestilentia, quae priore anno in boues ingruer*a*t, eo uerter*a*t in hominum morbos. Qui inciderant, haud facile septimum diem superabant; qui superauerant, longinquo, maxime quartanae, inplicabantur morbo. [6]Seruitia maxime moriebantur; eorum strages per omnis uias insepultorum erat. Ne liberorum quidem funeribus Libitina sufficiebat. [7]Cadauera intacta a canibus ac uol*tu*ribus tabes absumebat; satisque constabat nec illo nec priore anno in tanta strage boum hominumque uolturium usquam uisum. [8]Sacerdotes publici ea pestilentia mortui sunt Cn. Seruilius Caepio pontifex, pater praetoris, et T*i*. Sempronius Ti. filius Longus decemuir sacrorum et P. Aelius Paetus augur et Ti. Sempronius Gracchus et C. *M*amilius* Atellus curio maximus ⟨et⟩ M. Sempronius Tuditanus ⟨pontifex⟩. [9]Pontifices suffecti sunt C. Sulpicius Galba *** in locum Tuditani. Augures suffecti sunt in Gracchi locum T. Veturius Gracchus Sempronianus, in P. Ae*li* Q. Aelius Paetus. Decemuir sacrorum C. Sempronius Longus, curio maximus C. Scribonius Curio sufficitur.[10] Cum pestilentiae finis non fieret, senatus decreuit, uti decemuiri libros Sibyllinos adirent. [11]Ex decreto eorum diem unum supplicatio fuit, et Q. Marcio Philippo uerba praeeunte populus in foro uotum concepit, si morbus pestilentiaque ex agro Romano emota esset, biduum f*e*rias ac supplicationem se habiturum. [12]In Veienti agro biceps natus puer, et Sinues-

XXI, 5 ingruerat *Fr.* : ingrueret *V* || uerterat *Sigonius* : uerteret *V* || 7 volturibus (vul-) *Fr.* : uolnerib. *V* || 8 Ti. (*ante* Sempronius) *Fr. 2* : T. *V* || Mamilius Atellus *Wesenberg* : atelliusaemilius *V* || et *add. Fr. 2* || pontifex *add. Fr.* || 9 *post* Galba *lacunam indicavit Fr.* || in P. Aelii *Fr.* : inpelli *V* || 11 ferias *Fr.* : furias *V.*

à Auximum[1], une fille avec des dents ; un arc-en-ciel, un jour où le ciel était serein, s'était formé au-dessus du temple de Saturne, sur le forum romain ; trois soleils brillèrent en même temps, plusieurs météorites traversèrent le ciel et tombèrent la même nuit ; les habitants de Lanuvium et de Céré affirmaient avoir vu dans leur ville un serpent muni d'une crête parsemé de taches dorées, et il était hors de doute que, dans le territoire campanien, un bœuf avait parlé.

La situation à Carthage. Persée à Delphes.

XXII. Aux nones de juin revinrent d'Afrique les ambassadeurs qui, après avoir rencontré le roi Masinissa, étaient allés à Carthage ; d'ailleurs, ils avaient appris beaucoup plus sûrement par le roi ce qui s'était passé à Carthage que par les Carthaginois eux-mêmes. Ils affirmèrent cependant qu'ils avaient acquis la certitude que des ambassadeurs étaient venus de la part du roi Persée et que le sénat leur avait accordé une audience nocturne dans le temple d'Esculape. Que Carthage eût envoyé des ambassadeurs en Macédoine, c'est ce que le roi avait affirmé et ce que les Carthaginois, pour leur part, avaient nié, mais avec trop peu de fermeté. Le sénat décida d'envoyer aussi des ambassadeurs en Macédoine[2]. Trois furent envoyés : C. Laelius[3], M. Valerius Messalla[4] et Sex. Digitius[5].

Persée, pendant ce temps, voyant que certains des Dolopes[6] ne lui obéissaient pas et voulaient faire appel aux Romains pour régler leurs désaccords avec le roi[7], partit avec une armée et força toute la nation à se mettre sous ses lois et sa domination. Puis, après avoir franchi les monts de l'Oeta, certains scrupules religieux étant venus l'inquiéter, il monta à Delphes consulter l'oracle.

sae unimanus, et *Au*ximi puella cum dentibus, et arcus interdiu sereno caelo super aedem Saturni in foro Romano intentus, et tres simul soles effulserunt, [13]et faces eadem nocte plures per caelum lapsae sunt, et Lanuuin*i* Caeritesque anguem in oppido suo iubatum, au*re*is maculis sparsum, apparuisse adfirmabant, et in agro Campano bouem locutum esse satis constab*at*.

XXII. [1]*Le*gati nonis I*uniis* ex Africa redierunt, *qui* conuento prius Masinissa rege *Car*thaginem ierant ; ceterum cer*tius* aliquanto, quae Carthagine acta *essent*, *ab* rege scierant quam ab ipsis Carthaginiensibus. [2]Conpertum tamen adfirmauerunt legatos ab rege Perseo u*enis*se, iisqu*e* noctu senatum in aede Aescula*p*i datum esse. Ab Carthagin*e* *le*gatos in Macedoniam missos et rex adfirmauerat et ipsi parum co*nst*anter negauerant. [3]In Macedoniam quoque mittendos legatos senatus censuit. Tres missi sunt, C. Laelius, M. Valerius Messalla, Sex. Digitius.

[4]Perseus per id tempus, quia quidam Dolopum non parebant et, *d*e quibus ambigebatur rebus, disceptationem ab rege ad Romanos reuocabant, cum exercitu profectus sub ius iudiciumque suum totam coegit [in] gentem. [5]Inde per Oetaeos montes

XXI, **12** et Auximi *Cluverius* : et Oximi *Fr.* : oximi *V cuius margo f. 12 abscinditur, qua de causa multas paruas lacunas suppl. Fr.* || **13** et Lanuuini Caeritesque *Sigonius secutus Priscianum IV, 29, 1* : etinlanuuinoceritesque *V* || aureis *Fr. 2* : auis *V* flavis *Weissenborn* || constab... gati *V.*

XXII, **1** nonis Iuniis *Sigonius* : ix mil. *V* || redierunt qui convento *Fr.* : redierunt... conuento *V* || carthaginem *Fr.* : ... thaginem *V* || ceterum certius *Fr.* : ceterumcer... *V* || quae Carthagine acta essent ab rege *Fr.* : q. cartagineactae... rege *V* || **2** Perseo venisse iisque *Fr.* : perseou... seiisquo *V* || Aesculapi *Fr.* : ...culari *V* || Carthagine legatos *Fr.* : cartagin... gatos *V* || et ipsi parum constanter *Fr.* : etipsiparentumco... tanter *V* || **4** de *Fr.* : ne *V* || in *secl. Fr.*

Son apparition soudaine au centre de la Grèce[1] ne causa pas seulement une grande frayeur aux villes voisines, mais provoqua aussi l'envoi[2] de messages affolés en Asie, auprès du roi Eumène. Après être resté seulement trois jours à Delphes, il rentra dans son royaume en traversant la Pthiotide achéenne[3] et la Thessalie sans causer le moindre tort ni dommage aux gens par ⟨le territoire⟩ desquels il fit route. D'ailleurs, il ne lui suffit pas de se concilier les esprits dans les cités qu'il devait traverser : il leur envoya des ambassadeurs ⟨ou⟩ des lettres leur demandant d'oublier désormais les conflits qu'elles avaient eus avec son père ; ceux-ci n'avaient pas en effet été si graves qu'ils n'eussent pu ou n'eussent dû être réglés avec lui[4]. En ce qui le concernait personnellement, en tout cas, leurs relations étaient absolument intactes et pouvaient permettre l'établissement d'une amitié fidèle ; c'était surtout avec la nation achéenne qu'il cherchait le moyen de se réconcilier.

Discours de Callicratès à l'assemblée achéenne.

XXIII. Seules dans toute la Grèce, cette nation et la cité d'Athènes en étaient venues à ce point d'irritation qu'elles interdisaient leur territoire aux Macédoniens[5]. Aussi la Macédoine était-elle le refuge des esclaves fugitifs d'Achaïe : ayant interdit leur territoire ⟨aux Macédoniens⟩, les Achéens n'osaient pas, de leur côté, pénétrer à l'intérieur du royaume. Persée, s'en étant rendu compte, fit saisir tous les esclaves (et envoya?)[6] une lettre ⟨aux Achéens leur annonçant qu'il était prêt à les leur restituer?⟩ ; cependant ils devaient pour leur part prendre des mesures pour éviter que se produisissent à l'avenir de semblables évasions d'esclaves. La lettre fut lue par le préteur Xénarque[7], qui cherchait, à titre personnel, à gagner la faveur du roi ; la plupart des auditeurs jugeaient également que la lettre avait été rédigée avec modération et bienveillance, en particulier ceux qui se voyaient sur le point de recouvrer, contre tout espoir, leurs esclaves perdus ; mais Callicra-

transgressus, religionibus quibusdam animo obiectis, ora*cl*um aditurus Delphos escendit. Cum in media repente Graecia apparuisset, magnum non finitumis modo urbibus terrorem praebuit, sed in Asiam quoque ad regem Eumenen nuntios tumultuo*sos* misit. [6]Triduum non plus Delphis *mo*ratus, per *P*thiotidem Achaiam T*hessalia*mque sine damno iniuriaq*ue eor*um, per quorum ⟨fines⟩ iter fecit, in reg*num r*edïit. [7]Nec earum tantum ciuita*tium*, *p*er quas iturus erat, satis habu*it ani*mos sibi conciliare; aut legatos *au*t litteras dimisit, petens, ne diuti*us si*mu*l*tatum, quae cum patre suo fuissent, meminissent; nec enim tam atroces fuisse eas, ut non cum ipso potuerint ac debuerint finiri; [8]secum quidem omnia illis integra esse ⟨ad⟩ instituendam fideliter amicitiam; cum Achaeorum maxime gente reconciliandae gratiae uiam quaerebat.

XXIII. [1]Haec una ex omni Graecia gens et Atheniensium ciuitas eo processerat irarum, ut finibus interdiceret Macedonibus. [2]Itaque seruitiis ex Achaia fugientibus receptaculum Macedonia erat, quia, cum finibus suis ⟨iis⟩ interdixissent, intrare regni terminos ipsi non audebant. [3]Id cum Perseus animaduertisset, conprensis omnibus litterae**. Ceterum ne similis fuga seruorum postea fieret, cogitandum et illis esse. [4]Recitatis his lit-

XXII, **5** oraclum (oraculum) *Fr.* : oracium *V* || tumultuosos misit *Hertz et Kreyssig* : tumultuo... misit *V* || **6** moratus *Fr.* : oratus *V* || Pthiotidem *Fr.* : ... thiotidem *V* || Thessaliamque *Fr.* : tes... mque *V* || iniuriaque eorum per *Madvig* : iniuriaq... umper *V* || fines *add. Madvig* || regnum rediit *Fr.* : reg... edit *V* || **7** ciuitatium per quas *Fr.* : ciuita... erquas *V* || habuit animos *Fr.* : habu...mos *V* || aut litteras *Fr.* : tlitteras *V* || diutius simultatum *Fr.* : diuti... mutatum *V* || **8** ad *addidit Fr.*

XXIII, **2** iis *add. Perizonius* || 3 *post* litterae *lacunam indicauit Fr.*

tès[1], un de ceux qui croyaient que le salut de leur peuple était lié au maintien et au respect rigoureux de l'alliance conclue avec Rome, prit la parole : « L'affaire dont il s'agit ici, Achéens, n'est que de faible ou moyenne importance aux yeux de certains ; pour ma part, je pense que c'est de la plus sérieuse et de la plus grave des affaires que, non seulement, on est en train de décider, mais dont, à certains égards, on a décidé. Nous, en effet, qui avions interdit l'accès de notre territoire aux rois de Macédoine et aux Macédoniens eux-mêmes et ⟨savions⟩[2] que ce décret était toujours en vigueur — décret visant sans doute à nous empêcher d'accueillir les ambassadeurs, les envoyés des rois, pour éviter que l'un d'entre nous ne subisse leur influence — voici que nous écoutons le roi en train de nous haranguer pour ainsi dire, quoiqu'absent, et même — fasse le ciel qu'il n'en soit rien ! — que nous approuvons ses paroles. Alors que les bêtes sauvages méprisent et évitent la plupart du temps les aliments que l'on a déposés pour les prendre au piège, nous autres, aveuglés par la trompeuse apparence d'un mince bienfait, nous mordons à l'appât et, dans l'espoir de récupérer de pauvres esclaves qui ne valent presque rien, nous laissons saper et ébranler notre propre liberté. Qui ne voit en effet qu'on cherche à établir des relations avec le roi, par suite de quoi notre traité avec Rome — traité dont dépend tout notre destin — se trouverait violé ? A moins que par hasard il n'y ait quelqu'un pour douter que la guerre ne doive éclater entre les Romains et Persée et que l'événement attendu du vivant de Philippe et suspendu par sa mort ne doive se produire après la mort de Philippe ? Philippe, vous le savez, eut deux fils, Démétrius et Persée. Démétrius l'emporta de beaucoup par l'origine de sa mère, par sa valeur, son talent, sa popularité auprès des Macédoniens. Mais, parce que Philippe avait fait de son royaume la récompense qui serait attribuée à celui

teris per Xenarchum praetorem, qui priuatae gratiae aditum apud regem quaerebat, et plerisque moderate et benigne scriptas esse censentibus litteras, atque *i*is maxume, qui praeter spem recepturi essent amissa mancipia, [5]Callicrates ex iis, qui in eo uerti salutem gentis crederent, si cum Romanis *in*uiolatum foedus seruaretur, « parua » inquit « aut mediocris res, Achaei, quibusdam uidetur agi : [6]ego maxum*am* grauissimamque omnium non agi tantum arbitror, sed quodam modo actam esse. Nam qui regibus Macedonum Macedonibusque ipsis finibus interdixissemus manereque id decretum ⟨sciremus⟩, [7]scilicet ne legatos, ne nuntios admitteremus regum, per quos aliquorum ex nobis animi sollicitarentur, ii contionantem quodam modo absentem audimus regem, et, si dis placet, orationem eius probamus. [8]Et cum ferae bestiae cibum ad fraudem suam positum plerumque aspernentur et refugiant, nos caeci specie parui beneficii inescamur et seruolorum minimi pretii recipiendorum spe nostram ipsorum libertatem subrui et temptar*i* patimur. [9]Quis enim non uidet uiam regiae societatis quaeri, qua Romanum foedus, qu*o* nostra omnia continentur, uioletur? Nisi hoc dubium alicui est, bellandum Romanis cum Perseo esse et, quod uiuo Philippo expectatum, morte eius interpellatum est, id post mortem Philippi futurum. [10]Duos, ut scitis, habuit filios,

XXIII, **4** iis *Kreyssig* : his *V* || **5** inviolatum *Fr.* : uiolatum *V* **6** maxumam grauissimamque omnium *Ruperti* : maxumegrauissima momniumque *V* maxime gravissimam omnium *Fr.* || sciremus *add. Giarratano, partim Vahlenum secutus (hic enim* quo caueramus *post* sciremus *addit, haud recte, ut putamus)* || **8** temptari *Fr.* : temptare *V* || **9** quo nostra *Fr.* : quanostra *V.*

qui détesterait les Romains, il fit assassiner Démétrius pour le seul crime d'avoir gagné l'amitié de Rome ; quant à Persée, dont il savait qu'il recevrait de lui en héritage[1] ⟨la guerre contre⟩ le peuple romain avant même, ou presque[2], de recevoir son royaume, il le mit sur le trône. C'est pourquoi, que fit celui-ci après la mort de son père, sinon préparer la guerre ? Il commença, afin de créer partout la terreur, par lancer contre la Dardanie les Bastarnes qui, s'ils avaient occupé ce pays, auraient été pour la Grèce[3] des voisins plus redoutables que les Gaulois ne l'étaient pour l'Asie. Frustré de cet espoir, il n'en oublia pas pour autant ses projets guerriers ; bien au contraire, pour dire la vérité, il a déjà commencé la guerre. Il a soumis par les armes le pays des Dolopes et il ne les écouta pas quand ils voulurent faire appel, à propos de leurs désaccords, à l'arbitrage du peuple romain ; puis, après avoir franchi l'Oeta, de façon à apparaître brusquement en plein cœur de la Grèce, il monta à Delphes. Dans quel but, à votre avis, a-t-il emprunté cet itinéraire insolite ? Il parcourut ensuite la Thessalie : qu'il l'ait fait sans causer le moindre tort à des gens qu'il haïssait, c'est pour moi une raison de plus de craindre sa manœuvre. Il nous a ensuite envoyé une lettre avec un semblant de présent, et nous invite à réfléchir aux moyens de ne plus avoir besoin de ce présent pour l'avenir, à savoir : annuler le décret interdisant aux Macédoniens l'accès du Péloponnèse, revoir les ambassadeurs du roi, nos maisons ouvertes à leurs grands personnages et bientôt les armées macédoniennes, lui aussi en personne, passant — la largeur du détroit est-elle si grande ? — de Delphes dans le Péloponnèse, et avoir parmi nous des Macédoniens qui

Philippus, Demetrium et Persea. Genere materno, uirtute, ingenio, fauore Macedonum longe praestitit Demetrius. [11]Sed quia in Romanos odii regnum posuerat praemium, Demetrium nullo alio crimine quam Romanae amicitiae initae occidit; Persea, quem ⟨belli cum⟩ populo Romano prius paene quam regni heredem futurum sciebat, regem fecit. [12]Itaque quid hic post mortem patris egit aliud quam bellum parauit? Bastarnas primum ad terrorem omnium ⟨in⟩ Dardaniam inmisit; qui si sedem eam tenuissent, grauiores eos accolas Graecia habuisset, quam Asia Gallos habe*b*at. [13]Ea spe depulsus non tamen belli consilia omisit; immo, si uere uolumus dicere, iam inchoauit bellum. Dolopiam armis subegit nec prou*ocant*is de controuersi*i*s ad disceptationem populi Romani audiuit. Inde transgressus Oetam, ut repente in medio umbilico Graeciae conspiceretur, Delphos escendit. [14]Haec usurpatio itineris insoliti quo uobis spectare uidetur? Thessaliam deinde peragrauit; quod sine ullius eorum, quos oderat, nox*a*, hoc magis temptationem metuo. [15]Inde litteras ad nos cum muneris specie misit et cogitare iubet, quo modo in reliquum hoc munere non egeamus, hoc est, ut decretum, quo arcentur Peloponneso Macedones, tollamus, [16]rursus legatos regios et hospitia cum principibus et mox Macedonum exercitus, ipsum quoque a Delphis — quantum enim inter*fl*uit fretu*m*? — traicientem in Peloponnesum

XXIII, **11** belli cum *add. Madvig* || **12** in *add. I. F. Gronovius* || habebat *Weissenborn* : habeat *V* || **13** prouocantis (-tes *uel* -tem) de controuersiis *I. F. Gronovius* : prouinciisdecontrouersis *V* || **14** noxa *Duker* : noxia *V* || **16** interfluit fretum *Kreyssig* : interfuitfretus *V*.

s'arment contre les Romains. Pour ma part, je suis d'avis de ne prendre aucun décret nouveau et de laisser toutes choses en l'état, jusqu'à ce qu'on soit amené à savoir de façon certaine si cette crainte que nous éprouvons est vaine ou fondée. Si la paix demeure inviolée entre les Macédoniens et les Romains, qu'avec nous aussi il y ait amitié et échanges ; songer à cela dès maintenant paraît dangereux et prématuré. »

Discours d'Archon.

XXIV. Après lui, Archon[1], frère du préteur Xénarque, tint les propos suivants : « Callicratès m'a rendu difficile la tâche de prendre la parole, à moi et à tous ceux qui ne sont pas d'accord avec lui ; en plaidant lui-même, en effet, la cause de l'alliance romaine et en disant que celle-ci est en butte à des manœuvres hostiles et à des attaques, alors que personne ne se livre à des manœuvres ou à des attaques, il a placé celui qui viendrait à être en désaccord avec lui dans une position telle qu'il semble parler contre les Romains. En premier lieu — c'est à croire que cet homme n'a pas été jusqu'ici au milieu de nous, mais vient de la curie du peuple romain ou partage les secrets des rois — il sait tout et donne tout haut connaissance de faits qui s'accomplissent en secret. Il connaît même par révélation divine ce qui se serait passé si Philippe avait vécu, pourquoi Persée est devenu, comme il l'est devenu, l'héritier du trône, ce que préparent les Macédoniens, ce que les Romains ont en tête. Mais nous, qui ne savons ni pour quelle raison ni de quelle façon Démétrius a péri, ni ce que Philippe aurait fait s'il avait vécu plus longtemps, nous devons adapter nos résolutions à ce qui se fait sous les yeux de tous. Or nous savons que Persée, après avoir pris possession de son royaume, a été appelé roi par le

uideamus, inmisce*a*mur Macedonibus armantibus se aduersus Romanos. [17]Ego nihil noui censeo decernendum seruandaque omnia integra, donec ad certum *re*digatur, uanusne hic timor noster an uerus fuerit. [18]Si pax inuiolata inter Macedo*nas* Romanosque manebit, nobis quoque amicitia et commercium sit ; nunc de eo ⟨cogitare⟩ periculosum et inmaturum uidetur ».

XXIV. [1]Post hunc Archo, frater Xenarchi praetoris, ita disseruit : « difficilem orationem Callicrates et mihi et omnibus, qui ab eo dissentimus, fecit : [2]agendo enim Romanae societatis causam ipse temptarique et oppugnari dicendo, quam nemo neque temptat neque oppugnat, eff*e*cit, ut, qui ab se dissentiret, aduersus Romanos dicere uideretur. [3]Ac primum omnium, tamquam non hic nobiscum fuisset, sed aut ex curia populi Romani ueniret aut [curiam] regum arcanis interesset, omnia scit et nuntiat, quae occulte facta sunt. [4]Diuinat etiam, quae futur*a* fuer*i*nt, si Philippus uixisset, quid ita Perseus regni heres sit, quid parent Macedones, quid cogitent Romani. [5]Nos autem, qui nec ob quam causam nec quem ad modum perierit Demetrius scimus, nec, quid Philippus, si uixisset, facturus fuer*i*t, ad haec, quae palam geruntur, consilia nostra accommodar*e* oportet. [6]Ac scimus Persea regno accepto regem a populo

XXIII, **16** inmisceamur *Sigonius* : inmiscemur *V* || **17** redigatur *I. F. Gronovius* : dirigantur *V* || **18** Macedonas *Fr.* : macedonos *V* Macedones *H. I. Mueller* || cogitare *add. Fr.*

XXIV, **2** effecit *Fr.* : efficit *V* || **3** curiam *secl. Fr.* || **4** futura fuerint *I. F. Gronovius* : futuraefuerant *V* || **5** fuerit *Sigonius* : fuerat *V* || accommodare *Fr.* : accommodari *V* || **6** *a* regno accepto *usque ad* uenisse ad regem (*sed* Persea *haud recte post* uenisse ad regem *addit*) *Kreyssig* : acceptoalegatosromanosuenisseadregemperseaad p. r. appellatum *V*.

peuple romain ; nous apprenons que des ambassadeurs romains sont arrivés auprès du roi Persée et ont été bien accueillis[1]. Autant d'événements qui, ma foi, constituent à mon avis des signes de paix et non de guerre ; je ne pense pas non plus que les Romains puissent s'offenser si, de même que nous les avons suivis quand ils faisaient la guerre, de même nous les suivons maintenant qu'ils donnent autorité à la paix[2]. Pourquoi, d'ailleurs, serions-nous les seuls entre tous à faire au royaume des Macédoniens une guerre inexpiable, je ne le vois pas. Est-ce une conséquence résultant de notre situation de proximité vis-à-vis de la Macédoine? ou bien sommes-nous le plus faible des peuples, analogue à celui qu'elle a récemment soumis, celui des Dolopes? Bien au contraire, c'est soit à nos forces, grâce à la bienveillance divine, soit à la distance géographique que nous devons notre sécurité. Mais supposons que nous soyons aussi menacés que les Thessaliens et les Étoliens : n'avons-nous pas plus de crédit et d'autorité auprès des Romains, dont nous avons toujours été les alliés et les amis, que les Étoliens, naguère leurs ennemis? Les relations juridiques qui existent entre Étoliens, Thessaliens, Épirotes, en un mot toute la Grèce, d'une part, et les Macédoniens de l'autre, entretenons-les nous aussi. Pourquoi sommes-nous les seuls à appliquer cette sorte d'exécrable rupture[3] des relations humaines? Admettons que Philippe nous ait, par sa conduite, amenés à prendre ce décret contre lui, alors qu'il était en armes et faisait la guerre : en quoi Persée, le nouveau roi, lui qui n'a commis aucune injustice, lui qui efface par un bienfait personnel[4] le souvenir de nos différends avec son père, en quoi a-t-il mérité que nous soyons les seuls à être ses ennemis? Je pourrais ajouter, d'ailleurs, que les précédents rois de Macédoine nous ont rendu de si grands services que ceux-là ⟨effacent⟩ de toute façon, après la mort de Philippe, le souvenir des injustices commises — à supposer qu'il y en ait eu — par celui-ci seul. ⟨Ne vous rappelez-vous

Romano appellatum; ⟨audimus⟩ legatos Romanos uenisse ad regem et eos benigne exceptos. [7]Haec omnia pacis equidem signa esse iudico, non belli; nec Romanos offendi posse, si, ut bellum gerentes eos secuti sumus, nunc quoque pacis auctores sequamur. Cur quidem nos inexpiabile omnium soli bellum aduersus regnum Macedonum geramus, non uideo. [8]Opportuni[tate] propinquitate ipsa Macedonia*e* sumus? An infirmissimi omnium, tamquam, quos nuper subegit, Dolopes? Immo contra ea uel uiribus nostris, deum benignitate, uel regionis interuallo tuti. [9]Sed s*i*mus aeque subiecti ac Thessali Aetolique : nihilo p*l*us fidei auctoritatisque habemus aduersus Romanos, qui semper socii atque amici fuimus, quam Aetoli, qui paulo ante hostes fuerunt? [10]Quod Aetolis, quod Thessalis, quod Epirotis, omni denique Graeciae cum Macedonibus iuris est, idem et nobis sit. Cu*r* exsecrabilis ista nobi*s* solis uelut dissertio iuris humani est? [11]Fecerit aliquid Philippus, cur aduersus eum armatum et bellum gerentem hoc decerneremus; quid Perseus, nouus rex, omnis iniuriae insons, suo beneficio paternas simultates oblitterans, meruit, cur soli omnium hostes ei s*i*mus? [12]Quamquam et illud dicere poteram, tanta priorum Macedoniae regum merita erga nos fuisse, ut Philippi unius iniuria*s*, si qua*e* forte fuerunt, utique post mortem ⟨oblitterent. [13]Non uenit in mentem⟩, cum clas-

XXIV, 8 opportuni propinquitate *Fr.* : opportunitatepropinquitate *V* || Macedoniae *Fr.* : Macedonia *V* || subegit *Kreyssig* : subiecit *V* || **9** simus *Walch* : sumus *V* || nihilo plus *Fr.* : nihilopus *V* || **10** *a* cur exsecrabilis *usque ad* solis *Fr.* : cumexsecrabilisistanobissitcurexsecrabilisistanobissolis *V* || **11** simus *I. F. Gronovius* : sumus *V* || **12** iniurias si quae *Fr.* : iniuriamsiqua *V* || oblitterent *add. Wesenberg* || non uenit in mentem *add. Harant.*

pas> qu'à l'époque où la flotte romaine stationnait à Cenchrée[1], le consul avec son armée à Élatée, nous avons délibéré pendant trois jours en assemblée pour savoir si nous suivrions les Romains ou Philippe[2]? Supposons que la crainte immédiate que nous éprouvions alors des Romains n'ait nullement influencé nos avis, il y eut pourtant, du moins, une raison susceptible de rendre si longue[3] notre délibération : et c'était notre vieille alliance avec les Macédoniens, les anciens et grands services que nous avaient rendus leurs rois[4]. Que le souvenir de ces mêmes services nous pousse aujourd'hui encore, non pas à faire de nous les amis par excellence des Macédoniens, mais à ne pas devenir par excellence leurs ennemis ! Ne faisons pas semblant de croire, Callicratès, qu'est en discussion ce qui ne l'est pas. Personne ne nous incite à conclure une nouvelle alliance ou un nouveau pacte par lequel nous nous lierions à la légère, mais simplement un traité assurant un respect mutuel du droit pour les restitutions ou réclamations[5], de façon à éviter qu'en leur interdisant notre territoire, nous ne nous interdisions nous aussi l'accès à leur royaume ; qu'il ne soit pas permis à nos esclaves de s'enfuir quelque part, en quoi cela est-il contraire aux traités conclus avec Rome ? Pourquoi transformer une question minime et claire en une affaire capitale et suspecte ? Pourquoi susciter de vaines alarmes ? Pourquoi, pour trouver nous-mêmes l'occasion de faire la cour aux Romains, rendre les autres suspects et odieux ? Si la guerre éclate, personne — pas même Persée — ne doute que nous suivrons les Romains ; que la paix, même si elle ne met pas un terme aux haines, y apporte une trêve ! » Ce discours[6] recevait l'approbation des mêmes gens qui avaient approuvé la lettre du roi, mais, les principaux personnages de l'assemblée s'indignant

sis Romana Cenchreis staret, consul cum exercitu [V]Elatiae esset, triduum nos in concilio fuisse consultantis, utrum Romanos an Philippum seque⟨re⟩mur? [14]Nihil metus praesens ab Romanis sententias nostras inclinarit : fuit certe tamen aliquid, quod tam longam deliberationem fecerat ; idqu*e* erat uetusta coniunctio cum Macedonibus, uetera et magna in nos regum merita. [15]Valeant [ac] nunc eadem illa, non ut praecipue amici, sed ne praecipue inimici simus. Ne id, quod non agitur, Callicrates, simulauerimus a*gi*. Nemo nouae societatis aut noui foederis, quo nos temere inligemus, conscribendi est auctor ; [16]sed commercium tantum iuris praebendi rep*ete*ndique sit, ne interdictione finium nostro*rum* nos quoque ⟨terminis⟩ *r*egni arceamus ; ne seruis nostris aliquo fugere liceat, quid hoc aduersus Romana foedera est? [17]Quid rem paruam et apertam magnam et suspectam facimus? [18]Quid uanos tumultus ciemus? Quid, ut ipsi locum adsentandi Romani*s* habe*a*mus, suspectos alios ⟨et⟩ inuisos efficimus? Si bellum er*i*t, ne Perseus quidem dubitat, quin Romanos secuturi s*i*mus ; in pace, etiam si non finiuntur odi*a*, intermittantur ». [19]Cum iidem huic orationi, qui litteris regis adsen*si* erant, adsentirentur, indignatione principum, quod, quam rem ne lega-

XXIV, **13** elatiae *Sigonius* : uelatiae *V* || sequeremur *Fr.* : sequemur *V* || **14** idque erat*Hartel* : idquoerat *V* || **15** ac *secl. Madvig* : et *Fr.* || agi *Koch* : ac *V secl. Fr.* || **16** repetendique *Fr.* : derependique *V* || nostrorum... terminis regni *Vahlen* : nostrosquoqueetnossegni *V* nostrorum et nos quoque regno *Fr.* || **18** romanis habeamus *Fr.* : romanihabemus *V* || et *add. Drakenborch* || erit *Fr.* : erat *V* || simus *Fr.* : sumus *V* || finiuntur odia *Baumgarten- Crusius* : odiofiniuntur *V* || **19** adsensi erant *Freinshemius* : adsentierant *V*.

à l'idée de voir Persée obtenir par une lettre de quelques lignes ce qu'il n'avait même pas jugé digne d'une ambassade, on diffère le vote du décret. Des ambassadeurs envoyés après coup par le roi se rendirent ensuite auprès de l'assemblée réunie à Mégalopolis[1]; mais ceux qui craignaient d'offenser les Romains s'arrangèrent pour empêcher leur admission.

Troubles en Grèce.

XXV. Sur ces entrefaites, la folie furieuse des Étoliens[2], les ayant poussés à se jeter les uns contre les autres et à s'entretuer, semblait devoir entraîner la nation à la ruine. Puis, la lassitude aidant, les deux partis envoyèrent des ambassadeurs à Rome, tout en travaillant eux-mêmes à rétablir la concorde. Mais ces négociations furent interrompues par un nouveau crime qui réveilla même les anciennes colères. Aux exilés d'Hypata[3] qui appartenaient à la faction de Proxène[4], on avait promis le retour dans leur patrie et Eupolème, notable[5] de la cité, leur avait donné sa parole d'assurer leur sauvegarde ; lors du retour de quatre-vingts personnages de marque, Eupolème était même sorti au-devant d'eux avec le reste de la population ; or, quand ils eurent été salués et accueillis avec bienveillance, comme ils avaient joint leurs mains et franchissaient la porte, ils furent massacrés, alors qu'ils invoquaient en vain la foi jurée et les dieux qui en avaient été témoins. Aussi la guerre se ralluma-t-elle de plus belle. Les envoyés du Sénat, C. Valerius Laevinus[6], Appius Claudius Pulcher[7], C. Memmius[8], M. Popilius[9] et L. Canuleius[10], étaient arrivés[11]. Comme à Delphes, en leur présence, la lutte était chaude entre les délégués des deux partis, Proxène parut l'emporter de beaucoup, tant par la justice de sa cause que par l'éloquence dont il usait : or, quelques jours après, il mourut empoisonné par sa femme Orthobula qui, pour ce crime, fut condamnée à l'exil. En proie à la même folie furieuse, les Crétois se déchiraient entre eux. Puis, l'arrivée de notre ambassadeur, Q. Minucius[12], envoyé avec dix navires pour apaiser leurs rivalités, avait fait renaître l'espoir de la paix. Mais la

tione quidem dignam iudicasset Perseus, litteris paucorum uersuum impe*t*raret, decretum differtur. [20]Legati deinde postea missi ab rege, cum Megalopoli concilium esset, dataque opera est ab iis, qui offensionem apud Romanos timebant, ne admitterentur.

XXV. [1]Per haec tempora Aetolorum in semet ipsos uersus furor mutuis caedibus ad internecionem adducturus uidebatur gentem. [2]Fessi deinde et Romam utraque pars miserunt legatos et inter se ipsi de reconcilianda concordia agebant; quae nouo facinore discussa res ueteres etiam iras excitauit. [3]Exulibus Hypataeis, qui factionis Prox*en*i erant, cum reditus in patriam promissus esset fidesque data per principem ciuitatis Eupolemum, [4]octoginta inlustres homines, quibus redeuntibus inter ceteram multitudinem Eupolemus etiam obuius exierat, cum salutatione benign*a* excepti essent dextraeque datae, ingredientes portam, fidem datam deosque testis nequiquam *in*uocantes interfecti sunt. Inde grauius de integro bellum exarsit. [5]C. Valerius Laeuinus et Ap. Claudius Pulcher et C. Memmius et M. Popilius et L. Canuleius missi ab senatu uenerant. [6]Apud eos cum Delphis utriusque partis legati magno certamine *a*gerent, Proxenus maxime cum causa, tum eloquentia praestare uisus est; qui paucos post dies ab Orthobula uxore ueneno est sublatus; damnataque eo crimine in exilium abiit. [7]Idem furor et Cretenses lacerabat. Aduentu deinde Q. Minuci

XXV, **19** impetraret *I. F. Gronovius* : imperaret *V.* || **3** proxeni *Fr.* : proximi *V* || **4** benigna *Crévier* : benigne *V* || invocantes *Fr.* : uocantes *V* || **6** agerent *Curio* : egerunt *V* egerint *Fr.*

trêve ne dura que six mois : ensuite la guerre reprit avec beaucoup plus d'intensité. Vers la même époque aussi, les Lyciens souffraient des maux de la guerre que leur faisaient les Rhodiens[1]. Mais il ne vaut pas la peine de raconter en détail les guerres qui eurent lieu entre les nations étrangères et la façon dont chacune d'entre elles fut conduite : c'est déjà pour moi un fardeau suffisamment lourd que de raconter les actions accomplies par le peuple romain[2].

Guerre en Espagne ; soumission des Celtibères.

XXVI. En Espagne, les Celtibères qui, après avoir été soumis par les armes, s'étaient rendus à Ti. Gracchus, étaient demeurés en paix tant que le préteur M. Titinius gouvernait la province. Ils se soulevèrent à l'arrivée d'Appius Claudius[3] et commencèrent la guerre par un brusque assaut lancé contre le camp romain. Il faisait à peine jour quand les sentinelles du retranchement et les soldats de garde aux portes, ayant vu l'ennemi venir de loin, crièrent aux armes. Appius Claudius fit hisser le signal du combat et, après leur avoir adressé quelques mots, fit sortir ses troupes par trois portes en même temps. Les Celtibères faisant obstacle à leur sortie, la lutte fut d'abord égale des deux côtés car, en raison de l'étroitesse des issues, les Romains ne pouvaient pas tous prendre part à la lutte dans un espace resserré ; puis, ⟨lorsqu'⟩à force de se pousser et de se faufiler l'un derrière l'autre, ils furent sortis du retranchement, de façon à pouvoir déployer leur ligne et l'étendre de chaque côté jusqu'à la hauteur des ailes adverses qui les entouraient, ils lancèrent une attaque si soudaine que les Celtibères ne purent soutenir leur assaut. Avant la seconde heure, ceux-ci furent repoussés ; près de quinze mille furent ⟨tués ou⟩ pris ; on leur enleva trente-deux enseignes. Le même jour, on s'empara de leur camp et on mit fin à la guerre, car ceux qui avaient survécu au combat se dispersèrent dans

legati, qui cum decem nauibus missus ad sedanda eorum certamina erat, ⟨ad⟩ spem pacis uenerant. Ceterum indutiae tantum sex mensum fuerunt; inde multo grauius bellum exarsit. [8]Lycii quoque per idem tempus ab Rhodiis bello uexabantur. Sed externorum inter se bella, quo quaeque modo gesta s*in*t, persequi non operae est satis superque oneris sustinenti res a populo Romano gestas [res] scribere.

XXVI. [1]Celtiberi in Hispania, qui bello domiti se T*i*. Graccho dediderant, pacati manserant M. Titinio praetore o*btin*ente prouinciam. Rebellarunt sub aduentum Ap. Claudi orsique bellum sunt ab repentina oppugnatione castrorum Romanorum. [2]Prima lux ferme erat, cum uigiles in uallo quique in portarum stationibus erant, cum uidissent procul uenientem hostem, ad arma conclamauerunt. [3]Ap. Claudius, signo proposito pugnae a*c* paucis adhortatus milites, tribus simul portis eduxit. Obsistentibus ad exitum Celtiberis primo par utrimque proelium fuit, quia propter angustias non omnes in faucibus pugnare poterant Romani; [4]urguentes deinde alii alios secuti ⟨ubi⟩ euaserunt extra uallum, ut pandere aciem et exaequari cornibus hostiu*m*, quibus circumibantur, possent, ita repente *in*ruperunt, ut sustinere impetum eorum Celtiberi nequirent. [5]Ante horam secundam pulsi sunt; ad quindecim milia ⟨caesa aut⟩ capta, signa

XXV, 7 ad *add. Hertz* || 8 sint *Wesenberg* : sunt *V* || scribere *Fr.* : resscribere *V* perscribere *Harant.*

XXVI, 1 Ti. *Fr.* 2 : T. *V* || obtinente *Fr.* : oppugnante *V* || 3 ac *Fr.* : ad *V* || 4 ubi *add. Weissenborn* : sicuti euaserant *Harant* sicuti evaserunt *Hartel* || hostium *I. F. Gronovius* : hostibus *V* || inruperunt *Walch* : ruperunt *V* || 5 caesa aut *add. Fr.*

leurs cités. Paisibles désormais, ils furent soumis à notre autorité.

La censure de Q. Fulvius et A. Postumius.

XXVII. Les censeurs créés cette année-là, Q. Fulvius Flaccus[1] et A. Postumius Albinus[2], établirent la liste des sénateurs ; le grand pontife A. Aemilius Lepidus[3] fut choisi comme prince du sénat. Neuf sénateurs furent exclus par eux ; dignes d'être relevés sont les blâmes adressés à M. Cornelius Maluginensis[4] qui, deux ans auparavant, avait été préteur en Espagne[5], au préteur L. Cornelius Scipio[6], chargé à cette date de connaître des rapports entre citoyens et pérégrins, à L. Fulvius, frère germain et même, comme le rapporte Valerius Antias, consort du censeur[7]. Les consuls, après avoir prononcé leurs vœux au Capitole, partirent pour leur province. L'un d'eux, M. Aemilius[8], fut chargé par le sénat de mettre fin à la sédition des Padouans en Vénétie : leurs propres délégués avaient rapporté que, par suite de la rivalité de leurs factions, les esprits s'étaient échauffés jusqu'à provoquer une guerre intestine. Les ambassadeurs qui étaient partis en Étolie[9] pour mettre un terme à des troubles identiques revinrent en disant qu'il était impossible de maîtriser la rage de cette nation. Pour les Padouans, l'arrivée du consul les sauva ; celui-ci, n'ayant plus rien d'autre à faire dans sa province, revint à Rome. Les censeurs furent les premiers de tous à mettre en adjudication[10] le pavage des rues dans la Ville[11] et, au dehors de la Ville, la pose d'une assise de gravier sur les routes et l'établissement d'accotements, ainsi que la construction de ponts en de nombreux endroits[12] ; de même, ils se chargèrent de faire mettre une scène[13] à la disposition des édiles et des préteurs, ainsi que des niches de départ dans le cirque, des figures en forme d'œuf[14] permettant de compter les tours

adempta duo et triginta. Castra etiam eo die expugnata debellatumque; nam qui superfuere proelio, in oppida sua dilapsi sunt. Quieti deinde paruerunt imperio.

XXVII. [1]Censores eo anno creati Q. Fuluius Flaccus et A. Postumius Albinus legerunt senatum; princeps lectus M. Aemilius Lepidus pontufex maximus. De senatu nouem eiecerunt; [2]insignes notae fuerunt M. Corneli Maluginensis, qu*i* biennio ante praetor in Hispania fuerat, et L. Corneli Scipionis praetoris, cuius tum inter ciuis et peregrinos iurisdictio erat, et L. Fului, qui frater germanus et, ut Valerius Antias tradit, consors etiam c*e*nsoris erat. [3]Consules uotis [etiam] in Capitolio nuncupatis in prouincias profecti sunt. Ex iis M. Aemilio senatus negotium dedit, ut Patauinorum in Venetia seditionem conprimeret, quos certamine factionum ad intestinum bellum exarsisse et ipsorum legati adtulerant. [4]Legati, qui in Aetoliam ad similis motus conprimendos ierant, renuntiarunt coerceri rabiem gentis non posse. Patauinis saluti fuit aduentus consulis; neque aliud, quod agere*t* in prouincia, cum habuisset, Romam redi*i*t. [5]Censores uias sternendas silice in urbe, glarea extra urbem substruendas marginandasque primi omnium locauerunt, pontesque multis locis faciendos; et scaenam aedilibus praetoribusque praebendam; [6]⟨et⟩ carceres in circo, et oua ad no*tas* curriculis

XXVII, 2 qui biennio *Fr.* : quisibiennio *V* || censoris *Fr.* : consortis *V* || 3 uotis in *Crévier* : uotisetiametiamin *V* || 4 ageret *Fr.* : agere *V* || rediit *Fr.* : redit *V* || 6 et (*ante* carceres) *add. Fr.* || ouaad no... curriculisnumerand...dam (*hic et* § *12 folii 18 margo abscissus est*) *V* : ova ad metas curriculis numerandis *Ursinus* ova ad notas curriculis numerandas et...dam *Fr.*

de piste accomplis lors des courses... des bornes... des cages de fer (où les fauves)... seraient introduits..., (un temple) pour que les consuls pussent y célébrer *les fêtes* du Mont Albain (?)[1] ; ils se chargèrent du pavage du *Clivus Capitolinus*, de la construction du portique qui va du temple de Saturne à la salle de réunion des sénateurs[2], au Capitole, et, plus haut, à la curie. Ils firent en outre paver le marché situé en dehors de la porte Trigemina[3] et l'entourèrent d'une palissade ; ils firent restaurer le portique d'Aemilius[4] et construire un escalier des rives du Tibre jusqu'au marché. En outre, *en deçà de*[5] la même porte, ils firent paver un portique conduisant à l'Aventin... et construisirent (?)... depuis le temple de Vénus[6]. Les mêmes censeurs adjugèrent la construction des remparts à Calatia[7] et à Auximum[8] ; et, après avoir fait vendre les domaines publics de l'endroit, ils consacrèrent l'argent à la construction de boutiques sur les forums des deux villes. L'un d'eux, Fulvius Flaccus — Postumius 〈fit proclamer en effet par édit〉 qu'il ne mettrait rien en adjudication sans l'ordre du sénat et du peuple romain — fit construire avec leur propre argent[9] un temple de Jupiter à Pisaurum[10] et à Fundi[11], et même un aqueduc à Potentia[12] ; à Pisaurum, il fit paver une rue ; à Sinuessa, *des habitations* dans les faubourgs (?)[13]... ; ces villes furent dotées aussi par lui d'égouts et d'un mur d'enceinte... il fit fermer le forum avec des portiques et des boutiques et élever trois Janus. Tous ces travaux adjugés par un seul censeur lui valurent la grande reconnaissance des colons[14]. En ce qui concerne également la surveillance des mœurs, la censure se montra active et sévère. Beaucoup furent privés de leur cheval.

numerand*is*..... dam, et metas trans .... et ca*u*eas ferreas, pe .... intromitterentu*r* .... fer*i*is in monte Albano consulibus, [7]et cliuom Capitolinum silic*e* sternendum curauerunt, et porticum ab aede Saturni in Capitolium ad senaculum, ac super id, curiam. [8]Et extra portam Trigeminam emporium lapide strauerunt stipitibusque saepserunt, et porticum Aemiliam reficiendam curarunt, gradibusque ascensum ab Tiberi in emporium fecerunt. [9]Et *in*tra eandem portam in Auentinum porticum silic*e* strauerunt, et † eo publico ab aede Veneris fecerunt. [10]Iidem Calatiae et *Au*ximi muros faciendos locauerunt ; uenditisque ibi publicis locis pecuniam, quae red*a*cta erat, tabernis utrique foro circumdandis consumpserunt. [11]Et alter ex iis Fuluius Flaccus — nam Postumius nihil nisi senatus Romani populiue iussu se locaturum ⟨edixit⟩ — ips*o*rum pecunia Iouis aedem Pisauri et Fundis et Potentiae etiam aquam adducendam, et Pisauri uiam silice ster*nendam*, [12]et Sinuessa*e* ma*galia addenda* * auiariae, in his et clo*acas et mu*rum circumducen*dum* ..... et forum [et] porti*cib*us tabernisque claudendum et Ianos tris faciendos. [13]Haec ab uno censore opera locata cum magna gratia colonorum. Moribus quoque regendis diligens et seuera censura fuit. Multi*s* equi adempti.

XXVII, **6** trans...etcabeasferreaspe...intromitterentu... *V* || feriis *Sigonius* : ferreis *V* || **7** silice *Fr.* : silices *V* || **9** intra *I. Perizonius* : extra *V* || silice *Fr.* : silices *V* || eo publico *sic in V legimus, sed cliui Publicii nomen in eis uerbis I. Perizonius suspicatus est* || **10** redacta *Fr.* : reducta *V* || **11** ex iis Fulvius *Fr.* : exaliisfluuius *V* || edixit *add. Madvig* || ipsorum *Fr.* : ipsarum *V* || sternendam *Fr.* : ster...e...m *V* || **12** Sinuessae magalia addenda* auiariae *Roth* : sinuessamaca...sauiariae *V* || cloacas et murum *Hertz* : clo...um *V* || circumducendum...et forum *Hertz* : circumducen...et forum *V* || porticibus *Fr.* : etporticus *V* || **13** multis *Fr.* : multi *V*.

Triomphe d'Appius Claudius. Élections pour 173.

XXVIII. Une supplication d'un jour eut lieu presque à la fin de l'année en l'honneur des succès remportés en Espagne sous la conduite et les auspices du proconsul Appius Claudius[1], et l'on sacrifia vingt victimes majeures. Il y eut un second jour de supplications au temple de Cérès, Liber et Libera[2], à la nouvelle, venue de Sabine, qu'un très violent tremblement de terre y avait causé la ruine de nombreux édifices. Appius Claudius étant revenu d'Espagne à Rome, le Sénat lui accorda par décret le droit d'entrer dans la Ville avec les honneurs de l'ovation. Déjà approchaient les comices consulaires; après une lutte qui fut chaude en raison du très grand nombre des candidats, furent élus *L.* Postumius Albinus[3] et M. Popilius Laenas[4]. Puis furent élus préteurs *N.* Fabius Buteo[5], C. Matienus[6], C. Cicereius[7], M. Furius Crassipes[8] pour la seconde fois, A. Atilius Serranus[9] pour la seconde fois, C. C*lu*vius Saxula[10] pour la seconde fois. Une fois les comices terminés, Ap. Claudius Cento[11] rentra dans la ville avec les honneurs de l'ovation, à la suite de sa victoire sur les Celtibères, et porta au trésor dix mille livres d'argent et cinq mille livres d'or. Cn. Cornelius[12], flamine de Jupiter, fut inauguré.

La même année, on posa dans le temple de Mater Matuta[13] une plaque avec cette inscription : « Sous le commandement et les auspices du consul Ti. Sempronius Gracchus, la légion et l'armée[14] du peuple romain ont soumis la Sardaigne. Dans cette province ont été tués ou pris plus de quatre-vingt mille ennemis[15]. Sa mission ayant rencontré le plus grand succès et ⟨les alliés⟩[16] ayant été libérés, les tributs rétablis, il a ramené dans sa patrie l'armée saine et sauve et les bras chargés de butin. Il rentra à Rome en célébrant un second triomphe[17]. Aussi, en commémoration de cet événement, a-t-il fait don de ce tableau à Jupiter. » Il avait la forme de l'île de Sardaigne et on y avait peint des batailles.

XXVIII. [1]Exitu prope anni diem unum supplicatio fuit ob res prospere gestas in Hispania ductu auspicioque Ap. Claudi proconsulis; et maioribus hostiis uiginti sacrificatum. [2]Et alterum diem supplicatio ad Cereris, Liberi Liberaeque fuit, quod ex Sabinis terrae motus ingens cum multis aedificiorum ruinis nuntiatus erat. [3]Cum Ap. Claudius ex Hispania Romam redisset, decreuit senatus, ut ouans urbem iniret. [4]Iam consularia comitia adpetebant; quibus magna contentione habitis propter multitudinem petentium creati *L.* Postumius Albinus et M. Popilius Laenas. [5]Praetores inde facti *N.* Fabius Buteo, C. Matienus, C. Cicereius, *M.* Furius Crassipes iterum, A. Atilius Serranus iterum, C. C*lu*uius Saxula iterum. [6]Comitiis perfectis Ap. Claudius Cento ex Celtiberis ouans cum in urbem iniret, decem milia pondo argenti, quinque milia auri in aerarium tulit. [7]Flamen Dialis inauguratus est Cn. Cornelius.

[8]Eodem anno tabula in aed*e* matris Matutae cum indice hoc posita est : « T*i*. Semproni Gracchi consulis imperio auspicioque legio exercitusque populi Romani Sardiniam subegit. In ea prouincia hostium caesa aut capta supra octoginta milia. [9]Re publica felicissume gesta atque liberatis ⟨sociis⟩, uectigalibus restitutis, exercitum saluom atque incolumem plenissimum praeda domum reportauit; iterum triumphans in urbem Romam redi*i*t. Cuius rei ergo hanc tabulam donum Ioui dedit. » [10]Sar-

XXVIII, **4** L. *Fr.* : P. *V* || **5** N. *Sigonius* : Cn. *V* || M. *Fr.* : ci (*sic*) *V* || Cluvius *Fr.* : c...uius *V* || **8** aede *Sigonius* : aedem *V* || Ti. *Fr. 2* : T. *V* || **9** sociis *add. Sigonius* || rediit *Fr.* : redit *V*.

On donna cette année-là un certain nombre de petits combats de gladiateurs ; digne d'être remarqué fut celui donné par T. Flamininus en l'honneur de la mort de son père[1], avec une distribution publique de viande, un banquet sacré et des jeux scéniques pendant quatre jours. Au cours de ce qui constitua alors un combat important, le nombre total des combattants fut, en trois jours, de soixante-quatorze hommes.

---

diniae insulae forma erat, a*t*que in ea simulacra pugnarum picta.

[11]Munera gladiatorum eo anno aliquot parua [alia] data ; unum ante cetera insigne fuit T. Flaminini, quod mortis causa patris sui cum uisceratione epuloque et ludis scaenicis quadriduum dedit. Magni t*um* muneris ea summa fuit, ut per triduum quattuor et septuaginta homines pugnarint.

XXVIII, **10** atque *Fr.* : autque *V* erantque *Hartel* || **11** alia *secl. Giarratano* || tum *Walch* : tamen *V* || *In fine libri titulus huiusmodi* :

TITI L... ABURBECONDITA
LIB..I EXP. INC. LIB. XLII
F. L. CI...R

LIVRE XLII

LIVRE XLII

173 av. J.-C.

Répartition des provinces. Conduite brutale du Consul Postumius envers les Prénestins.

I. ⟨Les consuls⟩ L. Postumius Albinus et M. Popilius Laenas[1] commencèrent par faire un rapport au sénat sur les provinces et les armées ; un décret leur assigna les Ligures à l'un et à l'autre ; tous deux devaient lever de nouvelles légions pour tenir cette province — deux furent assignées à chacun d'entre eux — et recevoir, des alliés de droit latin, chacun dix mille fantassins et six cents cavaliers ; ils devaient aussi recruter pour l'Espagne trois mille fantassins romains et deux cents cavaliers en renfort. En outre, ils eurent l'ordre d'enrôler quinze cents fantassins romains et cent cavaliers avec lesquels le préteur qui aurait obtenu la Sardaigne devait passer en Corse et y faire la guerre ; pendant ce temps, l'ancien préteur M. Atilius[2] devait gouverner la province de Sardaigne. Les préteurs tirèrent ensuite au sort leur province : A. Atilius Serranus eut la juridiction urbaine, C. Cluvius Saxula, celle qui concernait les rapports entre citoyens et pérégrins, N.Fabius Buteo, l'Espagne citérieure, M. Matienus, l'ultérieure, M. Furius Crassipes, la Sicile, C. Cicereius[3], la Sardaigne. Avant le départ des magistrats ⟨pour leur province⟩, le sénat ordonna au consul L. Postumius d'aller en Campanie fixer les limites des domaines public et privé[4] : c'était un fait établi qu'en reculant peu à peu les bornes de leurs propriétés, les particuliers occupaient une immense étendue appartenant au premier. Le consul était irrité contre les

LIBER XLII

I. [1]L. Postumius Albinus M. Popilius Laenas ⟨consules⟩ cum omnium primum de prouinciis ⟨et⟩ exercitibus ad senatum rettulissent, [2]Ligures utrique decreti sunt, ut nouas ambo, quibus eam prouinciam obtinerent, legiones — binae singulis decretae — et socium Latini nominis dena milia peditum et sesce*nos* equites, et supplementum Hispaniae tria milia peditum Romanorum scriberent et ducentos equites. [3]Ad hoc mille et quingenti pedites Romani cum centum equitibus [CC] scribi iuss*i*, cum quibus praetor, cui Sardinia obtigisset, in Corsicam transgressus bellum gereret ; [4]interim M. Atilius, uetus praetor, prouinciam obtineret Sardiniam. [5]Praetores deinde prouincias sortiti sunt, A. Atilius Serranus urbanam, C. Cluuius Saxula inter ciues et peregrinos, *N.* Fabius Buteo Hispaniam citeriorem, M. Matienus ulteriorem, M. Furius Crassipes Siciliam, C. Cicereius Sardiniam. [6]Priusquam in ⟨prouincias⟩ magistratus proficiscerentur, senatui placuit, L. Postumium consulem ad agrum publicum a priuato terminandum in Campaniam ire, cuius ingentem modum possidere priuatos paulatim proferendo fines constabat. [7]Hic

I, **1** consules *add. Luchs* || et *add. Vahlen* || **2** sescenos *Drakenborch* : DC *V* || **3** CC *secl. Fr.* || iussi *Fr.* : iussa *V* || **5** N. *Sigonius* : Cn. *V* || **6** prouincias *add. Kreyssig.*

Prénestins parce que, du temps où il était simple particulier et où il était allé chez eux offrir un sacrifice au temple de la Fortune, ceux-ci ne lui avaient accordé aucun honneur, public ou privé ; aussi envoya-t-il, avant de partir de Rome, une lettre à Préneste : les magistrats devaient venir à sa rencontre, lui préparer aux frais de la collectivité un logement où il descendrait, et mettre à sa disposition des animaux de transport, lorsqu'il en partirait. Personne n'avait jamais, avant ce consul, imposé aux alliés de charge ou de dépense en quoi que ce soit[1]. Les magistrats étaient munis de mulets, de tentes et de tout l'équipement militaire nécessaire, précisément pour éviter d'avoir à les exiger des alliés. C'étaient des particuliers qui leur offraient l'hospitalité ; ils entretenaient ces relations avec bonté et amabilité et leurs maisons, à Rome, étaient ouvertes aux hôtes chez lesquels ils avaient l'habitude de descendre eux-mêmes. Si des ambassadeurs étaient soudainement envoyés quelque part, ils se faisaient fournir chacun une bête de somme par les villes qu'ils devaient traverser ; c'était là la seule dépense que faisaient les alliés pour des magistrats romains. La colère du consul, même si elle était justifiée, n'aurait pas dû se manifester au cours de sa magistrature et le silence gardé par les Prénestins, à la suite d'un excès de modestie ou de crainte, eut pour résultat, comme si ce précédent avait été approuvé, de conférer aux magistrats le droit de donner des ordres de ce genre, ordres de jour en jour plus pénibles à exécuter.

Retour de Grèce des ambassadeurs romains. Prodiges.

II. Au début de cette année, les ambassadeurs envoyés en Étolie et en Macédoine[2] revinrent en déclarant qu'on ne leur avait pas donné la possibilité de rencontrer le roi Persée : on avait prétendu tantôt qu'il était absent, tantôt qu'il était malade, allégations toutes deux mensongères[3]. Ils n'avaient pas eu de peine cependant à se

iratus Praenestinis, quod cum eo priuatus sacrificii in templo Fortunae faciundi causa profectus esset, nihil in se honorifice neque publice neque priuatim factum a Praenestinis esset, priusquam ab Roma proficisceretur, litteras Praeneste misit, ut sibi magistratus obuiam exire*nt*, locum publice parare*nt*, ubi deuerteretur, iumentaque, cum exiret inde, praesto esse*nt*. [8]Ante hunc consulem nemo umquam soci*is* in ulla re oneri aut sumptui fuit. [9]Ideo magistratus mulis tabernaculisque et omni alio instrumento militari ornabantur, ne quid tale imperarent sociis. [10]Priuata hospitia habebant ; ea benigne comiterque colebant, domusque eorum Romae hospitibus patebant, apud quos ipsis deuerti mos esset. [11]Legati, qui repente aliquo[d] mitterentur, singula iumenta per oppida, iter qua faciundum erat, imperabant ; aliam inpensam socii in magistratus Romanos non faciebant. [12]*Ira* consulis, etiamsi iusta, non tamen in magistratu exercenda, et silentium *nimis* aut modestum aut t*i*midum Praenestinorum ius[su], uelut probato exemplo, magistratibus fecit grauiorum in dies talis generis imperiorum.

II. [1]Principio huius anni legati, qui in Aetoliam et Macedoniam missi erant, renuntiarunt sibi conueniendi regis Persei, cum alii abesse eum, alii aegrum esse, falso utrumque, fingerent, potestatem non factam. [2]Facile tamen apparuisse sibi, [non] bel-

I, **7** exirent *Hertz* : exiret *V* || pararent *Hertz* : pararet *V* || essent *Fr.* : esset *V* || **8** sociis *Fr.* : soci *V* || **11** aliquo *Fr.* : aliquod *V* || **12** ira *Schel* : iniuria *V* || nimis *Fr.* : minis *V* || timidum *Fr.* : tumidum *V* || ius *Fr.* : iussu *V*.

II, **2** non *secl. Fr.*

rendre compte qu'on préparait la guerre et qu'un conflit armé ne tarderait pas à éclater. De même, en Étolie, la sédition gagnait de jour en jour du terrain et leur autorité n'avait pu mettre un terme aux discordes entre les principaux personnages du pays. Comme on s'attendait à une guerre contre la Macédoine, on décida, avant que celle-ci ne commençât, d'expier les prodiges et d'obtenir par des prières l'apaisement des dieux désignés par les livres du destin. A Lanuvium, on avait cru voir, disait-on, une grande flotte dans le ciel ; à Priverne, de la laine noire était sortie de terre ; dans le territoire de Véies, près de Remens[1], il avait plu des pierres ; tout le territoire pontin avait été recouvert de véritables nuages de sauterelles ; en Gaule, comme on passait la charrue, des poissons avaient surgi sous les mottes de terre qu'on retournait[2]. A la suite de ces prodiges, on consulta les livres du destin et les décemvirs firent savoir à quels dieux et avec quelles victimes on devait sacrifier ; en outre, une supplication devait être célébrée pour expier ces prodiges ; une autre, promise à la suite d'un vœu fait l'année précédente pour assurer la santé du peuple, devait avoir lieu ainsi que des féries. On procéda donc au sacrifice ⟨et aux supplications⟩, ainsi que les décemvirs avaient déclaré qu'il était écrit.

Le censeur Q. Fulvius Flaccus dépouille le temple de Junon Lacinia.

III. La même année le toit du temple de Junon Lacinia[3] fut enlevé. Le censeur Q. Fulvius Flaccus[4] construisait en l'honneur de la Fortune équestre[5] un temple qu'il avait voué en Espagne, lors de la guerre contre les Celtibères, du temps où il était préteur : il consacrait tous ses efforts à faire en sorte qu'il n'y eût pas à Rome de temple plus grand ou plus magnifique. Estimant que des tuiles de marbre ajouteraient à ce temple un très bel ornement, il partit chez les Bruttiens et fit enlever la moitié de la couverture du

lum parari, nec ultra ad arma ire dilaturum. Item in Aetolia seditionem gliscere in dies, neque discordiarum principes auctoritate sua coerceri potuisse. [3]Cum bellum Macedonicum in expectatione esset, priusquam id susciperetur, prodigia expiari pacemque deum peti precationibus, qu*i* editi ex fatalibus libris essent, placuit. [4]Lanuui classis magnae species in caelo uis*a* diceb*a*tur, et Priuerni lana pulla terr*a* ena*ta*, et in Veienti apud Rementem lapidatum; [5]Pomptinum omne uelut nubibus lucustarum coopertum esse; in Gallico agro, qua induceretur aratrum, sub existentibus glebis pisces emersisse. [6]Ob haec prodigia libri fatales inspecti, ed*i*tumqu*e* ab decemuiris est, et [ex] quibus diis quibusque hostiis sacrificaretur, et ut supplicati*o* prodigiis expiandis fieret. [7]Alteraque, ⟨quae⟩ priore anno ualetudinis populi causa uota esset, ea uti fier*et* *fer*iaeque essent. Ita sacrificatum ⟨supplicatum⟩que est, ut decemuiri scriptum edider*a*nt.

III. [1]Eodem anno aedis Iunonis Laciniae detecta. Q. Fuluius Flaccus censor aedem Fortunae equestris, quam in Hispania praetor bello Celtiberico uouerat, faciebat enixo studio, ne ullum Romae amplius aut magnificentius templum esset. [2]Magnum orn*a*tum e*i* templo *r*atus adiecturum, si tegulae marmoreae essent, profectus in Bruttios

II, **3** qui *I. F. Gronovius* : que *V* || **4** uisa dicebatur *I. F. Gronovius* : uisaedicebantur *V* || terra enata et in *Fr.* : terrenaetin *V* || **6** editumque *Fr.* : edictumquem *V* || ex *secl. Fr.* || supplicatio *Fr.* : supplicatioque *V* || **7** quae *add. Madvig* || fieret feriaeque *Hertz* : fieriaeque *V* || ita sacrificatum supplicatumque est *H. I. Mueller* : itasacrificatumqueest *V* itaque sacrificatum est *Giarratano* || ediderant *Madvig* : ediderunt *V*.

III, **2** ornatum *Madvig* : ornantum *V* ornamentum *Fr.* || ei *Kreyssig* : et *V* || ratus *Fr.* : iratus *V*.

temple de Junon Lacinia, jugeant que cela suffirait pour recouvrir son édifice. On avait préparé des navires pour assurer l'enlèvement et le transport : les alliés, effrayés par l'autorité d'un censeur, n'avaient pas empêché ce sacrilège. Quand le censeur revint, on débarqua les tuiles et on les transporta des navires au temple. On eut beau tenter d'en dissimuler l'origine, on ne put la cacher. Aussi la colère commença-t-elle à gronder à la curie ; de tous côtés, on demandait aux consuls de faire à ce sujet un rapport au sénat. Mais quand le censeur qu'on avait fait venir arriva dans la curie, tous, individuellement ou en commun, le couvrirent d'injures, beaucoup plus violentes encore parce qu'il était en face d'eux : « Il ne lui avait pas suffi de profaner le temple le plus auguste de cette région, un temple que ni Pyrrhus ni Hannibal[1] n'avaient profané ; il en avait — ô scandale ! — enlevé le toit au risque de le détruire ! La couverture du temple une fois enlevée, la charpente mise à nu et exposée à la pluie devait pourrir. Était-ce pour agir ainsi qu'avait été créé un censeur chargé de surveiller les mœurs[2] ? L'homme auquel, conformément à l'usage de nos ancêtres, avait été confiée la charge de vérifier le bon état des édifices destinés au culte public et de mettre leur entretien en adjudication[3], cet homme parcourait les villes des alliés, détruisant les temples et enlevant les toits des sanctuaires ! Et le traitement qui, s'il l'avait appliqué aux maisons des particuliers chez les alliés, aurait pu paraître indigne, il le faisait subir <aux temples des dieux> immortels en les démolissant ; et il impliquait le peuple romain dans une action sacrilège en construisant des temples avec les ruines des temples, comme si les dieux immortels n'étaient pas les mêmes partout et que les uns dussent être honorés et parés avec les dépouilles des autres ! » Comme, avant même que l'on fît le rapport, on voyait clairement apparaître l'opinion des sénateurs, tous, dès après le rapport, votèrent à l'unanimité et décidèrent <d'assurer par adjudication> le retour de ces

aedem Iunonis Laciniae ad partem dimidiam detegit, id satis fore ratus ad tegendum quod aedificaretur. [3]Naues paratae fuerunt, quae tollerent atque asportarent, auctoritate censoria sociis deterritis id sacrilegium prohibere. [4]Postquam censor redi*i*t, tegulae expositae de nauibus ad templum portabantur. Quamquam, unde essent, silebatur, non tamen celari potuit. [5]Fremitus [eius] igitur in curia ortus est ; ex omnibus partibus postulabatur, ut consules eam rem ad senatum referrent. Vt uero accersitus in curiam censor uenit, multo infestius singuli uniuersique praesentem lacerare : [6]templum augustissimum regionis eius, quod non Pyrrhus, non Hannibal uiolassent, uiolare parum habuisse, *ni*si detexisset foede ac prope diruisset. [7]Detrac*t*um culmen templo, nudatum tectum patere imbribus putrefaciendum. ⟨Ad⟩ id censorem moribus regend*is* creatum? Cui sarta tecta exigere sacris publicis et loca*re* tuenda more maiorum traditum esset, [8]eum per sociorum urbes diruentem templa nudantemque tecta aedium sacrarum uagari ! Et quod, si in priuatis sociorum aedificiis faceret, indignum uideri posset, id e*um* ⟨templa deum⟩ immortalium demolientem facere, [9]et obstringere religione populum Romanum ruinis templorum templa aedificantem, tamquam non iidem ubique di immortales sint, sed spoliis aliorum alii colendi exornandique ! [10]Cum, priusquam referretur, appareret, quid sentirent patres, *rela*tione facta in unam omnes sententiam ierunt, ut

III, 4 rediit *Fr.* : redit *V* || 5 eius *secl. Fr.* || 6 nisi *Fr.* : si *V* || 7 detractum *Fr.* : detrectatum *V* || ad *add. Hartel* || regendis *Fr.* : gerendi *V* || locare *Madvig* : loca *V* || 8 id eum *Heraeus* : idem *V* || templa deum *add. Heraeus* || 10 relatione *Fr.* : legatione *V*.

tuiles dans le temple et de célébrer des cérémonies expiatoires en l'honneur de Junon. Les mesures d'ordre religieux furent exécutées avec soin ; mais les adjudicataires firent savoir que les tuiles avaient été laissées dans la cour du temple, aucun artisan n'ayant pu trouver le moyen de les replacer.

Les préteurs en Espagne. Distributions de terres.

IV. Un des préteurs qui étaient partis pour leurs provinces, N. Fabius, meurt à Marseille, alors qu'il se rendait en Espagne citérieure. Aussi, quand des ambassadeurs marseillais eurent annoncé la nouvelle, le sénat ordonna-t-il par décret à P. Furius[1] et Cn. Servilius[2], dont la succession était ouverte[3], de tirer au sort entre eux pour savoir lequel des deux aurait en charge l'Espagne citérieure, avec prorogation dans son commandement. Le sort désigna fort à propos ⟨pour⟩ y demeurer P. Furius, le même homme qui avait gouverné la province.

La même année, une assez grande partie du territoire ligure et gaulois conquis par les armes se trouvant sans propriétaire, un sénatus-consulte ordonna un partage par tête d'individu. Un sénatus-consulte chargea le préteur urbain A. Atilius[4] de désigner les décemvirs chargés de ⟨l'opération⟩ : ce furent M. Aemilius Lepidus[5], C. Cassius[6], T. Aebutius Parrus[7], C. Tremellius[8], P. Cornelius Cethegus[9], Q. et L. Apuleius[10], M. Caecilius[11], C. Salonius[12], C. Munatius[13]. Ils distribuèrent dix « jugera » à chaque citoyen, et trois à chacun des alliés de droit latin.

Dans le même temps où ces événements se déroulaient, des ambassadeurs d'Étolie vinrent à Rome parler de leurs discordes et de leurs séditions, ainsi que des ambassadeurs thessaliens, pour dire ce qui se passait en Macédoine.

eae tegulae reportandae in templum ⟨locarentur⟩ piaculariaque Iunoni fierent. [11]Quae ad religionem pertine*ba*nt, cum cura facta; tegulas relictas in area templi, quia reponendarum nemo artifex inire rationem potuerit, redemptores nuntiarunt.

IV. [1]Ex praetoribus, qui in prouincias ierant, *N.* Fabius Massiliae moritur, cum in citeriorem Hispaniam iret. [2]Itaque cum id nuntiatum ⟨a⟩ Massiliensibus legatis esset, senatus decreuit, ut P. Furius et Cn. Seruilius, quibus succedebatur, inter se sortirentur, uter citeriorem Hispaniam prorogato imperio obtineret. [3]Sors opportuna fuit, ⟨ut⟩ P. Furius idem, cuius ea prouincia fuerat, remaneret.

Eodem anno, cum agri Ligustini et Gallici, quod bello captum erat, aliquantum uacaret, senatus consultum [sit] factum, ut is ager uiritim diuideretur. [4]Decemuiros in eam ⟨rem⟩ ex senatus consulto creauit A. Atilius praetor urbanus M. Aemilium Lepidum, C. Cassium, T. Aebutium Parrum, C. Tremellium, P. Cornelium Cethegum, Q. et L. Apuleios, M. Caecilium, C. Salonium, C. Munatium. Diuiserunt dena iugera in singulos, sociis nominis Latini terna.

[5]Per idem tempus, quo haec agebantur, legati ex Aetolia Romam uenerunt de discordiis seditionibusque* suis, et Thessali legati nuntiantes, quae in Macedonia gererentur.

III, **10** locarentur *add. Fr.* || **11** pertinebant *Mueller* : pertinent *V.*

IV, **1** N. *Sigonius* : Cñ. *V* || **2** a *add. Fr.* || **3** ut *add. Pighius* || sit *secl. Fr.* || **4** rem *add. Fr.* || **5** seditionibusque suis *Fr.* : seditionibussuisque *V.*

Situation en Grèce et en Macédoine. Ambassades diverses.

V. Persée, réfléchissant à la guerre qu'il envisageait déjà du vivant de son père, cherchait à se concilier non seulement toutes les nations, mais encore toutes les cités de Grèce, en leur envoyant des ambassades et en promettant plus qu'en ne donnant. Nombreux d'ailleurs étaient les gens bien disposés en sa faveur et leurs sympathies penchaient plutôt vers lui que vers Eumène, même si toutes les cités grecques et la plupart de leurs notables avaient, en raison des bienfaits et des cadeaux qu'ils avaient reçus d'Eumène, contracté des obligations à son égard et si celui-ci se conduisait dans son royaume d'une façon telle que les villes placées sous sa domination ne désiraient nullement échanger leur sort avec celui d'une cité libre quelconque. En revanche, on racontait de Persée qu'après la mort de son père, il avait tué sa femme de sa propre main[1] ; Apelle, l'homme qui l'avait autrefois aidé à supprimer traîtreusement son frère et que, pour cette raison, Philippe avait fait rechercher pour le conduire au supplice, s'était exilé[2] : Persée l'aurait rappelé[3], après la mort de son père, en lui promettant d'énormes récompenses proportionnées à l'importance de l'acte accompli, et l'avait fait périr en secret. En outre, il avait beau être déshonoré par une foule de crimes commis chez lui ou à l'étranger et n'être recommandé par aucun mérite, les cités le préféraient en général à un roi si pieusement affectueux envers ses proches, si juste envers ses sujets, si généreux envers tous ; était-ce parce qu'en vertu de la célébrité et de la majesté des rois de Macédoine, leurs habitants étaient prédisposés à mépriser l'origine d'un royaume récent[4], ou parce qu'ils désiraient un changement politique, ou parce qu'ils ne voulaient pas que ⟨tout⟩ fût à la merci des Romains ? Les Étoliens n'étaient pas seuls à être en proie aux séditions en raison de la gravité du problème des dettes : les Thessaliens l'étaient également ; s'étendant par contagion comme une épidémie, le mal avait envahi aussi la Perrhébie[5]. Apprenant que les

V. [1]Perseus bellum* iam uiuo patre cogitatum in animo uoluens omnis non gentis modo Graeciae, sed ciuitates etiam legationibus mittendis, pollicendo plura quam praestando, sibi conciliabat. [2]Erant a*u*tem magnae parti*s* hominum ad fauorem eius inclinati animi, et aliquanto quam in Eumenem propensiores, [3]cum Eumenis beneficiis muneribusque omnes Graeciae ciuitates et plerique principum obligati essent, et ita se in regno suo gereret, ut, quae sub dicione eius urbes ⟨essent⟩, nullius liberae ciuitatis fortunam secum mutatam uellent. [4]Contra Persea fama erat post patris mortem uxorem manu sua occidisse; Apelle*m*, ministrum quondam fraudis in fratre tollendo atque ob id [et] quaesitum a Philippo ad supplicium, exul*a*ntem accersitum post patris mortem ingentibus promissis ad praemia tantae perpetratae rei clam interfecisse. [5]Intestinis externisque praeterea multis caedibus infamem nec ullo commendabilem merito praeferebant uolgo ciuitates tam pio erga propinquos, tam iusto in ciuis, tam munifico erga omnis homines regi, [6]seu fama et maiestate Macedonum regum praeoccupati ad spernend*a*m originem noui regni, seu mutationis rerum cupidi, seu quia non ⟨omnia⟩ obiecta esse Romanis uolebant. [7]Erant autem non Aetoli modo in seditionibus propter ingentem uim aeris alieni, sed Thessali etiam; e*t* contagione, uelut tabes, in Perrhaebiam quoque id peruaserat ma-

V, **1** bellum iam *Madvig* : iambellum *V* || **2** autem *Madvig* : tamen *V* || partis *Kreyssig* : pariter *V* || **3** essent *add. Curio* || **4** Apellem ministrum *Fr.* : appellemmeministrum *V* || et *secl. Kreyssig* || exulantem *Fr.* : exultantem *V* || **6** spernendam *I. F. Gronovius* : spernendum *V* || omnia *add. Goldbacher* || **7** et *I. F. Gronovius* : ea *V*.

Thessaliens avaient pris les armes, le sénat envoya Appius Claudius[1] comme ambassadeur chargé d'examiner la situation et d'y mettre de l'ordre. Après avoir adressé des reproches aux chefs des deux partis, il allégea le poids des dettes, poids dû à un taux d'intérêt illégal (les créanciers qui l'avaient imposé l'avaient d'ailleurs, pour la plupart, eux-mêmes reconnu), et répartit en versements étalés sur dix ans le remboursement de ce qui était légalement dû. Le même Appius régla de la même façon les affaires en Perrhébie. Vers la même époque, ⟨M.⟩ Marcellus[2] instruisit à Delphes les causes plaidées par les Étoliens avec ⟨le même⟩ esprit d'animosité que celui montré par eux dans leur guerre intestine. Voyant que les deux partis avaient rivalisé de témérité et d'audace, il ne voulut les absoudre ou les condamner ni l'un ni l'autre, du moins par sa décision ; il leur demanda à tous deux à la fois de s'abstenir de se battre et de mettre fin à leurs discordes, en oubliant le passé. La garantie de cette réconciliation fut assurée par un échange d'otages. On convint qu'ils laisseraient les otages en dépôt à Corinthe.

VI. De Delphes et de l'assemblée des Étoliens, Marcellus passa dans le Péloponnèse, ⟨à Aigion⟩[3], où il avait convoqué[4] par édit l'assemblée des Achéens. Là, en louant cette nation d'avoir fermement maintenu en vigueur le vieux décret[5] interdisant son territoire aux rois de Macédoine[6], il rendit manifeste la haine éprouvée par les Romains à l'égard de Persée. Pour la faire éclater plus tôt, le roi Eumène arriva à Rome apportant avec lui un mémoire contenant les résultats de l'enquête approfondie qu'il avait menée concernant les préparatifs de guerre de Persée. A la même époque[7], on envoya au

lum. [8]Cum Thessalos in armis esse nuntiatum es*se*t, Ap. Claudium legatum ad eas res aspiciendas conponendasque senatus misit. [9]Qui utriusque partis principibus castigatis, cum iniusto faenore grauatum aes alienum, ipsis magna ex parte concedentibus qui onerarant, leuasset, iusti crediti solutionem in decem annorum pensiones distribuit. [10]Per eundem Appium eodemque modo conpositae in Perrhaebia res. Aetolorum causas ⟨M.⟩ Marcellus Delphis per idem tempus ⟨iisdem⟩ hostilibus actas animis, qu*o*s intestino gesserant bello, cognouit. [11]Cum certatum utrimque temeritate atque audacia cerneret, decreto quidem suo neutram partem aut leuare aut onerare uoluit; communiter ab utrisque peti*i*t, abstinerent bello et obliuione prae*teri*torum discordias finirent. [12]Huius reconciliationis inter ipsos fides obsidibus ultro citroque datis firmata est. Corinthus, [ut] ubi deponerentur obsides, conueni*t*.

VI. [1]A Delphis et Aetolico concilio Marcellus in Peloponnesum traiecit ⟨Aegium⟩, quo Achaeis edixerat conuentum. [2]Vbi conlaudata gente, quod constanter uetus decretum de arcendis aditu finium regibus Macedonum tenuissent, insigne aduersus Perse*a* od*i*um Romanorum fecit; [3]quod ut maturius erumperet, Eumenes rex commentarium ferens secum, quod de apparatibus belli omnia inquirens

V, **8** esset *I. F. Gronovius* : est *V* || **10** M. *add. Madvig* || iisdem *add. Madvig* || quos *Ruperti* : quas *V* || **11** petiit *Fr.* : petit *V* || praeteritorum *Fr.* : praetorum *V* || **12** ut *secl. Madvig* || conuenit *Kreyssig* : conuenitur *V*.

VI, **1** Aegium *add. H. I. Mueller, ante* traiecit *Madvig* || **2** Persea odium *Fr.* : persedonum *V*.

roi cinq ambassadeurs, chargés d'examiner la situation en Macédoine. Les mêmes hommes avaient reçu pour instruction de partir pour Alexandrie afin d'établir à nouveau des relations amicales avec Ptolémée[1]. Ces ambassadeurs étaient les suivants : C. Valerius[2], Cn. Lutatius Cerco, Q. Baebius Sulca, M. Cornelius Mammula, M. Caecilius Denter[3]. Vers la même époque aussi arrivèrent des ambassadeurs du roi Antiochus[4] ; leur chef, Apollonius, fut introduit au sénat et présenta beaucoup d'excuses plausibles pour justifier le retard avec lequel il versait le tribut : « Il avait apporté la somme entière avec lui, de façon que l'on n'eût pas à pardonner au roi autre chose que le retard. Il apportait en outre, en guise de cadeaux, des vases d'or d'un poids de cinq cents livres. Le roi demandait que fût renouvelé avec lui le traité d'alliance et d'amitié signé avec son père[5] ; que le peuple romain lui donnât les ordres qui devaient être donnés à un bon et fidèle roi et allié ; pour lui, il ne manquerait jamais à l'une de ses obligations. Le sénat ⟨lui⟩ avait rendu de tels services, quand il se trouvait à Rome, la jeunesse romaine lui avait manifesté de tels égards que tous les ordres l'avaient traité non en otage[6], mais en roi. » On répondit avec bienveillance aux ambassadeurs et le préteur urbain A. Atilius reçut l'ordre de renouveler avec Antiochus le traité d'alliance signé avec son père. Le tribut fut remis aux questeurs urbains, les vases d'or aux censeurs et ceux-ci furent chargés de les déposer dans les temples qu'ils jugeraient bon de choisir ; on fit parvenir à l'ambassadeur un cadeau de cent mille as, on lui donna une maison libre de toute charge pour le loger, et un décret lui alloua des frais d'entretien pendant son séjour en Italie. Les ambassadeurs envoyés en Syrie avaient dit à leur retour que ce personnage bénéficiait d'un très grand crédit auprès du roi et éprouvait la plus grande amitié pour le peuple romain.

fecerat, Romam uenit. [4]Per idem tempus quinque legati ad regem missi, qui res in Macedonia aspicerent. Alexandriam iidem ad Ptolemaeum renouandae amicitiae causa proficisci iussi. [5]Legati erant hi : C. Valerius, Cn. Lutatius Cerco, Q. Baebius Sulca, M. Cornelius Mammula, M. Caecilius Denter. [6]Et ⟨ab⟩ Antiocho rege sub idem tempus legati uenerunt ; quorum princeps Apollonius in senatum introductus multis iustisque causis regem excusauit, quod stipendium serius qu*am* ad diem praestaret ; [7]id se omne aduexisse, ne cuius nisi temporis gratia regi fieret. [8]Donum praeterea afferre, uasa aurea quingentum pondo. Petere regem, ut, quae cum patre suo societas atque amicitia fuisset, ea secum renouaretur, imperaretque sibi populus Romanus, quae bono fidelique socio regi essent imperanda ; se ⟨in⟩ nullo usquam cessaturum officio. [9]Ea merita in ⟨se⟩ senatus fuisse, cum Romae esset, eam comitatem iuuentutis, ut pro rege, non pro obside omnibus ordinibus fuerit. [10]Legatis benigne responsum, et societatem renouare cum Antiocho, quae cum patre eius fuerat, A. Atilius praetor urbanus iussus. [11]Quaestores urbani stipendium, uasa aurea censores acceperunt, eisque negotium datum est, ut ponerent ea, in quibus templis uideretur[que] ; legato centum milium aeris munus missum et aedes liberae hospitio datae sumptusque decretus, donec in Italia esset. [12]Legati, qui in Syria fuerant, renuntiauer*a*nt in maximo eum honore apud regem esse amicissimumque populo Romano.

VI, **6** ab *add. Fr.* || quam ad *Duker* : quoad *V* || **8** in *add. Wesenberg* || **9** se *add. Fr.* || **11** uideretur *Vahlen* : uidereturque *V* || **12** renuntiauerant *Crévier* : renuntiauerunt *V*.

Les événements de Corse et de Ligurie. Brutalité et insolence du consul Popilius.

VII. Voici ce qui se passa cette année dans les provinces : le préteur C. Cicereius[1], en Corse, livra une bataille rangée ; sept mille Corses furent tués, plus de mille sept cents pris. Le préteur avait, au cours de cette bataille, voué un temple à Junon Monéta[2]. On accorda ensuite la paix aux Corses, sur leur demande, et on exigea d'eux deux cent mille livres de cire[3]. Une fois la Corse soumise, Cicereius passa en Sardaigne. Chez les Ligures aussi, sur le territoire de Statellae[4], on livra bataille près de la ville de Carystus. Là s'était rassemblée une grande armée ligure. Au début, à l'arrivée du consul M. Popilius, ils se cantonnaient à l'intérieur des remparts. Puis, voyant que le Romain allait assaillir la place, ils sortirent et se rangèrent en bataille devant les portes. De son côté, le consul qui avait justement voulu en arriver là en les menaçant d'assaillir la ville, ne retarda pas l'engagement. Pendant plus de trois heures, on combattit sans que l'espoir de vaincre penchât d'un côté ou d'un autre. Voyant que les bataillons ligures ne cédaient nulle part, le consul ordonna aux cavaliers de monter à cheval et de fondre de trois côtés à la fois sur les ennemis, de façon à créer chez eux le plus grand désordre possible. Beaucoup de cavaliers enfoncèrent le centre de leur ligne et prirent à revers les combattants. Aussi l'épouvante saisit-elle les Ligures qui s'enfuirent de tous les côtés, très peu rentrant dans la ville, car c'était là surtout qu'ils se heurtaient au barrage formé par la cavalerie. Une bataille aussi acharnée avait coûté la vie à de nombreux Ligures et ils furent massacrés çà et là au cours de leur fuite. Dix mille hommes, dit-on, furent tués, plus de sept cents pris, quatre-vingt-deux enseignes militaires furent rapportées. La victoire ⟨ne⟩ laissa ⟨pas⟩ d'être sanglante : nous perdîmes plus de trois mille hommes, les premiers rangs[5] de chaque adversaire étant tombés alors que, des deux côtés, personne ne reculait.

VII. [1]In prouinciis eo anno haec ⟨acta⟩. C. Cicereius praetor in Corsica signis conlatis pugnauit; septem milia Corsorum caesa, capti amplius mille et septingenti. Vouerat in ea pugna praetor aedem Iunon*i* Monetae. [2]Pax deinde data petentibus Corsis, et exacta cerae ducen*t*a milia pondo. Ex Corsica subacta Cicereius in Sardiniam transmisit. [3]Et in Liguribus in agro Statellati pugnatum ad oppidum Carystum. Eo se magnus exercitus Ligurum contulerat. [4]Primo sub aduentum M. Popili consulis moenibus sese continebant; deinde, postquam oppidum oppugnaturum Romanum cernebant, progressi ante portas aciem struxerunt. [5]Nec consul, ut qui id ipsum oppugnatione comminanda quaesisset, moram certamini fecit. Pugnatum amplius tris horas est ita, ut neutro inclinaret spes. [6]Quod ubi consul uidit nulla parte moueri Ligurum signa, imperat equitibus, ut equos conscendant ac tribus simul partibus in hostis, quanto maximo possent tumultu, incurrant. [7]Pars magna equitum mediam traiecit aciem et ad terga pugnantium peruasit. [8]Inde terror iniectus Liguribus; diuersi in omnes partes fugerunt, perpauci retro in oppidum, quia inde se maxime obiecerat eques. Et pugna tam peruicax multos absumpserat Ligurum, et in fuga passim caesi sunt. [9]Decem milia hominum caesa traduntur, amplius septingenti [passim] capti, signa militaria relata octoginta duo. [10]⟨Nec⟩ incruenta uictoria fuit : amplius tria milia militum amissa, cum cedentibus neutris ex parte utraque primores caderent.

VII, **1** acta *add. Kreyssig* || Iunoni *Sigonius* : iunonis *V* || **2** ducenta *Crévier* : ducena *V* || **9** passim *secl. Madvig* || **10** nec *add. Fr.*

VIII. Après cette bataille, les Ligures qui s'étaient enfuis dans toutes les directions se regroupèrent : voyant que, parmi leurs concitoyens, ceux qui étaient tombés étaient beaucoup plus nombreux que ceux qui survivaient — ils n'étaient pas plus de dix mille[1], en effet — ils se rendirent, sans conclure, il est vrai, de convention : ils avaient espéré pourtant que le consul ⟨ne⟩ les traiterait ⟨pas⟩ plus durement que les précédents généraux. Mais celui-là leur enleva à tous leurs armes, détruisit leur ville, les fit vendre, eux et leurs biens, et envoya au sénat une lettre dans laquelle il racontait ce qu'il avait fait. Quand le préteur A. Atilius[2] eut lu cette lettre dans la curie — l'autre consul, Postumius, était en effet absent, occupé à inspecter le domaine public en Campanie — le sénat jugea ces faits scandaleux : les Statellates, les seuls parmi les Ligures à ne pas avoir porté les armes contre les Romains, avaient été alors eux aussi attaqués sans avoir ouvert les hostilités, et, après s'en être remis à la bonne foi du peuple romain, ils avaient été mis en pièces et anéantis, fournissant ainsi tous les exemples imaginables de la plus extrême cruauté ; le sort survenu à tant de milliers d'innocents implorant la bonne foi du peuple romain avait constitué le plus détestable précédent, au point que personne n'oserait plus jamais faire sa soumission : dispersés de tous côtés, ils se trouvaient, eux qui avaient fait la paix avec Rome, les esclaves de ceux qui étaient autrefois les ennemis déclarés du peuple romain. Aussi le sénat décida-t-il que le consul M. Popilius, restituant leur argent aux acheteurs, remît les Ligures en liberté et veillât à leur rendre leurs biens, dans la mesure où l'on pourrait les récupérer ; il devait ⟨aussi leur restituer toutes⟩ leurs armes ⟨et cela⟩ le plus tôt possible. Le consul ne devait pas non plus quitter sa province avant d'avoir réinstallé chez eux les Ligures qui avaient fait leur soumission. On tirait gloire d'une victoire en la remportant sur des combattants et non en sévissant contre des gens abattus[3].

VIII. [1]Post hanc pugnam ex diuersa fuga in unum collecti Ligures, cum maiorem multo partem ciuium amissam quam superesse cernerent — nec enim plus decem milia hominum erant — dediderunt sese, nihil quidem illi pacti; [2]sperauerant tamen, ⟨non⟩ atrocius quam superiores imperatores consulem in se saeuiturum. [3]At ille arma omnibus ademit, oppidum *di*ruit, ipsos bonaque eorum uendidit; litterasque senatui de rebus ab se gestis misit. [4]Quas cum A. Atilius praetor in curia recitasset — nam consul alter Postumius agris recognoscendis in Campania occupatus aberat —, [5]atrox res uisa senatui, S*t*atell*a*tes, qui uni ex Ligurum gente non tulissent arma aduersus Romanos, tum quoque oppugnatos, non ultro inferentis bellum, deditos in fidem populi Romani omni ultimae crudelitatis exemplo laceratos ac deletos esse, [6]tot milia capitum innoxiorum, fidem inplorantia populi Romani, ne quis umquam se postea dedere auderet, pessumo exemplo uenisse, et distractos passim iustis quondam hostibus populi Romani pacatos seruire. [7]Quas ob res placere senatui, M. Popilium consulem Ligures, pretio emptoribus reddito, ipsos restituere in libertatem, bonaque ut i*i*s, quod eius reciperari possit, reddantur curare; [8]arma ⟨quoque reddi, eaque omnia primo⟩ quoque tempore fieri; nec ante consulem de prouincia decedere, quam deditos in sedem suam Ligures restituisset. Claram uictoriam uincendo *p*ugnantis, non saeuiendo in adflictos fieri.

VIII, 2 non *add. Fr.* ‖ 3 diruit *Fr.* : ruit *V* ‖ 5 Statellates *Fr.* : satellites *V* ‖ 7 ut iis quod *Weissenborn* : utisquiquod *V* ‖ 8 quoque reddi eaque omnia primo *add. Madvig et Heraeus* (*qui* omnia *adiecit*) ‖ pugnantis *Clericus* (*sed* pugnantes) : oppugnantis *V.*

IX. Le consul montra, en refusant d'obéir au sénat, le même emportement que celui dont il avait fait preuve à l'égard des Ligures. Il renvoya aussitôt ses légions dans leurs quartiers d'hiver à Pise et rentra à Rome irrité contre les sénateurs et furieux contre le préteur ; convoquant aussitôt le sénat dans le temple de Bellone, il prononça un long et violent discours contre le préteur : alors que celui-ci aurait dû, compte tenu des succès militaires qu'il avait remportés, faire un rapport au sénat pour qu'on rendît hommage aux dieux immortels, il avait fait rendre contre lui et en faveur des ennemis un sénatus-consulte qui transférait sa victoire aux Ligures et en vertu duquel un préteur ordonnait en quelque sorte de livrer un consul entre leurs mains ; c'est pourquoi il lui imposait une amende. Aux sénateurs, il demandait « d'ordonner l'annulation du sénatus-consulte promulgué contre lui, de décréter en outre que, la supplication qu'ils auraient dû voter en son absence, au reçu de la lettre les informant de ses succès, ils voulussent bien la voter en sa présence, d'abord en l'honneur des dieux, et ensuite pour manifester tout au moins quelque considération à son égard ». Un certain nombre de sénateurs ne l'ayant pas, dans leurs discours, ménagé davantage qu'en son absence, il rentra dans sa province n'ayant obtenu satisfaction sur aucun de ces deux points.

Élections pour 172.

L'autre consul, Postumius, après avoir consacré l'été à l'inspection du domaine public, rentra à Rome, sans même avoir vu sa province[1], pour présider les comices. Il proclama consul C. Popilius Laenas[2] et P. Aelius Ligus[3]. Furent ensuite élus préteurs[4] C. Licinius Crassus[5], M. Iunius Pennus[6], Sp. Lucretius[7], Sp. Cluvius[8], Cn. Sicinius[9] et C. ⟨Memmius⟩[10] pour la seconde fois.

Clôture du lustre. Les sauterelles. Querelle entre le Sénat et le consul Popilius.

X. On procéda cette année-là à la clôture du lustre[11] : les censeurs étaient Q. Fulvius ⟨Flaccus et A. Postumius⟩ Albinus[12] ; ce fut Postumius qui procéda à la clôture. On recensa 269.015 citoyens

IX. [1]Consul, qua ferocia animi usus erat in Liguribus, eandem ad non parendum senatui habuit. [2]Legionibus extemplo Pisas in hibernacula missis iratus patribus, infe*s*tus praetori Romam redit; senatuque extemplo ad aedem Bellonae uocato, multis uerbis inuectus in praetorem, [3]qui, cum ob rem bello bene gestam uti diis immortalibus honos haberetur referre ad senatum debuisset, aduersus se pro hostibus senatus consultum fecisset, quo uictoriam suam ad Ligures transferret dedique iis prope consulem praetor iuberet : [4]itaque multam ei se dicere. A patribus postulare, ut senatus consultum in se factum tolli iuberent, supplicationemque, [5]quam absente s*e* ex litteris de bene gesta re publica missis decernere debuerint, praesente s*e* honori*s* deorum primum causa, deinde et sui aliquo tamen respectu decernerent. [6]Nihilo lenioribus quam absens senatorum aliquot orationibus increpitus neutra impetrata re in prouinciam redit.

[7]Alter consul Postumius consumpta aestate in *re*cognoscendis agris, ne uisa quidem prouincia sua, comitiorum causa Romam rediit. [8]Consules C. Popilium Laenatem, P. Ae[mi]lium Ligurem creauit. Praetores exinde facti C. Licinius Crassus, M. Iunius Pennus, Sp. Lucretius, *S*p. Cluuius, Cn. Sicinius, C. ⟨Memmius⟩ iterum.

X. [1]Eo anno lustrum conditum est : censores erant Q. Ful*ui*us ⟨Flaccus, A. Postumius⟩ Albinus;

IX, **2** infestus *Fr.* : infectus *V* || **5** se ex *Pithœus* : sex *V* || praesente se honoris *Madvig* : praesenteshonores *V* || **7** recognoscendis *Fr.* : cognoscendis *V* || **8** Aelium *Fr.* : aemilium *V* || Sp. (*ante* Cluuius) *Fr.* : P. *V* || C. Memmius iterum *Fr.* : sicterum *V*.

X, **1** Fulvius Flaccus, A. Postumius Albinus *Sigonius* : fulusalbinuspostumius *V* Fulvius Flaccus, L. Postumius Albinus *Fr.*

romains[1], chiffre assez faible[2], parce que le consul L. Postumius avait proclamé par édit devant l'assemblée qu'aucun des alliés de droit latin, obligés par l'édit du consul C. Claudius[3] de rentrer dans leurs cités, ne devait être recensé à Rome, mais chacun dans sa cité respective. La concorde régna entre les censeurs et leur action fut conforme à l'intérêt de l'État. Tous ceux qu'ils exclurent du sénat et ceux auxquels ils enlevèrent leur cheval furent, par eux, mis au rang des *aerarii* et changés de tribu[4]; aucun des citoyens flétris par l'un des censeurs ne trouva un appui chez l'autre. Fulvius procéda à la consécration du temple de la Fortune équestre qu'il avait voué lorsqu'il combattait en Espagne comme proconsul contre les légions des Celtibères[5]; cette consécration eut lieu six ans[6] après son vœu ; il fit célébrer des jeux scéniques pendant quatre jours, des jeux du cirque pendant une journée.

L. Cornelius Lentulus[7], décemvir aux sacrifices, mourut cette année-là. Il fut remplacé par A. Postumius Albinus[8]. Venues de la mer, de si grandes nuées de sauterelles s'abattirent tout à coup sur l'Apulie que leurs essaims recouvrirent les champs sur une grande étendue. Pour mettre fin à ce fléau fatal aux récoltes, Cn. Sicinius, préteur désigné, fut investi de l'*imperium* et envoyé en Apulie ; bien qu'il eût réuni une foule considérable de gens pour ramasser les sauterelles, ce travail lui demanda beaucoup de temps.

Le début de l'année suivante, qui vit le consulat de C. Popilius et P. Aelius, fut occupé par les séquelles des conflits de l'année précédente. Les sénateurs voulaient que l'on mît la question des Ligures à l'ordre du jour et qu'on renouvelât le sénatus- consulte, et le consul Aelius était disposé à mettre cette question à l'ordre du jour. Popilius suppliait son collègue et le sénat en faveur de son frère, proclamant bien haut que s'ils prenaient quelque

Postumius condidit. [2]Censa sunt ciuium Romanorum capita ducenta sexaginta nouem milia et quindecim, [3]minor aliquanto numerus, quia L. Postumius consul pro contione edixerat, qui socium Latini nominis ex edicto C. Claudi consulis redire in ciuitates suas debuissent, ne quis eorum Romae, et omnes in suis ciuitatibus censerentur. [4]Concors et e re publica censura fuit. Omnis, quos senatu mouerunt quibusque *e*quos *a*demerunt, aerarios fecerunt et tribu mouerunt ; neque ab altero notatum alter probauit. [5]Fuluius aedem Fortunae equestris, quam proconsul in Hispania dimicans cum Celtiberorum legionibus uouerat, ann*i*s sex post, quam uouerat, dedicauit, et scaenicos ludos per quadriduum, unum diem in circo fecit.

[6]L. Cornelius Lentulus, decemuir sacrorum, eo anno mortuus est. In locum eius suffectus A. Postumius Albinus. [7]Lucustarum tantae nubes a ma*ri* repente in Apuliam inlatae sunt, ut examinibus suis agros late operiren*t*. [8]Ad quam pestem frugum tollendam Cn. Sicinius, praetor designatus, cum imperio ⟨in⟩ Apuliam missus, ingenti agmine hominum ad colligendas eas coacto aliquantum temporis absumpsit.

[9]Principium insequentis anni, quo C. Popilius et P. Aelius fuerunt consules, residuas contentiones ex priore anno habuit. [10]Patres referri de Liguribus renouarique senatus consultum uolebant, et consul Aelius referebat. Popilius et collegam et senatum pro fratre deprecabatur, prae se ferens, si quid

X, 4 equos ademerunt *Fr.* : quosdemerunt *V* || 5 annis *Lentz* : annos *V* || 7 a mari *Vahlen* : amant *V* || operirent *Fr.* : operirentur *V* || 8 in *add. Fr.*

décret, il opposerait son veto. Il fit changer son collègue de sentiment ; mais les sénateurs persistaient d'autant plus dans leur entreprise qu'ils étaient irrités aussi bien contre l'un que contre l'autre consul. Aussi, lorsqu'il fut question de l'attribution des provinces — comme les consuls, la guerre contre Persée étant désormais imminente, désiraient obtenir la Macédoine — ils leur attribuent à tous deux par décret les Ligures, refusant de leur attribuer la Macédoine, ⟨s'il⟩ ne leur était ⟨pas⟩ fait un rapport sur M. Popilius. Les consuls demandant ensuite qu'il leur fût permis d'enrôler de nouvelles armées ou des renforts pour les anciennes, se heurtèrent à un double refus[1]. Un même refus fut opposé aux préteurs demandant des renforts pour l'Espagne, M. Iunius pour l'Espagne citérieure, Sp. Lucretius pour l'ultérieure. C. Licinius Crassus avait obtenu du sort la juridiction urbaine, Cn. Sicinius, les pérégrins, C. Memmius, la Sicile, Sp. Cluvius, la Sardaigne. Les consuls que ces mesures avaient irrités contre le sénat fixèrent les féries latines pour le terme le plus proche ; ils annoncèrent qu'ils allaient partir pour leur province et qu'ils n'accompliraient aucun acte relevant de la vie publique, à l'exception de ce qui concernait l'administration de leurs provinces.

Discours du roi Eumène au sénat.

XI. Ce fut sous leur consulat, que, selon Valerius Antias, Attale[2], frère du roi Eumène, vint à Rome comme ambassadeur pour y dénoncer les crimes commis par Persée et informer les Romains des préparatifs de guerre de ce dernier. La majorité des annalistes, et ceux qui sont les plus dignes de foi, rapportent au contraire qu'Eumène était venu en personne. Eumène, donc, reçu à son arrivée à Rome avec les honneurs que l'on jugeait dus, non seulement à ses mérites, mais encore aux bienfaits considérables[3] dont il avait été comblé, fut introduit par le préteur au sénat. S'il était

decernerent, intercessurum. [11]Collegam deterruit; patres eo magis, utrique pariter consuli infensi, in incepto perstabant. Itaque cum de prouinciis ageretur et Macedonia iam inminente Persei bello peteretur, Ligures ambobus consulibus decernunt[ur]; [12]Macedoniam decreturos negant, ⟨ni⟩ de M. Popilio referretur. Postulantibus deinde, ut nouos exercitus scribere aut supplementum ueteribus liceret, utrumque negatum est. [13]Praetoribus quoque in Hispaniam supplementum petentibus negatum, M. Iunio ⟨in⟩ citeriorem, Sp. Lucretio in ulteriorem. [14]C. Licinius Crassus urbanam iurisdictionem, Cn. Sicinius inter peregrinos erat sortitus, C. Memmius Siciliam, Sp. Cluuius Sardiniam. [15]Consules ob ea irati senatui, Latinis feriis in primam quamque diem indictis, in prouinciam abituros esse denuntiarunt, nec quicquam rei publicae acturos, praeterquam quod ad prouinciarum administrationem adtineret.

XI. [1]Attalum, regis Eumenis fratrem, legatum u*en*isse Romam Valerius Antias his consulibus scribit ad deferenda de Pers*eo* crimina indicandosque apparatus belli. Plurium annales, et quibus credidisse malis, ipsum Eumenem uenisse tradunt. [2]Eumenes igitur, ut Romam uenit, exceptus cum tanto honore, quantum non meritis tantum eius, *sed* beneficiis etiam suis, ingentia quae in eum congesta erant, existim*ab*ant deberi, *a* praetore

X, **11** decernunt *Bekker* : decernuntur *V* || **12** ni *add. Fr.* || **13** in *add. Fr.*

XI, **1** venisse *Fr.* : uidisse *V* || Perseo *Fr.* : persona *V* || **2** sed *Fr.* : et *V* || existimabant *Madvig* : existimant *V* || a praetore *Madvig* : p̃r. *V*.

venu à Rome, dit-il, ce n'était pas seulement en raison de son désir de voir les dieux et les hommes[1] qui lui valaient une prospérité dépassant ses souhaits, même les plus audacieux ; c'était aussi afin d'avertir de vive voix le sénat de s'opposer aux entreprises de Persée. Rappelant ensuite, au début de son discours, les projets de Philippe, il fit état du meurtre de son fils Démétrius, qui s'opposait à la guerre contre Rome ; il avait poussé le peuple des Bastarnes[2] à sortir de chez lui pour pouvoir, avec son aide, passer en Italie[3]. Surpris par la mort au moment où il nourrissait ces projets, il avait laissé son royaume à l'homme en qui il avait reconnu le plus de haine à l'égard des Romains. Aussi Persée n'avait-il d'autre idée en tête que la façon d'alimenter et d'entretenir par tous les moyens la guerre désormais imminente que son père lui avait laissée en héritage[4] et transmise en même temps que le pouvoir. Il devait en outre sa puissance à la jeunesse mobilisable, génération issue d'une longue paix ; il la devait aux ressources de son royaume, il la devait aussi à son âge. En pleine vigueur et en pleine forme physique, il était, sur le plan intellectuel, entraîné depuis longtemps à la théorie et à la pratique de la guerre. Dès son enfance, sous la tente de son père, il avait été habitué à faire la guerre contre Rome et pas seulement contre ses voisins ; son père l'avait envoyé prendre part à des expéditions nombreuses et variées. A peine était-il monté sur le trône qu'il avait réussi à s'assurer, à la suite d'une étonnante série de succès, un grand nombre d'avantages que Philippe, en dépit de tous ses efforts, n'avait pu obtenir ni par la violence ni par la ruse. A cette puissance s'était ajoutée une qualité que l'on n'acquiert qu'au bout d'un long espace de temps et grâce à un grand nombre de mérites importants : le prestige[5].

XII. En Grèce et en Asie, il n'est en effet pas de cité qui ne révère la majesté de son nom. Quels sont les mérites, quelle est la générosité qui lui vaut tant d'estime, on ne peut ni le voir ni le dire avec certitude : le doit-il

in senatum est introductus. [3]Causam u*eni*endi sibi Romam fuisse dixit praeter cupiditatem uidendi deos hominesque, quorum beneficio in ea fortuna esset, supra quam ne optare quidem auderet, etiam ut coram moneret senatum, ut Persei conatis obuiam iret. [4]Orsus inde a Philippi consiliis necem Demetri filii rettulit, aduersantis Romano bello; Bastarnarum gentem excitam sedibus suis, quorum auxiliis fretus in Italiam transiret. [5]Haec *se*cum uolutantem in animo, oppressum fato, regnum ei reliquisse, quem infestissimum esse sensisset Romanis. Itaque Persea hereditarium ⟨a⟩ patre relictum bellum et simul cum imperio traditum iamiam pr*ox*imum alere ac fouere omnibus consiliis. [6]Florere praeterea iuuentute, quam stirpem longa pax ediderit, florere opibus regni, florere etiam aetate. Quae cum corporis robore ac uiribus uigeat, animum esse inueteratum diutina arte atque usu belli. [7]Iam inde a puero patris contubernio Romanis quoque bellis, non *f*initumis tantum adsuetum, missum a patre in expeditiones multas uariasque. [8]Iam ex quo ipse accepisset regnum, multa, quae non ui, non dolo Philippus omnia expertus potuisset moliri, admirando rerum successu tenuisse. [9]Accessisse ad uires eam, quae longo tempore multis magnisque meritis pareretur, auctoritatem.

XII. [1]N*am* apud Graeciae atque Asiae ciu*itat*es uereri maiestatem eius omnes. Nec pro quibus meritis, pro qua munificentia tantum ei tribuatur,

XI, 3 ueniendi *Gitlbauer* : uiuendi *V* || 5 secum uolutantem *Wölfflin* : cumuoluntatem *V* || a *add. Fr.* || proximum *Vahlen* : primum *V* || 7 finitumis *Fr.* : infinitumis *V*.

XII, 1 nam *Fr.* : non *V* || ciuitates *Fr. 2* : ciues *V*.

à quelque heureuse fortune qui lui est personnelle, ou bien est-ce — il hésiterait lui-même à le dire — sa haine contre les Romains qui lui concilie la faveur de tous? Auprès des rois eux-mêmes, son prestige est également immense : il avait épousé la fille de Séleucus [1], et ce n'était pas elle qui avait été demandée en mariage, mais lui ; sa sœur [2], il l'avait donnée à Prusias, sur la prière, et même à la supplication de celui-ci ; lors de la célébration des deux mariages, avaient afflué les félicitations et les dons d'innombrables ambassades, et le cortège s'était déroulé sous les auspices, pour ainsi dire, des peuples les plus illustres. Le peuple béotien [3] n'avait jamais pu, en dépit des tentatives de Philippe, être amené à signer avec lui un traité d'amitié ; or maintenant, en trois endroits, était gravé dans la pierre le traité avec Persée [4] : à Thèbes, d'abord, à Delium [5], ensuite, dans le plus auguste et le plus célèbre de tous les temples, à Delphes enfin. Quant à l'assemblée achéenne, seul un petit nombre de gens qui brandissaient la menace de la puissance de Rome avaient fait écarter la décision [6] : mais on en était presque arrivé au moment où on allait lui permettre d'entrer en Achaïe. Mais, par Hercule, les honneurs qu'on lui devait à lui, Eumène, lui dont il était difficile de dire quels étaient les plus grands de ses bienfaits envers cette nation, les bienfaits privés ou les bienfaits publics [7], de ces honneurs la pratique avait été en partie abandonnée par désuétude et par négligence, en partie supprimée par hostilité à son endroit [8]. Qui ignorait désormais que les Étoliens, dans leurs séditions, avaient demandé l'aide non des Romains, mais de Persée? Assuré de l'appui que lui apportaient ces alliances et ces amitiés, il disposait chez lui d'un tel équipement pour la guerre qu'il n'avait pas besoin de l'aide d'autrui. Il avait constitué des stocks de blé tels qu'ils pouvaient nourrir pendant dix ans trente mille fantassins et cinq mille cavaliers : il pourrait ainsi se dispenser de récolter le blé, aussi bien sur son propre territoire que sur celui de l'ennemi. Il disposait désormais d'une telle quantité d'argent que, pour un nombre égal

[2]cernere nec dicere pro cert*o* *pos*se, utrum felicitate id quadam eius accidat, an, quod ipse uereatur dicere, inuidia aduersus Romanos fauorem illi conciliet. [3]Inter ipsos quoque reges ingentem auctoritate ⟨esse⟩, Seleuci filiam duxisse eum, non petentem, sed petitum ultro; sororem dedisse Prusiae precanti atque *o*ranti; [4]celebratas esse utrasque nuptias gratulatione donis*que* innumerabilium legationum et uelut auspicibus nobilissumis populis deductas esse. [5]Boeotorum gentem, captatam Philippo, numquam ad scribendum amicitiae foedus adduci potuisse; [6]tribus nunc locis cum Perseo foedus incisum litteris esse, uno Thebis, alter*o* ad De*li*um, augustissumo et celeberrumo in templo, tertio Delphis. In Achaico concilio uero, nisi discussa res per paucos Romanum imperium intentantis esset, eo r*e*m prope adductam, ut aditus ei in Achaiam daretur. [7]At hercule suos honores, cuius merita in eam gentem priuatim an publice sint maiora uix dici poss*i*t, partim desertos per incultum ac neglegentiam, partim hostiliter sublatos esse. Iam Aetolos quem ignorare in seditionibus suis non ab Romanis, sed a Perseo praesidium petisse? [8]His eum fultum societatibus atque amicitiis eos domesticos apparatus belli habere, [non] ut exter*n*is non egeat. Triginta mili*bus* peditum, quinque mili*bus* equitum in decem annos frumentum praepara*ss*e, ut abstinere et suo et

XII, **2** certo posse *Fr.* : certumesse *V* || **3** esse *add. Hertz* || oranti *Kreyssig* : adoranti *V* || **4** donisque *Fr.* : donis *V* || **6** altero ad Delium *Madvig* : alteradsidenum *V* altero ad Delum *Sigonius* || eo rem *Fr.* : aeorũ *V* || **7** possit *Madvig* : posset *V* || **8** ut externis *Fr.* : nonutexpertis *V* || milibus *Vahlen* (*bis*) : milia *V* (*bis*) || praeparasse *Hertz* : praeparare *V.*

d'années, il avait, toute prête, la solde nécessaire pour payer dix mille mercenaires, outre les troupes macédoniennes, sans parler du revenu annuel qu'il retirait des mines royales[1]. Des armes? il avait entassé dans ses arsenaux de quoi équiper au besoin trois armées aussi fortes que la sienne. Quant aux jeunes gens mobilisables, à supposer que la Macédoine se révélât un jour insuffisante, il trouvait dans la Thrace qu'il avait soumise[2] un réservoir d'hommes quasiment inépuisable[3]. »

XIII. Le reste du discours consista en une exhortation[4] : « Je ne vous rapporte pas là, pères conscrits, dit-il, des bruits qui courent, incertains, et auxquels j'ajouterais trop avidement foi, en désirant que soient fondées des accusations portées contre un ennemi ; ce sont des nouvelles sûres et vérifiées, tout comme si je vous rapportais ce que j'aurais vu de mes yeux, au cours d'une mission d'espionnage que vous m'auriez confiée ; et je n'aurais pas, en abandonnant mon royaume, dont la grandeur et la richesse vous sont dues, traversé une si vaste mer pour détruire, en vous apportant de fausses nouvelles, la confiance que vous avez placée en moi. Je m'apercevais que les plus fameuses cités d'Asie et de Grèce dévoilaient de jour en jour davantage leurs dispositions et que bientôt, si cela leur était permis, elles devaient s'avancer si loin qu'elles n'auraient plus aucune possibilité de se repentir ; je m'apercevais que Persée, loin de se limiter au royaume de Macédoine, tantôt occupait d'autres territoires par les armes, tantôt étendait, par le jeu de ses faveurs ou de sa bienveillance[5], son emprise sur d'autres qu'il ne pouvait soumettre par la force ; je voyais à quel point le sort était injuste : alors que Persée ⟨préparait⟩ la guerre contre vous, vous, vous lui gardiez une paix qui lui permet de n'avoir aucun souci de votre côté ; et pourtant à moi, du moins, il donnait l'impression non pas de préparer la guerre, mais presque de la faire. Abrupolis, votre allié et votre

hostium agro frumentandi causa possit. [9]Iam pecuniam tantam habere, ut decem mili*bus* mercennariorum militum praeter Macedonum copias stipendium in totidem annos praeparatum habeat, praeter annuum, quod ex metallis regiis capiat, uectigal. [10]Arma uel tribus tant*is* exercitibus in armamentaria congessisse. Iuuentutem, ut iam Macedonia deficiat, uelut ex perenni fonte unde hauriat, Thre*c*iam subiectam esse.

XIII. [1]Reliquom orationis adhortatio fuit. « Non ego haec » inquit « incertis iactata rumoribus et cupidius credita, quia uera esse de inimico crimina uolebam, adfero ad uos, patres conscripti, sed conperta et explorata, haud secu*s* quam si speculator missus a uobis subiecta oculis referrem ; [2]neque relicto regno meo, quod amplum et egregium uos fecistis, mare tantum traiecissem, ut uana ad uos adferendo fidem abrogarem mihi ; [3]cernebam nobilissimas Asiae et Graeciae ciuitates in dies magis denudantis iudicia sua, mox, si permitteretur, eo processuras, unde receptum ad paenitendum non habere*nt* ; [4]cernebam Persea non continentem se Macedoniae regno, alia armis occupantem, alia, quae ui subigi non poss*e*nt, fauore ac beniuolentia conplectentem ; [5]uidebam, quam inpar esset sors, cum ille uobis bellum ⟨pararet⟩, uos ei securam pacem praestaretis, quamquam mihi quidem non parare, sed gerere paene bellum uidebatur. [6]Abrupolim, socium atque amicum uestrum, regno ex-

XII, **9** milibus *I. F. Gronovius* : milia *V* || **10** tantis *Sigonius* : tantum *V* || Threciam *uet. edd.* : theriam *V* Thraciam *Fr.*

XIII, **1** secus *Fr.* : secum *V* || **3** haberent *Fr.* : haberem *V* || **4** possent *Ruperti* : possunt *V* || **5** pararet *add. I. F. Gronovius.*

ami[1], il l'a chassé de son royaume ; Arthétaurus d'Illyrie[2], votre allié aussi et votre ami, parce qu'il découvrit certains documents que celui-ci avait rédigés à votre intention, il le fit périr ; Eversa et Callicritus[3], deux des principaux citoyens de Thèbes, parce qu'ils avaient parlé trop librement contre lui dans l'assemblée des Béotiens et qu'ils avaient proclamé qu'ils vous rapporteraient ce qui se passait, il les fit disparaître ; il a secouru les Byzantins, contrairement au traité[4] ; il a porté la guerre chez les Dolopes ; il a envahi la Thessalie et la Doride avec une armée[5] : de cette façon, en prêtant son appui, dans une guerre civile, à la mauvaise cause, il ruinait la bonne ; il a semé partout désordre et confusion en Thessalie et en Perrhébie, en y soulevant l'espoir de l'abolition des dettes, de façon à écraser les nobles, en utilisant la troupe des débiteurs qui lui étaient acquis. Comme vous restez passifs et tolérants quand il agit ainsi, comme il voit que vous lui avez cédé la Grèce, il tient pour certain qu'il ne rencontrera sur sa route aucune opposition armée avant de passer en Italie. A quel point une telle tactique peut être sûre ou honorable pour vous, c'est à vous d'en juger ; pour ma part, en tout cas, j'ai considéré qu'il serait honteux pour moi que le premier à venir en Italie fût Persée, pour y apporter la guerre, et non pas moi, votre allié, pour vous avertir d'être sur vos gardes. Après m'être acquitté d'un devoir à mes yeux indispensable et m'être en quelque sorte libéré et allégé des obligations dues à ma fidélité, que puis-je faire de plus que de prier les dieux et les déesses de vous aider à veiller à l'intérêt de votre État et à notre intérêt à nous, vos alliés et vos amis, qui dépendons de vous ? »

Ambassades macédonienne et rhodienne à Rome.

XIV. Ce discours fit impression sur les sénateurs. Du reste, sur le moment, personne ne put rien savoir, sinon que le roi avait été reçu dans la curie, tant le sénat s'était enfermé dans le silence ! C'est seulement une fois la

pulit; Arthetau*r*um Illyrium, quia scripta ab eo quaedam uobis conperit, socium item atque amicum uestrum, interfecit; [7]Euersam et Callicritum Thebanos, principes ciuitatis, quia liberius aduersus eum in concilio Boeotorum locuti fuerant delaturosque ad uos, quae agerentur, professi erant, tollendos curauit; [8]auxilium Byzantiis aduersus foedus tulit; Dolopiae bell*um* intulit; Thessaliam et Doridem cum exercitu peruasit, ut in bello intestino deterioris partis auxilio meliorem adfligeret; [9]con*fu*dit et miscuit omnia in Thessalia Perrhaebiaque spe nouarum tabularum, ut manu debitorum obnoxia sibi optumatis opprimeret. [10]Haec cum uobis quiescentibus et patientibus fecerit et concessam sibi Graeciam esse a uobis uideat, pro certo habet neminem sibi, antequam in Italiam traiecerit, armatum occursurum. [11]Hoc quam uobis tutum aut honestum sit, uos uideritis : ego certe mihi turpe esse duxi prius Persea ad bellum inferendum, qua*m* me s*oc*ium ad praedicend*um*, ut caueretis, uenire in Italiam. [12]Functus necessario mihi officio, et quodam modo liberata atque exonerata fide mea, quid ultra facere possum, quam uti deos deasque precer, ut uos et uestrae rei publicae et nobis sociis atque amicis, qui ex uobis pendemus, consulatis? ».

XIV. [1]Haec oratio mouit patres conscriptos. Ceterum in praesentia nihil, praeterquam fuisse in curia regem, scire quisquam potuit : eo silentio clausa curia erat. Bello denique perfecto, quaeque

XIII, **6** Arthetaurum *Kreyssig* : arthetarum *V* || **8** bellum *I. F. Gronovius* : bella *V* || **9** confudit *Fr.* : condit *V* || **11** quam me socium *Fr.* : quamescium *V* || praedicendum ut *Fr.* : praedicendisaut *V*.

guerre terminée que transpirèrent les paroles du roi et les réponses qui lui furent faites[1].

Le sénat donna audience, quelques jours après[2], aux ambassadeurs du roi Persée. Mais comme les paroles du roi Eumène avaient également prévenu les oreilles et les esprits, tous les plaidoyers et tentatives de justification des ambassadeurs furent repoussés avec dédain ; et la fierté excessive d'Harpale[3], le chef de l'ambassade, ne fit qu'exaspérer les sénateurs. Celui-ci déclara que le roi, sans doute, avait le désir d'être cru, et travaillait à cela, lorsqu'il affirmait, pour se justifier, qu'il n'avait rien dit ni fait qui fût hostile à Rome : « Cependant, s'il voyait qu'on recherchait à tout prix une cause de guerre, il se défendrait avec résolution. Les faveurs de Mars étaient communes à tous, et l'issue de la guerre incertaine. »

Toutes les villes de Grèce et d'Asie étaient inquiètes de savoir ce qu'avaient fait au sénat les ambassadeurs de Persée, ce qu'avait fait Eumène ; et c'est en raison de l'arrivée de ce dernier, arrivée qui, pensaient-elles, provoquerait quelque action, que la plupart des cités avaient, sous différents prétextes, envoyé des ambassadeurs. Il était arrivé aussi une ambassade des Rhodiens et son chef Satyrus[4] ne doutait pas qu'Eumène eût joint ⟨des accusations⟩ contre sa propre cité à celles qu'il avait portées contre Persée. Aussi employait-il tous les moyens pour obtenir par l'intermédiaire de ses patrons et de ses hôtes que la possibilité lui fût donnée d'être confronté avec le roi devant le sénat. Ayant ⟨échoué⟩ dans cette tentative, il fit preuve d'une liberté de langage excessive en s'emportant contre le roi auquel il reprocha d'avoir soulevé les Lyciens contre les Rhodiens et d'être pour l'Asie une charge plus lourde qu'Antiochus. Son discours fut démagogique[5], il est vrai, ⟨et ne fut pas sans⟩ rencontrer la faveur des nations ⟨d'Asie⟩, car le mouvement de sympathie envers Persée s'était désormais étendu jusque-là ; mais il fut mal vu du sénat et sans utilité pour Satyrus et sa cité. En tout cas, la conspiration dont Eumène était

dicta ab rege quaeque responsa essent, emanauere. [2]Persei deinde regis legatis post paucos dies senatus datus est. Ceterum praeoccupatis non auribus magis quam animis ab Eumene rege, omnis et defensio et deprecatio legatorum respuebatur; [3]et exasperauit animos ferocia nimia Harpali, qui princeps legationis erat. Is uelle quidem et laborare dixit regem, ut purganti se nihil hostile dixisse aut fecisse fides habeatur : [4]ceterum, si peruicacius causam belli quaeri uideat, forti animo defensurum se. Martem communem esse et euentum incertum belli.

[5]Omnibus ciuitatibus Graeciae atque Asiae curae erat, quid Persei legati, quid Eumenes in senatu egisset; et propter aduentum eius, quem moturum aliquid rebantur, miserant pleraeque ciuitates alia in speciem praeferentis legatos. [6]Et legatio Rhodiorum *uen*erat *ac* Satyrus princeps, haud dubius, quin Eumenes ciuitatis quoque sua*e* ⟨crimina⟩ Persei criminibus iunxisset. [7]Itaque omni modo per patronos hospitesque disceptandi cum rege locum in senatu quaerebat. [8]Quod cum ⟨non⟩ contigisset, libertate intemperanti[us] inuectus in regem, quod Lyciorum gentem aduersus Rhodios concitasset grauiorque Asiae esset quam Antiochus fuisset, [9]popularem quidem ⟨neque Asiae⟩ ingratam populis — nam eo quoque iam fauor Persei uenerat — orationem habuit, ceterum inuisam senatui inutilemque sibi et ciuitati suae. [10]Eumeni

XIV, **3** ferocia nimia *I. F. Gronovius* : ferociaanimại *V* (*sed postr.* a *exp.*) || **6** uenerat ac Satyrus *Drakenborch* : erathacfalsaịturus (i *exp.*) *V* erat ac Satyrus *Fr.* || suae *Madvig* : sua *V* || crimina *add. Vahlen* || **8** non *add. Duker* || intemperanti *I. F. Gronovius* : intemperantius *V* || **9** neque Asiae ingratam populis *Hartel* : quidemingratampopulis *V* ac gratam populis Asiae *Fr.*

victime[1] ⟨accrut⟩ la faveur des Romains à son égard. Aussi toutes sortes de marques d'honneur lui furent-elles décernées et les cadeaux les plus considérables lui furent-ils faits, auxquels on joignit une chaise curule et un sceptre d'ivoire.

Attentat contre Eumène.

XV. Les ambassades une fois congédiées, Harpale retourna le plus vite possible en Macédoine pour annoncer au roi que lorsqu'il les avait laissés, les Romains, sans doute, ne préparaient pas encore la guerre contre lui, mais étaient si mal disposés à son égard que, de toute évidence, ils ne tarderaient pas à la faire ; le roi, persuadé — quant à lui — qu'il en serait effectivement ainsi, en était même venu à la désirer, sûr d'être parvenu à l'apogée de sa puissance. C'était à Eumène surtout qu'il était hostile ; voulant commencer la guerre en versant le sang du roi, il charge en secret le Crétois Évandre, chef des auxiliaires, et trois Macédoniens auxquels il avait l'habitude de confier de telles missions[2], de tuer le roi[3] et leur donne une lettre pour son hôtesse Praxo[4] qui, en raison de son influence et de ses richesses, occupait à Delphes un rang éminent. Il n'était pas douteux qu'Eumène monterait à Delphes pour y sacrifier à Apollon. Ceux qui devaient tendre l'embuscade étaient partis en avant avec Évandre, ne cherchant, en inspectant soigneusement tous les environs, qu'un lieu propice à l'exécution de leur dessein. Quand on montait de Cirrha[5] vers le temple, on rencontrait sur sa gauche, avant de parvenir aux endroits où les maisons sont nombreuses, un mur de pierre le long d'un sentier fort peu éloigné des fondations du mur et par lequel on ne pouvait passer qu'un à un ; à droite, à la suite d'un glissement de terrain, la route s'était effondrée assez profondément. Ils se cachèrent derrière le mur en y construisant des marches de façon à pouvoir, de là, comme du haut d'un rempart, lancer des projectiles sur le roi quand il passerait. Celui-ci, venant de la mer, avançait

uero conspiratio aduersus eum fauorem ⟨maiorem⟩ apud Romanos fecit. Ita omnes ei honores habiti donaque [cui]quam amplissima data cum sella curuli atque eburneo scipione.

XV. [1]Legationibus dimissis cum Harpalus, quant*a* *ma*xima celeritate poterat, regressus in Macedoniam nuntiasset regi nondum quidem parantis bellum reliquisse se Romanos, [2]sed ita infestos, ut facile appareret non dilaturos, et ipse, praeterquam quod et ita credebat futurum, iam etiam uolebat, in flore uirium se credens esse. [3]Eumeni ante omnis infestus erat; a cuius sanguine or*d*iens bellum, Euandrum Cretensem, ducem auxiliorum, et Macedonas tres adsuetos ministeriis talium facinerum ad caedem regis subornat litterasque eis dat ad Praxo hospitam, principem auctoritate et opibus Delphorum. [4]Satis constabat Eumenem, ut sacrificaret Apollini, Delphos escensurum. Pr*ae*gressi cum Euandro insidiatores nihil aliud ad peragendum inceptum quam loci opportunitatem, omnia circumeuntes, quaerebant. [5]Escendentibus ad templum a Cirrha, priusquam perueniretur ad frequentia aedificiis loca, maceri*a* erat ab laeu*a* ⟨ad⟩ semitam paulum extantem a fundamento, qua singuli transirent; dextra pars labe terrae in aliquantum altitudinis de*rup*ta erat. [6]Post maceriam se abdiderunt gradibus adstructis, ut ex ea uelut e muro tela in praetereuntem conicerent. [7]Primo

XIV, **10** maiorem *add. Hertz* || quam *Fr.* : cuiquam *V.*

XV, **1** quanta maxima *Muretus* : quantexima *V* || **3** ordiens *Fr.* : oriens *V* || **4** praegressi *I. F. Gronovius* : progressi *V* || **5** maceria erat ab laeva *Fr.* : macerieratableuia *V* || ad *add. Madvig* || derupta *Duker* : diruta *V.*

d'abord entouré d'une foule d'amis et de gardes ; puis, peu à peu, la colonne se fit plus mince en raison de l'étroitesse de la route. Lorsqu'on arriva à l'endroit où l'on devait passer l'un derrière l'autre, le premier à s'engager sur le sentier fut Pantaléon, un des principaux personnages de l'Étolie [1], avec qui le roi avait entamé une conversation. Alors les conjurés, sortant de leur cachette, font rouler deux énormes rochers, dont l'un frappe le roi à la tête, l'autre à l'épaule ; assommé, celui-ci tomba du sentier en bas de la pente, tandis que de nombreux rochers viennent s'abattre sur son corps déjà à terre. Et à vrai dire, tous les compagnons du roi, même ⟨la foule⟩ de ses amis et de ses gardes, prennent la fuite en le voyant tomber ; Pantaléon, au contraire, resta là sans trembler pour protéger le roi.

XVI. Les assassins qui auraient pu pourtant, en faisant rapidement le tour du mur, descendre achever le blessé, prirent la fuite en direction du sommet du Parnasse, comme si leur tâche était terminée ; leur précipitation fut telle que, l'un d'entre eux retardant leur fuite par la peine qu'il avait à les suivre en des endroits impraticables et escarpés, ⟨ils craignirent⟩ que sa capture ne les fît découvrir, et tuèrent leur compagnon. Les amis du roi, d'abord, ses gardes et ses esclaves ensuite, se précipitèrent vers le blessé ; en l'emportant, ils s'aperçurent que, bien qu'assommé par le choc et inconscient, il était pourtant en vie : son corps était tiède et la respiration soulevait encore sa poitrine ; qu'il pût vivre, l'espoir était faible, sinon nul. Quelques-uns des gardes avaient suivi les traces des assassins, mais, après être parvenus au prix d'inutiles fatigues jusqu'à la crête du Parnasse, ils revinrent sans résultat. Si, en tentant de commettre leur crime, les Macédoniens avaient fait preuve d'autant de réflexion que d'audace, ils montrèrent leur manque de réflexion et leur

a mari circumfusa turba amicorum ac satellitum procedebat, deinde extenuabant paulatim angustiae agmen. [8]Vbi ad eum locum uentum est, qua singulis eundum erat, primus semitam ingressus Pantaleon, Aetoliae princeps, cum quo institutus reg*i* sermo erat. [9]Tum insidiatores exorti saxa duo ingentia deuoluunt, quorum altero caput ictum est regi, altero umerus; [10]sopitusque ex semita proci*d*it in decliue, multis super prolapsum iam saxis congestis. Et ceteri quidem, etiam amicorum et satellitum ⟨turba⟩, postquam cadentem uidere, diffugiunt; Pantaleon con*t*ra inpauidus mansit ad protegendum regem.

XVI. [1]Latrones, cum breui circumitu maceriae decurrere ad conficiendum saucium possent, uelut perfecta re in iugum Parnasi refugerunt eo cursu ut, cum unus non facile sequendo per inuia atque ardua moraretur fugam eorum, ⟨ne⟩ ex conprenso indicium emanaret, occiderint comitem. [2]Ad corpus regis primo amici, deinde satellites ac serui concurrerunt; [3]tollentes *s*opi*t*um uolnere ac nihil sentientem, uiuere tamen ex calore et spiritu remanente in praecordiis senserunt : uicturum exigua ac prope nulla spes erat. [4]Quidam ex satellitibus secuti latronum uestigia, cum usque ad iugum Parnasi nequiquam fatigati peruenissent, re infecta *re*d*i*erunt. [5]Adgressi facinus Macedones ut ⟨non⟩ inconsulte ita audacter, coeptum nec consulte et timide reliquerunt. [6]Conpotem iam sui regem

XV, **8** regi *Vascosanus* : regis *V* || **10** procidit *Gitlbauer* : procliuit *V* || turba *add. Hartel* || contra *Kreyssig* : constar *V* constanter *Fr.*
XVI, **1** ne *add. Kreyssig* || **3** sopitum *Fr.* : oppidum *V* || **4** redierunt *Fr.* : uenierunt *V* || **5** non *add. Heusinger.*

caractère timoré en abandonnant leur entreprise. Le lendemain, ses amis transportent sur un navire le roi qui avait déjà repris connaissance ; de là, ils se rendent à Corinthe, puis, après avoir fait passer les navires à travers l'isthme, ils vont à Égine[1]. Là, les soins qu'il reçut furent si secrets que, personne n'étant admis auprès de lui, le bruit de sa mort se répandit en Asie. Attale lui aussi[2] y ajouta foi plus rapidement qu'il ne convenait à leur bonne entente fraternelle ; il parla à la femme de son frère et au commandant de la citadelle en homme qui ne doutait pas désormais d'avoir hérité du trône. Par la suite, Eumène ne fut pas sans en être informé et, bien qu'il eût décidé de dissimuler, de garder le silence et d'être patient, il ne put s'empêcher, la première fois qu'il rencontra son frère, de lui reprocher la hâte excessive avec laquelle il avait demandé la main de sa femme. La nouvelle de la mort d'Eumène parvint également à Rome.

Persée soudoie L. Rammius de Brindes.

XVII. A la même époque C. Valerius[3] revint de Grèce, où il était allé avec la mission d'examiner la situation du pays et d'épier les desseins du roi Persée : d'après son rapport, tout concordait avec les accusations lancées par Eumène. En même temps, il avait ramené avec lui de Delphes Praxo[4], dont la maison avait servi de refuge aux assassins, ainsi qu'un habitant de Brindes, L. Rammius[5], qui venait faire la dénonciation suivante : Rammius était un notable de Brindes ; il recevait chez lui non seulement tous les généraux et ambassadeurs romains, mais aussi les personnalités étrangères, notamment les membres des familles royales. Aussi, en dépit de l'éloignement, était-il entré en relations avec Persée ; ayant reçu de celui-ci une lettre qui lui laissait espérer une amitié étroite et, par là, une grande fortune, il

amici postero die deferunt ad nauem; inde Corinthum, a*b* Corintho per Isthmi iugum nauibus traductis, Aeginam traiciunt. [7]Ibi adeo secreta eius curatio fuit, admittentibus neminem, ut fama mortuum in Asiam perferret. [8]Attalus quoque ce*l*eriu*s* quam dignum concordia fraterna erat, credidit; nam et cum uxore fratris et praefecto arci*s* tamquam iam haud dubius regni heres est locutus. [9]Quae postea non fefellere Eumenen; et quamquam dissimulare et tacit*a* habere *et* pati statuerat, tamen in primo congressu no*n* temperauit, quin uxoris petendae *im*maturam festinationem fratri obiceret. Romam quoque fama de morte Eumenis perlata est.

XVII. [1]Sub idem tempus C. Valerius ex Graecia, quo legatus [qui] ad uisendum statum regionis eius speculandaque consilia Persei regis [eius] *i*erat, redi*i*t, congruentiaque omnia criminibus ab Eumene adlatis referebat. [2]Simul et adduxerat secum Praxo a Delphis, cuius domus receptaculum latronum fuerat, et L. Ramm*i*um Brundisinum, qui talis indicii delator erat. [3]Princeps Brundisi Rammius fuit; hospitioqu*e* et duces Romanos omnes et legatos, exterarum quoque gentium insignis, praecipue regios, accipiebat. [4]Ex eo notitia ei cum absente Perseo fuerat; litterisque spem amicitiae interioris magnaeque inde fortunae facientibus ad

XVI, **6** ab Corintho *Kreyssig* : adcorinthio *V* || **8** celerius *Fr.* : ceterium *V* || arcis *Wesenberg* : arci *V* || **9** tacita habere et pati *Weissenborn* : tacitehabereidpati *V* || non *Fr.* : uno *V* || immaturam *Weissenborn* : maturam *V*.

XVII, **1** qui *secl. Drakenborch* || ierat *Vahlen* : eiuserat *V* || rediit *Fr.* : redit *V* || **2** Rammium *Fr.* : rammum *V* || **3** hospitioque *Weissenborn* : hospitioquoque *V*.

alla rejoindre le roi et, devenant rapidement son intime, se trouva mêlé plus qu'il ne le voulait à des entretiens secrets. Après lui avoir promis d'énormes récompenses, le roi lui demanda avec insistance, puisque tous les généraux et ambassadeurs romains avaient l'habitude d'user de son hospitalité, de faire empoisonner ceux d'entre eux dont il lui écrirait le nom. Le roi savait que de telles entreprises comportent beaucoup de difficultés et de dangers ; il est besoin de complices nombreux ; en outre, on ne sait pas de façon certaine si les moyens fournis sont assez efficaces pour mener l'action à bien ou assez sûrs pour la dissimuler. Mais il fournirait, lui, un poison qui, ni au moment où on l'administrait, ni après, ne laisserait apercevoir aucun symptôme. Rammius craignant, s'il refusait, d'être le premier à expérimenter le poison, part en promettant qu'il ferait ce qu'on lui demandait ; mais il ne voulut pas rentrer à Brindes avant d'avoir rencontré C. Valerius, notre ambassadeur, qui, disait-on, se trouvait aux environs de Chalcis. Après lui avoir dénoncé le complot, il l'accompagna sur son ordre à Rome. Introduit dans la curie, il exposa ce qui s'était passé.

Cn. Sicinius chargé d'occuper la côte illyrienne.

XVIII. Ces révélations s'ajoutèrent à celles d'Eumène pour hâter la décision de considérer Persée comme un ennemi : celui-ci, ils le voyaient, non seulement ne préparait pas une guerre régulière, avec des sentiments dignes d'un roi, mais appliquait son plan d'approches en usant de toutes sortes de procédés clandestins et criminels, assassinats et empoisonnements. On ajourna jusqu'à l'élection des nouveaux consuls ce qui concernait la conduite de la guerre ; pour le moment, cependant, on décida de confier au préteur Cn. Sicinius, chargé de la juridiction entre citoyens et pérégrins, la tâche d'enrôler des soldats : ceux-ci, après avoir été conduits à Brindes, devaient, à la première occasion, passer à Apollonie, en Épire, pour y occuper les

regem profectus breui perfamiliar*is* haberi trahique magis, quam uellet, in arcanos sermones est coeptus. [5]Promissis enim ingentibus praemiis petere instituit ab eo rex, quoniam duces omnes legatique Romani hospitio eius uti adsuessent, quibus eorum ipse scripsisset, ut uenenum dandum curaret. [6]Cuius scire se conparationem plurimum difficultatis et periculi habere; pluribus consciis conparari; euentu praeterea incerto esse, ut aut satis efficacia ad rem peragendam a*ut* tuta ad rem celandam dentur. [7]Se daturum, quod nec in dando nec datum ullo signo de*pre*ndi posset. [8]Rammius ueritus, ne, si abnuisset, primus ipse ueneni experimentum esset, facturum pollicitus proficiscitur; nec Brundisium ante redire, quam conuento C. Valerio legato, qui circa Chalcidem esse dicebatur, uoluit. [9]Ad eum primum indicio delato, iussu eius Romam simul uenit. Introductus in curiam, quae acta erant, exposuit.

XVIII. [1]Haec ad ea, quae ab Eumene delata erant, accessere, quo maturius hostis Perseus iudicaretur, quippe quem non iustum modo app*ar*are bellum regio animo, sed per omnia clandestina grassari scelera latrociniorum ac ueneficiorum cernebant. [2]Belli administratio ad nouos consules reiecta est; in praesentia tamen C*n*. Sicinium praetorem, cuius inter ciues et peregrinos iurisdictio erat, [3]scribere milites placuit, qui Brundisium duc*ti* primo quoque tempore Apolloniam in Epirum

XVII, 4 perfamiliaris *Fr.* : perfamiliam *V* || 6 aut tuta *Fr.* : adtuta *V* || 7 deprendi *Fr.* : defendi *V*.

XVIII, 1 apparare *Fr.* : appellare *V* || 2 Cn. *Fr.* : C. *V* || 3 ducti *Fr.* : ducit *V*.

villes de la côte ; là, le consul qui serait chargé de la province de Macédoine, pourrait en toute tranquillité faire aborder sa flotte et débarquer commodément ses troupes. Eumène, retenu assez longtemps à Égine par les soins délicats et dangereux que réclamait son état, partit pour Pergame dès qu'il put le faire sans courir de risque : stimulé non seulement par sa vieille haine, mais aussi par la récente et criminelle tentative de Persée, il préparait la guerre avec ⟨la dernière⟩ énergie. Des ambassadeurs vinrent de Rome l'y féliciter d'avoir échappé à un si grand danger.

La guerre de Macédoine étant reportée d'un an et les autres préteurs étant désormais partis pour leurs provinces, M. Iunius et Sp. Lucretius, qui avaient été chargés de celles d'Espagne[1] et harcelaient le sénat en lui faisant souvent la même demande, finirent par obtenir des renforts pour leur armée : ils reçurent l'ordre d'⟨enrôler⟩ trois mille fantassins et cent cinquante cavaliers dans les légions romaines et de commander aux alliés de leur fournir, pour compléter leurs contingents, cinq mille fantassins et trois cents cavaliers. Telles furent les forces avec lesquelles les nouveaux préteurs s'embarquèrent pour les Espagnes.

L' « ager Campanus ». Ambassade cappadocienne à Rome.

XIX. La même année, à la suite de l'enquête menée par le consul Postumius, une grande partie de l'*ager Campanus*, que des particuliers avaient, en de nombreux endroits, occupé sans tenir compte des limites de propriété, fut récupérée par l'État ; le tribun du peuple M. Lucretius[2] fit afficher un projet de loi stipulant que les censeurs devaient mettre en adjudication l'exploitation de l'*ager Campanus* : il y avait tant d'années qu'on ne l'avait pas fait, depuis la prise de Capoue, que la cupidité des particuliers s'était donné libre cours dans un territoire laissé sans propriétaire.

traicerentur ad occupandas maritimas urbes, ubi consul, cui prouincia Macedonia obuenisset, classem appellere tuto et copias per commodum exponere posset. [4]Eumenes, aliquamdiu Aeginae retentus periculosa et difficili curatione, cum primum tuto potuit, profectus Pergamum, praeter pristinum odium recenti etiam scelere Persei stimulante ⟨summa⟩ ui parabat bellum. [5]Legati eo ab Roma, *gra*tulantes quod e tanto periculo euasisset, uenerunt.

[6]Cum Macedonicum bellum in annum dilatum esset, ceteris praetoribus iam in prouincias profectis, M. Iunius et Sp. Lucretius, quibus Hispaniae prouinciae obuenerant, fatiga*nt*e*s* saepe idem petendo senatum, tandem peruicerunt, ut supplementum sibi ad exercitum daretur : tria milia peditum, centum et quinquaginta equites in Romanas legiones ⟨scribere⟩, [7]in socialem exercitum quinque milia peditum et trecentos equites imperare sociis iussi. Hoc copiarum in Hispanias cum praetoribus nouis portatum est.

XIX. [1]Eodem anno, quia per recognitionem Postumi consulis magna pars agri Campani, qu*e*m priuati sine discrimine passim *pos*sederant, *re*cuperata in publicum erat, M. Lucretius tribunus plebis promulgauit, ut agrum Campanum censores fruendum locarent, quod factum tot annis post captam Capuam non fuerat, [2]ut in uacuo uagaretur cupiditas priuatorum.

XVIII, **4** summa *add. Fr.* || **5** gratulantes *Fr.* : stimulantes *V* || **6** fatigantes *Kreyssig* : fatigatis *V* || scribere *add. Crévier.*

XIX, **1** quem *Fr.* : quam *V* || possederant recuperata *Fr.* : consederantlucruperata *V.*

Comme le sénat attendait (la guerre, quoique non déclarée, était cependant déjà décidée) de savoir quels seraient les rois qui devaient être soit ses alliés, soit ceux de Persée, des ambassadeurs d'Ariarathès[1] vinrent à Rome, amenant avec eux le jeune fils du roi. Ils dirent que celui-ci avait envoyé son fils à Rome pour qu'il y fût élevé et que, dès son adolescence, il s'habituât aux mœurs des Romains et à leurs personnes. Il demandait qu'on voulût bien mettre son fils non seulement sous la garde de particuliers qui lui offriraient l'hospitalité, mais encore sous la protection et presque sous la tutelle de l'État. Cette ambassade fut bien accueillie par le sénat : celui-ci décida de charger le préteur Cn. Sicinius de mettre en adjudication l'installation d'une maison où le fils du roi et sa suite pussent habiter d'une façon digne d'un roi. Comme des ambassadeurs Thraces, *Mèdes*[2], *Célalètes*[3] *et Astes*[4] sollicitaient notre alliance et notre amitié, on leur accorda ce qu'ils demandaient et on leur fit remettre à chacun une somme de ⟨deux⟩ mille as. En tout cas, les sénateurs se réjouissaient de ce que ces peuples, la Thrace étant placée sur les arrières de la Macédoine, eussent été mis au nombre de nos alliés. Mais pour connaître à fond également tout ce qui se passait en Asie et dans les îles, on y envoya en mission Ti. Claudius Nero[5] et M. Decimius[6]. Ils eurent l'ordre d'aller en Crète et à Rhodes, à la fois pour y renouveler l'amitié contractée avec nous et voir sur place si nos alliés[7] avaient été ébranlés par les sollicitations du roi Persée.

Prodiges à Rome.

XX. Dans une ville tenue en suspens par l'attente de la nouvelle guerre, la colonne rostrale ⟨élevée⟩ au Capitole lors de la ⟨première⟩ guerre punique, ⟨à l'occasion de la victoire⟩ du consul ⟨M. Aemilius⟩[8] (le collègue de Ser. Fulvius), fut détruite du haut en bas par la foudre, au

[3]Cum ⟨in⟩ expectatione senatus esset, bello etsi non indicto tamen iam decreto, qui regum suam, qui* Persei secuturi amicitiam essent, legati Ariarathis puerum filium regis secum adducentes Romam uenerunt; [4]quorum oratio fuit, regem educendum filium Romam misisse, ut iam inde a puero adsuesceret moribus Romanis hominibusque. [5]Petere, ut eum non sub hospitum modo priuatorum custodia, sed publicae etiam curae ac uelut tutelae uellent esse. [6]E*a* legatio grata senatui fuit; decreuerunt, ut Cn. Sicinius praetor aedis instru*end*as locaret, ubi filius regis comitesque eius habitare reg*ie* possent. Et Threcum legatis, *Ma*edis Coe*la*l*e*tisque et *Astis* societatem amicitiamque petentibus et, quod petebant, datum est, et munera ⟨binum⟩ milium aeris [summae] in singulos missa. [7]Hos utique populos, quod ab tergo Macedoniae Threcia esset, adsumptos in societatem gaudebant. Sed ut in Asia quoque et insulis explorata omnia essent, T*i*. Claudium Neronem, M. Decimium legatos miserunt. [8]Adire eos Cretam et Rhodum iusserunt, simul renouare amicitiam, simul speculari, num sollicitati animi sociorum ab rege Perseo essent.

XX. [1]In suspensa ciuitate ad expectationem noui belli, nocturna tempestate columna rostrata in Capitolio bello Punico ⟨priore posita ob uictoriam M. Aemili⟩ consulis, cui collega Ser. Fuluius fuit,

XIX, **3** in *add. Fr.* || qui Persei *Madvig* : perseiqui *V* || **6** ea legatio *Zingerle* : etregemetlegatio *V* ea regis legatio *Fr.* egregie ea legatio *Madvig* || instruendas *Lentz* : instructas *V* || habitare regie possent *Anonymus apud Drechsler* : habitarerecpossent *V* habitare possent *Fr.* habitare recte possent *Madvig* || Maedis Coelaletisque *Zingerle* : sediscepnatisque *V* || et Astis *H. I. Mueller* : etsatis *V* || binum *add. Fr.* || summae *secl. Duker* || **7** Ti. *Sigonius* : T. *V*.

XX, **1** priore... Aemili *add. Madvig.*

cours d'un orage nocturne. Considéré comme un prodige, l'incident fit l'objet d'un rapport au sénat. Les sénateurs ordonnèrent à la fois que l'on en référât aux haruspices et que les décemvirs consultassent leurs livres. Les décemvirs annoncèrent qu'il fallait purifier la ville, faire des prières et des supplications, et offrir un sacrifice avec des victimes majeures, à la fois à Rome, au Capitole et en Campanie, au promontoire de Minerve[1]; on devait, dès que possible, célébrer des jeux pendant dix jours en l'honneur de Jupiter très bon et très grand. Toutes ces cérémonies furent accomplies avec soin. Les haruspices répondirent que ce prodige tournerait à l'avantage des Romains ; qu'il annonçait une extension de leur territoire et l'anéantissement de leurs adversaires : en effet, les rostres que la tempête avait abattus provenaient de dépouilles prises à l'ennemi. D'autres événements vinrent encore augmenter les scrupules religieux : on avait appris qu'à Saturnia[2], il avait, pendant trois jours, plu du sang sur la ville ; qu à Calatia[3], était né un âne à trois pieds et qu'un taureau avait été tué avec cinq vaches par un seul coup de foudre ; qu'à Auximum[4], il avait plu de la terre. En expiation de ces nouveaux prodiges, on offrit des sacrifices, l'on fit des supplications d'une journée et l'on célébra des féries.

Querelle entre le sénat et M. Popilius.

XXI. Jusqu'alors les consuls n'étaient pas partis pour leur province[5], parce qu'ils ne voulaient pas obéir au sénat en mettant à l'ordre du jour l'affaire de M. Popilius et que, de leur côté, les sénateurs avaient décidé de ne prendre aucune décision avant celle-ci. L'hostilité de ces derniers s'accrut encore à la suite d'une lettre de Popilius, lettre dans laquelle le proconsul écrivait qu'il avait à nouveau combattu les Ligures Statellates[6] et en avait tué six mille ; à la suite de cette injuste agression, tous les autres peuples ligures prirent eux aussi les armes. Alors on s'éleva au sénat non seulement contre Popilius absent, pour avoir, contre tout

tota ad imum fulmine discussa est. Ea res prodigii loco habita ad senatum relata est; [2]patres et ⟨ad⟩ haruspices referr*i* et decemuiros adire libros iusserunt. [3]Decemuiri lustrandum oppidum, supplicationem obsecrationemque habendam, uictimis maioribus sacrificandum et in Capitolio Romae et in Campania ad Mineruae promunturium renuntiarunt; ludos per decem dies Ioui optimo maximo primo quoque die faciendos. Ea omnia cum cura facta. [4]Haruspices, in bonum uersurum id prodigium, prolationemque finium et interitum perduellium portendi responderunt, quod ex hostibus spolia fuissent ea rostra, quae tempestas di*s*iecisset. [5]Accesserunt, quae cumularent religiones animis : Saturniae nuntiatum erat sanguine per triduum in oppido pluuisse; Calatiae asinum tripedem natum, et taurum cum quinque uaccis uno ictu fulminis exanimatos; Auximi terra pluuisse. [6]Horum quoque prodigiorum causa res diuinae factae et supplicatio unum diem feriaeque habitae.

XXI. [1]Consules ad id tempus in prouincias non exierant, quia neque, uti de M. Popilio referrent, senatui obsequebantur, *e*t nihil aliud decernere prius statutum patribus erat. [2]Aucta etiam inuidia est Popili litteris [eius], quibus iterum cum S*t*atellati*bu*s Liguribus proconsul pugnasse se scripsit ac sex milia eorum occidisse; propter cuius iniuriam belli ceteri quoque Ligurum populi ad arma ierunt. [3]Tum uero non absens modo Popilius, qui deditis

XX, **2** ad *add. Kreyssig* || referri *Madvig* : referre *V* || **4** disiecisset *Fr.* : diiecisset *V.*

XXI, **1** et nihil *Fr.* : utnihil *V* || **2** eius *secl. Novák* || Statellatibus *Fr.* : satellatis *V* || sex milia *Kreyssig* : se x. milia *V.*

droit et toute justice, attaqué des gens qui avaient fait leur soumission et poussé à la révolte ceux qui étaient pacifiés, mais encore contre les consuls, parce qu'ils ne partaient pas pour leur province. Enflammés par cet accord unanime des sénateurs, les tribuns de la plèbe, M. Marcius Sermo et Q. Marcius Scylla[1] annoncèrent qu'ils imposeraient une amende aux consuls s'ils ne partaient pas pour leur province et lirent devant le Sénat le texte du projet de loi qu'ils comptaient publier concernant les Ligures qui avaient fait leur soumission. Il était prescrit que si l'un des Statellates qui avaient fait leur soumission n'avait pas été remis en liberté avant les prochaines calendes d'août, le sénat s'engageait par serment à ouvrir une enquête sur le cas de celui qui aurait frauduleusement réduit ce Ligure en esclavage et à prendre la sanction nécessaire. Ce projet de loi fut ensuite publié par eux avec l'autorisation du sénat. Avant le départ des consuls, celui-ci accorda au temple de Bellone une audience à C. Cicereius[2], ⟨préteur⟩ l'année précédente. Celui-ci fit le récit de ce qu'il avait accompli en Corse[3] et, après avoir en vian demandé le triomphe, le célébra sur le Mont Albain[4], comme l'usage — on n'avait pas besoin d'un décret officiel — s'en était déjà répandu. La plèbe vota et ordonna l'application de la *rogatio Marcia* sur les Ligures avec un assentiment quasi général. Le préteur C. Licinius[5] consulta le sénat pour savoir qui serait chargé de l'enquête prévue par le projet de loi. Les sénateurs lui ordonnèrent de faire lui-même l'enquête.

XXII. C'est alors seulement que les consuls partirent pour leur province et reçurent l'armée des mains de M. Popilius. M. Popilius n'osait pas cependant rentrer à Rome, de peur d'avoir à plaider sa cause — alors que le sénat lui était contraire et le peuple encore plus hostile — devant

contra ius ac *fas* bellum intulisset ⟨et⟩ pacatos ad rebell*and*um incitasset, sed consules, quod non exirent in prouinciam, in senatu increpiti. [4]Hoc consensu patrum accensi M. Marcius Sermo et Q. Marcius Scylla, tribuni plebis, et consulibus multam se dicturos, nisi in prouinciam exirent, denuntiarunt, et rogationem, quam de Liguribus deditis promulgare in animo haberent, in senatu recitarunt. [5]Sanciebatur, ut, qui ex Statellis deditis in libertatem restitutus ante kal. Sextiles primas non esset, cuius dolo malo is in seruitutem uenisset, ut iuratus senatus decerneret, qui eam rem quaereret animaduerteretque. Ex auctoritate deinde senatus eam rogationem promulgarunt. [6]Priusquam proficiscerentur consules, C. Cicereio, ⟨praetori⟩ prioris anni, ad aedem Bellonae senatus datus est. [7]Is expositis, quas in Corsica res gessisset, postulatoque frustra triumpho, in monte Albano, quod iam in morem uenerat, ut sine publica auctoritate fieret, triumphauit. [8]Rogationem Marciam de Liguribus magno consensu pleb*e*s *s*ciuit iussitque. Ex eo plebiscito C. Licinius praetor consuluit senatum, quem quaerere e*a* rogatione uellet. Patres ipsum eum quaerere iusserunt.

XXII. [1]Tum demum consules in prouinciam profecti sunt exercitumque a M. Popilio *ac*ceperunt. [2]Neque tamen M. Popilius reuerti Romam audebat, ne causam diceret aduerso senatu, infestiore populo, apud praetorem, qui de quaestione in se

XXI, **3** fas *Fr.* : tam *V* || et *add. Fr.* || rebellandum *Gruter* : rebellium *V* || **6** praetori *add. Fr.* || **8** plebes scivit *Fr.* : plebisciuitati *V* || ea *Drakenborch* : ex *V*.

XXII, **1** acceperunt *I. F. Gronovius* : ceperunt *V*.

le préteur qui avait consulté le sénat sur l'enquête qui le visait. Cette dérobade du proconsul se heurta à un obstacle : les tribuns du peuple annoncèrent que s'il n'était pas rentré à Rome avant les ides de novembre, ils déposeraient un nouveau projet de loi ; C. Licinius statuerait sur son cas en son absence et prononcerait le jugement. Tiré par cette chaîne, il rentra à Rome et vint au sénat où il rencontra une très forte hostilité. Là, il fut en butte aux violentes invectives de nombreux sénateurs ; l'on vota ensuite un sénatus-consulte concernant ceux des Ligures qui n'avaient pas été nos ennemis depuis le consulat de Q. Fulvius et de L. Manlius[1] : les préteurs C. Licinius et Cn. Sicinius devaient veiller à leur rendre la liberté et le consul C. Popilius leur donner des terres au-delà du Pô. Plusieurs milliers d'hommes recouvrèrent la liberté grâce à ce sénatus-consulte et on les fit passer de l'autre côté du Pô, où on leur donna des terres[2]. M. Popilius, en vertu de la *rogatio Marcia*, plaida deux fois sa cause devant C. Licinius ; la troisième fois, le préteur, cédant à l'influence du consul absent et aux prières de la famille de Popilius, fixa la date de la comparution de l'accusé aux ides de mars, date à laquelle de nouveaux magistrats devaient entrer en charge : ainsi, redevenu simple particulier, il n'aurait plus à rendre la justice. C'est ainsi qu'on éluda, par un subterfuge, la *rogatio*[3] concernant les Ligures.

Carthage et Masinissa : leurs ambassades à Rome.

XXIII. A cette époque, des ambassadeurs carthaginois se trouvaient à Rome en même temps que Gulussa[4], fils de Masinissa. De vifs débats eurent lieu entre eux au sénat. Les Carthaginois se plaignaient non seulement à cause d'un territoire au sujet duquel des commissaires avaient déjà été envoyés de Rome auparavant[5] pour enquêter sur place, mais de ce que Masinissa avait occupé par la violence et par les armes, au cours des deux dernières années, plus de soixante-dix villes et fortins : « Cela ne gênait pas un homme qui

*pro*posit*a* senatum consuluisset. [3]Huic detrac*ta*tioni eius tribuni plebis alterius rogationis denuntiatione occurrerunt, ut, si non ante idus Nouembres in urbem Romam introisset, de absente eo C. Licinius statueret ac iudicaret. [4]Hoc tractus uinculo cum redisset, ingenti cum inuidia in senatum uenit. [5]Ibi cum laceratus iurgiis multorum esset, senatus consultum factum est, ut, qui Ligurum post Q. Fulvium, L. Manlium consules hostes non fuissent, ut eos C. Licinius, Cn. Sicinius praetores in libertatem restituendos curarent, agrumque iis trans Padum consul C. Popilius daret. [6]Multa milia hominum hoc senatus consulto restituta in libertatem, transductisque Padum ager est adsignatus. [7]M. Popilius rogatione Marcia bis apud C. Licinium causam dixit; tertio praetor, gratia consulis absentis et Popili*ae* familiae precibus uictu*s*, *i*dibus Martiis adesse reum iussit, quo die noui magistratus inituri erant honorem, *n*e diceret i*us*, qui priuatus futurus esset. [8]Ita rogatio de Liguribus arte fallaci elusa est.

XXIII. [1]Legati Carthaginienses eo tempore Romae erant et Gulussa, filius Masinissae. Inter eos magnae contentiones in senatu fuere. [2]Carthaginienses querebantur, praeter agrum, de quo ante legati ab Roma, qui ⟨in⟩ re praesenti cognoscerent, missi essent, amplius septuaginta oppida castellaque agri Carthaginiensis biennio proxumo Masinissa*m* ui atque armis possedisse : [3]id illi, cui nihil

XXII, 2 proposita *Drakenborch* : positam *V* || 3 detractationi *Bekker* : detractioni *V* || 7 Popiliae *Fr.* : popillio *V* || victus, idibus *Fr.* : uictulaudibus *V* || ne diceret ius *Fr.* : ediceretis *V*.

XXIII, 2 in *add. Sigonius* || Masinissam *Fr.* : masinissamque *V*.

n'avait de respect pour rien ! Les Carthaginois devaient se taire, liés qu'ils étaient par le traité ; il leur était en effet interdit de porter leurs armes au-delà de leurs frontières ; bien que ce soit, ils le savent, à l'intérieur de leur territoire que, s'ils en chassent les Numides, ils doivent faire la guerre, ils sont retenus par cette clause non équivoque du traité qui leur interdit formellement de faire la guerre à des alliés du peuple romain. Mais désormais les Carthaginois ne pouvaient plus supporter l'orgueil, la cruauté, ni non plus la cupidité de cet homme. On les avait envoyés, eux, pour conjurer le sénat de bien vouloir leur accorder une de ces trois requêtes : ou bien qu'il décidât impartialement entre un ⟨roi⟩ allié et le peuple ⟨carthaginois⟩ ce qui appartenait à chacun ; ou bien que les Carthaginois fussent autorisés à se défendre au moyen d'une guerre juste et légitime contre des attaques injustes ; ou enfin, si la faveur avait plus de poids auprès des Romains que la vérité, qu'ils décidassent une fois pour toutes de ce qu'ils voulaient enlever à autrui pour le donner à Masinissa. Les Romains seraient en tout cas plus mesurés dans leurs dons et eux, Carthaginois, sauraient ce qu'ils lui auraient donné ; lui, au contraire, ne suivrait comme règle ⟨et comme limite⟩ que celles de son propre caprice[1]. S'ils n'obtenaient satisfaction sur aucun de ces points et si, depuis la paix à eux accordée par P. Scipion, ils avaient commis quelque faute importante, que ce soient plutôt les Romains qui les en punissent eux-mêmes. Ils préféraient la servitude dans la sécurité sous la domination romaine à une liberté exposée aux injustes violences de Masinissa ; bref, mieux valait pour eux périr une bonne fois que prolonger une existence soumise à l'arbitraire du plus cruel bourreau. » Cela dit, ils se prosternèrent en pleurant et,

pensi sit, facile esse. Carthaginienses foedere inligatos silere; [4]prohiberi enim extra fines efferre arma; quamquam sciant in suis finibus, si inde Numidas pell*a*nt, se gesturos bellum, illo *h*au*d* ambiguo capite foederis deterreri, quo diserte uetentur cum sociis populi Romani bellum gerere. [5]Sed iam ultra superbiam crudelitatemque et auaritiam eius pati* non posse Carthaginienses. Missos esse ⟨se⟩, qui orarent senatum, ut trium harum rerum unam ab se impetrari sinerent : [6]ut uel ex aequo in*ter* ⟨regem⟩ socium populumque ⟨Carthaginiensem⟩, quid cuiusque esset, disceptarent; uel permitterent Carthaginiensibus, ut aduersus iniusta arma pio iustoque se tutarentur bello; uel ad extremum, si gratia plus quam ueritas apud eos ualeret, semel statuerent, quid donatum ex alieno Masinissae uellent. [7]Modestius certe daturos eos, et ⟨se⟩ scituros, quid dedissent; [quid] ipsum null*u*m praeterquam suae libidinis arbitrio ⟨finem⟩ f*act*urum. [8]Horum si nihil impetrarent et aliqu*od* suum post dat*a*m a P. Scipione pacem delictum esset, ipsi potius animaduerterent in se. [9]Tutam *ser*u*i*tutem *s*e sub dominis Romanis quam libertatem expositam ad iniurias Masinissae malle; [10]perire *den*i*que* semel ipsis satius esse, quam sub acer*b*issim*i* carnificis arbitrio spiritum ducere. Sub haec dicta lacrimantes procubuerunt stratique humi

XXIII, **4** pellant *Dušánek* : pellent *V* || haud *Fr.* : aut *V* || **5** pati non posse *Novák* : nonpatiposse *V* || se *add. H. I. Mueller* || **6** inter regem *Madvig* : in *V* || Carthaginiensem *add. H. I. Mueller* || **7** se *add. Hartel* || quid (*ante* ipsum) *secl. Fr.* || nullum *Fr.* : nullam *V* || finem facturum *Fr.* : futurum *V* || **8** aliquod suum post datam *Fr.* : aliquamsuumpostdatum *V* || **9** servitutem se sub *Fr.* : iuuentutemetsub *V* || **10** denique *Vahlen* : neque *V* || acerbissimi *Fr.* : aceruissimo *V*.

étendus à terre, ⟨provoquèrent⟩ moins de pitié pour eux que ⟨d'irritation⟩ contre le roi.

XXIV. On décida de demander à Gulussa ce qu'il avait à répondre à ces accusations ou, s'il préférait commencer par là, de dire pour quelle raison il était venu à Rome. Gulussa dit « qu'il ne lui était pas facile, à lui, de parler de choses à propos desquelles il ne possédait aucune instruction de son père et qu'il n'avait pas été facile non plus à son père de lui en fournir, étant donné que les Carthaginois n'avaient pas fait connaître les points qu'ils allaient traiter ni même, tout simplement, leur intention d'aller à Rome. Ils avaient tenu clandestinement, pendant plusieurs nuits, un conseil des notables dans le temple d'Esculape[1] et ⟨rien n'en avait transpiré⟩, sinon qu'ils envoyaient à Rome des ambassadeurs munis d'instructions secrètes. Si son père l'avait envoyé à Rome, c'était pour prier le sénat de ne pas prêter foi aux accusations portées contre lui par leurs ennemis communs, lesquels n'avaient d'autre raison de le haïr, lui, que son constant attachement envers le peuple romain ». Après avoir entendu les deux parties, le sénat, consulté sur les demandes des Carthaginois, ordonna de faire la réponse suivante : « Le Sénat jugeait à propos que Gulussa partît sur le champ pour la Numidie et annonçât à son père qu'il devait envoyer le plus tôt possible au sénat des ambassadeurs chargés de s'expliquer sur ce dont se plaignaient les Carthaginois ; il devait aussi signifier aux Carthaginois de se rendre à un débat contradictoire. Les sénateurs avaient fait et feraient tout leur possible pour honorer Masinissa ; mais la justice, ils ne l'accordaient pas à la faveur. Quant au territoire, ils voulaient que la possession en fût partout liée à la légitime propriété, et ils n'avaient pas l'intention de fixer de nouvelles frontières, mais de maintenir les

non sibi magis misericordiam quam regi ⟨inuidiam conciliauerunt⟩.

XXIV. [1]Interrogari Gulussam placuit, quid ad e*a* responderet, aut, si prius mallet expromere, super qua re* Romam uenisset. [2]Gulussa neque sibi facile esse dixit de iis rebus agere, de quibus nihil mandati a patre haberet, neque patri facile fuisse mandare, cum Carthaginienses, nec de qua re acturi essent, nec omnino ituros se Romam indicauerint. [3][Nec] in aede Aesculapi clandestinum eos per aliquot noctes consilium principum habuisse, unde ⟨nihil emanasse⟩, praeter*quam* legatos occultis cum mandatis Romam mitti. [4]Eam causam fuisse patri mittendi se Romam, qui deprecaretur senatum, ne quid communibus inimicis criminantibus se *crederent*, quem ob nullam aliam causam nisi propter constantem fidem erga populum Romanum odissent. [5]His utrimque auditis senatus de postulatis Carthaginiensium consultus responder*i* ita iussit : [6]Gulussam placere extemplo in Numidiam proficisci et nuntiare patri, ut de iis, de quibus Carthaginienses querantur, legatos quam primum ad senatum mittat denuntietque Carthaginiensibus, ut ad disceptandum ueniant. [7]Se ali*a*, qu*ae* possent, Masinissae honoris causa et fecisse et facturos esse ; ius gratiae non dare. [8]Agrum, qua cuiusque sit, possideri uelle, nec nouos statuere

XXIII, **10** inuidiam conciliauerunt *add. Novák* : invidiam concitarunt *add. Sigonius*.

XXIV, **1** ea *Fr.* : eas *V* || re Romam *Fr.* : repraeromam *V* || **3** nec (*ante* in aede) *secl. Fr.* || nihil emanasse *add. Drakenborch* || praeterquam *Clericus* : praeterea *V* || **4** crederent *Fr.* : romam *V* || **5** responderi *Doviatius* : respondere *V* || **7** alia quae *Weissenborn* : aliquem *V*.

anciennes. Ils avaient concédé aux Carthaginois vaincus une ville et des territoires ; ce n'était pas pour leur arracher injustement en temps de paix ce qu'ils ne leur avaient pas enlevé en vertu du droit de la guerre ». C'est dans ces conditions que le prince et les Carthaginois furent congédiés. Des cadeaux leur furent offerts selon l'usage aux uns et aux autres, et l'on observa avec bienveillance à leur égard les autres devoirs de l'hospitalité.

Retour d'une ambassade romaine envoyée en Macédoine.

XXV. A la même époque, Cn. Servilius Caepio[1], Appius Claudius Cento[2] et T. Annius Luscus[3] revinrent de Macédoine où ils avaient été envoyés[4] comme ambassadeurs pour présenter des réclamations[5] au roi et dénoncer le traité d'amitié signé avec lui. Trouvant un sénat déjà animé par lui-même de sentiments hostiles envers Persée, ils accrurent encore son irritation en lui racontant point par point ce qu'ils avaient vu et entendu. Ils avaient vu que dans toutes les villes de Macédoine on menait vigoureusement les préparatifs de guerre ; arrivés près du roi, ils s'étaient, pendant plusieurs jours, heurtés à l'impossibilité de le rencontrer ; enfin, comme, n'espérant plus obtenir une audience, ils étaient partis, c'est seulement au moment où ils étaient déjà sur la route du retour qu'on les rappela et qu'on les introduisit auprès du roi. Voici, pour l'essentiel, ce qu'ils lui avaient dit : « Un traité avait été conclu avec Philippe et renouvelé[6] avec lui, Persée, après la mort de son père, traité qui lui interdisait expressément de conduire ses armées hors de ses frontières[7], qui lui interdisait d'attaquer les alliés du peuple romain[8] ». Ils exposèrent ensuite point par point tous les faits qu'ils avaient eux-mêmes récemment appris au sénat en écoutant le rapport — authentique et vérifié — d'Eumène. « En outre, à Samothrace, le roi avait tenu pendant plusieurs jours un conseil secret avec des députations de cités asiatiques. Compte tenu de ces violations, le sénat trouvait juste que le roi lui accordât des réparations et qu'il lui rendît, à lui comme à ses alliés, ce qu'il possédait contrairement aux clauses du traité ». A ces mots, le roi

fines, sed ueteres obseruare in animo habere. [9]Carthaginiensibus uictis se et urbem et agros concessisse, non ut in pace eriperent per iniuriam, quae iure belli non ademissent. Ita regulus Carthaginiensesque dimissi. [10]Munera ex instituto data utrisque aliaque hospitalia comiter conseruata.

XXV. [1]Sub idem tempus Cn. Seruilius Caepio, Ap. Claudius Cento, T. Annius Luscus legati ad res repetendas in Macedoniam renuntiandamque amicitiam regi missi redierunt; [2]qui iam sua sponte infestum Persei senatum insuper accenderunt, relatis ordine, quae uidissent quaeque audissent : uidisse se per omnes urbes Macedonum summa ui parari bellum. [3]Cum ad regem peruenissent, per multos dies conueniendi eius potestatem non factam; postremo, cum desperato iam conloquio profecti essent, tum demum se ex itinere *re*uocatos et ad eum introductos esse. [4]Suae orationis summam fuisse : foedus cum Philippo ictum *es*se, cum ipso eo post mortem patris renouatum, in quo diserte prohiberi eum extra fines arma efferre, prohiberi socios populi Romani lacessere bello. [5]Exposita deinde ab se ordine, quae ipsi nuper in senatu Eumenen uera omnia et conperta referentem audissent. [6]Samothracae praeterea per multos dies occultum consilium cum legationibus ciuitatium Asiae regem habuisse. [7]Pro his iniuriis satisfieri senatum aecum censere reddique sibi res sociisque suis, quas contra ius foederis habeat. [8]Re-

XXIV, 8 observare *I. F. Gronovius* : obseruari *V* || 9 ademissent *Fr.* : admisissent *V*.

XXV, 1 regi *Sigonius* : regis *V* || 3 revocatos *Fr.* : uocatos *V* || 4 esse *Madvig* : se *V*.

enflammé de colère répondit d'abord sans ménagement, reprochant aux Romains leur cupidité et leur orgueil, et s'indignant de ce qu'ils lui envoyaient ambassadeurs sur ambassadeurs pour espionner ses paroles et ses actions : pour eux, il était juste que, dans tout ce qu'il disait et faisait, il leur obéît au doigt et à l'œil ; finalement, après avoir beaucoup et longtemps crié, il leur ordonna de revenir le lendemain : il voulait leur donner une réponse écrite. Alors ils avaient reçu de lui un texte dont le contenu était le suivant : « Le traité conclu avec son père ne le concernait en rien ; que ce traité fût reconduit [1], il l'avait toléré, non parce qu'il l'approuvait, mais parce qu'il faut tout tolérer lorsqu'on vient de monter sur le trône [2]. S'ils voulaient conclure avec lui un nouveau traité, ils devaient d'abord obtenir son accord sur les clauses de celui-ci ; s'ils avaient l'intention de traiter d'égal à égal, il verrait pour sa part ce qu'il lui conviendrait de faire, et il croyait qu'eux-mêmes de leur côté prendraient des mesures conformes à l'intérêt de leur république ». Là-dessus, il s'était précipité au dehors et l'on avait entrepris de les faire tous sortir du palais. C'est alors qu'ils avaient dénoncé le traité d'alliance et d'amitié. A ces mots, il avait repris son sang-froid [3] et il les avait sommés à voix haute de quitter dans les trois jours le territoire de son royaume. C'est dans ces conditions qu'ils étaient partis, sans que, pendant leur séjour ⟨ou lors de leur départ⟩, le moindre geste d'hospitalité ou de bienveillance eût été accompli à leur égard » [4]. On donna ensuite audience à des ambassadeurs thessaliens et étoliens. Le sénat, désirant savoir au plus tôt quels seraient les dirigeants de la république, jugea bon d'écrire aux consuls pour que celui des deux qui le pourrait vînt à Rome afin d'y présider à l'élection des magistrats.

Tension entre Rome et Gentius, roi d'Illyrie.

XXVI. Les consuls, cette année-là, n'avaient pas accompli pour l'État d'action qui soit vraiment digne d'être rapportée. On avait jugé

gem ad ea primo accensum ira inclementer locutum, auaritiam superbiamque Romanis obicientem fre*m*entem*que*, quod alii super alios legati uenirent speculat*um* dicta factaque sua, quod se ad nutum imperiumque eorum omnia dicere ac facere aecum censerent ; [9]postremo multum ac diu uociferatum reuerti postero die iussisse : scriptum se responsum dare uelle. [10]Tum ita sibi scriptum traditum esse : foedus cum patre ictum ad se nihil pertinere ; id se renouari, non quia probaret, sed quia in noua possessione regni patienda omnia essent, passum. [11]Nouo*m* foedus si secum facere uellent, conuenire prius de condicionibus debere ; si in animum inducerent, ut ex aequo foedus fieret, et se uisurum, quid sibi faciundum esset, et illos credere ⟨e⟩ re publica consulturos. [12]Atque ita se proripuisse et summoueri e regia omnis coeptos. Tum se amicitiam et societatem renuntiasse. Qua uoce eum accensum restitisse atque uoce clara denuntiasse sibi, ut triduo regni sui decederent finibus. [13]Ita se profectos ; nec sibi aut manentib*us* ⟨aut abeuntibus⟩ quidquam hospitaliter aut benigne factum. Thessali deinde Aetolique legati auditi. [14]Senatui, ut scirent quam primum, quibus ducibus usura res publica esset, litteras mitti consulibus placuit, ut, uter eorum *po*sset, Romam ad magistratus creandos ueni*r*et.

XXVI. [1]Nihil magnopere, quod memorari ad-

XXV, 8 frementemque quod *Hertz et Harant* : frequentemquod *V* ‖ speculatum *Kreyssig* : speculati *V* speculaturi *Ruperti* ‖ **11** nouom *Kreyssig* : nouo *V* ‖ debere *Madvig* : deberet *V* ‖ e (*ante* republica) *add. Madvig* ‖ **13** manentibus aut abeuntibus *Madvig* : manentibi *V* ‖ **14** posset *I. F. Gronovius* : esset *V* ‖ ueniret *Fr.* : venisset *V*.

plus conforme à l'intérêt de l'État de contenir et de calmer l'exaspération des Ligures.

Comme on était dans l'attente de la guerre de Macédoine, Gentius[1], roi des Illyriens, devint suspect à son tour à la suite d'une députation des habitants d'Issa[2], qui l'accusaient d'avoir pillé leur territoire et en même temps annonçaient que les rois de Macédoine et d'Illyrie agissaient en pleine intelligence et préparaient de concert la guerre contre les Romains[3] ; en outre, sous le couvert d'une ambassade, des Illyriens avaient été envoyés comme espions à Rome, à l'instigation de Persée, pour savoir ce qui s'y passait. On fit venir les Illyriens au sénat ; comme ils disaient qu'ils avaient été envoyés en ambassadeurs par leur roi désireux de se justifier des accusations portées éventuellement contre lui par les gens d'Issa, on leur demanda pourquoi, dans ces conditions, ils n'étaient pas allés trouver le magistrat pour recevoir de lui, selon l'usage, le logement et les fournitures d'équipement, bref, pour que l'on connût leur arrivée et les motifs de celle-ci. Comme ils balbutiaient dans leur réponse, on leur dit de sortir de la curie ; on jugea bon de ne pas leur fournir de réponse comme on l'aurait fait à des ambassadeurs, étant donné qu'ils n'avaient pas sollicité d'audience du sénat ; et l'on décida d'envoyer au roi des ambassadeurs chargés de lui faire part des plaintes des alliés : « Le sénat était d'avis que le roi n'agissait pas selon la justice en ne s'abstenant pas de violer les droits des alliés de Rome ». Pour cette ambassade, on fit partir A. Terentius Varro[4], C. Plaetorius[5] et C. Cicereius[6].

D'Asie revinrent les ambassadeurs que l'on avait envoyés auprès de tous les rois alliés[7] ; ils avaient rencontré, dirent-ils, Eumène à Égine, Antiochus en Syrie, Ptolémée à Alexandrie. Tous avaient fait l'objet des sollicitations

tineat, rei publicae eo anno consules gesserant. Magis e re publica uisum erat conprimi ac sedari exasperatos Ligures.

[2]Cum Macedonicum bellum expectaretur, Gentium quoque, Illyriorum regem, suspectum *I*ss*ae*i legati fecerunt, simul questi *fi*nes *s*uos *eum* d*e*populatum, simul nuntiantes uno animo uiuere Macedonum atque Illyriorum regem; communi consilio parare Romanis bellum; [3]et specie legatorum Illyrios speculatores Romae esse Perse auctore missos, ut, quid ageretur, scirent. [4]Illyrii uocati in senatum; qui cum legatos se esse missos ab rege dicerent ad purganda crimina, si qua de rege Issae*i* d*e*ferrent, [5]quaesitum est, quid ita non adissent magistratum, ut ex instituto loca, lautia acciperent, sciretur denique uenisse eos et super *qua* re uenisse*nt*. Haesitantibus in responso, ut curia excederent, dictum; [6]responsum tamquam legatis, qui* ut adirent senatum non postulassent, dari non placuit; mittendosque ad regem legatos censuerunt, qui nuntiarent, qui*d* socii quererentur; senatum existumare non aecum eum facere, qui ab sociis suis non abstineret iniuriam. [7]In hanc legationem missi A. Terentius Varro, C. Plaetorius, C. Cicereius.

Ex Asia, qui circa socios reges missi erant, redierunt legati, qui re*ttul*erunt Eumenen *Aeg*inae, Antiochum in Syria, Ptolemaeum Alexandria*e* sese conuenisse. [8]Omnes sollicitatos legationibus Per-

XXVI, 2 Issaei *Madvig* : esse *V* || questi fines suos eum depopulatum *Madvig* : quaestionesuosecundopopulatum *V* || 4 de rege Issaei deferrent *Madvig* : deregessissedifferrent *V* || 5 super qua re venissent *Fr.* : superdereuenisse *V* || 6 qui ut *Madvig* : utqui *V* || quid *Madvig* : quis *V* || 7 rettulerunt *Harant* : redierunt *V* || Aeginae *H. I. Mueller* : inę (e *exp.*) *V* || Alexandriae *I. F. Gronovius* : inalexandria *V*.

des ambassadeurs de Persée, mais demeuraient de bons et loyaux alliés et s'étaient engagés à fournir au peuple romain tout ce qu'il leur ordonnerait de livrer. Ils étaient allés également dans les cités alliées : toutes étaient assez fidèles, mais ils avaient trouvé les Rhodiens[1] irrésolus et fortement influencés par les conseils de Persée. Des ambassadeurs étaient venus de Rhodes pour se justifier des accusations communément répandues, ils le savaient, contre leur cité ; mais le sénat jugea bon de ⟨ne pas leur donner audience avant⟩ l'entrée en charge des nouveaux consuls.

Préparatifs de guerre contre la Macédoine.

XXVII. On décida de ne pas différer les préparatifs de guerre. On confie au préteur C. Licinius[2] la tâche de faire un choix parmi les vieilles quinquérèmes encore utilisables qui étaient en réserve dans les arsenaux romains, de telle façon qu'une fois radoubées et équipées, elles pussent constituer une flotte de cinquante navires. S'il n'arrivait pas à atteindre cet effectif, il devait écrire à son collègue C. Memmius en Sicile de faire radouber et armer les navires de Sicile de façon à pouvoir les faire partir au plus tôt pour Brindes. Le préteur C. Licinius eut pour mission de recruter parmi les citoyens romains de l'ordre des affranchis les équipages nécessaires à l'équipement de vingt-cinq navires ; Cn. Sicinius devait ordonner aux alliés de lui en fournir autant pour vingt-cinq autres vaisseaux ; le même préteur devait exiger des alliés de nom latin huit mille fantassins et quatre cents ⟨cavaliers⟩. Pour recevoir cette troupe à Brindes et l'envoyer en Macédoine, on choisit A. Atilius Serranus, préteur l'année précédente[3]. Afin que le préteur Cn. Sicinius disposât d'une armée toute prête pour la traversée, le préteur Licinius écrivit, sur ordre du sénat, au consul C. Popilius : celui-ci devait or-

sei, sed egregie ⟨in⟩ fide permanere pollicitosque omnia, quae populus Romanus imperasset, praestaturos. Et ciuitates socias adisse : ceteras satis fidas, *Rhod*ios fluctuantis et inbutos Persei consiliis inuenisse. [9]Venerant Rhodii legati ad purganda ea, quae uolgo iactari de ciuitate sciebant ; ceterum senatum iis non ⟨prius dari, quam⟩ *no*ui consules magistratum inissent, placuit.

XXVII. [1]Belli apparatum non differendum censuerunt. C. Licinio praetori negotium datur, ut ex ueteribus quinqueremibus in naualibus Romae subd*uc*tis, quae possent usui esse, reficeret pararetque naues quinquaginta. [2]Si quid ad eum numerum explendum deesset, C. Memmio collegae in Siciliam scriberet, ut eas, quae in Sicilia naues essent, reficeret atque expediret, ut Brundisium primo quoque tempore mitti possent. [3]Socios nauales liberti*ni* ordinis in uiginti et quinque naues ex ciuibus Romanis C. Licinius praetor scribere iussus ; in quinque et uiginti parem numerum Cn. Sicinius sociis imperaret ; idem praetor peditum octo milia, quadringentos ⟨equites⟩ a*b* sociis Latini nominis exigeret. [4]Hunc militem qui Brundisi acciperet atque in Macedoniam mitteret, A. Atilius Serranus, qui priore anno praetor fuerat, deligitur. [5]Cn. Sicinius praetor [qui] ut exercitum para*t*um ad traiciendum haberet, C. Popilio consuli ex auctoritate senatus C. Licinius praetor scribit,

XXVI, **8** sed egregie in *Fr.* : sedegraeciaefide *V* || Rhodios *Madvig* : socios *V* || **9** prius dari quam noui *Vahlen* : ui *V*.

XXVII, **1** subductis *Fr.* : subditis *V* || **3** libertini *Fr.* : liberti *V* || equites *add. Fr.* || ab *Kreyssig* : ac *V* || **5** ut exercitum *Kreyssig* : quiutexercitum *V* || paratum *Fr.* : parandum *V*.

donner à la deuxième légion qui, formée surtout de vétérans, se trouvait en Ligurie, ainsi qu'à quatre mille fantassins et deux cents cavaliers recrutés parmi les alliés de nom latin, de se trouver à Brindes aux ides de février [1]. Avec cette flotte et cette armée, Cn. Sicinius eut pour mission de se maintenir en Macédoine [2], sa province, son commandement étant prorogé d'un an, jusqu'à l'arrivée d'un successeur. Toutes ces décisions du sénat furent suivies d'une prompte exécution. On sortit des arsenaux trente-huit quinquérèmes ; L. Porcius Licinus [3] fut chargé de les conduire à Brindes ; douze furent envoyées de Sicile. On envoya en Apulie et en Calabre trois commissaires, Sex. Digitius [4], T. Iuventius [5] et M. Caecilius [6], chargés d'acheter du blé pour la flotte et l'armée. Le préteur Cn. Sicinius, parti de Rome revêtu du *paludamentum*, arriva à Brindes pour y trouver tous les préparatifs achevés.

Élections pour 171. Vœux. Mort de Q. Fulvius Flaccus.

XXVIII. Presque à la fin de l'année, le consul C. Popilius revint à Rome beaucoup plus tard que ⟨le sénat⟩ ne l'avait décidé, car ce dernier avait estimé qu'il était de l'intérêt de l'État que les magistrats fussent élus au plus tôt, alors qu'une guerre si importante était imminente. Aussi le consul ne rencontra-t-il pas un accueil favorable de la part des sénateurs lorsqu'il raconta, au temple de Bellone, ce qu'il avait fait chez les Ligures. Des cris l'interrompaient fréquemment ainsi que des questions : pourquoi n'avait-il pas rendu la liberté aux Ligures que son frère avait criminellement opprimés ? Les comices consulaires furent tenus à la date fixée, soit le douzième jour avant les calendes de mars [7]. Furent proclamés consuls [8] ⟨P.⟩ Licinius Crassus [9] et C. Cassius

ut et legionem secundam, quae maxume ueterana in Liguribus erat, et ⟨ex⟩ sociis Latini nominis quattuor milia peditum, ducentos equites idibus Februariis Brundisi adesse iuberet*. [6]Hac classe et hoc exercitu Cn. Sicinius prouinciam Macedoniam obtinere, donec successor ueniret, iussus, prorogato in annum imperio. Ea omnia, quae senatus censuit, inpigre facta sunt. [7]Duodequadraginta quinqueremes ex naualibus deductae; qui deduceret eas Brundisium, L. Porcius Licin*us* praepositus; duodecim ex Sicilia missae. [8]Ad frumentum classi exercituique coemendum in Apuliam Calabriamque tres legati missi, Sex. Digitius, T. Iuuentius, M. Caecilius. Ad omnia praeparata Cn. Sicinius praetor, paludatus ex urbe profectus, Brundisium uenit.

XXVIII. [1]Exitu prope anni C. Popilius consul Romam redi*i*t aliquanto serius, quam ⟨senatus⟩ censuerat, cui primo quoque tempore magistratus creari, cum tantum bellum immineret, *e* re pu*blica* *ui*sum erat. [2]Itaque non secundis auribus patrum auditus est consul, cum in aede Bellonae de rebus in Liguribus gestis dissereret. [3]Succlamationes frequentes erant interrogationesque, cur scelere fratris oppressos Ligures in libertatem non restituisset. [4]Comitia consularia, in quam *edicta* erant diem, a*nte* diem duodecimum kal. Martias sunt habita. [5]Creati consules ⟨P.⟩ Licinius Crassus, C. Cassius

XXVII, 5 ex *add. Weissenborn.* || iuberet hac classe *Fr.* : hac classe iuberet *V* || 7 Licinus *Sigonius* : Licinius *V.*

XXVIII, 1 rediit *Fr.* : redit *V* || senatus *add. Fr.* || immineret e republica uisum erat *Bekker* : imminererepulsum erat *V* || 4 edicta *Fr.* : deuicta *V* || ante *Sigonius* : ad *V* || 5 P. *add. Fr.*

Longinus[1]. Le lendemain furent élus préteurs C. Sulpicius Galba[2], L. Furius Philus[3], L. Canuleius Dives[4], C. Lucretius ⟨Gallus⟩[5], C. Caninius Rebilus[6], L. Villius Annalis[7]. A ces préteurs on assigna leurs provinces : les deux juridictions à Rome, l'Espagne[8], la Sicile et la Sardaigne, de façon qu'il en restât un dont les attributions dépendraient de la décision du sénat. Celui-ci ordonna aux consuls désignés d'avoir soin, le jour de leur entrée en charge, d'immoler, selon le rite, des victimes majeures et de faire des prières pour l'heureuse issue de la guerre que le peuple romain avait l'intention de faire. Le même jour, le sénat décréta que le consul C. Popilius ferait le vœu de célébrer en l'honneur de Jupiter très bon et très grand des jeux d'une durée de dix jours et de déposer des offrandes sur tous les lits de parade, ⟨si⟩, au bout de dix ans, l'état de la république était resté le même. Aussi, conformément au décret, le consul fit au Capitole le vœu de donner des jeux et de dépenser pour les offrandes la somme qu'aurait fixée par décret le sénat avec un quorum de cent cinquante membres. Le grand pontife Lepidus[9] dicta la formule suivant laquelle ce vœu fut prononcé.

Cette année-là moururent, parmi les prêtres publics, L. Aemilius Papus[10], *decemuir sacrorum*, ainsi que le pontife Q. Fulvius Flaccus[11], qui avait été censeur l'année précédente. Celui-ci eut une mort déshonorante[12]. Il avait appris que, de ses deux fils qui servaient alors dans l'armée, en Illyrie, l'un ⟨était mort, l'autre⟩ était atteint d'une grave et dangereuse maladie[13]. Il succomba à la fois au chagrin et à l'inquiétude : un matin, ses esclaves le trouvèrent pendu dans sa chambre. Le bruit courait que, depuis la fin de sa censure, il n'avait plus sa raison ; c'était là, disait-on communément, l'effet de la colère éprouvée contre lui par Junon Lacinia, dont il avait profané le temple[14] et qui lui avait aliéné l'esprit. On choisit comme décemvir,

Longinus. Postero die praetores facti C. Sulpicius Galba, L. Furius Philus, L. Canuleius Diues, C. Lucretius ⟨Gallus⟩, C. Caninius Rebilus, L. Vi*lli*us Annalis. [6]His praetoribus prouinciae decretae, duae iure Romae dicendo, Hispania et Sicilia et Sardinia, ut uni sors integra esset, quo senatus censuisset. [7]Consulibus designatis imperauit senatus, ut, qua die magistratum inissent, hostiis maioribus rite mactatis precarentur, ut, quod bellum populus Romanus in animo haberet gerere, ut id prosperum eueniret. [8]Eodem die decreuit senatus, C. Popilius consul ludos per dies decem Ioui optumo maxumo ⟨fieri⟩ uoueret donaque circa omnia puluinaria dari, ⟨si⟩ res publica decem annos in eodem statu fuisset. [9]Ita, ut censuerant, in Capitolio uouit consul ludos fieri don*a*que dari, quanta ex pecunia decresset senatus, cum centum et quinquaginta non minus adessent. Praeeunte uerba Lepido pontifice maxumo id uotum susceptum est.

[10]Eo anno sacerdotes publici mortui L. Aemilius Papus decemuir sacrorum et Q. Fuluius Flaccus pontifex, qui priore anno fuerat censor. [11]Hic foeda morte periit. Ex duobus filiis eius, qui tum in Illyrico militabant, nuntiatum alterum ⟨decessisse, alterum⟩ graui et periculoso mor*bo* aegrum esse. [12]Obruit animum simul luctus metusque : mane ingressi cubiculum serui laqueo dependentem inuenere. Erat opinio post censuram minus conpotem fuisse sui ; uolgo Iunonis Laciniae iram ob spoliatum templum alienasse mentem ferebant. [13]Suffec-

XXVIII, **5** Gallus *add. Fr.* || Villius *Sigonius* : iunius *V* || **8** fieri *add. I. Perizonius* || si *add. Fr.* || **9** donaque dari *Madvig* : donariquedari *V* || **11** decessisse alterum *add. Fr.* || morbo *Fr.* : morte *V*.

à la place d'Aemilius, M. Valerius Messalla[1] ; comme pontife, à la place de Fulvius, un prêtre fort jeune[2], Cn. Domitius Ahenobarbus[3].

Les alliés de Rome.

XXIX. Sous le consulat de P. Licinius et de L. Cassius, ce n'étaient pas seulement la ville de Rome et la terre italienne, mais tous les rois et toutes les cités d'Europe et d'Asie qui avaient avec inquiétude les yeux tournés vers la guerre qui allait éclater entre Rome et la Macédoine. Eumène était animé par sa vieille haine et aussi par sa récente colère, ayant failli tomber, comme une victime qu'on immole, sous les coups de Persée à Delphes. Prusias, roi de Bithynie, avait décidé de rester neutre, en homme qui attendait l'issue des événements : les Romains ne pouvaient trouver juste qu'il prît les armes contre le frère de sa femme ; inversement, si Persée était vainqueur, il comptait sur sa sœur pour obtenir son pardon. Ariarathès, roi de Cappadoce, non content de promettre personnellement son aide aux Romains, s'était associé, depuis qu'il était devenu le parent d'Eumène[4], à tous ses projets de paix et de guerre. Antiochus, il est vrai, avait des visées sur le royaume d'Égypte, n'éprouvant que mépris pour la jeunesse de son roi[5] et l'incapacité[6] de ses tuteurs : il pensait, en soulevant des querelles à propos de la Coelé-Syrie[7], trouver une cause de guerre[8], guerre qu'il ferait sans aucun obstacle, les Romains étant retenus par celle de Macédoine ; il n'en avait pas moins, et avec insistance, fait aux Romains toutes les promesses qu'il pouvait, pour cette dernière guerre, à la fois par ses ambassadeurs auprès du sénat et lui-même, directement, auprès de leurs ambassadeurs. Ptolémée était alors, à cause de son âge, sous la dépendance d'autrui ; ses tuteurs préparaient la guerre[9] contre Antiochus, pour affirmer leur droit à la possession de la Coelé-Syrie et, en même temps, faisaient toutes sortes de promesses aux Romains pour la guerre de Macédoine. Masinissa aidait les Romains en leur envoyant du blé et se préparait à faire partir pour la guerre des

tus in Aemili locum decemuir M. Valerius Messalla; in Fului pontifex Cn. Domitius Ahenobarbus, oppido adulescens sacerdos, est lectus.

XXIX. [1]P. Licinio C. Cassio consulibus non urbs tantum Roma nec terra Italia, sed omnes reges ciuitatesque, quae in Europa quaeque in Asia erant, conuerterant animos in curam Macedonici ac Romani belli. [2]Eumenen cum uetus odium stimulabat, tum recens ira, quod scelere *Pers*ei prope ut uictuma mactatus Delphis esset. [3]Prusias, Bithyniae rex, statuerat abstinere armis *ut* qui tum euentum expectaret; nam neque Romanos posse aequom censere aduersus fratrem uxoris ⟨se⟩ arma ferre, et apud Persea uictorem ueniam per sororem impetrabilem fore. [4]Ariarathes, Cappadocum rex, praeterquam quod Romanis suo nomine auxilia pollicitus erat, ex quo est iunctus Eumeni adfinitate, in omnia belli pacisque se consociauerat consilia. [5]Antiochus inminebat quidem Aegypti regno, et pueritiam regis et inertiam tutorum spernens; et ambigendo de Coele Syria causam belli se habiturum existumabat [6]gesturumque i*d* nullo impedimento occupatis Romanis in Macedonico bello; quod ⟨ad⟩ bellum tamen omnia et per suos legatos senatui et ipse legatis eorum e*nix*e pollicitus erat. [7]Ptolemaeus propter aetatem alieni etiam tum arbitrii erat; tutores et bellum aduersus Antiochum parabant, quo uindicarent Coelen Syriam, et Romanis omnia pollicebantur ad Macedonicum bellum. [8]Masinissa et frumento iuuabat Romanos

XXIX, **2** Persei *Drakenborch* : eius *V* regis *Iacobs* || **3** ut qui tum *Harant* : equitum *V* || se *add. Weissenborn* || **6** id *Vahlen* : in *V* || ad *add. Vahlen* || enixe *Kreyssig* : exine *V* eximie *Fr.*

auxiliaires avec des éléphants, ainsi que son fils Misagène ; il était prêt d'ailleurs à toute éventualité et raisonnait ainsi : si la victoire se trouvait aux mains des Romains, sa propre situation demeurerait la même et il devrait rester dans ses frontières, car les Romains ne supporteraient pas qu'il usât de la force contre les Carthaginois ; mais si la puissance romaine, qui protégeait en ce moment les Carthaginois, était brisée, toute l'Afrique serait à lui. Gentius, roi d'Illyrie, avait donné lieu aux Romains de se défier de lui[1] plutôt qu'il n'avait nettement décidé quel parti il soutiendrait ; et l'on avait l'impression que ce serait plutôt par impulsion que par réflexion qu'il se joindrait aux uns ou aux autres. Le Thrace Cotys[2], roi des Odryses, avait depuis longtemps[3] pris le parti des Macédoniens.

Sentiments des Grecs vis-à-vis de Persée.

XXX. Si telle était l'opinion des rois à l'égard de la guerre, la plèbe, dans les peuples et nations[4] indépendantes, éprouvait partout comme d'habitude, dans sa quasi-totalité, de la sympathie pour la plus mauvaise cause[5] et penchait vers le roi et les Macédoniens[6] ; quant à l'aristocratie, on aurait pu y trouver des opinions divergentes. Les uns se dépensaient en faveur des Romains avec si peu de retenue qu'ils y compromettaient leur autorité ; peu, parmi eux, étaient séduits par la justice du gouvernement romain, plusieurs pensaient qu'ils deviendraient puissants dans leur cité, s'ils avaient soutenu mieux que d'autres la cause romaine. Le second groupe était formé des flatteurs du roi : les uns, en raison de leurs dettes et du fait que leur situation eût été désespérée si les choses étaient restées en l'état, se laissaient conduire aveuglément par le désir de tout bouleverser ; d'autres montraient un esprit versatile : or le vent de la popularité soufflait davantage en direction de Persée. Un troisième groupe était composé des citoyens à la fois

et auxilia cum elephantis Misagenenque filium mittere ad bellum parabat. Consilia autem in omnem fortunam ita disposita habebat : [9]si penes Romanos uictoria esset, su*a* quoque in eodem statu mansura *e*sse, neque ultra quidquam mouendum; non enim passuros Romanos uim Carthaginiensibus adferri; [10]si fractae essent opes Romanorum, quae tum protegerent Carthaginienses, suam omnem Africam fore. [11]Gentius, rex Illyriorum, fecerat potius, cur suspectus esset Romanis, quam satis statuerat, utram foueret partem, impetuque magis quam consilio *h*is aut ill*i*s se adiuncturus uidebatur. [12]Cotys Thrax, Odrysarum rex, ia*m* d*udum* Macedonum partis erat.

XXX. [1]Haec sententia regibus cum esset de bello, in liberis gentibus populisque *ple*b*s* ubique omnis ferme, ut solet, deteriori*s* erat, *ad* regem Macedonasque inclinata; principum d*i*uersa cerneres studia. [2]Pars ita in Romanos effusi erant, ut auctoritatem inmodico fauore corrumperent, [3]pauci ex iis iustitia imperii Romani capti, plures ita, si praecipuam operam nauassent, potentes sese in ciuitatibus suis futuros rati. [4]Pars altera regiae adulationis erat; quos*dam* aes alienum et desperatio rerum suarum eodem manente statu praecipites ad nouanda omnia agebat; quosdam uentosum ingenium, quia ⟨ad⟩ Persea magis aura popularis *i*erat. [5]Tertia pars, optuma eadem et

XXIX, **9** sua...mansura esse *Madvig* : suas...mansurasse *V* || **11** his aut illis *I. F. Gronovius* : iisautillius *V* || **12** iamdudum *Giarratano* : eiad *V* evidenter *Fr.* iam (*uel* iamdiu) *Weissenborn* clam *Gertz.*

XXX, **1** plebs *Fr.* : gens *V* || deterioris *I. F. Gronovius* : deterioribus *V* || ad *I. F. Gronovius* : ob *V* || diversa *Fr.* : aduersa *V* || **4** quosdam *Gertz* : quos *V* || ad *add. Madvig* || ierat *Madvig* : erat *V.*

les meilleurs et les plus avisés[1] : ils aimaient mieux, si du moins ils en étaient réduits à choisir un maître selon leurs préférences, dépendre des Romains plutôt que du roi ; mais — auraient-ils été libres de choisir leur sort — ils désiraient ne voir aucun parti triompher grâce à l'écrasement de l'autre, mais bien plutôt que la paix se maintînt par un équilibre entre les deux partis gardant chacun ses forces entières : placés ainsi entre les deux puissances, leurs États se trouveraient dans la meilleure condition qui soit, puisque l'une d'entre elles se trouverait toujours là pour protéger le faible contre les injustes agressions de l'autre. C'est avec de telles dispositions d'esprit que, sans rien dire, ils observaient sans s'y mêler les luttes auxquelles se livraient les partisans de chacune des factions.

Rome : Projets de guerre contre Persée.

Le jour de leur entrée en charge[2], les consuls se rendirent, conformément au sénatus-consulte, dans tous les sanctuaires où d'habitude, la plus grande partie de l'année, on offre un lectisterne ; après y avoir immolé des victimes majeures, puis auguré que leurs prières avaient été bien accueillies par les dieux immortels, ils annoncèrent au sénat que, selon le rite, ils avaient fait un sacrifice et prié les dieux pour la guerre. Les haruspices donnèrent la réponse suivante : si l'on commençait quelque nouvelle entreprise, on devrait en hâter la résolution ; la victoire, le triomphe, l'extension ⟨de l'Empire, telles étaient leurs prédictions⟩.

⟨Les sénateurs⟩ ordonnèrent ⟨que pour le bien, la prospérité⟩ et le bonheur du peuple romain, les consuls fissent connaître ce qui suit au peuple réuni le plus tôt possible dans les comices centuriates : « Considérant que Persée, fils de Philippe, roi de Macédoine, avait — en violation du traité conclu avec son père Philippe et renouvelé avec lui-même, après la mort de ce dernier — porté les armes contre les alliés du peuple romain, ravagé leur territoire et occupé leurs villes, considérant qu'il avait établi des plans pour préparer la guerre contre le peuple romain

prudentissima, si utique optio domini potioris daretur, sub Romanis quam sub rege malebat esse; [6]si liberum in ⟨ea re⟩ arbitrium fortunae esset, neutram partem uolebant potentiorem altera oppressa fieri, sed inli*bat*i*s* potius uiribus utriusque partis pacem ex ae*quo* manere; ita inter utrasque optimam condicionem ciuitatium fore, protegente alter*a* semper inopem ab alterius iniuria. [7]Haec sentientes certamina fautorum utriusque partis taciti ex tuto spectabant.

[8]Consules, quo die magistratum inierunt, ex senatus consulto cum circa omnia fana, in quibus lectisternium maiorem partem anni esse solet, maioribus hostiis immolassent, inde preces suas [quo] acceptas ab diis immortalibus ominati, senatui rite sacrificatum precationemque de bello factam renuntiarunt. [9]Haruspices ita responderunt : si quid rei nouae inciperetur, id maturandum esse; uictoriam, triumphum, pro*pa*gatio*nem* ⟨imperii portendi.

[10]Patres, quod bonum faustum⟩ felixque populo Romano esset, centuriatis comitiis primo ⟨quoque⟩ di*e* ferre ad populum consules iusserunt, ut, quod Perseus, Philippi filius, Macedonum rex, aduersus foedus cum patre Philippo ictum et secum post mortem eius renouatum sociis populi Romani arma intulisset, agros uasta*ss*et urbesque occupasset, [11]quodque belli parandi aduersus p*opulum* R*omanum* consilia inisset, arma, milites, classem

XXX, **6** in ea re *Vahlen* : inde *V* || inlibatis *Fr.* : inliuatam *V* || ex aequo *I. F. Gronovius* : exeo *V* || altera *Wesenberg* : altero *V* || **8** suas *Fr.* : suasquo *V* || **9** propagationem *I. Perizonius* : prorogatio *V* || imperii... faustum *add. Fr.* || **10** quoque die ferre *Fr.* : differre *V* || vastasset *Fr.* : uastaret *V* || **11** populum Romanum *Fr.* : praetorem *V*.

et réuni dans ce but des armes, des soldats et une flotte, on devait, si l'on n'avait pas obtenu satisfaction de lui sur tous ces points, lui déclarer la guerre. » Tel fut le projet de loi proposé au peuple[1].

Levée et répartition des troupes.

XXXI. On vota ensuite un sénatus-consulte en vertu duquel les consuls devaient partager entre eux, à l'amiable ou par le sort, les provinces d'Italie et de Macédoine ; celui d'entre eux qui obtiendrait la Macédoine devait faire la guerre au roi Persée et à ceux qui auraient suivi son parti, s'ils n'avaient pas accordé satisfaction au peuple romain[2]. On décida de lever quatre légions nouvelles, deux pour chacun des consuls. On prit une mesure particulière pour la province de Macédoine : alors qu'au premier consul on attribua, suivant la tradition, cinq mille deux cents fantassins par légion, on ordonna d'en enrôler six mille pour la Macédoine, tandis qu'à chaque légion on attribuait un effectif égal de trois cents cavaliers. On augmenta aussi, en ce qui concerne les contingents alliés, l'effectif du deuxième consul qui devait faire passer en Macédoine seize mille fantassins et huit cents cavaliers, sans compter les six cents[3] que Cn. Sicinius avait amenés. Il parut suffisant de lever pour l'Italie douze mille fantassins alliés et six cents cavaliers[4]. Autre mesure particulière en faveur du consul qui obtiendrait du sort la Macédoine : il pourrait enrôler à sa guise les vieux centurions et soldats jusqu'à l'âge de cinquante ans[5]. On apporta cette année au recrutement des tribuns militaires[6] une innovation due à la guerre de Macédoine : à la suite d'un sénatus-consulte, les consuls soumirent au peuple le vote d'une mesure retirant aux comices pour cette année la désignation des tribuns militaires, mais en laissant le choix à la pleine et entière initiative des consuls et des préteurs. Entre les préteurs les commandements furent répartis de la façon suivante : le préteur que le sort aurait désigné pour la mission qu'il plairait au sénat de lui donner, irait, décida celui-ci, à Brindes auprès de la flotte, y ferait l'inspection des marins

eius rei causa conparasset, ut, nisi de iis rebus satisfecisset, bellum cum eo iniretur. Haec rogatio ad populum lata est.

XXXI. [1]Senatus consultum inde factum est, ut consules inter se prouincias Italiam et Macedoniam compararent sortirenturue; cui Macedonia obuenisset, ut is regem Persea quique eius sectam secuti essent, nisi populo Romano satisfecissent, bello persequeretur. [2]Legiones quattuor nouas scribi placuit, binas singulis consulibus. Id praecipu*i* prouinciae Macedoniae datum, quod, cum alterius consulis legionibus quina milia et duceni pedites ex uetere instituto darentur in singulas legiones, in Macedoniam sena milia peditum scribi iussa, equites treceni aequaliter in singulas legiones. [3]Et in sociali exercitu consuli alteri auctus numerus : sedecim milia peditum, octingentos equites, praeter eos, quos Cn. Sicinius duxisset, sescentos equites, in Macedoniam traiceret. [4]Italiae satis uisa duodecim milia sociorum peditum, sescenti equites. Illud quoque praecipuum datum sorti Macedoniae, ut centuriones militesque ueteres scriberet, quos uellet, consul usque ad quinquaginta annos. [5]In tribunis militum nouatum eo anno propter Macedonicum bellum, quod consules ex senatus consulto ad populum tulerunt, ne tribuni militum eo anno suffragiis crearentur, sed consulum praetorumque in iis faciendis iudicium arbitriumque esset. [6]Inter praetores ita partita imperia : praetorem, cuius sors fuisset, ut iret, quo senatus censuisset, [7]Brundisium ad classem ire placuit atque ibi recognoscer*e* socios

XXXI, 2 praecipui *Lipsius* : praecipue *V* || 7 recognoscere *Bekker* : recognosceret *V*.

et, après avoir congédié ceux d'entre eux qui lui paraîtraient trop peu aptes au service, il les remplacerait par des affranchis et veillerait à ce que les effectifs fussent composés, pour les deux tiers, de citoyens romains et, pour un tiers, d'alliés. On décida de charger les préteurs ⟨auxquels⟩ le sort assignerait comme provinces la Sicile et la Sardaigne d'assurer par des convois navals organisés à partir de leurs provinces, le ravitaillement de la flotte et des légions : ils devaient doubler la dîme imposée aux Siciliens et aux Sardes et assurer le transport de ce blé jusqu'à l'armée de Macédoine. C. Caninius Rebilus obtint du sort la Sicile, L. Furius Philus, la Sardaigne, ⟨L. Canuleius Dives, l'Espagne⟩, C. Sulpicius Galba, la juridiction urbaine, *L.* Villius Annalis, celle des pérégrins ; à C. Lucretius Gallus[1] échut la mission d'être envoyé là où le sénat l'avait décidé.

Répartition des provinces. Revendications des anciens centurions.

XXXII. Il y eut entre les consuls, à propos de l'attribution de leur province, une chicane plaisante plutôt qu'une querelle importante. Cassius disait qu'il souhaiterait obtenir la Macédoine sans tirage au sort ; que son collègue ne pourrait en effet participer avec lui au tirage au sort, s'il voulait demeurer fidèle à son serment. Celui-ci en effet, du temps où il était préteur, avait juré devant l'assemblée du peuple, pour ne pas aller dans sa province, qu'il devait offrir, à un endroit et à des jours fixes, des sacrifices qui ne pourraient être régulièrement offerts en son absence[2] ; or, ces sacrifices ne pouvaient pas davantage être offerts régulièrement en son absence lorsqu'il était consul que lorsqu'il était préteur, à moins que le sénat ne fût d'avis qu'il fallait plutôt tenir compte de ce que voulait P. Licinius comme consul que du serment prêté par lui comme préteur ; pour sa part, cependant, il se tenait, lui, à la disposition du sénat. Les sénateurs, consultés, considérant que c'eût été un abus de pouvoir de leur part que de refuser une province à un homme auquel le peuple romain n'avait pas refusé le consulat, ordon-

nauales, dimissisque, si qui parum idonei essent, supplementum legere ex libertinis et dare[t] operam, ut duae partes ciuium Romanorum, tertia sociorum esset. [8]Commeatus classi legionibusque ut ex Sicilia Sardinia*que* subueherentur, praetoribus, ⟨qui⟩ eas prouincias sortiti essent, mandari placuit, ut alteras decumas Siculis Sardisque imperarent, [ut] quod frumentum ad exercitum in Macedoniam portaretur. [9]Siciliam *C.* Caninius Re*b*ilus est sortitus, L. Furius Philus Sardiniam, ⟨L. Canuleius Diues Hispaniam⟩, C. Sulpicius Galba urbanam iurisdictionem, *L.* Vil*l*ius Annalis inter peregrinos ; C. Lucretio Gallo, quo senatus censuisset, sors obuenit.

XXXII. [1]Inter consules magis cauillatio quam magna contentio de prouincia fuit. Cassius sine sorte se Macedoniam op*t*aturum dicebat, nec posse collegam saluo iure iurando secum sortiri. [2]Praetorem eum, *ne* in prouinciam iret, in contione iurasse se stato loco statisque diebus sacrificia habere, quae absente se recte fieri non possent ; quae non magis consule quam praetore absente recte fieri poss*e*, [3]si senatus non, quid uel*i*t in consulatu, potius quam, quid in praetura iurauerit P. Licinius, animaduertendum esse censeat ; se tamen futurum in senatus potestate. [4]Consulti patres, cui consulatum populus Romanus non negasset,

XXXI, **7** dare *Bekker* : daret *V* || **8** sardiniaque *Fr.* : sardinia *V* || qui *add. Fr.* || ut *secl. Vahlen* || **9** C. Caninius Rebilus *Fr.* : m.caniniusregilius *V* || L. Canuleius Diues Hispaniam *add. Wesenberg* || L. Villius *Sigonius* : c.iulius *V*.

XXXII, **1** optaturum *Rubenius* : oppugnaturum *V* occupaturum *Ernesti* || **2** eum ne *Fr.* : eumenien *V* eum enim ne *Vahlen* || posse (*ante* si) *H. I. Mueller* : possent *V* || **3** uelit *Madvig* : uellet *V*.

nèrent aux consuls de tirer au sort : à P. Licinius échut la Macédoine, à ⟨C.⟩ Cassius l'Italie. Ils tirèrent ensuite au sort les légions : la première et la troisième devaient passer en Macédoine, la deuxième et la quatrième rester en Italie. Les consuls apportaient à l'enrôlement des troupes une attention beaucoup plus soutenue qu'en d'autres occasions. Licinius recrutait aussi les vieux soldats et centurions et beaucoup se faisaient inscrire comme volontaires, voyant que ceux qui avaient servi lors de la guerre précédente contre la Macédoine ou en Asie, lors de la lutte contre Antiochus, s'étaient enrichis. Comme les tribuns militaires qui (recrutaient ?) les centurions..., mais[1] les enrôlaient dans l'ordre où ils se présentaient, vingt-trois centurions anciens primipiles en appelèrent, quand on les enrôla, aux tribuns de la plèbe. Deux membres de ce collège, M. Fulvius Nobilior[2] et M. Claudius Marcellus[3], voulaient renvoyer ⟨l'affaire⟩ devant les consuls : elle devait ressortir à ceux qui avaient été chargés du recrutement et de la guerre ; mais les autres tribuns disaient qu'ils instruiraient eux-mêmes l'affaire pour laquelle on en avait appelé à eux ; si une injustice était commise, ils porteraient secours à des concitoyens.

XXXIII. L'affaire était plaidée au banc des tribuns ; c'est là que se rendirent — avec M. Popilius, l'ancien consul, qui assistait ⟨les centurions — à la fois⟩ ceux-ci et le consul. Le consul demandant ensuite que l'affaire fût débattue devant l'assemblée du peuple, celui-ci fut convoqué en assemblée. M. Popilius, qui avait été consul deux ans auparavant, parla ainsi pour la défense des centurions : « Ces militaires avaient accompli leur temps normal

⟨ei⟩ ab se prouinciam negari, superbum rati, sortiri consules iusserunt. P. Licinio Macedonia, ⟨C.⟩ Cassio Italia obuenit. [5]Legiones inde sortiti sunt : prima et tertia ⟨ut⟩ in Macedoniam traicerentur, secunda et quarta ut in Italia remanerent.

[6]Dilectum consules multo intentior*e* quam ali*as* cur*a* habebant. Licinius ueteres quoque scribebat milites centurionesque ; et multi uoluntate nomina dabant, quia locupletes uidebant, qui priore Macedonico bello aut aduersus Antiochum in Asia stipendia fecerant. [7]*C*um tribuni militum, qui centuriones **, sed primum quemque citarent, tres et uiginti centuriones, qui primos pilos [de]duxerant, citati tribunos plebis appellarunt : duo ex collegio, M. Fuluius Nobilior et M. Claudius Marcellus, ad consules ⟨rem⟩ reiciebant : [8]eorum cognitionem esse debere, quibus dilectus quibusque bellum mandatum esset ; ceteri cognituros se, de quo appellati essent, aiebant et, si iniuria fieret, auxilium ciuibus *l*aturos.

XXXIII. [1]Ad subsellia tribunorum res agebatur ; eo M. Popilius consularis, aduocatus ⟨centurionum, et⟩ centuriones et consul uenerunt. [2]Consule inde postulante, ut in contione ea res ageretur, populus in contionem aduocatus. Pro centurionibus M. Popilius, qui biennio ante consul fuerat, ita uerba fecit : [3]militares homines et stipendia

XXXII, 4 ei *add. Pluygers* || C. *add. Fr.* || 5 ut *add. Wesenberg* || 6 intentiore quam alias cura *Kreyssig* : intentioremquamaliascuram *V* || 7 *lacunam* (*post* centuriones) *indicauit Weissenborn* : cum tribuni militum, qui centuriones scribebant, non eligerent, sed *Novák* || duxerant *Fr.* : deduxerant *V* || rem *add. I. F. Gronovius* || 8 laturos *Fr.* : staturos *V*.

XXXIII, 1 centurionum et *add. Hertz.*

de service ; physiquement, ils étaient affaiblis par l'âge et de continuelles fatigues ; ils ne se refusaient pourtant en aucune façon à servir l'État. Tout ce qu'ils demandaient, c'était qu'on ne leur attribuât pas un grade inférieur à celui qui avait été le leur ⟨pendant⟩ leur service militaire[1] ». Le consul P. Licinius fit lire les sénatus-consultes ; d'abord celui en vertu duquel le sénat donnait l'ordre de faire la guerre au roi Persée, ensuite, celui en vertu duquel il avait décidé qu'on enrôlerait pour cette guerre le plus grand nombre possible d'anciens centurions et qu'on n'accorderait aucune exemption à qui n'aurait pas plus de cinquante ans. Il demanda ensuite avec insistance que — alors qu'il s'agissait d'une guerre nouvelle, si proche de l'Italie, dirigée contre un roi si puissant — on *ne* créât *pas* d'obstacles aux tribuns militaires qui étaient en train de procéder à l'enrôlement et qu'on n'empêchât pas le consul d'assigner à chacun un rang conforme aux intérêts de l'État. S'il y avait dans cette affaire un point litigieux, il fallait le renvoyer au sénat.

Discours de Sp. Ligustinus.

XXXIV. Quand le consul eut dit ce qu'il voulait, Sp. Ligustinus, un de ceux qui avaient fait appel aux tribuns de la plèbe, demanda au consul et aux tribuns de l'autoriser à adresser quelques mots au peuple. Tous le lui ayant permis, il parla, dit-on, ainsi[2] : « Je m'appelle Sp. Ligustinus, de la tribu Crustumina[3], et je suis d'origine sabine, Quirites. Mon père m'a laissé un terrain d'un arpent et une petite cabane, où je suis né, où j'ai été élevé et où j'habite aujourd'hui. Dès que j'en eus l'âge, mon père m'a donné pour femme la fille de son frère[4] ; en fait de dot, elle ne m'apporta que sa naissance libre et sa chasteté et, en outre, une fécondité qui aurait pu suffire même à une famille de riches. Nous

iusta et corpora et aetate et adsiduis laboribus confecta habe*re*; nihil recusar*e* tamen, quo minus operam rei publicae dent. Id tantum deprecari, ne inferiores iis ordines, quam quos, ⟨cum⟩ militassent, habuissent, adtribuerentur. [4]P. Licinius consul senatus consulta recitari iussit, primum, qu*o* bellum senatus Perseo iussisset, deinde, qu*o* ueteres centuriones quam plurim*os* ad id bellum scribi censuisset, nec ulli, qui non maior annis quinquaginta esset, uacationem militiae esse. [5]Deprecatus est deinde, ⟨ne⟩ in nouo bello, tam propinquo Italiae, aduersus regem potentissimum, [6]aut tribunos militum dilectum habentis inpedirent, aut prohiberent consulem, quem cuique ordinem adsignari e re publica esset, eum adsignare. Si quid in ea re dubium esset, ad senatum reicerent.

XXXIV. [1]Postquam consul, quae uoluerat, dixit, Sp. Ligustinus ex eo numero, qui tribunos plebis appellauerant, a consule et ab tribun*is* peti*i*t, ut sibi paucis ad populum agere liceret. [2]Permissu omnium ita locutus fertur : « Sp. Ligustinus [tribus] Crustumina ex Sabinis sum oriundus, Quirites. Pater mihi iugerum agri reliquit et paruom tugurium, in quo natus educatusque sum, hodie*que* ibi habito. [3]Cum primum in aetatem ueni, pater mihi uxorem fratris sui filiam dedit, quae secum nihil adtulit praeter libertatem pudicitiamque et cum his fecunditatem, quanta uel in diti domo

XXXIII, **3** habere *Fr.* : habent *V* || recusare *Fr.* : recusarent *V* || cum *add. Fr.* || **4** quo (*ante* bellum *et* ueteres) *Burman* : quod *V* || plurimos *I. F. Gronovius* : plurimum *V* || **5** ne *add. Weissenborn.*

XXXIV, **1** tribunis petiit *Fr.* : tribunopetit *V* || **2** tribus *secl. Weissenborn* || hodieque *Fr.* : hodiecumque *V.*

avons six fils et deux filles, l'une et l'autre déjà mariées. Quatre de mes fils portent la toge virile, deux la prétexte. J'ai commencé mon service militaire sous le consulat de P. Sulpicius et de C. Aurelius[1]. J'ai servi deux ans comme simple soldat dans l'armée qu'on fit passer en Macédoine pour y faire la guerre contre le roi Philippe ; la troisième année, à cause de ma valeur, T. Quinctius Flamininus[2] me donna le commandement du dixième manipule des hastats[3]. Après la défaite de Philippe et des Macédoniens, nous fûmes ramenés en Italie et licenciés ; aussitôt je rengageai et partis en Espagne sous la direction du consul M. Porcius[4]. Parmi tous les généraux vivants, il n'y eut pas de meilleur observateur et de meilleur juge de la bravoure — ils le savent bien, ceux qui ont servi longtemps, à la fois sous ses ordres et sous ceux d'autres chefs ! C'est ce général qui me jugea digne de recevoir le commandement de la première centurie des hastats. En troisième lieu, je fus encore une fois volontaire dans l'armée envoyée contre les Étoliens et le roi Antiochus[5]. Je me vis assigner par M' Acilius[6] le grade de premier *princeps* de la première centurie[7]. Quand on eut chassé le roi Antiochus et soumis les Étoliens, on nous ramena en Italie ; et ensuite j'ai servi à deux reprises pendant un an, temps de service qui était celui des légions[8] ; j'ai fait deux fois ensuite campagne en Espagne, la première fois, sous le commandement du préteur Q. Fulvius Flaccus[9], la seconde, sous celui du préteur Ti. Sempronius Gracchus[10]. Je fus du nombre de ceux que Flaccus ramena de sa province, en considération de leur bravoure, pour lui faire escorte dans son cortège de triomphe ; à la demande de Ti. Gracchus, je le suivis dans sa province[11]. Quatre fois en quelques années, je fus primipile[12] ; trente-quatre fois, des généraux m'ont accordé des récompenses, en raison de ma bravoure ; six fois j'ai reçu une couronne civique ;

satis esset. [4]Sex filii nobis, duae filiae sunt, utraeque iam nuptae. Filii quattuor togas uirilis habent, duo praetextati sunt. [5]Miles sum factus P. Sulpicio C. Aurelio consulibus. [5]In eo exercitu, qui in Macedoniam est transportatus, biennium miles gregarius fui aduersus Philippum regem; tertio anno uirtutis causa mihi T. Quinctius Flamininus decumum ordinem hastatum adsignauit. [6]Deuicto Philippo Macedonibusque cum in Italiam *re*portati ac dimissi essemus, continuo miles uoluntarius cum M. Porcio consule in Hispaniam sum profectus. [7]Neminem omnium imperatorum, qui uiuant, acrio*rem* uirtutis spectatorem ac iudicem fuisse sciunt, qui et illum et alios duces longa militia experti sunt. Hic me imperator dignum iudicauit, cui primum hastatum prioris centuriae adsignaret. [8]Tertio iterum uoluntarius miles factus sum in eum exercitum, qui aduersus Aetolos et Antiochum regem est missus. A M'. Ac*i*lio mihi primus princeps prioris centuriae est adsignatus. [9]Expulso rege Antiocho, subactis Aetolis reportati sumus in Italiam; et deinceps bis, quae annua merebant legiones, stipendia feci. Bis deinde in Hispania militaui, semel Q. Fuluio Flacco, iterum T*i*. Sempronio Graccho praetore. [10]A Flacco inter ceteros, quos uirtutis causa secum ex prouincia *ad* triumphum deducebat, deductus sum; a *Ti*. Graccho rogatus in prouinciam ii. [11]Quater intra paucos annos primum pilum duxi; quater et tricies uirtutis causa donatus ab imperatoribus sum; sex ciuicas

XXXIV, **6** reportati *I. Perizonius* : portati *V* || **7** acriorem *Fr.* : acrioris *V* || **8** a M'. Acilio *Sigonius* : a.m.caelio *V* || **9** Ti. *Fr. 2* : T. *V* || **10** ad *Fr.* : ex *V* || Ti. *Fr. 2* : tito *V*.

j'ai fait vingt-deux ans de service[1] dans l'armée et j'ai dépassé cinquante ans. Même si je n'avais pas fait tout mon temps et si je n'avais pas l'âge d'être libéré, cependant, pouvant vous fournir quatre soldats pour me remplacer, P. Licinius, je mériterais d'obtenir mon congé. — Mais ces paroles, je voudrais que vous considériez qu'elles ont été dites pour la défense de ma cause : en ce qui me concerne personnellement[2], tant que l'officier chargé du recrutement me jugera bon pour le service, je ne chercherai jamais d'excuse. Quel grade les tribuns militaires me jugent digne d'avoir, ce sont eux qui ont pouvoir d'en décider ; je veillerai à ce qu'à l'armée, personne ne me surpasse en bravoure ; que j'aie toujours agi ainsi, et mes généraux et ceux qui ont servi avec moi en sont témoins. Vous aussi, mes compagnons d'armes, même si, en faisant appel, ce sont vos droits que vous faites valoir, de même que, dans votre jeunesse, vous n'avez jamais agi contre l'autorité des magistrats et du sénat, il est juste qu'aujourd'hui encore, vous vous soumettiez à l'autorité des consuls et du sénat et que vous considériez comme honorable tout poste où vous pourrez défendre l'État ».

Levées de troupes supplémentaires.

XXXV. Lorsqu'il eut fini de parler, le consul P. ⟨Licinius⟩ le couvrit d'éloges et, de l'assemblée, le conduisit au sénat. Là aussi, avec l'autorisation du sénat, des remerciements lui furent adressés et les tribuns militaires lui conférèrent, en raison de sa valeur, le grade de primipile dans la première légion. Tous les autres centurions, renonçant à faire appel, acceptèrent sans plus récriminer leur enrôlement[3].

coronas accepi. Viginti duo stipendia annua in exercitu emerita habeo et maior annis sum quinquaginta. [12]Quodsi mihi nec stipendia omnia emerita essent necdum aetas uacationem daret, tamen, cum quattuor milites pro me[o] uobis dare, P. Licini, possem, aecum erat me dimitti. [13]Sed haec pro causa mea dicta accipiatis uelim; ipse me, quoad quisquam, qui exercitus scribit, idoneum militem iudicabit, nu*m*quam sum excusaturus. [14]Quo* ordine me dignum iudicent tribuni militum, ipsorum est potestatis; ne quis me uirtute in exercitu praestet, dabo operam; *e*t semper ita fecisse m*e* *e*t imperatores mei et, qui una stipendia fecerunt, testes sunt. [15]Vos quoque aecum est, commilitones, etsi appellatione uos*trum* usurpatis ius, cum adulescentes nihil aduersus magistratuum senatusque auctoritatem usquam feceritis, nunc quoque in potestate consulum* ac senatus esse et omnia honesta loca ducere, quibus rem publicam defensuri sitis ».

XXXV. [1]Haec ubi *dix*it, conlaudatum multis uerbis P. ⟨Licinius⟩ consul ex contione in senatum duxit. [2]Ibi quoque ei ex auctoritate senatus gratiae actae, tribunique militares in legione prima primum pilum uirtutis causa ei adsignarunt. Ceteri centuriones *r*emissa appellatione ad dilectum oboedienter responderunt.

XXXIV, **12** me *Novák* : meo *V* me uno *Fr.* || **13** nunquam *Fr.* : nusquam *V* || **14** quo ordine *H. I. Mueller* : ordinequo *V* || et semper *I. F. Gronovius* : utsemper *V* || me et *Fr.* : mut *V* || **15** appellatione uostrum *Madvig* : appellationemuos *V* || consulum ac senatus *H. I. Mueller* : acsenatusconsultum *V*.

XXXV, **1** dixit *Fr.* : sitis *V* || Licinius *add. Kreyssig* || **2** remissa *Kreyssig* : praemissa *V*.

Pour permettre aux magistrats de partir plus vite pour leur province, les féries latines[1] furent fixées aux calendes de juin[2]; une fois célébrée cette fête annuelle, le préteur C. Lucrétius partit pour Brindes[3], après avoir expédié en avant tout ce dont la flotte avait besoin. En plus des armées que les consuls mettaient sur pied, on chargea le préteur C. Sulpicius Galba de lever quatre légions urbaines[4], avec un effectif régulier de fantassins et de cavaliers et de choisir parmi les sénateurs quatre tribuns militaires pour les commander; aux alliés de droit latin, il devait donner l'ordre de fournir quinze mille fantassins et mille deux cents cavaliers, armée qui devait être prête à aller là où le sénat en aurait décidé. A la demande du consul P. Licinius, on ajouta des auxiliaires à son armée de citoyens et d'alliés : deux mille Ligures, des archers crétois (on ignore le nombre de ceux que les Crétois avaient envoyés sur notre demande) et aussi des cavaliers et des éléphants numides[5]. Dans ce but, on envoya comme ambassadeurs auprès de Masinissa et des Carthaginois, L. Postumius Albinus[6], Q. Terentius Culleo[7] et C. Aburius[8]. On décida de même d'envoyer en Crète comme ambassadeurs A. Postumius Albinus[9], C. Decimius[10] et A. Licinius Nerva[11].

Ambassade macédonienne à Rome.

XXXVI. Vers la même époque arrivèrent des ambassadeurs du roi Persée[12]. On décida de ne pas les laisser entrer dans la ville, étant donné que déjà le sénat avait décidé et le peuple ordonné de déclarer la guerre contre leur roi et les Macédoniens. Introduits devant le sénat réuni dans le temple de Bellone, ils parlèrent ainsi : « Le roi Persée se demandait avec étonnement pourquoi l'on avait fait passer la mer à des armées chargées d'attaquer la Macédoine; s'il pouvait obtenir leur rappel du sénat, le roi était prêt à offrir les réparations qu'il plairait au sénat d'exiger, à la suite

[3]Quo maturius in prouincias magistratus proficiscerentur, Latinae kalendis Iuniis fuere; eoque sollemni perfecto C. Lucretius praetor omnibus, quae ad classem opus erant, praemissis Brundisium est profectus. [4]Praeter eos exercitus, quos consules conparabant, C. Sulpicio Galbae praetori negotium datum, ut quattuor legiones scriberet urbanas, iusto numero peditum equitumque, iisque quattuor tribunos militum ex senatu legeret, qui praeessent; [5]sociis Latini nominis imperaret quindecim milia peditum, mille et ducentos equites; is exercitus uti paratus esset, quo senatus censuisset. [6]P. Licinio consuli ad exercitum ciuilem socialemque petenti addita auxilia, Ligurum duo milia, Cretenses sagittarii — incertus numerus, quantum rogati [auxilia] Cretenses misissent —, Numidae item equites elephantique. [7]In eam rem legati ad Masinissam Carthaginiensesque missi L. Postumius Albinus, Q. Terentius Culleo, C. Aburius. In Cretam ite*m* legatos *t*res ire placuit, A. Postumium Albinum, C. De*cim*ium, A. Licinium Neruam.

XXXVI. [1]Per idem tempus legati ab rege Perseo uenerunt. Eos in oppidum intromitti non placuit, cum iam bellum regi eorum et Macedonibus et senatus decresset et populus iussisset. [2]In aedem Bellonae in senatum introducti ita uerba fecerunt : mirari Persea regem, quid in Macedoniam exercitus transportati essent; [3]si impetrari a senatu posset, ut ii reuocentur, regem de iniuriis, si quas

XXXV, 6 auxilia *secl. I. F. Gronovius* || 7 item legatos tres *Fr.* : itterentlegatosres *V* || Decimium *Sigonius* : decium *V*.

des injustices dont, à entendre les plaintes des sénateurs, leurs alliés auraient été victimes ». Sp. Carvilius, que Cn. Sicinius avait justement renvoyé de Grèce pour cette raison[1], se trouvait au sénat. Il dénonça l'attaque armée menée contre la Perrhébie[2], la prise de plusieurs villes en Thessalie et tous les actes ou préparatifs du roi ; on somma les ambassadeurs de répondre à ces accusations. Comme ils s'embarrassaient dans leurs explications[3], disant qu'ils n'avaient pas d'autres instructions, on leur ordonna d'annoncer au roi que, sous peu, le consul P. Licinius serait en Macédoine avec une armée : « Si le roi avait l'intention d'offrir des réparations, c'était à lui qu'il devait envoyer des ambassadeurs. Il lui serait inutile d'en envoyer d'autres à Rome, aucun d'entre eux ne devant avoir l'autorisation de traverser l'Italie ». Là-dessus on les renvoya et le consul P. Licinius eut ordre de leur signifier d'avoir à sortir d'Italie dans l'espace de onze jours et d'envoyer Sp. Carvilius pour les surveiller jusqu'à leur embarquement[4]. Voilà ce qui se passa à Rome avant le départ des consuls pour leur province. Déjà Cn. Sicinius qui, avant même de sortir de charge, avait été envoyé à Brindes auprès de la flotte et de l'armée et avait fait passer en Épire[5] cinq mille fantassins et trois cents cavaliers[6], avait son camp à Nymphaea[7], sur le territoire d'Apollonie. De là, il envoya des tribuns avec deux mille soldats occuper les points fortifiés du pays des Dassarètes et des Illyriens[8], qui demandaient eux-mêmes des garnisons, de façon à être plus sûrement à l'abri des incursions des Macédoniens, leurs voisins.

Ambassades romaines en Grèce.

XXXVII. Quelques jours après[9], Q. Marcius[10], A. Atilius[11], P.[12] et Ser. Cornelius Lentulus[13] et L. Decimius[14], envoyés comme ambassa-

sociis factas quererentur, arbitratu senatus satisfacturum esse. [4]Sp. Caruilius, ad eam ipsam rem ex Graecia remissus ab Cn. Sicinio, in senatu erat. Is Perrhaebiam expugnatam armis, Thessaliae aliquot urbes captas, cetera, quae aut ageret aut pararet rex, cum argueret, respondere ad ea legati iussi. [5]Postquam haesitabant, negantes sibi ultra quidquam mandatum esse, iussi renuntiare regi, consulem P. Licinium breui cum exercitu futurum in Macedonia esse : [6]ad eum, si satisfacere in animo esset, mitteret legatos. Romam quod praeterea mitteret, non esse ; nemin*i* e*nim* eorum per Italiam ire liciturum. [7]Ita dimissis P. Licinio consuli mandatum e*st*, *in*tra undecimum diem iuberet eos Italia excedere et Sp. Caruilium mitteret, qui, donec nauem conscendissent, custodiret. [8]Haec Romae acta nondum profectis in prouinciam consulibus. Iam Cn. Sicinius, qui, priusquam magistratu abiret, Brundisium ad classem et ad exercitum praemissus erat, traiectis in Epirum quinque milibus peditum, trecentis equitibus, ad Nymphaeum in agro Apolloniati castra habebat. [9]Inde tribunos cum duobus milibus militum ad occupanda Dassaretiorum et Illyriorum castella, ipsis accersentibus praesidia, ut tutiores a finitimorum impetu Macedonum essent, misit.

XXXVII. [1]Paucis post diebus Q. Marcius ⟨et⟩ A. Atilius et P. et Ser. Cornelii Lentuli et L. Deci-

XXXVI, 6 nemini enim eorum *Duker* : neminemeorum *V* || 7 mandatum est intra undecimum *Wesenberg* (*qui coniec. etiam* mandatum ut intra undecimum) : mandatumettraxi *V* mandatum intra undecimum *Fr.*

XXXVII, 1 et *add. Wesenberg.*

deurs en Grèce, amenèrent avec eux mille fantassins à Corcyre ; là, ils se répartirent et les régions où ils devaient se rendre et les soldats. L. Decimius fut envoyé auprès de Gentius, roi des Illyriens[1] : il avait pour mission, si celui-ci lui paraissait tenir quelque compte de l'amitié du peuple romain, d'essayer de l'y maintenir, voire de le gagner à une alliance militaire[2]. Les Lentuli furent envoyés à Céphallénie, d'où ils devaient passer dans le Péloponnèse et faire, avant l'hiver[3], le tour de la côte occidentale. Marcius et Atilius ont pour mission de parcourir l'Épire, l'Étolie, la Thessalie ; ils devaient ensuite aller voir ce qui se passait en Béotie et en Eubée, puis se rendre dans le Péloponnèse : c'est là qu'ils décident de rencontrer les Lentuli. Avant de quitter Corcyre, les ambassadeurs reçurent une lettre ⟨de⟩ Persée, dans laquelle il demandait pour quelle raison les Romains faisaient passer des troupes en Grèce et y occupaient des villes[4]. On décida de ne pas lui répondre par écrit, mais de dire au messager du roi qui avait apporté la lettre que les Romains agissaient ainsi pour la sécurité des villes elles-mêmes. En parcourant les villes du Péloponnèse, les Lentuli exhortaient toutes les cités sans distinction à faire preuve, pour aider les Romains en guerre contre Persée, des mêmes sentiments, de la même fidélité qu'elles avaient montrés pour les aider d'abord contre Philippe, puis contre Antiochus. Cette attitude soulevait des murmures dans les assemblées : les Achéens s'indignaient qu'on les mît sur le même plan — eux qui, depuis les débuts de la guerre de Macédoine[5], avaient apporté tout leur concours aux Romains et avaient été, pendant la lutte contre Philippe, les ennemis du Macédonien

*. Les événements dont Tite-Live fait le récit de 42, 36, 8 à 42, 48, 1 se déroulent en réalité, on l'a vu, à la fin de l'année 172. Cf. *Introduction*, p. XLI sq.

mius, legati in Graeciam missi, Corcyram peditum mille secum aduexerunt ; ibi inter se et regiones, quas obirent, et milites diuiserunt. [2]*L.* Decimius missus est ad Gentium, regem Illyriorum, quem, si aliquem respectum amicitiae cum ⟨populo Romano⟩ habere cerneret, *re*tentare *a*ut etiam ad belli societatem perlicer*e* iussus. [3]Lentuli in Cephallaniam missi, ut in Peloponnesum traicerent oramque maris in occidentem uersi ante hiemem circumirent. [4]Marcio et Atilio Epirus, Aetoli*a*, Thessalia circumeundae adsignantur ; inde Boeotiam atque Euboeam aspicere iussi, tum in Peloponnesum traicere ; ibi congressuros se cum Lentulis constituunt. [5]Priusquam digrederentur a Corcyra, litterae ⟨a⟩ Perseo adlatae sunt, quibus quaerebat, quae causa Romanis aut in Graeciam traiciendi copias aut urbes occupandi esset. [6]Cui rescribi non placuit, nuntio ipsius, qui litteras attulerat, dici praesidii causa ipsarum urbium Romanos facere. [7]Lentuli circumeuntes Peloponnesi oppida, cum sine discrimine omnes ciuitates adhortarentur, ut, quo animo, qua fide adiuu*i*ssent Romanos Philippi primum, deinde Antiochi bello, eodem aduersus Persea iuuarent, fremitum in contionibus m*oue*bant, [8]Achaeis indignantibus eodem se loco esse, qui omnia a principiis Macedonici belli praestitissent Romanis et Macedonis Philipp*i* bello hostes fuissent

XXXVII, 2 L. Decimius *Hertz* : P. Decimius *V* || populo Romano *add. Weissenborn* (*qui coniec. etiam* amicitiae secum habere) || retentare aut etiam *Madvig* : temptaretutetiam *V* temptare ut etiam *Hartel* || perlicere *Madvig* : perligeret *V* || 4 Aetolia *Madvig* : aetoliet *V* Aetolia et *Fr.* || 5 a *add. Fr.* || 7 adiuuissent *ed. Lugd. 1553* : adiuuassent *V* || mouebant *Fügner* : fremebant *V* audiebant *Fr.* || 8 Romanis et Macedonis Philippi bello hostes fuissent quo Messeni atque Elii qui pro Antiocho *ego* : romanisetmacedonisphillipobellohostesfuissent-

— ⟨que⟩ les Messéniens et les Éléens ⟨qui⟩, ensuite, s'étaient alliés à Antiochus pour lutter contre le peuple romain[1], et qui, incorporés récemment à la ligue achéenne[2], se plaignaient d'avoir été livrés aux Achéens vainqueurs comme prix de la guerre.

Activités des ambassadeurs Marcius et Atilius en Grèce.

XXXVIII. Marcius et Atilius étant montés jusqu'à Gitana[3], ville d'Épire située à dix milles de la mer, parlèrent à l'assemblée des Épirotes où ils rencontrèrent un assentiment total ; ils envoyèrent un contingent de quatre cents jeunes gens, pris parmi ce peuple, chez les Orestes[4], de façon à les protéger après leur libération du joug macédonien. Ils se rendirent ensuite en Étolie, où ils attendirent quelques jours le remplacement du préteur qui était mort[5], et, après l'élection comme préteur de Lyciscus[6], dont on savait qu'il était partisan des Romains, passèrent en Thessalie. Là, des envoyés acarnaniens et des exilés béotiens vinrent les trouver. Les Acarnaniens furent chargés d'annoncer à leurs mandants que l'occasion se présentait pour eux de réparer les fautes commises contre le peuple romain quand, lors de la guerre contre Philippe d'abord, contre Antiochus ensuite, ils avaient été trompés par les promesses de ces rois[7] : « Si, alors même qu'ils avaient mal agi à son égard, ils avaient éprouvé la clémence du peuple romain, qu'il leur fût possible, en agissant bien, d'en éprouver la générosité ! » Aux Béotiens[8], on reprocha leur alliance avec Persée. Comme ils rejetaient la faute sur Isménias[9], chef

⟨quo⟩ Messeni atque Elii ⟨qui⟩ pro Antiocho postea *a*rma aduersus populum Romanum tulissent [9]ac, nuper in Achaicum contributi concilium, uelut praemium belli se uictoribus Achaeis tradi quererentur.

XXXVIII. [1]Marcius et Atilius ad Gitana, *Epiri* oppidum, decem milia ⟨a⟩ mari cum escenderent, concilio Epirotarum habito cum magno omnium adsensu auditi sunt ; et quadringentos iuuentutis eorum in Orestas, ut praesidio essent liberatis ab [se] Macedonibus, miserunt. [2]Inde in Aetoliam progressi ac paucos ibi morati dies, dum in praetoris mortui locum alius sufficeretur, [et] Lycisco praetore facto, quem Romanorum fauere rebus satis conpertum erat, transierunt in Thessaliam. Eo legati Acarnan*es* et Boeotorum exules uenerunt. [3]Acarnan*es* nuntiare iussi, quae Philippi primum, Antiochi deinde bello, decepti pollicitationibus regi*is*, aduersus populum Romanum commisissent, ea corrigendi occasionem illis oblatam. [4]Si male meriti clementiam populi Romani experti essent, bene merendo liberalitatem experirentur. [5]Boeotis exprobratum societatem eos cum Perseo iunxisse [eos]. Cum culpam in Ismeniam, principem alte-

messeniadqueaeliproanthioco *V* Romanis quo Messenii atque Elii qui et Philippi bello hostes fuissent Romanis et pro Antiocho *Vahlen et Giarratano* Romanis quo Messenii atque Elii qui et Macedoni Philippo fauissent et pro Antiocho *Madvig qui...* et Philippi bello hostes fuissent Romanis et pro Antiocho *postea coniec.* Romanis et Macedonis Philippi hostes fuissent quo Messenii atque Elei qui pro Anthioco *Weissenborn* || arma *Madvig ceterique post eum* : roma *V*.

XXXVIII, **1** Gitana Epiri *Kraschenninikov* : gitanaeeripi *V* Gitanas Epiri *Fr.* || a (ab) *add. Fr.* || se *secl. Drakenborch* || **2** et *secl. Madvig* || Acarnanes (*bis*) *Madvig* : acarnanis *V* Acarnanum *Fr.* || **3** regiis *Duker* : regis *V* || **5** eos *secl. Kreyssig.*

de l'autre faction, et disaient que c'est parce qu'elles avaient été entraînées dans son parti, que certaines cités avaient adopté une attitude différente de la leur, Marcius répondit qu'on allait s'en apercevoir : « Les ambassadeurs donneraient en effet à chaque[1] cité la possibilité de décider de ses propres affaires. » L'assemblée des Thessaliens se tint à Larissa[2]. Il y eut là abondante matière à remerciements, ⟨et⟩ de la part des Thessaliens à l'égard des Romains qui leur avaient fait don de la liberté[3] et de celle des ambassadeurs qui, lors de la guerre contre Philippe d'abord, contre Antiochus ensuite, avaient reçu une aide puissante de la nation thessalienne. Ce rappel de mérites réciproques donna à la multitude l'ardeur nécessaire pour décider tout ce que voulaient les Romains.

Aussitôt après cette assemblée arrivèrent des ambassadeurs du roi Persée : il comptait surtout sur les liens d'hospitalité qui existaient entre son père et Marcius[4]. Après avoir commencé par rappeler ces liens, les ambassadeurs demandèrent à celui-ci d'accorder au roi une entrevue. Marcius dit qu' « il avait effectivement appris par son père que des liens d'amitié et d'hospitalité existaient entre lui et Philippe ⟨et⟩ qu'il n'avait nullement oublié ces relations quand il s'était chargé de cette ambassade. Une entrevue, si sa santé le lui permettait, il ne l'ajournerait pas ; pour le moment, il lui annonçait que, dès qu'il le pourrait, il se rendrait sur les bords du Pénée, sur la route qui va d'Homolium à Dium[5], après avoir envoyé au roi des courriers lui annonçant leur arrivée ».

Entrevue du Pénée entre Q. Marcius et Persée.

XXXIX. Sans doute Persée dut-il alors quitter Dium pour rentrer à l'intérieur de son royaume, mais il avait une faible lueur d'espoir parce que c'était à cause de lui que Marcius, à entendre ce dernier, s'était chargé de l'ambassade ; peu de jours après, ils se rendirent au lieu

rius partis, conferrent et quasdam ciuitates dissentientis in causam deductas, appariturum id esse Marcius respondit : singulis enim ciuitatibus de se ipsis consulendi potestatem facturos. [6]Thessalorum Larisae fuit concilium. Ibi ⟨et⟩ Thessalis benigna materia gratias agendi Romanis pro libertatis munere fuit, et legatis, quod et Philippi prius et post Antiochi bello enixe adiuti a gente Thessalorum essent. [7]*Ha*c mutua commemoratione meritorum accensi animi multitudinis ad omnia decernenda, quae Romani uellent.

[8]Secundum hoc concilium legati a Perseo rege uenerunt priuati maxime hospitii fiducia, quod ei paternum cum Marcio erat. Ab huius necessitudinis commemoratione orsi petierunt legati, in conloquium ueniendi regi potestatem faceret. [9]Marcius et se ita a patre suo accepisse dixit amicitiam hospitiumque cum Philippo fuisse, ⟨et⟩ minim*e* *i*mmemorem necessitudinis eius legationem eam suscepisse. [10]Conloquium, si satis commode ualeret, non fuisse se dilaturum ; nunc, ubi primum posset, ad Peneum flumen, qua transitus ab *H*omo*li*o Dium esset, praemissis, qui nuntiarent regi uenturos.

XXXIX. [1]Et tum quidem ab Dio Perseus in interiora regni rec*e*pit se, leui aura spei obiecta, quod Marcius ipsius causa suscepisse se legationem dixisset ; post dies paucos ad constitutum locum

XXXVIII, **6** et *add. Fr.* || **7** hac *Weissenborn* : aut *V* ea autem *Hartel* quo *H. I. Mueller* || **9** et *add. Weissenborn* || minime immemorem *Fr.* : minimummemorem *V* || **10** ab Homolio Dium *Drakenborch* : abomonodium *V* ab Omolio Dium *Fr.*

XXXIX, **1** recepit *ed. Par. 1573* : recipit *V*.

convenu. Le roi avait une suite nombreuse, avec une foule d'amis et de gardes se pressant autour de lui. Non moins nombreuse était la troupe qui entourait nos ambassadeurs, car ils étaient escortés depuis Larissa par une foule de gens et par les délégués des cités qui s'étaient tous rendus à Larissa et voulaient rapporter chez eux, comme authentiques, les nouvelles qu'ils auraient apprises directement. Ils éprouvaient la curiosité, naturelle aux mortels, d'assister à la rencontre entre un roi fameux et les ambassadeurs du premier peuple du monde. Quand ils furent en vue les uns des autres, séparés par le fleuve, ils passèrent quelque temps à échanger des messages pour savoir lequel des deux franchirait le fleuve. « On devait avoir quelque égard, pensaient les uns, envers la majesté royale ; envers le nom du peuple romain, pensaient les autres, d'autant plus que c'était Persée qui avait sollicité l'entrevue. » Comme ils tergiversaient, Marcius emporta la décision par une plaisanterie : « Que le plus jeune, dit-il, vienne trouver les plus âgés[1] et (il portait en effet, quant à lui, le surnom de Philippe)[2] le fils, son père ! » Le roi s'en laissa facilement convaincre. — Autre source de désaccord : avec combien de gens le roi franchirait-il le fleuve ? Celui-ci trouvait juste de le faire avec toute son escorte ; les ambassadeurs l'invitaient à venir avec trois personnes ou, s'il voulait amener une si grande troupe, à donner des otages garantissant que l'entrevue ne comporterait aucun piège. Le roi donna comme otages Hippias[3] et Pantauchus[4], les plus importants personnages parmi ses Amis[5], qu'il avait aussi envoyés comme ambassadeurs. Au reste, ce n'était pas tant par mesure de sécurité qu'on avait demandé des otages, que pour montrer aux alliés que ce n'était nullement sur un pied d'égalité que le roi rencontrait nos ambassadeurs. On se salua non pas en ennemis, mais en hôtes pleins de bienveillance et, quand on eut disposé des sièges, l'on s'assit.

Discours de Q. Marcius Philippus.

XL. Après quelques instants de silence : « Tu attends de nous[6], je pense », dit Marcius, « que nous répondions à la lettre que tu nous as

uenerunt. [2]Magnus comitatus fuit regius cum amicorum tum satellitum turba stipante. Non minore agmine legati uenerunt et ab Larisa multis prosequentibus et legationibus ciuitatium, quae conuenerant Larisam et renuntiare domum certa, quae audissent, uolebant. [3]Inerat cura insita mortalibus uidendi congredientis nobilem regem et populi principis terrarum omnium legatos. [4]⟨Vt⟩ in conspectu steterunt, dirimente amni, paulisper internuntiando cunctatio fuit, utri transgrederentur. Aliquid illi regiae maiestati, ⟨hi⟩ aliquid populi Romani nomini, cum praesertim Perseus petisset conloquium, existumabant deberi. [5]Ioco etiam Marcius cunctanti*s* mouit : « Minor » inquit « ad maiores et » — quod Philippo ipsi cognomen erat — « filius ad patrem transeat ». [6]Facile persuasum id regi est. Aliud deinde ambigebatur, cum quam multis transiret. Rex cum omni comitatu transire aecum censebat ; legati uel cum tribus uenire iubebant uel, si tantum agmen traduceret, obsides dar*e*, nihil fraudis fore in conloquio. [7]Hippian et Panta*uch*um, quos et legatos miserat, principes amicorum, obsides dedit. Nec tam in pignus fidei obsides desiderati erant, quam ut appareret sociis nequaquam ex dignitate pari congredi regem cum legatis. [8]Salutatio non tamquam hostium, sed hospitalis ac benigna fuit, positisque sedibus consederunt.

XL. [1]Cum paulisper silentium fuisset, « expec-

XXXIX, **4** ut *add. Madvig* || hi *hoc loco add. Weissenborn, post* aliquid *Fr.* || **5** cunctantis *Fr.* : cunctantibus *V* || **6** dare *I. F. Gronovius* : daret *V* || **7** Hippian et Pantauchum *Crévier* : hippanianetpantacum *V.*

envoyée à Corcyre, et dans laquelle tu nous demandes pourquoi, de cette façon, nous, des ambassadeurs, nous sommes venus avec des soldats et nous envoyons des garnisons dans chaque ville. Ta question me gêne : je crains que n'y pas répondre ne soit une insolence et qu'y répondre la vérité ne te paraisse trop dur à entendre. Mais celui qui rompt un traité doit s'exposer soit à des reproches, soit à une riposte armée, et comme je préférerais voir la guerre contre toi confiée à un autre qu'à moi[1], je me résignerai, quoi qu'il en soit, à user de paroles sévères envers un hôte, à la façon des médecins qui, pour assurer leur salut, administrent à leurs malades des remèdes assez désagréables. Depuis que tu es monté sur le trône, il est une chose qu'aux yeux du sénat, il fallait faire et que tu as faite, c'est ⟨d'envoyer⟩ des ambassadeurs à Rome[2] pour renouveler ⟨le traité d'alliance⟩, mais il aurait mieux valu, selon le sénat, ⟨ne pas le renouveler⟩[3] que de le violer après l'avoir renouvelé. Tu as chassé[4] de son royaume Abrupolis[5], un allié et un ami du peuple romain ; tu as accordé un asile aux assassins d'Arthétaurus, donnant ainsi l'impression que ⟨tu te⟩ réjouissais — pour ne pas dire plus — du meurtre de celui de tous les princes illyriens qui était le plus fidèle aux Romains ; tu t'es rendu à Delphes en traversant, avec une armée, contrairement au traité, le territoire thessalien et maliaque ; tu as de même, contrairement au traité, envoyé des renforts aux Byzantins[6] ; avec les Béotiens, nos alliés[7], tu as conclu, sous le sceau du serment, une alliance secrète et bilatérale, ce qui n'était pas permis ; les ambassadeurs thébains, Eversa et Callicritus[8], qui venaient nous trouver, je préfère demander quel est l'auteur de leur assassinat plutôt que l'accuser ; la guerre civile en Étolie et le massacre des notables[9], à qui, sinon à tes partisans,

tari nos » inquit Marcius « arbitror, ut respondeamus litteris tuis, quas Corcyram misisti, in quibus quaeris, quid ita legat*i* cum militibus uenerimus et praesidia in singulas urbes dimittamus. [2]Ad hanc interrogationem tuam et non respondere uereor, ne superbum sit, et uera respondere, ne nimis acerbum audienti tibi uideatur. [3]Sed cum aut uerbis castigandus aut armis sit, qui foedus rumpit, sicut bellum aduersus te alii quam mihi mandatum malim, ita orationis acerbitatem aduersus hospitem, utcumque est, subibo, sicut medici, cum salutis causa tristiora remedia adhiben*t*. [4]Ex quo regnum adeptus es, unam rem te, quae facienda fuerit, senatus fecisse censet, quod legatos Romam ad renouandum ⟨foedus miseris, quod ipsum tamen tibi non fuisse renouandum⟩ iudicat potius quam, cum renouatum esset, uiolandum. [5]Abrupolim, socium atque amicum populi Romani, regno expulisti ; Arthetauri interfectores, ut caede, ne quid ultra dicam, ⟨te⟩ laetatum appareret, recepisti, qui [ut] omnium Illyriorum fidissimum Romani*s* regulum occiderant ; [6]per Thessaliam et Maliensem agrum cum exercitu contra foedus Delphos isti ; Byzantiis item contra foedus misisti auxilia ; cum Boeotis, sociis nostris, secretam tibi ipsi societatem, quam non licebat, iure iurando pepigisti ; [7]Thebanos legatos, Eu*e*r*s*am et Callicritum, uenientis a*d* nos, quaerere malo, quis interfecerit, quam arguere. In Aetolia bellum intestinum et caedes principum

XL, **1** quid ita legati *Fr.* : quidsitallegatis *V* || **3** adhibent *Fr.* : adhibens *V* || **4** fœdus... renouandum *add. Sigonius* || **5** te *add. H. I. Mueller* || ut *secl. Fr.* || romanis regulum *Novák* : romanumiiregulum *V* romano nomini regulum *Fr.* || **7** eversam *Fr.* : eruam *V* || ad nos *Madvig* : anos *V* a nobis *Fr.*

peuvent-ils bien être attribués? Les Dolopes, c'est toi en personne qui as ravagé leur territoire[1]. Le roi Eumène, qui rentrait de Rome dans son royaume, a failli, tel une victime[2], être immolé devant les autels[3] de Delphes, dans un lieu saint : qui accuse-t-il de cet assassinat? je répugne à le dire. Quels crimes cachés dénonce ton hôte de Brindes[4], je suis sûr qu'on te l'a écrit en détail de Rome et que tes ambassadeurs te l'ont rapporté. Que j'eusse à te dire cela, tu aurais eu un moyen de l'éviter, en ne demandant pas pour quelles raisons des armées étaient transférées en Macédoine ou pourquoi nous envoyions des garnisons dans les villes alliées. Puisque tu le demandes, il y aurait eu de notre part plus d'insolence à rester muets qu'à avoir répondu ce qui est vrai. Pour moi, en tout cas, c'est en raison des liens d'hospitalité qui unissaient nos pères que je vais accorder une oreille favorable à tes paroles et que je souhaite te voir me fournir de quoi plaider ta cause devant le sénat. »

Discours de Persée.

XLI. A cela le roi répondit[5] : « Une cause qui serait bonne, si elle était plaidée devant des juges équitables, je vais la plaider devant des hommes qui sont à la fois des accusateurs et des juges. Parmi les actes que l'on m'objecte, il en est dont je me demande si je ne devrais pas me glorifier d'être l'auteur, loin d'avoir honte de me reconnaître comme tel; il en est d'autres qu'⟨il me suffit⟩, puisque ce ne sont que des mots, de nier par des mots. Y a-t-il en effet, parmi les charges relevées contre moi dans les dénonciations de l'homme de Brindes ou d'Eumène un seul point qui, à supposer que je sois aujourd'hui un accusé soumis à vos lois, puisse passer vraiment pour une accusation plutôt que pour une insulte? C'est à croire qu'Eumène, qui est l'objet de tant de haines publiques et privées, n'a pas eu d'autre ennemi personnel que moi; à croire aussi que je n'aurais pas pu trouver de meilleur instrument de mes crimes que Rammius, que je

per quos, nisi per tuos, factae uideri possunt? Dolopes a te ipso euastati sunt. [8]Eumenes rex, ab Roma cum in regnum rediret, prope ut uictuma Delphis in sacrato loco ante aras mactatus, quem insimulet, piget referre. [9]Quae hospes Brundisinus occulta facinora indicet, certum habeo et scripta tibi omnia ab Roma esse et legatos renuntiasse tuos. [10]Haec ne dicerentur a me, uno modo ui*ta*re potuisti, non quaerendo quam ob causam exercitus in Macedoniam traicerentur aut praesidia in sociorum urbes mitteremus. Quaerenti tibi superbius tacuissemus, quam uera respondimus. [11]Equidem pro paterno nostro hospitio faueo orationi tuae et opto, ut aliquid mihi materi*ae* praebeas agendae tuae apud senatum causae ».

XLI. [1]Ad ea rex : « Bonam causam, si apud iudices aequos ageretur, apud eosdem et accusatores et iudices agam. [2]Eorum autem, quae obiecta sunt mihi, partim ea sunt, quibus nescio an gloriari debeam, *neque* quae fateri erubescam, partim quae uerbo obiecta uerbo negare ⟨satis⟩ sit. [3]Quid enim, si legibus uestris hodie reus sim, aut index Brundisinus aut Eumenes mihi obiciat, ut accusare potius uere quam conuiciari uideantur? [4]Scilicet nec Eumenes, cum tam multis grauis publice ac priuatim sit, alium quam me inimicum habuit; neque ego potiorem quemquam ad ministeria facinorum quam Ramm*i*um, quem neque umquam

XL, **10** vitare *Fr.* : uidere *V* prouidere *Harant* || **11** aliquid mihi materiae *Hertz* : aliquidmihimateriem *V* aliquam mihi materiam *Fr.*

XLI, **2** debeam, neque quae *Vahlen* : debeameaquae (*sec.* a *exp.*) *V* debeam partim quae *Fr.* debeam certe non ea quae *H. I. Mueller* || satis *add. Hearne* || **4** gravis *Fr.* : grauidae *V* || Rammium *Fr.* : rammum *V.*

n'avais jamais vu auparavant et ne devais jamais voir par la suite. On veut aussi que je rende compte de la mort des Thébains, dont il est bien connu qu'ils ont péri dans un naufrage, et du meurtre d'Artéthaurus : or, tout ce que l'on a à me reprocher à ce propos, c'est que les assassins se sont exilés dans mon royaume. Contre l'iniquité de la condition qui m'est ainsi faite, je ne protesterai pas, à cette réserve près que, toutes les fois où des exilés se sont réfugiés en Italie ou à Rome, vous acceptiez de vous reconnaître comme les instigateurs des crimes pour lesquels ils ont été condamnés. Si vous vous y refusez, vous et aussi toutes les autres nations, je ferai partie moi aussi de ce nombre. Et, par Hercule, à quoi bon dire que chaque homme a le droit de s'exiler, s'il ne doit y avoir nulle part de refuge pour les exilés ? Et pourtant, dès que, averti par vous, j'ai appris que ces assassins se trouvaient en Macédoine, j'ai donné l'ordre de les rechercher et de les faire sortir de mon royaume, dont je leur ai interdit l'accès à perpétuité. Voilà les reproches qu'on m'a adressés, comme on en adresse à un accusé plaidant sa cause ; voici maintenant ceux qui s'adressent à moi en tant que roi et qui concernent les discussions soulevées par le traité que j'ai conclu avec vous. S'il est en effet dans le traité une clause m'interdisant, même si l'on me déclare la guerre, de me protéger, moi et mon royaume, je dois admettre que j'ai violé le traité en me défendant, les armes à la main, contre Abrupolis, allié du peuple romain. Mais, si le traité comme le droit des nations permettent de riposter aux armes par les armes, qu'aurais-je donc dû faire, en fin de compte, alors qu'Abrupolis avait dévasté les territoires frontaliers de mon royaume jusqu'à Amphipolis et avait emmené beaucoup d'hommes libres, une grande quantité d'esclaves, plusieurs milliers de têtes de bétail ? Devais-je rester tranquille et attendre patiemment qu'il fût arrivé avec son armée jusqu'à Pella et à mon palais ? Sans doute dira-t-on que, tout en lui faisant une guerre légitime, je n'aurais pas dû le vaincre ni lui faire subir le sort qui échoit aux vaincus ; mais ces malheurs dont moi, qui ai été l'objet

ante uideram nec eram postea uisurus, inuenire potui. [5]Et Thebanorum, quos naufragio perisse constat, et Arthetauri caedis mihi reddenda ratio est; in qua tamen nihil ultra obicitur, quam interfectores eius in regno exulasse meo. [6]Cuius condicionis iniquitatem ita non sum recusaturus, si uos quoque accipitis, ut, quicumque exules in Italiam aut Romam se contulerunt, his facinerum, propter quae damnati sunt, auctores uos fuisse fateamini. [7]Si hoc et uos recusabitis et omnes [et] aliae gentes, ego quoque inter ceteros ero. Et hercule, quid adtinet cuiquam exilium patere, si nusquam exuli futurus locus est? [8]Ego tamen istos, ut primum in Macedonia esse admonitus a uobis conperi, requisitos abire ex regno iussi et in perpetuum interdixi finibus meis. [9]Et haec quidem mihi tamquam causam dicenti reo obiecta sunt; illa tamquam regi et quae de foedere, quod mihi est uobiscum, disceptationem habeant. [10]Nam si est in foedere ita scriptum, ut, ne si bellum quidem quis inferat, tueri me regnumque meum liceat, mihi fatendum est, quod me armis aduersus Abrupolim, socium populi Romani, defenderim, foedus uiolatum esse. [11]Sin autem hoc et ex foedere licuit et iure gentium ita conparatum est, ut arma armis propulsentur, quid tandem me facere decuit, cum Abrupolis finis mei regni usque ad Amphipolim peruastasset, multa libera capita, magnam uim mancipiorum, multa milia pecorum abegisset? [12]Quiescerem et paterer, donec Pellam et in regiam meam armatus peruenisset? At enim bello quidem iusto sum persecutus, sed uinci non oportuit eum, neque ali*a*, quae uictis

XLI, 7 et *secl. Fr.* || 12 alia quae *Kreyssig* : aliquae *V.*

d'une attaque armée, j'ai couru le risque, en quoi peut-il se plaindre de les avoir subis, lui qui fut la cause de la guerre? Ce n'est pas de la même façon, Romains, que je vais me justifier d'avoir réprimé par les armes le soulèvement des Dolopes ; car, à supposer même qu'ils ne l'eussent pas mérité, j'ai agi selon mon droit, puisque leur pays faisait partie de mon royaume, relevait de mon autorité, et que, par votre décret[1], il avait été attribué à mon père. Et, s'il me faut rendre compte de mes actes, vous pouvez m'accorder, non pas seulement vous et vos alliés, mais aussi ceux qui désapprouvent, même lorsqu'elle s'applique à des esclaves, l'exercice d'une autorité tyrannique et cruelle, que je n'ai pas outrepassé à leur égard les limites de la justice et de la morale. Ils firent mourir en effet Euphranor, le gouverneur que je leur avais donné, d'une façon telle que la mort aura été la plus légère de ses souffrances.

XLII. Or comme, de là, j'étais allé visiter Larissa, Antrones et Ptéléon, en empruntant une route proche[2] de Delphes[3], je montai à Delphes pour offrir un sacrifice, m'acquittant ainsi de vœux faits bien auparavant. A quoi l'on ajoute, pour aggraver les accusations lancées contre moi, que j'y suis allé avec une armée ; sans doute était-ce pour faire ce que je me plains de vous voir faire maintenant, à savoir occuper des villes et installer des garnisons dans les citadelles? Réunissez en assemblée les cités grecques que j'ai traversées ; qu'un seul homme se plaigne d'une injustice commise par un de mes soldats : en ce cas, je ne m'opposerai pas à ce qu'on croie que mon sacrifice était seulement un prétexte et mon but tout différent ! Nous avons envoyé des secours aux Étoliens et aux Byzantins et nous avons conclu un traité d'amitié avec les Béotiens : sur la nature exacte de ces faits, mes ambassadeurs ont souvent fourni, non seulement des indications, mais même des justifications à votre sénat, où j'avais certains critiques moins équitables à mon égard que tu ne l'es, toi, Q. Marcius, l'ami et l'hôte

accidunt, pati; quorum casum cum ego subierim, qui sum armis lacessitus, quid potest queri sibi accidisse, qui causa belli fuit? [13]Non sum eodem modo defensurus, Romani, quod Dolopas armis coercuerim; quia, etsi non merito eorum, iure feci meo, cum mei regni, meae dicionis essent, uestro decreto patri adtributi meo. [14]Nec, si causa reddenda sit, non uo*b*is nec foeder*at*is, sed iis, qui ⟨ne⟩ in seruos quidem saeua atque iniusta imperia probant, plus aequo et bono saeuisse in eos uideri possum; quippe Euphranorem, praefectum a me inpositum, ita occiderunt, ut mors poenarum eius leuissima fuerit.

XLII. [1]At cum processissem inde ad uisendas Larisam et Antronas et P*te*leon, qua in propinquo Delphi ⟨sunt⟩, sacrificandi causa, ⟨ut⟩ multo ante debita uota persoluerem, Delphos escendi. [2]Et his, criminis augendi causa, cum exercitu me *i*sse adicitur; scilicet, ut, quod nunc uos facere queror, urbes occuparem, arcibus inponerem praesidia. [3]Vocate in concilium Graeciae ciuitates, per quas iter feci, queratur unusquilibet militis mei iniuriam; non recusabo, quin simulato sacrificio aliud petisse uidear. [4]Aetolis et Byzantiis praesidia misimus et cum Boeotis amicitiam fecimus. Haec, qualiacumque sunt, per legatos meos non solum indicata, sed etiam excusata sunt saepe in senatu uestro, ubi aliquos ego disceptatores non tam aequos quam te, Q. Marci, paternum amicum et hospitem, habe-

XLI, **14** uobis nec fœderatis *Fr.* : nouisnecfoederis *V* || ne *add. Fr.*

XLII, **1** Pteleon *Ruperti* : pycleon *V* Pteleum *Turnebus* || Delphi sunt *Vahlen et H. I. Mueller* : delphis *V* || ut *add. Vahlen* || **2** me isse *Kreyssig* : messe *V* me fuisse *Fr.*

de mon père. Mais Eumène n'était pas encore venu à Rome en accusateur pour rendre, à force de calomnies et de déformations, toutes mes actions suspectes et odieuses et s'efforcer de vous convaincre que la Grèce ne pouvait être libre et jouir de ce bienfait que vous lui avez accordé, tant que le royaume de Macédoine serait intact. La roue tournera : il y aura bientôt des gens pour arguer qu'il n'a servi à rien de repousser Antiochus au-delà de la chaîne du Taurus ; que le joug d'Eumène est beaucoup plus lourd pour l'Asie que celui d'Antiochus ; que vos alliés ne peuvent vivre en paix tant qu'il y aura un palais royal à Pergame ; que c'est là une citadelle dont la tyrannie pèse sur les cités voisines. Je sais, Q. Marcius et A. Atilius, que vos accusations ou mes justifications sont ce que les font les oreilles et les dispositions d'esprit de ceux qui les écoutent et que l'important, ce sont moins mes actes ou mes intentions que l'interprétation que vous leur donnez. J'ai conscience de ne m'être volontairement rendu coupable d'aucune faute, et, si je me suis laissé aller à quelque imprudence, de pouvoir être corrigé et amendé par un blâme du genre de celui que vous m'adressez. Du moins n'ai-je commis rien d'irrémédiable ni qui mérite à vos yeux d'être puni par la guerre et les armes ; ou alors c'est à tort que, parmi toutes les nations, vous avez la réputation de clémence et de pondération si, pour des raisons qui méritent tout au plus une plainte et une demande de réparations, vous prenez les armes et faites la guerre à des rois alliés ».

Résultats de l'entrevue. Dissensions en Béotie.

XLIII. Ces paroles ayant rencontré de l'approbation, Marcius proposa d'envoyer des ambassadeurs à Rome ; ⟨le roi⟩ ayant exprimé l'avis qu'il fallait tout tenter jusqu'au bout et ne laisser échap-

bam. [5]Sed nondum Romam accusator Eumenes uenerat, qui calumniando omnia detorquendoque suspecta et inuisa efficeret et persuadere uobis conaretur non posse Graeciam in libertate esse et uestro munere frui, quoad regnum Macedoniae incolume esset. [6]Circumagetur hic orbis; erit mox, qui arguat nequiquam Antiochum ultra *iu*ga Ta*uri* emotum; grauiorem multo Asiae[que] quam Antiochus fuerit, Eumenen esse; conquiescere socios uestros non posse, quoad regia Pergami sit; eam arcem supra capita finitimarum ciuitatium impositam. [7]Ego haec, Q. Marci et A. Atili, quae aut a uobis obiecta aut purgata a me sunt, talia esse scio, ut aures, ut animi audientium sint, nec tam referre, quid ego aut qua mente fecerim, quam, quomodo id uos factum accipiatis. [8]Conscius mihi sum nihil me scientem deliquisse et, si quid fecerim inprudentia lapsus, corrigi me et emendari castigatione hac posse. [9]Nihil certe insanabile nec, quod bello et armis persequendum esse censeatis, commisi; aut frustra clementiae grauitatisque uestrae fama uolgata per gentes est, si talibus de causis, quae uix querella et *ex*postulatione digna*e* sunt, arma capitis et regibus sociis bella infertis ».

XLIII. [1]*Haec* dicent*i* e*i* cum adsensum *esset*, Marcius auctor fuit mittendi Romam legat*os*; cum experienda omnia ad ultimum nec praetermittendam spem ullam censuisset ⟨rex⟩, reliqua

XLII, **6** ultra iuga Tauri emotum *I. F. Gronovius* : ultralegatanremotum *V* ultra iuga Tauri remotum *Fr.* || Asiae *Fr.* : asiaeque *V* || **9** expostulatione dignae *Fr.* : postulationedigna *V.*

XLIII, **1** Haec dicenti ei cum adsensum esset *Harant* : etdicentemetcumadsensum *V* haec dicenti tum adsensus *Fr.* || legatos *Harant* : legatiessent *V* || rex *add. Harant.*

per aucune chance de succès, le reste de la discussion fut consacré à la recherche d'un itinéraire sûr pour les ambassadeurs. Bien que, pour cela, une demande de trêve parût nécessaire, que Marcius la désirât et n'eût pas d'autre but en consentant un entretien, il l'accorda avec difficulté et comme une grande faveur, sur les instances du roi[1]. Les préparatifs de guerre des Romains étaient en effet, pour le moment, loin d'être achevés — pas d'armée, pas de chef[2] — alors que Persée — un vain espoir de paix ne fût-il pas venu l'aveugler dans ses plans — ⟨avait⟩ un ensemble de dispositifs et d'équipements parfaitement au point et pouvait commencer la guerre au moment le plus favorable pour lui et le plus désavantageux pour ses ennemis.

Au sortir de cet entretien, la trêve une fois conclue, les ambassadeurs romains partirent aussitôt pour la Béotie. Des troubles avaient déjà commencé à s'y produire, certains peuples cherchant à retirer leur participation à la confédération béotienne, depuis qu'était connue la réponse des ambassadeurs, suivant lesquels « on verrait clairement à quels peuples, pris isolément, il avait déplu d'être liés par une alliance avec le roi[3]. » Des envoyés de Chéronée d'abord, puis de Thèbes, vinrent au-devant des Romains au cours même de leur route, affirmant qu'ils n'avaient pas assisté à la séance de l'assemblée au cours de laquelle cette alliance avait été décrétée ; sur quoi, sans leur donner pour le moment de réponse, nos ambassadeurs les invitèrent à les suivre à Chalcis. A Thèbes, surgit un violent désaccord, à la suite d'une autre raison de querelle. Lors des élections du préteur ⟨et⟩ des Béotarques[4], le parti vaincu, voulant venger une injustice, réunit la foule et fit interdire par décret l'entrée des villes aux Béotarques. Les exilés se regroupèrent tous à Thespies ; comme, de cette ville, où on les

consultatio erat, quonam modo tutum iter legatis esset. [2]Ad id ⟨cum⟩ necessaria petitio indutiarum uideretur cuperetque Marcius neque aliud conloquio petisset, grauate et i*n* magnam gratiam petentis concessit. [3]Nihil enim satis paratum ad bellum in praesentia habebant Romani, non exercitum, non ducem, cum Perseus, ni spes uana pacis occaecasset consilia, omnia praeparata atque instructa ⟨haberet⟩ et suo maxime tempore atque alieno hostibus incipere bellum posset.

[4]Ab hoc conloquio, fide indutiarum interposita, legati Romani in Boeotiam con*festim* pro*fec*ti sunt. [5]Ibi iam motus coeperat esse d*is*cedentibus *a* societat*e* communis concilii Boeotorum quibusdam populis, ex quo renuntiatum erat respondisse legatos appariturum, quibus populis proprie societatem cum rege iungi displicuisset. [6]Primi a Chaeronia legati, deinde a The*b*is in ipso itinere occurrerunt, adfirmantes non interfuisse se, quo societas ea decreta esset, concilio ; qu*o*s legati, nullo in praesentia responso dato, Chalcidem se sequi iusserunt. [7]Thebis magna contentio orta erat ex alio certamine. Comiti*is* praetoris ⟨et⟩ Boeota*rcha*rum uicta pars iniuriam persequens coacta multitudine decre*uit* [Thebis si] ne Boe*o*tarchae urbibus reciperentur. [8]Exules Thespias uniuersi concesserunt ;

XLIII, 2 cum *add. Fr.* || et in *Fr.* : etiam *V* || 3 haberet *add. Fr.* || 4 confestim profecti sunt *Giarratano* : conparatisunt *V* profecti sunt *Doviatius* conversi sunt *I. F. Gronovius* || 5 discedentibus a societate *Fr.* : descendentibusinsocietatem *V* non descendentibus in societatem *Harant* || 6 a Thebis *Fr.* : athenis *V* || quos (*ante* legati) *I. F. Gronovius* : quis *V* || 7 comitiis praetoris et Boeotarcharum *Niese* : comitiapraetorisboetarum *V* comitiis praetoriis Boetorum *Fr.* || decreuit ne Boeotarchae *Gitlbauer* : decretumthebissinebelloetarce *V* decretum fecit Thebis ne Boetarchae *Fr.*

avait reçus sans hésitation, ils avaient été rappelés à Thèbes, où l'on avait depuis changé d'avis, ils y décrètent que les douze personnes qui, sans aucun pouvoir officiel, avaient réuni la foule et tenu une assemblée du peuple, seraient condamnées à l'exil. Par la suite, le nouveau préteur (il s'agissait d'Isménias, homme noble et puissant)[1] fait condamner par décret les absents à la peine capitale. Ceux-ci s'étaient réfugiés à Chalcis ; étant, de là, allés trouver les Romains à Larissa[2], ils avaient fait retomber sur Isménias la responsabilité de l'alliance avec Persée : « c'était de ⟨ce⟩ désaccord qu'était née leur opposition. » Des envoyés des deux partis vinrent cependant trouver les Romains, d'une part, les exilés qui étaient aussi les accusateurs d'Isménias, de l'autre, Isménias lui-même.

Dissolution de la ligue béotienne.

XLIV. Dès qu'on fut arrivé à Chalcis, les chefs des autres cités, à la très grande joie des Romains, prirent chacun un décret particulier en vertu duquel ils rejetaient l'alliance avec le roi et se joignaient aux Romains. Isménias trouvait équitable de placer la « nation » béotienne[3] sous la protection de Rome. D'où une querelle : peu s'en fallut qu'Isménias — s'il ne s'était réfugié vers l'estrade des ambassadeurs — ne fût tué par les exilés et leurs partisans. La ville même de Thèbes, capitale de la Béotie, était également fort agitée, les uns essayant d'entraîner la ville dans le parti du roi, les autres, dans celui des Romains ; une foule d'habitants de Coronée et d'Haliarte était venue y soutenir le décret d'alliance avec le roi. Mais, grâce à la fermeté des principaux personnages qui leur montrèrent, en évoquant les défaites de Philippe et d'Antiochus, quelle était la force et la fortune de l'Empire romain, la multitude fut enfin convaincue : elle vota un décret annulant l'alliance avec le roi, chargea les auteurs de ce traité d'amitié d'aller

inde — recepti enim sine cunctatione erant — Thebas iam mutatis animis reuocati decretum faciunt, ut duodecim, qui priuati coetum et concilium habuissent, exilio multarentur. [9]Nouus deinde praetor — Ismenias is erat, uir nobilis ac potens — capitalis poenae absentis eos decreto damnat. Chalcidem fugerant; inde ad Romanos Larisam profecti causam cum Perseo societatis in Ismeniam contulerant; ex ⟨ea⟩ contentione ortum certamen. [10]Vtriusque tamen partis legati ad Romanos uenerunt, et exules accusatoresque Ismeniae et Ismenias ipse.

XLIV. [1]Chalcidem ut uentum est, aliarum ciuitatium principes, id quod maxume gratum erat Romanis, suo qu*i*que proprio decreto *reg*iam societatem aspernati Romanis se adiungebant; Ismenias gentem Boeotorum in fidem Romanorum permitti aecum censebat. [2]Inde certamine orto, nisi in tribunal legatorum perfugisset, haud multum afuit, quin ab exulibus fautoribusque eorum interficeretur. [3]Thebae quoque ipsae, quod Boeotiae caput est, in magno *mo*tu erant, aliis ad regem trahentibus ciuitatem, aliis ad Romanos; [4]et turba Coronaeorum Haliartiorumque conuenerat ad defendendum decretum regiae societatis. Sed constantia principum docentium cladibus Philippi Antiochique, quanta esset uis et fortuna imperii Romani, uicta *tan*dem multitudo et, ut tolleretur regia societas, decreuit

XLIII 9 ea *add. Madvig.*

XLIV, 1 quique *Fr.* : quoque *V* quisque *Weissenborn* quique et *Madvig* || regiam *Weissenborn* : propriam *V* Persei *Fr.* || 3 magno motu *Kreyssig* : magnotu *V* magno tumultu *Fr.* || 4 tandem *Madvig* : eadem *V.*

offrir réparation à nos ambassadeurs à Chalcis et leur ordonna de mettre la cité sous la protection des ambassadeurs. Marcius et Atilius apprirent avec joie cette nouvelle des Thébains et les incitèrent, eux <et> chacune des délégations séparément, à envoyer des ambassadeurs à Rome pour établir à nouveau avec elle des relations amicales[1]. Surtout ils ordonnèrent qu'on rétablît les exilés dans leurs droits et prirent eux-mêmes un décret condamnant les auteurs de l'alliance avec le roi. Après avoir ainsi dissous — c'était là leur but principal — la ligue béotienne, ils partent pour le Péloponnèse, après avoir fait venir Ser. Cornelius à Chalcis. A Argos, on réunit pour eux l'assemblée : là ils ne demandèrent... rien d'autre[2] à la nation achéenne que de leur fournir un contingent de mille soldats. Ce contingent fut envoyé en garnison à Chalcis pour y assurer la protection de la ville[3] pendant que l'armée romaine passerait en Grèce. Une fois accomplie leur mission en Grèce, Marcius et Atilius rentrèrent à Rome au début de l'hiver[4].

Ambassades romaines en Orient.

XLV. Vers la même époque[5], une ambassade en était partie pour aller en Asie <et> parcourir les îles. Les ambassadeurs étaient au nombre de trois, Ti. Claudius[6], Sp. Postumius[7] et M. Iunius[8]. Ceux-ci, au cours de leur tournée, exhortaient leurs alliés à prendre les armes <en faveur des> Romains contre Persée ; plus une cité était puissante, plus ils mettaient d'application à leur tâche, les petites cités devant subir l'influence des grandes. L'attitude des Rhodiens était à leurs yeux et à tous égards de la plus haute importance, car ceux-ci pouvaient non seulement appuyer les belligérants de leur sympathie, mais encore les aider, grâce à leurs ressources, avec les quarante navires qu'ils avaient équipés à l'instigation d'Hégé-

et eos, qui auctores paciscendae amicitiae fuerant, ad satisfaciendum legatis Chalcidem misit fideique legatorum commendari ciuitatem iussit. [5]Thebanos Marcius et Atilius laeti audierunt auctoresque et his ⟨et⟩ separatim singulis fuerunt ad renouandam amicitiam mittendi Romam legatos. [6]Ante omnia exules restitui iusserunt et auctores regiae societatis decreto suo damnarunt. Ita, quod maxume uolebant, discusso Boeotico concilio ⟨in⟩ Peloponnesum proficiscuntur Ser. Cornelio Chalcidem accersito. [7]Argi*s* praebitum est iis concilium; ubi res *** aliud a gente Achaeorum petierunt, quam ut mille milites darent. [8]Id praesidium ad Chalcidem tuendam, dum Romanus exercitus in Graeciam traiceretur, missum est. Marcius et Atilius peractis, quae agenda in Graecia erant, principio hiemis Romam redierunt.

XLV. [1]Inde legatio sub idem tempus in Asiam ⟨et⟩ circum insulas missa. [2]Tres erant legati, T*i*. Claudius, *S*p. Postumius, M. Iunius. Ii circumeuntes hortabantur socios ad suscipiendum aduersus Persea ⟨pro⟩ Romanis bellum; et, quo quaeque opulentior ciuitas erat, eo accuratius agebant, quia minores secuturae maiorum auctoritatem erant. [3]Rhodii maximi ad omnia momenti habebantur, quia non f*o*uere tantum, sed adiuuare *etiam* uiribus suis bellum poterant, quadraginta nauibus auctore Hegesilocho praeparatis; [4]qui cum in summo magistratu

XLIV, **5** et (*ante* separatim) *add. I. F. Gronovius* || **7** Argis *Fr.* : argi *V* || *post* res *lacunam coniec. uiri docti.*

XLV, **1** et *add. Duker* || **2** Ti. *Sigonius* : T. *V* || Sp. *Drakenborch* : P. *V* || pro *add. Fr.* || **3** fovere *Kreyssig* : fauere *V* favore *Hartel* || adiuvare etiam *Fr.* : adiuuarent *V*.

siloque[1]. Ce dernier, qui occupait alors la magistrature suprême (eux-mêmes l'appellent prytanie), avait persuadé les Rhodiens, à force de discours, d'abandonner l'espoir — ils en avaient souvent éprouvé la vanité — de plaire aux rois[2], pour s'en tenir à l'alliance romaine, la seule alors au monde à offrir des gages de stabilité, aussi bien par sa force que par sa loyauté : « La guerre avec Persée était imminente ; les Romains désireraient avoir le même armement naval que celui qu'ils avaient vu récemment lors de la guerre contre Antiochus et auparavant, lors de la lutte contre Philippe[3]. Pour eux, ils seraient plongés dans l'affolement quand ils auraient à préparer une flotte au moment même où ils devraient la faire partir, s'ils ne commençaient pas à réparer leurs navires et à pourvoir à leurs équipages. ⟨Cela⟩, ils devraient s'y employer avec d'autant plus d'énergie qu'ils avaient à réfuter, preuves matérielles à l'appui, les accusations portées contre eux par Eumène ». Stimulés par ces arguments, ils avaient préparé et équipé une flotte de quarante navires qu'ils montrèrent aux ambassadeurs romains dès leur arrivée, de façon à bien prouver qu'ils n'avaient pas attendu, pour ce faire, leur exhortation. Cette ambassade elle aussi contribua beaucoup à concilier les esprits en faveur de Rome dans les cités d'Asie. — Seul Decimius[4] revint à Rome sans avoir rien obtenu et encourut même le soupçon déshonorant d'avoir reçu de l'argent des rois[5] d'Illyrie.

Ambassades macédoniennes en Grèce.

XLVI. Rentré en Macédoine après son entrevue avec les Romains, Persée envoya à Rome des ambassadeurs chargés de discuter des conditions préliminaires de paix ébauchées avec Marcius ; il écrivit aussi à Byzance, à Rhodes ⟨et à d'autres cités⟩[6], et fit porter les lettres par des ambassadeurs. Ces lettres exprimaient le même point de vue à tous les destinataires : « Il avait eu un entretien avec les envoyés romains ; il ressortait de ce qu'il avait entendu et dit qu'il pouvait paraître l'avoir emporté dans la discussion. »

Chez les Rhodiens, ses ambassadeurs[7] ajoutèrent que

esset — prytanin ipsi uocant — multi*s* orationibus peruicerat Rhodios, ut omissa, quam saepe u*a*na*m* experti essent, regum fouendorum spe Romanam societatem, unam tum in terris uel uiribus uel fide stabilem, retinerent. [5]Bellum imminere cum Perseo ; desideraturos Romanos eundem naualem apparatum, quem nuper Antiochi, quem Philippi ante bello uidissent. [6]Trepidaturos tum repente paranda classe, cum mittenda esset, nisi reficere naues, nisi instruere naualibus sociis coepissent. ⟨Id⟩ eo *m*agi*s* enixe faciundum esse, ut crimina delata ab Eumene fide rerum refellerent. [7]His incitati quadraginta nauium classem instructam ornatamque legatis Romanis aduenientibus, ut non expectatam adhortationem esse appareret, ostenderunt. [8]Et haec legatio magnum ad conciliandos animos ciuitatium Asiae momentum fuit. Decimius unus sine ullo effectu, captarum etiam pecuniarum ab regibus Illyriorum suspicione infamis, Romam redi*i*t.

XLVI. [1]Perseus, cum a*b* conloquio Romanorum in Macedoniam recepisset sese, legatos Romam de incohatis cum Marcio condicionibus pacis misit ; et Byzantium et Rhodum et ⟨ad alias ciuitates litteras scripsit et⟩ legatis ferendas dedit. [2]In litteris eadem sententia ad omnis erat, conlocutum se cum Romanorum legatis, quae audisset quaeque dixisset, ita disposita, ut superior fuisse in disceptatione uideri posset. [3]Apud Rhodios legati a*di*e*ce*runt

XLV, **4** multis orationibus *Kreyssig* : multiorationibus *V* multis rationibus *Fr.* ‖ vanam *Fr.* : una *V* ‖ **6** id eo magis enixe *Fr.* : eoagirenixae *V* ‖ **8** rediit *Fr.* : redit *V.*

XLVI, **1** a(ab) *Fr.* : ad *V* ‖ ad alias... scripsit et *add. Goldbacher* : et litteras scripsit *add. Weissenborn* ‖ **3** adiecerunt *Novák* : asserunt *V.*

le roi était sûr qu'il y aurait la paix : « C'était en effet à l'instigation de Marcius et d'Atilius qu'il avait envoyé à Rome des ambassadeurs. Si les Romains continuaient, contrairement au traité, à pousser à la guerre, alors les Rhodiens devaient user de toute leur influence, de toutes leurs forces, pour rétablir la paix ; s'ils n'obtiennent rien par leurs prières, il leur faut travailler à empêcher un seul peuple de devenir l'arbitre souverain dans tous les domaines. C'était là l'intérêt de tous les peuples et, en particulier, des Rhodiens, d'autant plus qu'ils surpassent les autres cités en prestige et en puissance ; tout cela ferait place à l'esclavage et à la dépendance s'il n'y avait plus de recours qu'auprès des Romains ». La lettre et les paroles des ambassadeurs rencontrèrent une bienveillante attention, plutôt qu'elles ne réussirent à modifier les sentiments des Rhodiens ; l'influence du parti le meilleur[1] commençait à l'emporter. La réponse, telle qu'elle se dégagait du décret, fut que les Rhodiens souhaitaient la paix ; mais, s'il y avait la guerre, le roi ne devait rien attendre des Rhodiens ni rien leur demander qui pût briser les liens de la vieille amitié existant entre eux et les Romains, liens créés par les nombreux et grands services qu'ils s'étaient rendus en temps de paix et de guerre. — Revenant de Rhodes, les ambassadeurs[2] se rendirent aussi dans les cités de Béotie, Thèbes[3], Coronée et Haliarte, auxquelles la décision d'abandonner l'alliance conclue avec le roi et de se joindre aux Romains semblait avoir été extorquée. Les Thébains[4] ne furent nullement ébranlés, bien que la condamnation de leurs principaux citoyens et la restauration des exilés les eussent irrités contre les Romains. Les habitants de Coronée et d'Haliarte, en vertu d'une sorte de sympathie naturelle envers les rois, envoyèrent des délégués en Macédoine pour demander une garnison qui pût les protéger contre l'insolence effrénée des Thébains. A cette délégation, le roi répondit qu'il ne pouvait envoyer de garnison en raison de la trêve qu'il avait conclue avec les Romains ; cependant, il les invitait à se défendre du mieux qu'ils pourraient contre les actes injustes commis par les Thébains,

confidere pacem futuram; auctoribus enim Marcio atque Atilio missos Roma*m legat*os. Si pergerent Romani contra foedus mouere bellum, tum omni gratia, omni ope nitendum fore Rhodiis, ut reconcilient pacem; [4]si nihil deprecando proficiant, id agendum, ne omnium rerum ius ac potestas ad unum populum perueniat. Cum ceterorum id interesse, tum praecipue Rhodiorum, qu*o* plus inter alias ciuitates dignitate atque opibus excellant; quae serua atque obnoxia fore, si nullus alio sit quam ad Romanos respectus. [5]Magis et litterae et uerba legatorum benigne sunt audita, quam momentum ad mutandos animos habuerunt; potentior esse partis melioris auctoritas coeperat. [6]Responsum ex decreto est optare pacem Rhodios; si bellum esset, ne quid ab Rhodiis speraret aut peteret rex, quod ueterem amicitiam, multis magnisque meritis pace belloque partam, diiungeret sibi a*c* Romanis. [7]Ab Rhodo redeuntes Boeotiae quoque ciuitates, [et] Thebas et Coroneam et Haliartum, adierunt, quibus expressum inuitis existimabatur, ut relicta regia societate Romanis adiungerentur. [8]Thebani nihil moti sunt, [et] quamquam et damnatis principibus et restitutis exulibus succensebant Romanis. [9]Coronaei et Haliartii, fauore quodam insito in reges, legatos in Macedoniam miserunt praesidium petentes, quo se aduersus inpotentem superbiam Thebanorum tueri possint. [10]Cui legationi responsum ab rege est, praesidium se propter indutias cum Romanis factas mittere non posse; tamen ita suadere a*b* Thebanorum

XLVI, **3** missos Romam legatos *Fr.* : missosromanos *V* || **4** quo plus *Crévier* : qui plus *V* || **6** ac *Madvig* : ab *V* || **7** et *secl. Madvig* || **8** et (*ante* quamquam) *secl. Novák* || **10** ab *Kreyssig* : ad *V* a *Fr.*

mais de façon à ne pas fournir aux Romains de prétexte pour sévir contre eux.

Q. Marcius rend compte au sénat de sa mission.

XLVII. Une fois arrivés à Rome, Marcius et Atilius rendirent compte au Capitole de leur ambassade : ce dont ils se glorifiaient le plus, c'était d'avoir trompé le roi en lui accordant une trêve et en lui donnant des espoirs de paix : « Tels étaient en effet les préparatifs de guerre du roi — alors que chez eux rien n'était prêt — qu'il aurait pu occuper tous les points stratégiques utiles avant que leur armée fût passée en Grèce. Mais, grâce au délai procuré par la trêve, on serait à égalité pour ⟨faire la guerre⟩ : le roi la commencerait sans y être davantage préparé ; les Romains, dans tous les domaines, seraient mieux équipés. Ils avaient réussi aussi à dissoudre la ligue béotienne, dont les membres ne pourraient plus désormais se joindre en groupe aux Macédoniens. » L'affaire paraissant avoir été menée avec une habileté consommée, une grande partie du sénat les approuvait ; mais les vieux sénateurs, qui gardaient le souvenir des anciennes façons d'agir, disaient qu'ils ne reconnaissaient pas dans cette ambassade des procédés dignes des Romains [1] : « Ce n'était pas avec des embuscades ou des combats nocturnes, ni par une fuite simulée ou des retours inopinés sur un ennemi qui ne s'y attendait pas, ni en telle manière qu'ils dussent se glorifier de leur ruse plutôt que de leur vrai courage, que leurs ancêtres avaient fait la guerre ; la guerre, ils avaient l'habitude de la déclarer avant de la faire, parfois même d'annoncer ⟨la bataille⟩ et de délimiter ⟨l'endroit⟩ où ils combattraient [2]. Cette bonne foi leur avait fait révéler au roi Pyrrhus le complot tramé contre lui par son médecin [3] ; elle avait fait remettre enchaîné aux Falisques l'homme qui avait livré leurs enfants [4]. Tels sont les procédés des Romains, procédés qui ne relèvent pas des fourberies puniques ou de l'habileté des Grecs [5], aux yeux ⟨desquels⟩ il y a plus de gloire à tromper l'ennemi qu'à le vaincre par

iniuriis, qua possent, ut se uindicarent, ne Romanis praeberent causam in se saeuiendi.

XLVII. [1]Marcius et Atilius, Romam cum uenissent, legationem in Capitolio ita renuntiarunt, ut nulla re magis gloriarentur quam decepto per indutias et spem pacis rege. [2]Adeo enim apparatibus belli fuisse instructum, ipsis nulla parata re, ut omnia opportuna loca praeoccupari ante ab eo potuerint, quam exercitus in Graeciam traiceretur. [3]Spatio autem indutiarum sumpto aecum ⟨bellum⟩ *fu*turum : illum nihilo paratiorem, Romanos omnibus instructiores rebus coepturos bellum. Boeotorum quoque se concilium arte distraxiss*e*, ne coniungi amplius ullo consensu Macedonibus possent. [4]Haec ut summa ratione acta magna pars senatus adprobabat ; ueteres et moris antiqui memores negabant se in ea legatione Romanas agnoscere artes. [5]Non per insidias et nocturna proelia, nec simulatam fugam inprouisosque ad incautum hostem reditus, nec ut astu magis quam uera uirtute gloriarentur, bella maiores gessisse : indicere prius quam gerere solitos bella, denuntiare etiam interdum ⟨pugnam et locum⟩ finire, in quo dimicaturi essent. [6]Eadem fide indicatum Pyrrho regi medicum uitae eius insidiantem ; eadem Faliscis uinctum traditum proditorem liberorum ; [7][regis] haec Romana esse, non uersutiarum Punicarum neque calliditatis Graecae, apud ⟨quos⟩ fallere hostem quam ui superare gloriosius fuerit. [8]Interdum in praesens

XLVII, 3 aecum bellum futurum *Fügner* : haecumuenturum *V* aecum certamen futurum *Weissenborn* || distraxisse *Fr.* : distraxissent *V* || 5 pugnam et locum *add. Kreyssig* diem, locum *Weissenborn* || 7 haec Romana *Modius* : regishaecromana *V* religionis haec Romanae *Vahlen* vere haec Romana *Weissenborn* || quos *add. Fr.*

la force. Parfois, sur le moment, la ruse est plus profitable que le courage, mais on ne triomphe vraiment et définitivement de la volonté de quelqu'un que lorsqu'il est forcé d'avouer que ce n'est ni grâce à des stratagèmes, ni grâce au hasard, mais après une bataille rangée et une guerre juste et légitime qu'il a été vaincu ». Telle était l'opinion des sénateurs les plus âgés auxquels déplaisait cette forme nouvelle et trop ⟨habile⟩ de sagesse ; l'emporta cependant cette partie du sénat pour qui l'utile comptait plus que l'honnête, de sorte qu'on approuva cette première ambassade de Marcius, qu'on le renvoya au même endroit, en Grèce, avec... quinquérèmes et qu'on lui donna pour instructions de conduire les autres affaires selon ce qui lui paraîtrait le plus conforme aux intérêts de l'État. Ils envoyèrent aussi A. Atilius occuper Larissa en Thessalie, de peur que, le temps de la trêve une fois écoulé, ⟨Persée⟩ n'y installât une garnison et n'eût en son pouvoir la capitale de la Thessalie. Atilius eut pour instruction de se faire envoyer deux mille fantassins par Cn. Sicinius pour s'acquitter de cette mission. A P. Lentulus, qui était revenu d'Achaïe, on donna aussi trois cents soldats de souche italienne pour lui permettre, à Thèbes, de veiller à tenir la Béotie sous son contrôle.

Ambassade macédonienne à Rome. Activités de la flotte romaine.

XLVIII. Ces préparatifs une fois accomplis et bien que la résolution de faire la guerre se fût affermie dans les esprits, le sénat jugea à propos de donner audience aux ambassadeurs de Persée[1]. Ceux-ci ne firent guère que répéter ce qui avait été dit par le roi, lors de l'entrevue. A l'accusation qui leur était adressée d'avoir tendu une embuscade à Eumène, ils répondirent par une défense qui, bien qu'ils y eussent apporté le plus grand soin, était pourtant fort peu vraisemblable, car la chose était patente ; tout le reste ne consistait qu'en prières. Mais les dispositions d'esprit de leurs auditeurs ne leur permettaient pas de se laisser convaincre ou fléchir. On leur fit savoir qu'ils devaient quitter l'enceinte de Rome sur-le-champ, l'Italie avant trente jours[2]. On fit savoir ensuite au

tempus plus profici dolo quam uirtute; sed eius demum animum in perpetuum uinci, cui confessio expressa sit se neque arte neque casu, sed conlatis comminus uiribus iusto ac pio esse bell*o* superatum. [9]Haec seniores, quibus noua ac nimis ⟨callida minus⟩ placebat sapientia; uicit tamen ea pars senatus, cui potior utilis quam honesti cura erat, ut conprobaretur prior legatio Marci, et eodem rursus in Graeciam cum * quinqueremibus remitteretur iubereturque cetera, uti e re publica maxime uisum esset, agere. [10]A. quoque Atilium miserunt ad occupandam Larisam in Thessalia timentes, ne, si indutiarum dies exisset, ⟨Perseus⟩ praesidio eo misso caput Thessaliae in potestate haberet. [11]Duo milia peditum Atilius ab C*n*. Sicinio acce*r*-*s*ere ad eam rem agendam iussus. [12]Et P. Lentulo, qui ex Achaia redierat, trecenti milites Italici generis dati, ut Thebis daret operam ut in potestate Boeotia esset.

XLVIII. [1]His praeparatis, quamquam ad bellum consilia erant destinata, senatum tamen praeberi legatis placuit. [2]Eadem fere, quae in conloquio ab rege dicta erant, relata ab legatis. Insidiarum Eumeni factarum crimen et maxima cura et minime tamen probabiliter — manifesta enim res erat — defensum; cetera deprecatio erat. [3]Sed non eis animis audiebantur, qui aut doceri aut flecti possent. Denuntiatum, extemplo moenibus urbis Romae, Italia intra tricesimum diem ex-

XLVII, 8 bello *Fr.* : bellum *V* || 9 ac nimis *V* : haec minus *Fr.* || callida minus *add.* *Novák* || *excidisse numerus* (*ante* quinqueremibus) *Dukero uidetur* || 10 perseus *add.* *Fr.* || 11 Cn. *Fr.* : cōs. *V* || accersere *Kreyssig* : accensdere *V*.

consul P. Licinius, auquel était échue la province de Macédoine, qu'il devait fixer le jour le plus proche pour convoquer l'armée. Le préteur C. Lucretius, qui avait la charge de la flotte, partit de la ville[1] avec quarante quinquérèmes ; on jugea en effet à propos de garder à Rome, pour différents usages, un certain nombre des navires réparés[2]. Le préteur fit partir en avant son frère ⟨M.⟩ Lucretius avec une quinquérème et lui donna pour instruction de prendre livraison des navires fournis par les alliés conformément au traité et d'aller rejoindre la flotte à Céphallénie. ⟨Après avoir reçu⟩ une trirème à Rhegium, deux à Locres, quatre de la part des Urites[3], il longea la côte italienne, dépassa le dernier promontoire de Calabre et, franchissant la mer Ionienne, alla mouiller à Dyrrachium. Trouvant là dix vaisseaux légers appartenant à la cité de Dyrrachium, douze aux Isséens[4], cinquante-quatre au roi Gentius, il fit semblant de croire qu'on les avait préparés pour les Romains, les emmena tous, passa, trois jours après, à Corcyre et, de là, se rendit directement à Céphallénie. Le préteur C. Lucretius partit de Naples et, franchissant le détroit, arriva, cinq jours après, à Céphallénie. La flotte fit escale à cet endroit, attendant à la fois qu'on eût fait passer les troupes de terre et que les navires de charge, qui, au cours de leur trajet en haute mer, avaient perdu leur formation, l'eussent rejointe.

Départ de Rome du consul Licinius pour la guerre.

XLIX. A peu près vers la même époque, le consul P. Licinius prononça ses vœux au Capitole et quitta la ville, revêtu du *paludamentum*. Sans doute cette cérémonie se déroule-t-elle toujours avec beaucoup de dignité et de majesté ; mais elle attire particulièrement les regards et l'attention des citoyens lorsque ceux-ci font cortège au consul marchant contre un ennemi puissant et fameux par sa bravoure ou sa fortune. Ce qui les rassemble, ce

cederent. [4]P. Licinio deinde consuli, cui Macedonia prouincia obuenerat, denuntiatum, ut exercitui diem primam quamque diceret ad conueniendum. [5]C. Lucretius praetor, cui classis prouincia erat, cum quadraginta quinqueremibus ab urbe profectus ; nam ex refectis nauibus alias in alium usum retineri ad urbem placuit. [6]Praemissus a praetore est frater ⟨M.⟩ Lucretius cum quinquereme una iussusque ab sociis ex foedere acceptis nauibus ad Cephallaniam classi occurrere. [7]Ab Reginis triremi una ⟨sumpta⟩, ab Locris duabus, ab Vritibus quattuor, praeter oram Italiae superuectus Calabriae extremum promunturium [in] Ionio mari Dyrrhachium traicit. [8]Ibi decem ipsorum Dyrrhachinorum, duodecim Issaeorum, quinquaginta quattuor Genti regis lembos nanctus, simulans se credere eos in usum Romanorum conparatos esse, omnibus abductis die tertio Corcyram, inde protinus in Cephallaniam traicit. [9]C. Lucretius praetor ab Neapoli profectus, superato freto, die quinto *in* Cephallaniam transmisit. [10]Ibi stetit classis, simul opperiens ut terrestres copiae traicerentur, simul ut onerariae ex agmine suo per altum dissipatae consequerentur.

XLIX. [1]Per hos forte dies P. Licinius consul uotis in Capitolio nuncupatis paludatus ab urbe profectus est. [2]Semper quidem ea res cum magna dignitate ac maiestate geritur ; praecipue conuertit oculos animosque, cum ad magnum nobilemque aut uirtute aut fortuna hostem euntem consulem

XLVIII, 6 M. *add. I. F. Gronovius* || 7 sumpta *add. Weissenborn* || in *secl. Madvig* || 9 in *Fr.* : per *V.*

XLIX, 2 geritur *Fr.* : quaeritur *V.*

n'est pas seulement l'intention de lui rendre hommage, mais encore la curiosité du spectacle ; ils veulent voir leur général, l'homme aux ordres et aux décisions duquel ils ont remis le soin de défendre les intérêts suprêmes de l'État. Ils se prennent ensuite à songer aux hasards de la guerre [1], à l'incertitude du sort et aux caprices de Mars, aux revers et aux succès, aux défaites qui proviennent souvent de l'ignorance et de la témérité des généraux, aux avantages qu'apportent, au contraire, la prudence et le courage. Y a-t-il un homme capable de savoir lequel de ces deux caractères, lequel de ces deux sorts, sera celui du consul qu'on envoie à la guerre ? Le verront-ils bientôt monter en triomphateur au Capitole avec son armée victorieuse, vers ces mêmes dieux qu'il quitte présentement, ou procureront-ils cette joie à leurs ennemis ? Or le roi Persée, contre lequel on marchait, devait sa célébrité à la fois à la renommée guerrière du peuple macédonien [2] et à son père Philippe qu'avaient rendu fameux, non seulement ses nombreux succès militaires, mais encore la guerre qu'il avait menée contre Rome ; quant à Persée lui-même, à cette date, on n'avait jamais, depuis son avènement au trône et en raison de l'attente où l'on était de la guerre, cessé de prononcer son nom. Telles étaient les réflexions des citoyens de tous les ordres qui escortèrent le consul à son départ. Deux personnages consulaires furent envoyés avec lui comme tribuns militaires [3], C. Claudius [4] et Q. Mucius [5], et trois jeunes gens de nom illustre, P. Lentulus [6] et deux Manlii Acidini : l'un était le fils de M. Manlius, l'autre de L. Manlius [7]. Le consul ⟨partit⟩ avec eux rejoindre son armée à Brindes et, de là, passa, avec toutes ses troupes, à Nymphaeum [8], sur le territoire d'Apollonie, où il établit son camp.

prosecuntur. [3]Contrahit enim non officii modo cura, sed etiam studium spectaculi, ut uideant ducem suum, cuius imperio consilioque summam rem publicam tuendam permiserunt. [4]Subit deinde cogitatio anim*os*, qui belli casus, quam incertus fortunae euentus communisque Mars belli sit; [5]aduersa secundaque, quae[que] inscitia et temeritate ducum clades saepe acciderint, quae contra bona prudentia et uirtus attulerit. [6]Quem scire mortalium, utrius mentis, utrius fortunae consulem ad bellum mittant? Triumphantemne mox cum exercitu uictore sc*anden*tem in Capitolium ad eosdem deos, a quibus proficiscatur, uisuri, an hostibus eam praebituri laetitiam sint? [7]Persei autem regi, aduersus quem ibatur, famam et bello clara Macedonum gens et Philippus pater, inter multa prospere gesta Romano etiam nobilitatus bello, praebebat: tum ipsius Persei numquam, ex quo regnum accepisset, desitum belli expectatione celebrari nomen. [8]Cum his cogitationibus omnium ordinum homines proficiscentem consulem prosecuti sunt. [9]Duo consulares tribuni militum cum eo missi, C. Claudius, Q. Mucius, et tres inlustres iuuenes, P. Lentulus et duo Manlii Aci*din*i : alter M. Manli, alter L. Manli filius erat. [10]Cum iis consul Brundisium ad exercitum ⟨profectus⟩ atque inde cum omnibus copiis transuectus ad Nymphaeum in Apollon*iatium* agro posuit castra.

XLIX, **4** animos *Madvig* : animi *V* || **5** secundaque *Madvig* : secundaquaeque *V* || **6** scandentem *Kreyssig* : stantem *V* || **9** Acidini *Fr.* : acili *V* || **10** profectus *add. Madvig* || Apolloniatium agro *Kreyssig* : apollinio.magro *V* Apolloniati agro *Fr. et Madvig.*

Conseil de guerre de Persée.

L. Peu de jours avant[1], quand le retour de ses ambassadeurs envoyés à Rome eut mis fin à ses espoirs de paix, Persée réunit son conseil. Là s'affrontèrent pendant quelque temps des opinions opposées. Certains étaient d'avis de ⟨payer⟩ un tribut, si on l'exigeait, ou de céder une partie du territoire, si on le leur imposait, bref, de ne pas se refuser à supporter quoi que ce fût pour sauvegarder la paix et de ne pas faire courir au roi et à son royaume des risques aussi hasardeux : « Si on lui conservait en termes non ambigus la possession de son royaume, le temps et les jours pouvaient lui apporter beaucoup d'occasions, non seulement de récupérer ce qu'il aurait perdu, mais même de se faire redouter à son tour de ceux qu'il redoutait maintenant ». Mais beaucoup plus nombreux étaient ceux qui se prononçaient pour une solution plus dure : « Si peu que cédât le roi, on devait tout de suite après, affirmaient-ils, céder également le royaume. Les Romains n'avaient pas besoin en effet d'argent ou de territoires, mais ils savaient que, si toutes les choses humaines sont exposées aux nombreuses vicissitudes du sort, c'est surtout le cas des plus grandes d'entre elles, à savoir les royaumes et les empires. Ils avaient brisé la puissance des Carthaginois et fait peser sur leur tête le joug d'un roi voisin, de façon qu'il exerçât sur eux sa toute-puissance ; Antiochus et sa postérité, ils les avaient rejetés au-delà du Taurus ; il ne restait que le royaume de Macédoine pour être à la fois proche géographiquement et capable apparemment, au cas où l'on verrait chanceler quelque part la fortune du peuple romain, de rendre à ses rois leur antique fierté. Pendant que ⟨ses forces étaient⟩ intactes, Persée devait ⟨décider⟩ en son âme et conscience : préférait-il, à la suite d'une série de concessions, être dépouillé complètement et, chassé de son

L. [1]Paucos ante dies Perseus, postquam legati ab Roma *r*egressi praeciderant spe*m* p*a*cis, consilium habuit. Ibi aliquam*diu* diuersis sententiis certatum est. [2]Erant, quibus uel stipendium ⟨pendendum⟩, si iniungeretur, uel agri parte cedendum, si multarent, quidquid denique [ad] aliud p*a*cis causa patiendum esset, non recusandum uideretur, nec committendum, ut in aleam tanti casus se regnumque daret. [3]Si possessio haud ambigua regni maneret, multa diem tempusque adferre posse, quibus non amissa modo reciperare, sed timendus ultro iis esse, quos nunc timeret, posset. [4]Ceterum multo maior pars ferocioris sententiae erat. Quidquid cessisset, cum eo simul regno protinus cedendum esse adfirmabant. [5]Neque enim Romanos pecunia aut agro egere, sed hoc scire, cum omnia humana, tum maxima quaeque et regna et imperia sub casibus multis esse. [6]Carthaginiensium opes fregisse sese, et ceruicibus eorum praepotentem finitimum *r*egem inposuisse; Antiochum progeniemque eius ultra iuga T*a*uri *e*motum; [7]unum esse Macedoniae regnum, et regione propincum et quod [quia] sic*u*bi populo Romano sua fortuna labet, antiquos animos regibus suis uideatur posse facere. [8]Dum integrae ⟨res sint, statuere⟩ apud animum suum Persea debere, utrum singula concedendo nudatus ad extremum opibus extorrisque regno Samothraciam aliamue quam insulam pe-

L, **1** regressi praeciderant spem pacis *Fr.* : praegressipraeciderintspepaucis *V* || aliquamdiu *Sigonius* : aliquam *V* || **2** pendendum *add. Fr.* || aliud pacis causa *Fr.* : adaliudpauciscausa *V* || **6** Tauri *Fr.* : Turi *V* || emotum *I. F. Gronovius* : ermotum *V* remotum *Fr.* || **7** et quod sicubi *Fr.* : etquodquiasictibi *V* quod quidem sicubi *Harant* || **8** res sint statuere *add. Kreyssig* res sint cogitare *Sigonius.*

royaume, devoir demander aux Romains Samothrace ou quelque autre île dans laquelle, devenu simple particulier, il survivrait à son royaume et vieillirait dans le mépris et la misère[1], ou bien, défendant les armes à la main son rang et sa dignité, subir, ⟨en⟩ homme courageux, le sort, quel qu'il soit, que lui apporterait le hasard de la guerre, ou encore, victorieux, libérer l'univers de la domination romaine? Il n'était pas plus étonnant que les Romains fussent chassés de Grèce qu'Hannibal l'avait été d'Italie. Et l'on ne voyait pas, grands dieux, comment Persée pouvait, sans déshonneur, avoir résisté avec la plus grande énergie à son frère qui tentait de s'emparer injustement du trône et, inversement, céder à des étrangers ce royaume acquis de façon sûre! » Finalement, cette discussion sur les avantages de la paix et de la guerre était menée dans des conditions telles que tous étaient d'accord pour penser qu'il n'y avait rien de plus honteux que de céder un royaume sans combattre ni de plus glorieux que de s'exposer à tous les risques pour défendre la dignité et la majesté royale.

L'armée macédonienne. LI. C'était à Pella, dans l'ancien palais des rois de Macédoine, que se tenait ce conseil : « Faisons donc la guerre, dit le roi, avec l'aide des dieux, puisque tel est votre avis » et, après avoir envoyé une lettre circulaire à ses gouverneurs, il fait rassembler toutes ses troupes à Cittium[2], ville de Macédoine. Lui-même, après avoir offert, avec une munificence toute royale, un sacrifice de cent victimes à Minerve qu'ils appellent Alcidémos[3], partit pour Cittium, accompagné d'un certain nombre de dignitaires portant la pourpre[4] et de membres de la garde royale. Là, s'étaient déjà réunies toutes les troupes des Macédoniens ⟨et⟩ des auxiliaires étrangers. Il établit son camp devant la ville et disposa ses troupes en bataille dans la plaine; il y avait en tout quarante⟨-trois⟩ mille hommes en armes, dont près de la moitié compo-

tere ab Romanis, ubi priuatus superstes regno suo in contemptu atque inopia consenescat, m*a*lit, a*n* armatus uindex fortunae dignitatisque suae, [9]aut, ⟨ut⟩ uiro forti dignum sit, patiatur quodcumque casus belli tulerit, aut uictor liberet orbem terrarum ab imperio Romano. [10]Non esse admirabilius Romanos Graecia pelli, quam Hannibalem Italia pulsum esse. Neque hercule uidere, qui conueniat, fratri adfectanti per iniuriam regnum summa ui restitisse, alienigenis bene parto eo cedere. [11]Postremo ita ⟨de⟩ bello et pace quaeri, ut inter omnes conueniat, nec turpius quicquam esse quam sine certamine cessisse regno nec praeclarius [quic]quam pro dignitate ac maiestate omnem fortunam expertum esse.

LI. [1]Pellae, in uetere regia Macedonum, hoc consilium erat. « Geramus ergo » inquit, « dis bene iuuantibus, quando ita uidetur, bellum »; litterisque circa praefectos dimissis, Citium — Macedoniae oppidum est — copias omnis contra*hit*. [2]Ips*e* centum hostiis sacrificio regaliter Mineruae, quam uocant Alcidem*o*n, facto cum purpuratorum et satellitum manu profectus Citium est. Eo iam omnes Macedonum ⟨et⟩ externorum auxiliorum conuenerant copiae. [3]Castra ante urbem ponit omnisque armatos in campo *in*struxit; summa omnium quadraginta ⟨tria⟩ milia armata fuere; quorum pars ferme dimidia phalangitae erant;

L, **8** malit an *Fr.* : militaria *V* || **9** ut *add. Kreyssig* || **11** de *add. Madvig* || quam (*ante* pro dignitate) *Weissenborn* : quicquam *V.*

LI, **1** contrahit ipse *Fr.* : contraipsa *V* || **2** Alcidemon facto *Kreyssig* : alcidemconfacto *V* Alcidem confecto *Fr.* Alcidemon confecto *Turnebus* || et *add. Vahlen* || **3** instruxit *I. F. Gronovius* : struxit *V* || tria *add. I. F. Gronovius.*

saient la phalange[1] ; ils étaient commandés par Hippias de Béroéa[2]. Parmi les soldats armés d'un petit bouclier[3], on choisit ensuite ceux dont les forces physiques et la jeunesse étaient les plus vigoureuses pour former un corps de deux ⟨mille⟩ hommes : à ce corps de troupes, ils donnaient eux-mêmes le nom d' « agèma »[4] ; il avait pour chefs Leonnatus et Thrasippe, d'Euia[5]. Le reste des soldats armés d'un petit bouclier, près de trois mille hommes, était commandé par Antiphilus d'Edessa[6]. Des Péoniens, soldats venus de la Parorée et de la Parastrymonie[7] — ce sont là des régions limitrophes de la Thrace — ainsi que des Agrianes[8], auxquels on ajouta des Thraces établis dans leur pays, avaient permis de compléter un corps d'environ trois mille hommes. Ils avaient été armés et rassemblés par le Péonien Didas, l'assassin du jeune Démétrius[9]. Il y avait aussi deux mille Gaulois[10] en armes ; leur commandant était Asclépiodote. Venus d'Héraclée en Sintique[11], trois mille Thraces de condition libre avaient leur propre chef. Des Crétois en nombre à peu près égal suivaient les leurs, Susus de Phalasarne et Syllus de Gnossos. Léonidès le Lacédémonien[12] commandait à cinq cents Grecs d'origine diverse ; on disait qu'il était d'origine royale, qu'il avait été exilé et condamné par l'assemblée plénière des Achéens[13], à la suite de la saisie d'une lettre qu'il avait adressée à Persée. Des Étoliens et des Béotiens dont l'effectif, à eux tous, ne dépassait pas cinq cents hommes, étaient commandés par l'Achéen Lycon. En additionnant les auxiliaires fournis par tant de peuples, tant de nations, on arrivait à constituer un effectif de près de douze mille hommes armés. Pour la cavalerie, Persée avait, dans toute la Macédoine, rassemblé ⟨trois⟩ mille hommes. Cotys[14], fils de Seuthès, le roi des Odryses, était venu au même en-

[4]Hippias Ber*oea*eus praeerat. Delecta deinde et uiribus et robore aetatis ex omni caetratorum numero duo ⟨milia⟩ erant : agema hanc ipsi legionem uocabant ; praefectos habebat Leonnatum et Thrasippum Eu*i*estas. [5]Ceterorum caetratorum, trium ferme milium hominum, dux erat Antiphilus Edessaeus. Paeones et ex Paro*re*a et Par*a*strymonia — sunt autem ea loca subiecta Thraciae — et Agrianes, admixtis etiam Threcibus incolis, trium milium ferme et ipsi expleuer*a*nt numerum. [6]Armauerat contraxeratque eos Didas Paeon, qui adulescentem Demetrium occiderat. [7]Et armatorum duo milia Gallorum erant ; praefectus Asclepiodotus. Ab Heraclea ex *S*intis, tria milia Threcum liberorum suum ducem habebant. Cretensium par *f*erme numerus suos duces sequebatur, Susum Phalasarnaeum et Syllum Gnosium. [8]Et Leonides Lacedaemonius quingentis ex Graecia, mi*xt*o gener*i* hominum, praeerat. Regii is generis ferebatur, exul, damnatus frequenti concilio Achaeorum, litteris ad Persea deprensis. [9]Aetolorum et Boeotorum, qui non explebant plus quam quingentorum omnes numerum, Lyco Achaeus praefectus erat. Ex his mixtis tot populorum, tot gentium auxiliis duodecim milia armatorum ferme efficiebantur. Equitum ex tota Macedonia contraxerat ⟨tria⟩ milia. [10]Venerat eodem Cot*ys*, Seuthis filius, rex gentis Odrysarum, cum mille delectis equitibus,

LI, 4 Beroeaeus *Sigonius* : bereus *V* || milia *add. Kreyssig* || Euiestas *Meloni* : Eulyestas *V* Elymiotas *Turnebus* || 5 Parorea *Sigonius* : parona *V* Paroria *Fr.* || Parastrymonia *Madvig* : parstrymonia *V* || expleuerant *Madvig* : expleuerunt *V* || 7 ex Sintis *Kreyssig* : exintris *V* ex Sintiis *Fr.* et Sintis *Drakenborch* || par ferme *Novák* : parmene *V* par paene *Fr.* || 8 mixto generi *Fr.* : missogenere *V* || 9 tria *add. Fr.* || 10 Cotys, Seuthis *Hertz* : coteseuthis *V*.

droit avec mille cavaliers d'élite et un nombre à peu près égal de fantassins. Ainsi, au total, l'armée dans son ensemble était composée de trente-neuf ⟨mille⟩ fantassins et de quatre mille cavaliers [1]. On disait volontiers que, depuis l'armée qu'Alexandre le Grand avait fait passer en Asie [2], jamais roi de Macédoine n'avait eu autant de troupes [3].

Discours de Persée à ses troupes.

LII. Il y avait maintenant vingt-cinq ans [4] que la paix avait été accordée à Philippe sur sa demande ; pendant toute cette période, la Macédoine avait été tranquille et avait donné naissance à une génération de jeunes gens dont une grande partie était d'âge mobilisable et que des guerres, quoique mineures, contre les Thraces voisins (guerres propres à les exercer plutôt qu'à les épuiser) n'en avaient pas moins constamment maintenus sous les armes [5]. En outre, Philippe d'abord, Persée ensuite, ayant longuement réfléchi à la guerre contre Rome, il en résultait que tout l'équipement et les dispositifs nécessaires étaient prêts. On fit opérer quelques mouvements à l'armée, sans qu'il s'agît cependant de manœuvres régulières, de façon seulement à éviter que les hommes eussent l'impression d'être restés debout, immobiles, en armes, et le roi les convoqua, tout armés, comme ils étaient, à une assemblée. Lui-même prit place, debout, sur une estrade, avec autour de lui ses deux fils : Philippe, l'aîné, son frère par la naissance [6], son fils par adoption, et le cadet, qu'on appelait Alexandre, son fils par la naissance. Il exhorta ses soldats à la guerre, rappela les injustices commises par le peuple romain contre son père ⟨et⟩ contre lui : le premier, en butte à toutes sortes d'indignités, avait été forcé de songer [7] à reprendre les armes, mais avait été victime du destin au milieu même de ses préparatifs de guerre ; quant à lui, pendant qu'on lui envoyait des ambassadeurs, on envoyait en même temps des soldats pour occuper les villes de Grèce. Ensuite, à la faveur d'une entrevue trompeuse qui avait prétendûment pour but de rétablir la paix, les Romains avaient fait traîner les choses tout l'hiver, afin d'avoir du temps pour se préparer ; maintenant, un consul arri-

pari ferme peditum numero. [11]Ita summa totius exercitus triginta nouem ⟨milia⟩ peditum erant, quattuor equitum. Satis constabat, secundum eum exercitum, quem magnus Alexander in Asiam traiecit, numquam ullius Macedonum regis copias tantas fuisse.

LII. [1]Sextus et uicesimus annus agebatur, ex quo petenti Philippo data pax erat; [2]per id omne tempus quieta Macedonia et progeniem ediderat, cuius magna pars matura militiae esset, et leuibus bellis Thracum accolarum, quae exercerent magis quam fatigarent, sub adsidua tamen militia fuerat. [3]Et diu meditatum Philippo primo, deinde et Persei Romanum bellum, omnia ut instructa parataque essent, effecerat. [4]Mota parumper acies, non iusto decursu tamen, ne stetisse tantum in armis uiderentur; armatosque, sicut erant, ad contionem uocauit. [5]Ipse constitit in tribunali, circa se habens filios duos, quorum *maio*r Philippus natura frater, adoptione filius, minor, quem Alexandrum uocabant, naturalis erat. [6]Cohortatus est milites ad bellum; iniuria*s* populi Romani in patrem ⟨et⟩ se *c*om*m*emorauit : [7]illum omnibus indignitatibus conpulsum ad rebellandum, inter apparatum belli fato oppressum; ad se simul legatos, simul milites ad occupandas Graeciae urbes missos. [8]Fallaci dein[dein] conloquio per speciem reconciliandae pacis extractam hiemem, ut tempus ad conparandum haberent; consulem nunc uenire cum duabus

LI, **11** milia *add. Fr.*

LII, **5** maior *Fr.* : pars *V* cuius paris *Madvig* || **6** iniurias *Crévier* : iniuriam *V* || et se commemorauit *H. I. Mueller* : seomnemorauit *V* seque commemorauit *Fr.* || **8** dein *Bekker* : deindein *V* deinde *Fr.*

vait avec deux légions romaines fortes de ⟨six mille fantassins⟩ et trois cents cavaliers ⟨chacune⟩ et d'un contingent à peu près égal de fantassins et de cavaliers alliés. Qu'on ajoute à cela les auxiliaires des rois Eumène et Masinissa, ces effectifs ne devaient pas dépasser ⟨trente-⟩ sept mille fantassins et deux mille cavaliers. — Maintenant qu'ils connaissaient le nombre des troupes ennemies, qu'ils considèrent leur propre armée : combien, par le nombre, combien, par la qualité des soldats, ils l'emportaient sur des recrues enrôlées à la hâte pour cette guerre, eux qui, dès l'enfance, avaient été formés au métier des armes, façonnés et endurcis comme ils l'étaient par tant de guerres ! Les Romains avaient pour auxiliaires des Lydiens, des Phrygiens[1] et des Numides, eux, des Thraces et des Gaulois, les plus belliqueux des peuples. Ceux-là avaient pour armes ce que chaque soldat, pauvre comme il était, pouvait se procurer[2] ; les Macédoniens tiraient les leurs des ateliers royaux qui avaient été, pendant tant d'années, l'objet des soucis et des dépenses de son père. Leur ravitaillement à eux allait venir de loin et, en outre, serait exposé à tous les hasards de la mer ; lui, il avait mis en réserve pour dix ans de l'argent et du blé, sans parler des revenus de ses mines. Tout ce que l'indulgence des dieux et la prévoyance royale pouvaient avoir préparé, les Macédoniens le possédaient en abondance et à profusion. Ils devaient être animés des sentiments de leurs ancêtres qui, après avoir soumis toute l'Europe et être passés en Asie, découvrirent, les armes à la main, un monde inconnu de la Renommée, et ne cessèrent de vaincre que lorsque, se heurtant partout à la Mer Rouge, ils n'eurent plus rien à vaincre. Mais, par Hercule, ce ⟨n'⟩était ⟨plus⟩ maintenant pour les rivages les plus reculés de l'Inde, mais bien pour la possession de la Macédoine elle-même que la Fortune avait décidé la lutte. Du temps où ils faisaient la guerre contre son père, les Romains avaient mis en avant un prétexte spécieux : la libération de la Grèce ; maintenant, ils réclamaient ouver-

legionibus Romanis, quae ⟨singulae sena milia peditum⟩, tr*e*cenos equites habeant, et pari ferme numero sociorum peditum equitumque. [9]Eo ut accedant regum auxilia, Eumenis et Masinissae, non plus ⟨triginta⟩ septem milia peditum, duo equitum futura. [10]Auditis hostium copiis respicerent suum ipsi exercitum, quantum numero, quantum genere militum praestarent tironibus raptim ad id bellum conscriptis ipsi, a pueris eruditi artibus militiae, tot subacti atque durati bellis. [11]Auxilia Romanis Lydos et Phrygas et Numidas esse, sibi Thracas Gallosque, ferocissimas gentium. Arma il*l*os habere ea, quae sibi quisque parauerit pauper miles, Macedonas prompta ex regio apparatu, per tot annos patris sui cura et inpensa facta. [12]Commeatum illis cum procul, tum omnibus sub casibus maritimis fore; se et pecuniam et frumentum, praeter reditus metallorum, in decem annos seposuisse. [13]Omnia, quae deorum indulgentia, quae regia cura praeparanda fuer*i*nt, plena cumulataque habere Macedonas; [14]animos habend*os* esse, qu*os* habuerint maiores eorum, qui Europa omni domita transgressi in *Asi*am incognitum famae aperuerint armis orbem terrarum nec ante uincere desierint, quam Rubro mari inclusis, quod uincerent, defuerit. [15]At hercule nunc ⟨non⟩ de ultimis Indi*ae* oris, sed de ipsius Macedoniae possessione certamen fortunam indixisse. Cum patre suo gerentis bellum Romanos speciosum Graeciae

LII, **8** singulae... peditum *add. I. F. Gronovius* || trecenos *Sigonius* : tricenos *V* || **9** triginta *add. H. I. Mueller* || **11** arma illos *Fr.* : armatplios *V* || **13** fuerint *Duker* : fuerant *V* || **14** animos habendos esse quos *Vahlen* : animumhoshabendumessequem *V* animum habendum esse quem *Fr.* || Asiam *Fr.* : italiam *V* || **15** non *add. Fr.* || Indiae *ed. Vascosana* : indicae *V*.

tement l'asservissement de la Macédoine, pour éviter qu'un roi fût le voisin de l'Empire romain, pour éviter qu'une nation qui devait à la guerre sa célébrité possédât des armes. Ces armes, en effet, il leur faudrait les livrer, en même temps que leur roi et leur royaume, à des maîtres orgueilleux, ⟨s'ils⟩ voulaient renoncer à la guerre et se soumettre à leurs ordres. »

Avance de Persée en Perrhébie.

LIII. Sans doute avait-il, tout au long de son discours, été assez fréquemment interrompu, en signe d'assentiment, par des acclamations, mais, à ce moment, ce furent des cris unanimes d'indignation et de menace, certains invitant le roi à avoir pleine confiance : « Qu'il finît là son discours, se bornant à leur ordonner d'être prêts à marcher ! » ; on disait en effet que les Romains avaient quitté leur camp de Nymphaeum. Après avoir renvoyé ⟨l'assemblée⟩, il alla donner audience aux délégations des villes de Macédoine[1] : elles étaient venues promettre de l'argent, chacune selon ses ressources, et du blé pour la guerre. Toutes reçurent des remerciements, mais leur offre à toutes fut déclinée : les préparatifs faits dans ce but par le roi étaient, leur dit-on, suffisants. On leur commanda seulement de fournir des véhicules pour transporter les machines de siège, l'énorme quantité d'armes de jet qui avait été préparée et tout le reste du matériel de guerre.

Parti de là avec toute son armée, il gagna l'Eordéa, établit son camp près du lac nommé Bégorritis et, le lendemain, s'avança en Élimée, jusqu'au fleuve Haliacmon[2]. Ensuite, par un défilé étroit, il franchit les monts appelés Cambuniens et descendit jusqu'à Azorus, Pythoüs et Doliché : les habitants appellent cette région Tripo-

liberandae *prae*tulisse titulum : [16]nunc propalam Macedoniam in seruitutem petere, ne rex uicinus imperio sit Romano, ne gens bello nobilis arma habeat. Haec enim tradenda superbis dominis esse cum rege regnoque, ⟨si⟩ absistere bello et facere imperata uelint.

LIII. [1]Cum per omnem orationem satis frequenti adsensu succlamatum esset, tum uero ea uociferatio simul indignantium minitantiumque, partim iubentium bonum animum habere regem, exorta est, ut finem dicendi faceret, tantum iussis ad iter ⟨se⟩ par*are* ; [2]iam enim dici mouere castra ab Nymphaeo Romanos. ⟨Contione⟩ dimissa ad audiendas legationes ciuitatium Macedoniae se contulit. [3]Venerant autem ad pecunias pro facultatibus quaeque suis et frumentum pollicendum ad bellum. [4]Omnibus gratiae actae, remissum omnibus ; satis regios apparatus ad ea dictum sufficere. Vehicula tantum imperata, ut tormenta telorumque missilium ingentem uim praeparatam bellicumque aliud instrumentum ueherent.

[5]Profectus inde toto exercitu, *E*ord*a*eam petens, ad Begorritim, quem uocant, lacum positis castris, postero die in Elimeam ad Haliacmona fluuium processit. [6]Deinde saltu angusto superatis montibus, quos Cambunios uocant, descendit ad Azor*um*, Pyt*h*oum, Do*l*iche*n* : Tripolim uocant incolentes.

LII, **15** praetulisse *I. F. Gronovius* : tulisse *V* || **16** si *add. Fr.*

LIII, **1** ad iter se parare *Wesenberg* : aditerparere *V* ad iter parari *Sigonius* iter parare *Cobet* || **2** contione *add. Fr.* || **5** Eordaeam *Drakenborch* : sordeam *V* Eordeam *Fr.* || **6** descendit... incolentes *Madvig* : descenditadtripolimuocantadzorispytolumetdoscenincolentis *V* descendit ad Tripolim, ut uocant Azorum, Pythoum et Dolichen incolentes *Harant.*

lis[1]. Ces trois villes, après quelques hésitations (elles avaient donné des otages aux gens de Larissa)[2] cédèrent à la peur du moment et firent leur soumission. Persée s'adressa à leur population avec bienveillance, ne doutant pas que les Perrhébiens[3] ⟨feraient⟩ la même chose et, dès son arrivée, reçoit la soumission de la ville de[4] ***, sans que ses habitants montrent la moindre hésitation. Forcé d'attaquer Cyretiae[5], il fut repoussé le premier jour, les assiégés en armes s'étant portés avec énergie vers les portes ; mais, le lendemain, ayant lancé toutes ses troupes à l'attaque, il reçut leur capitulation à tous avant la nuit.

LIV. Mylae[6], la place suivante, était munie de fortifications telles que ses habitants, sûrs de posséder des remparts inexpugnables, en étaient devenus plus hardis : non contents de fermer leurs portes au roi, ils criblèrent d'insultes provocantes le roi lui-même et les Macédoniens. Cette attitude, tout en augmentant l'acharnement des ennemis à conduire le siège, les amena, eux, auxquels elle avait ôté tout espoir de pardon, à redoubler d'ardeur pour se défendre. Aussi, les deux camps déployant chacun une immense énergie, l'attaque et la défense ⟨de la ville⟩ durèrent-elles trois jours. Leur grand nombre permettait aisément aux Macédoniens de se relever mutuellement pour combattre à tour de rôle ; les gens de la ville qui devaient, nuit et jour, assurer continuellement la surveillance des remparts, étaient épuisés non seulement par leurs blessures, mais aussi par des veilles et des fatigues incessantes. Le quatrième jour, comme, de tous les côtés, on avait dressé des échelles le long des murs et qu'on attaquait la porte en redoublant de violence, les assiégés, qui avaient repoussé ⟨l'attaque⟩ lancée contre les remparts, se précipitent pour protéger la porte et font une brusque sortie contre les ennemis ; mais — c'était là davantage en effet le résultat d'une colère irréfléchie que d'une confiance raisonnée en leurs forces — peu nombreux et épuisés comme ils l'étaient, ils furent repoussés par des troupes fraîches, ⟨firent⟩ volte-face et,

[7]Haec tria oppida paulisper cunctat*i*, quia obsides Larisaeis dederant, uict*i* tamen praesenti metu in deditionem concesserunt. [8]Benigne his appellatis, haud dubius Perrhaebos quoque idem ⟨facturos⟩, ** urbem, nihil cunctatis qui incolebant, primo aduentu recipit. [9]Cyretias oppugnare coactus primo [etiam] die acri concursu ad portas armatorum est repulsus ; postero die omnibus copiis adortus in deditionem omnes ante noctem accepit.

LIV. [1]Mylae, proximum oppidum, ita munitum, ut inexsuperabilis munimenti spes incolas ferociores faceret, non portas claudere regi satis habuerunt, sed probris quoque in ipsum Macedonasque procacibus iaculati sunt. [2]Quae res cum infestiorem hostem ad oppugnandum fecisset, ipsos desperatione ueniae ad tuendos sese acrius accendit. [3]Itaque per triduum ingentibus utrimque animis et oppugnata est ⟨urbs et⟩ defensa. Multitudo Macedonum ad subeundum in uicem proelium haud difficulter s*uppet*ebat ; oppidanos, diem noctem eosdem tuentis moenia, non uulnera modo, sed etiam uigiliae et continens labor conficiebat. [4]Quarto die cum et [cum] scalae undique ad muros erigerentur et porta ui maiore oppugnaretur, oppidani depul*sa* ⟨ui⟩ m*u*ris ad portam tuendam concurrunt eruptionemque repentinam in hostis faciunt ; [5]quae cum irae magis inconsultae quam uerae fiduciae uirium esset, pauci e*t* f*es*si ab integris pulsi terga

LIII, 7 cunctati *Fr.* : cunctata *V* || victi *Hartel* : uicta *V* || 8 facturos *add. Fr.* || *ante* urbem *lac. indicauit Crévier* || 9 etiam *secl. Zingerle.*

LIV, 3 urbs et *add. Madvig* || suppetebat *Madvig* : sedebat *V* || 4 cum et scalae *Fr.* : cumetcumscalae *V* cum etiam scalae *Harant* || depulsa ui muris *Madvig* : depulmoris *V* depulsi muris *Fr.* || 5 et fessi ab *Fr.* : effusiab *V*.

dans leur fuite, livrèrent passage aux ennemis par la porte ouverte. C'est ainsi que la ville fut prise et pillée ; les hommes libres qui survécurent au massacre furent vendus. Après avoir détruit une grande partie de la ville et l'avoir incendiée, le roi alla établir son camp à Phalanna[1] et arriva le lendemain à Gyrton[2]. Ayant appris là que T. Minucius Rufus[3] et Hippias[4], préteur des Thessaliens, étaient entrés dans la ville avec une garnison, il passa outre, sans même essayer de l'attaquer, et reçut la soumission d'Elatia[5] et de Gonnus[6] dont les habitants avaient été saisis de peur par son arrivée inattendue. Les deux villes sont situées dans le défilé qui commande l'entrée de Tempé, surtout Gonnus. Aussi en renforça-t-il encore la position en y laissant une assez importante garnison de fantassins et de cavaliers et en la munissant en outre d'un triple fossé et d'un retranchement. Lui-même, s'avançant jusqu'à Sycurium[7], décida d'attendre là l'arrivée de l'ennemi ; en même temps, il ordonne à ses soldats de se répandre sur le territoire ennemi voisin et de s'y approvisionner en blé.

Sycurium se trouve en effet au pied du mont Ossa. ⟨Celui-ci⟩, par son versant sud, domine les plaines voisines de Thessalie, par l'autre versant, la Macédoine et la Magnésie. A ces avantages, s'ajoute la grande salubrité et la richesse d'une région environnée de nombreuses sources aux eaux intarissables.

Marche de l'armée romaine en Épire et en Thessalie. Arrivée de renforts alliés.

LV. Dans le même temps, le consul romain, se dirigeant avec son armée vers la Thessalie, traversa d'abord l'Épire sans rencontrer d'obstacle ; puis, une fois passé en Athamanie, où le terrain est rude et presque dépourvu de routes, il parvint avec peine, au prix d'immenses difficultés et à petites étapes, jusqu'à Gomphi ; si, avec son

⟨dederunt⟩ fugientesque per patentem portam hostes acceperunt. [6]Ita capta urbs ac direpta est ; libera quoque corpora, quae caedibus superfuerunt, uenum data. Diruto magna ex parte et incenso oppido profectus ad Phalannam castra mouit, inde postero die Gyrtonem peruenit. [7]Quo cum T. Minucium Rufum et Hippiam, Thessalorum praetorem, cum praesidio intrasse accepisset, ne *tempt*ata quidem oppugnatione praetergressus, *E*latia*m* et Gonnum perculsis inopinato aduentu oppidanis recepit. [8]Vtraque oppida in faucibus sunt, qua [et] Tempe adeunt*ur*, magis Gonnus. Itaque et firmiore id praesidio tutum equitum peditumque, ad hoc fossa triplici ac uallo munitum reliquit. [9]Ipse ad Sycurium progressus opperiri ibi hostium aduentum statuit ; simul et frumentari passim exercitum iubet in subiecto hostium agro.

[10]Namque Sycurium est sub radicibus Ossae montis. ⟨Is⟩, qua in meridiem uergit, subiectos habet Thessaliae campos, ab tergo Macedoniam atque Magnesiam. [11]Ad has opportunitates accedit summa salubritas et copia pluribus circumiectis fontibus perennium aquarum.

LV. [1]Consul Romanus, per eosdem dies Thessaliam cum exercitu petens, iter expeditum primo per Epirum habuit ; [2]deinde, postquam in Athamaniam est transgressus, asperi ac prope inuii soli, cum ingenti difficultate paruis itineribus aegre Gomphos peruenit ; [3]cui si uexatis hominibus

LIV, **5** dederunt *add. Fr.* ‖ **7** temptata (tentata) *Fr.* : pugnata *V* ‖ Elatiam *Sigonius* : uelatias *V* ‖ **8** qua Tempe adeuntur *I. F. Gronovius* : quaetempestateadeunt *V* quae Tempe adeunt *Fr.* ‖ **10** is *add. Madvig.*

armée en bon ordre, le roi, choisissant l'endroit et le moment, avait voulu lui barrer la route, alors qu'avec des hommes et des chevaux harassés, il conduisait des troupes composées de jeunes recrues, la bataille, de l'aveu même des Romains, aurait été pour eux un grand désastre. Quand on fut arrivé à Gomphi sans avoir eu à combattre, la joie d'avoir franchi un passage dangereux se doubla du mépris que l'on éprouvait envers des ennemis si peu conscients de leurs avantages. Après avoir accompli un sacrifice selon les rites et distribué du blé à ses soldats, le consul resta là quelques jours pour permettre aux hommes et aux bêtes de somme de se reposer ; apprenant que les Macédoniens s'étaient répandus à travers la Thessalie et y ravageaient les champs de ses alliés, il emmène à Larissa ses troupes désormais suffisamment rétablies. A trois milles environ de là, il établit son camp à Tripolis — qu'on appelle Scée — au bord du fleuve Pénée[1]. Dans le même temps, Eumène arriva avec une flotte à Chalcis, accompagné de ses frères Attale et Athénée, après avoir laissé à Pergame son frère Philetaerus à la garde du royaume. De Chalcis, il vint rejoindre le consul avec Attale, quatre mille fantassins et mille cavaliers ; à Chalcis, il avait laissé deux mille fantassins, avec Athénée pour les commander. D'autres auxiliaires envoyés de partout par tous les peuples de Grèce vinrent aussi au même endroit[2], mais l'effectif de la plupart d'entre eux, tant il était faible, est tombé dans l'oubli. Les Apolloniates envoyèrent trois cents cavaliers et cent fantassins ; des Étoliens, l'équivalent d'une aile[3], en rassemblant tous les cavaliers venus de cette nation[4] ; et des Thessaliens, ⟨dont⟩ on avait espéré voir arriver toute la cavalerie, il n'y avait dans le camp romain que

equisque tironem exercitum ducenti acie instructa et loco suo et tempore obstitisset rex, ne Romani quidem abnuunt magna sua cum clade fuisse pugnaturos. [4]Postquam Gomphos sine certamine uentum est, praeter gaudium periculosi saltus superati, contemptus quoque hostium adeo ignorantium opportunitates suas accessit. [5]Sacrificio rite perfecto consul et frumento dato militibus paucos ad requiem iumentorum hominumque moratus dies, cum audiret uagari Macedonas effusos per Thessaliam uastarique sociorum agros, satis iam refectum militem ad Larisam ducit. [6]Inde cum tria milia ferme a*b*esse*t*, a*d* Tripoli*m* — Scaeam uocant — super Peneum amnem posuit castra. [7]Per idem tempus Eumenes ad Chalcidem nauibus accessit cum Attalo atque Athenaeo fratribus, Phil*eta*ero fratre relicto Pergami ad tutelam regni. Chalcide cum Attalo et quattuor milibus peditum, mille equitum ad consulem uenit ; [8]Chalcide relicta duo milia peditum, quibus Athenaeus [praetor] praepositus. Et* alia eodem auxilia Romanis ex omnibus undique Graeciae populis conuenerunt, quorum pleraque — adeo parua erant — in obliuionem adducta. [9]Apolloniatae trecentos equites, centum pedites miserunt. Aetolorum alae unius instar, quantum a*b* tota gente equitum [erat] uenerat, [10]et Thessalorum, ⟨quorum⟩ omnis equitatus *spe*ratus erat, non plus quam trecenti erant equites in

LV, **6** abesset ad Tripolim *I. F. Gronovius* : adesseatripoli *V* abesset a Tripoli *Fr.* || **7** Philetaero *Sigonius* : philatero *V* || **8** praetor *secl. Fr.* || et alia *Fr.* : aliaet *V* || **9** ab *Weissenborn* : ad *V* in *Fr.* || uenerat *Weissenborn* : eratuenerant *V* uenerant *Fr.*, *Harant* || **10** quorum omnis equitatus speratus *Drakenborch* : omnisequitatuspartus *V* omnis equitatus separatus (sparsus *Harant*) *Fr.*

trois cents cavaliers[1]. Les Achéens fournirent environ mille cinq cents hommes, pris sur leurs troupes, la plupart armés à la crétoise.

La flotte romaine cesse toute activité. Siège d'Haliarte. Pillages.

LVI. A la même époque, le préteur C. Lucretius, qui commandait la flotte de Céphallénie, ordonna à son frère M. Lucretius de doubler avec ses vaisseaux le cap Malée et de les conduire à Chalcis ; il monta lui-même dans une trirème afin de gagner le golfe de Corinthe et de prendre en main avant l'ennemi la situation en Béotie. Mais sa mauvaise santé ralentit son voyage. M. Lucretius arriva à Chalcis et ayant appris qu'Haliarte était assiégée par P. Lentulus[2], lui envoya un messager pour lui ordonner, au nom du préteur, d'en partir. Le légat qui s'était chargé de l'entreprise avec l'aide des jeunes Béotiens qui avaient pris parti pour les Romains, s'éloigna des remparts. La levée de ce siège fut suivie d'un second siège tout nouveau, car aussitôt M. Lucretius investit Haliarte avec ses soldats de marine, dix mille hommes en armes, et en outre deux mille soldats du roi, commandés par Athénée ; alors qu'ils s'apprêtaient déjà à passer à l'attaque, le préteur arriva de Créüse[3]. Environ vers le même temps, rallièrent aussi Chalcis les navires envoyés par les alliés, deux quinquérèmes puniques, deux trirèmes d'Héraclée du Pont, quatre de Chalcédoine, autant de Samos, ainsi que cinq quadrirèmes de Rhodes[4]. Le préteur, voyant qu'il n'y avait nulle part de guerre navale, les rendit aux alliés[5]. Q. Marcius arriva aussi avec des navires à Chalcis, après avoir pris Alopé de Phtiotide et attaqué Larissa appelée Crémastè[6].

Telle était la situation en Béotie, lorsque Persée, qui avait établi ses quartiers, nous l'avons dit, à Sycurium, et avait fait venir du blé de toutes les campagnes environnantes, envoya ses troupes piller le terri-

castris Romanis. Achaei iuuentutis suae, Cretico maxime armatu, ad mille quingentos dederunt.

LVI. [1]Sub idem tempus et C. Lucretius praetor, qui nauibus praeerat ad Cephallaniam, M. Lucretio fratre cum classe super Maleum Chalcidem iusso petere, ipse triremem conscendit, sinum Corinthium petens ad praeoccupandas in Boeotia res. [2]Tardior ei nauigatio propter infirmitatem corporis fuit. [3]M. Lucretius, Chalcidem aduentens, cum a P. Lentulo Haliartum oppugnari audisset, nuntium, praetoris uerbis qui abscedere eum inde iuberet, misit. [4]Boeotorum iuuentute, quae pars cum Romanis stabat, eam rem adgressus legatus a moenibus abscessit. [5]Haec soluta obsidio [cuius] locum alteri nouae obsidioni dedit; namque extemplo M. Lucretius cum exercitu nauali, decem milibus armatorum, ad hoc duobus milibus regiorum, qui sub Athenaeo erant, Haliartum circumsedit; parantibusque iam oppugnare superuenit a Creusa praetor. [6]Ad idem fere tempus et ab sociis naues Chalcidem conuenerunt, duae Punicae quinqueremes, duae ab Heraclea ex Ponto triremes, quattuor Chalcedone, totidem Samo, tum quinque Rhodiae quadriremes. [7]Has praetor, quia nusquam erat maritumum bellum, remisit sociis. Et Q. Marcius Chalcidem nauibus uenit, Alope *Pthio*tica capta, Larisa, quae Cremaste dicitur, oppugnata.

[8]Cum hic status in Boeotia esset, Perseus, cum ad Sycurium, sicut ante dictum est, statiua haberet, frumento undique circa ex agris conuecto, [9]ad

LVI, 5 cuius *secl. Fr.* (ocius *coniec. Harant,* urbis *H. I. Mueller*) || 7 Alope Phtiotica capta *Madvig* : halopeticacapta *V* Halope capta *Fr.*

toire des Phéréens[1], pensant qu'il pourrait surprendre des Romains qui, pour porter aide à des villes alliées, se seraient trop éloignés de leur camp. Voyant que cette invasion ne les avait nullement troublés, il en tira du moins du butin ; comme, mis à part les êtres humains, celui-ci consistait surtout en troupeaux de toutes sortes, il le distribua à ses soldats pour leur permettre de festoyer[2].

Bataille de cavalerie à Callinicos. Victoire de Persée.

LVII. Vers la même époque, le consul et le roi tinrent chacun un conseil pour décider de la façon d'ouvrir la campagne. Le moral des troupes du roi s'était élevé du fait que l'ennemi les avait laissés dévaster le territoire de Phères ; aussi étaient-ils d'avis de marcher contre le camp ennemi et de ne plus temporiser. Les Romains, eux aussi, se rendaient compte que leur temporisation était jugée honteuse par leurs alliés, qui s'indignaient surtout de ce qu'on n'eût pas porté secours aux Phéréens. Tandis qu'ils délibéraient sur ce qu'ils devaient faire (Eumène et Attale assistaient d'ailleurs au conseil), un messager apporte en toute hâte la nouvelle de l'arrivée d'une importante colonne ennemie. On renvoie le conseil et l'on ordonne aussitôt de prendre les armes. Dans l'intervalle, on décide de prélever sur les renforts fournis par le roi cent cavaliers et un nombre égal de fantassins lanceurs de javelots. A la quatrième heure du jour environ, Persée, arrivé à un peu plus de mille pas du camp romain, ordonna à son infanterie de faire halte ; il se porta lui-même en avant avec des cavaliers et de l'infanterie légère ; Cotys et les chefs des autres corps auxiliaires l'accompagnèrent en avant. Ils étaient à moins de cinq cents pas du camp, lorsqu'ils aperçurent la cavalerie ennemie : il y avait là deux ailes composées en grande partie de Gaulois, commandés par Cassignatus,

uastandum Pheraeorum ⟨agrum⟩ misit, ratus ad iuuandas sociorum urbes longius a castris abstractos deprehendi Romanos posse. [10]Quos cum eo tumultu nihil motos animaduertisset, praedam quidem praeterquam hominum — pecora autem maxume omnis generis fuere — diuisit ad epulandum militibus.

LVII. [1]Sub idem deinde tempus consilium et consul et rex habuerunt, unde bellum *o*rdirentur. [2]Regi*i*s creuer*a*nt animi uastatione concessa sibi ab hoste Pheraei agri; itaque eundum inde ad castra nec dandum ultra spatium cunctandi censebant. [3]Et Romani sen*ti*ebant cunctationem suam infamem apud socios esse, maxum*e* indigne ferentis non latam Pheraeis opem. [4]Consultantibus, quid agerent — aderant autem Eumenes et Attalus in consilio — trepidus nuntius adfert hostem magno agmine adesse. Consilio dimisso signum extemplo datur, ut arma capiant. [5]Interim placet ex regiis auxiliis centum equites et parem numerum iaculatorum peditum exire. [6]Perseus ⟨hora⟩ ferme diei quarta, cum paulo plus mille passus abesset a castris Romanis, consistere signa peditum iussit; praegressus ipse cum equitibus ac leui armatura; et Cotys cum eo ducesque aliorum auxiliorum praecesserunt. [7]Minus quingentos passus ab castris aberant, cum in conspectu fuere hostium equites; duae alae erant magna ex parte Gallorum — Cas-

LVI, **9** agrum *hoc loco add. Weissenborn, ante* Pheraeorum *ed. Paris. 1573.*

LVII, **1** ordirentur *Madvig* : dirimerentur *V* || **2** regiis *Madvig* : regis *V* || creuerant *Crévier* : creuerunt *V* || **3** sentiebant *Madvig* : censebant *V* || maxume *Madvig* : maxumerei (i *exp.*) *V* maximopere *Fr.* || **6** hora *add. Sigonius.*

et un contingent de troupes légères composé d'environ cent cinquante Mysiens et Crétois. Le roi s'arrêta, ignorant ⟨l'effectif des forces adverses⟩. Il détacha ensuite du gros de sa colonne deux escadrons de Thraces et deux de Macédoniens, accompagnés chacun de deux cohortes de Crétois et de Thraces. Le combat, compte tenu de l'égalité des forces et du fait que, ni d'un côté ni de l'autre, ne venaient de nouveaux renforts, se termina sans qu'on sût qui était vainqueur. Eumène perdit environ trente hommes, parmi lesquels tomba Cassignatus, le chef des Gaulois et, ce jour-là, Persée ramena ses troupes à Sycurium ; le lendemain, environ à la même heure et au même endroit, le roi amena ses troupes suivies de chariots portant de l'eau ; ils devaient accomplir en effet tout ⟨le trajet⟩ (douze mille pas)[1] sans eau et au milieu d'une énorme poussière ; ils auraient souffert de la soif, semblait-il, s'ils avaient dû combattre dès qu'ils auraient été en vue de l'ennemi. Comme les Romains n'avaient pas bougé et avaient même fait rentrer leurs postes de garde à l'intérieur du retranchement, les soldats du roi retournent eux aussi dans leur camp. Ils firent de même pendant plusieurs jours, espérant que la cavalerie romaine attaquerait leur arrière-garde pendant qu'ils se retiraient : alors, la lutte s'engageant, ils les entraîneraient plus loin de leur camp et pourraient facilement, quel que fût l'endroit où ils seraient, faire victorieusement volte-face, compte tenu de leur supériorité en cavalerie et en troupes légères.

LVIII. Voyant l'insuccès de son entreprise, le roi approcha son camp de l'ennemi et vint le fortifier à cinq mille pas. Puis, dès le lever du jour, il dispose son infanterie en ligne de bataille à l'endroit habituel et

signatus praeerat — et leuis armaturae centum fere et quinquaginta Mysi *e*t Cretenses. [8]Constitit rex, incertus, quanta*e* ⟨hostium copiae⟩ esse*nt*. Du*a*s inde ex agmine turmas Threcum, duas Macedonum cum binis Cretensium cohortibus et Threcum misit. [9]Proelium, cum pares numero essent neque ab hac aut illa parte noua auxilia subuenirent, incerta uictoria finitum est. Eumenis ferme triginta interfecti, inter quos Cassignatus, dux Gallorum, cecidit. Et tunc quidem Perseus ad Sycurium copias reduxit; [10]postero die circa eandem horam in eundem locum rex copias admouit plaustris cum aqua sequentibus; nam duodecim milium passuum ⟨uia⟩ omnis sine aqua et plurimi pulueris erat; adfectosque siti, si primo in conspectu dimicassent, pugnaturos fuisse apparebat. [11]Cum Romani quiessent, stationibus etiam intra uallum reductis, regii quoque in castra redeunt. Hoc per aliquot dies fecerunt, sperantes fore ut Romani equites abeuntium nouissimum agmen adgrederentur; [12]inde certamine orto, ⟨cum⟩ longius a castris eos elicuissent, facile, ubiubi essent, se, qui equitatu et leui armatura plus possent, conuersuros aciem.

LVIII. [1]Postquam inceptum non succedebat, castra propius hostem mouit rex et a quinque milibus passu*u*m communi*uit*. [2]Inde luce prima in eodem, quo solebat, loco peditum acie instructa, equita-

LVII, 7 Mysi et *H. I. Mueller* : missi aut *V* Mysi ac *Duker* || 8 quantae hostium copiae essent ; duas inde *Novák* : quantaessetduosesseduosinde *V* quantum esset hostium ; duas inde *Fr.* quanta esset uis hostium ; duas inde *Madvig* || 10 uia *add. Fr.* || 12 cum *add. Fr.*

LVIII, 1 passuum communiuit *Novák* : passumcommuni *V* passuum communiit *Fr.*

emmène toute sa cavalerie et ses troupes légères contre le camp ennemi. La vue de combattants plus nombreux et de tourbillons de poussière plus proches que d'habitude provoqua une agitation fébrile dans le camp romain. On eut d'abord peine à croire la nouvelle, parce que, tous les jours précédents, l'ennemi n'était jamais apparu avant la quatrième heure ; or, cette fois, le soleil se levait. Puis, les cris se faisant plus nombreux et les gens revenant en courant des portes, le doute disparut. Une énorme agitation se produit, les tribuns, les préfets et les centurions courent vers le prétoire, les soldats, çà et là, chacun vers leurs tentes. Persée avait rangé ses troupes en bataille, à moins de cinq cents pas du retranchement, autour d'un tertre nommé Callinicos[1]. Le roi Cotys était à la tête de l'aile gauche, où se trouvaient toutes les troupes de son peuple ; des soldats d'infanterie légère séparaient les rangées de cavaliers. A l'aile droite, se trouvaient les cavaliers macédoniens avec, mêlés à leurs escadrons, des Crétois ; Midon de Béroéa commandait cette dernière troupe, Ménon d'Antigonéa[2], les cavaliers et l'ensemble de la formation. Près des ailes, étaient postées la cavalerie royale et des unités mêlées, l'élite des auxiliaires envoyés par plusieurs nations ; à leur tête, étaient placés Patrocle d'Antigonéa et le gouverneur de la Péonie, Didas. Au milieu de tous, se trouvait le roi ; autour de lui, ce qu'ils appellent l'*agèma*[3] et les cavaliers des escadrons sacrés[4]. Devant lui, il disposa des frondeurs et des lanceurs de javelots, chaque troupe se montant au nombre de quatre cents hommes ; il mit à leur tête Ion deThessalonique et Artémon le Dolope. Telle était la formation des soldats du roi. — Le consul, après avoir mis son infanterie en ligne à l'intérieur du retranchement, fit sortir lui aussi toute sa cavalerie avec ses troupes légères ; il les rangea

tum omnem leuemque armaturam ad castra hostium ducit. [3]Visus et plurium et propior solito puluis trepidationem in castris Romanis fecit. Et primo uix creditum nuntianti est, quia prioribus continuis diebus numquam ante horam quartam hostis apparuerat; tum solis ortus erat. [4]Deinde ut plurium clamore et cursu a portis dubitatio exempta est. Tumultus ingens oboritur; tribuni praefectique et centuriones in praetorium, miles ad sua quisque tentoria discurrit. [5]Minus quingentos passus a uallo instruxerat Perseus suos circa tumulum, quem Call*ini*cum uocant. [6]Laeuo cornu Cotys rex praeerat cum omnibus suae gentis; equitum ordines leuis armatura interposita distinguebat. In dextro cornu Macedones erant equites, intermixti turmis eorum Cretenses; [7]huic armaturae Midon *B*er*oea*eus, equitibus et summae partis eius Meno Antigonensis praeerat. [8]Proximi cornibus constiterant regii equites, et, mixtum genus, delecta plurium gentium auxilia; Patrocles Antigonensis his et Paeoniae praefectus Didas erant praepositi. [9]Medius omnium rex erat; circa eum agema quod uocant, equitum*que* sacrae alae. [10]Ante se statuit funditores iaculatoresque : quadringentorum manus utraque numerum explebat; *I*onem Thessalonicensem et *A*rt*e*mona *D*olopem iis praefecit. Sic regii constiterant. [11]Consul intra uallum peditum acie instructa et ipse equitatum omnem cum leui armatura *e*misit; pro uallo ins-

LVIII, 3 plurium *Fr.* : plurimum *V* || 5 Callinicum *Madvig* : callicinum *V* || 7 Beroeaeus *Sigonius* : uereeius *V* || 9 equitumque sacrae alae *Fr.* : equitumsacraequeale *V* || 10 Ionem *Fr.* : rationem *V* || Artemona Dolopem *Madvig* : certimanoptolopemum *V* Timanora Dolopem *Fr.* || 11 emisit *Gruter* : misit *V*.

devant le retranchement. C. Licinius Crassus[1], le frère du consul, eut le commandement de l'aile droite qui comprenait toute la cavalerie italienne, mêlée de vélites ; à l'aile gauche, M. Valerius Laevinus[2] avait les cavaliers fournis par les peuples alliés de Grèce ; des troupes légères du même pays étaient sous les ordres[3] de Q. Mucius[4] qui occupait le centre de la ligne avec la cavalerie d'élite[5]. Deux cents cavaliers gaulois étaient rangés devant leurs enseignes ainsi que trois cents Cyrtiens[6], pris parmi le contingent conduit par Eumène. Quatre cents cavaliers thessaliens avaient été placés à peu de distance devant l'aile gauche. Le roi Eumène avec Attale et toute sa troupe se tinrent à l'arrière, entre la dernière ligne et le retranchement.

LIX. Les deux armées rangées en gros de cette façon, avec un nombre à peu près égal de cavaliers et de troupes légères de chaque côté, courent l'une sur l'autre, une fois le combat engagé par les frondeurs et les lanceurs de javelots qui avaient été placés à l'avant. Les premiers de tous, les Thraces, semblables à des bêtes sauvages longtemps gardées en cage, s'élancèrent en poussant une immense clameur contre l'aile droite composée de cavaliers italiens, de telle sorte qu'ils jetèrent la confusion parmi ces hommes pourtant habitués à la guerre et intrépides par tempérament ; *** quant aux chevaux, tantôt les Thraces leur coupaient les tendons des jambes avec leurs romphées, tantôt ils leur perçaient le flanc[7]. Persée, attaquant le centre de la ligne, repoussa les Grecs[8] au premier choc. Comme ceux-ci étaient en déroute et que la pression ennemie se faisait sentir avec

tructi sunt. [12]Dextro cornu praepositus C. Licinius Crassus, consulis frater, cum omni Italico equitatu, uelitibus intermixtis; sinistro M. Valerius Laeuinus sociorum ex Graecis populis equites habebat; [13]eiusdem gentis leuem armaturam, mediam autem aciem cum delectis equitibus extraordinariis tenebat Q. Mucius. Ducenti equites Galli ante signa horum instructi et de auxiliis Eumenis Cyrtiorum gentis trecenti. [14]Thessali quadringenti equites paruo interuallo super laeuum cornu locati. Eumenes rex Attalusque cum omni manu sua ab tergo inter postremam aciem ac uallum steterunt.

LIX. [1]In hunc modum maxime instructae acies, par ferme utrimque numerus equitum ac leuis armaturae, concurrunt, a funditoribus iaculatoribusque, qui praecesser*a*nt, proelio orto. [2]Primi omnium Thraces, *haud* secus quam diu claustris retentae ferae, ita concitati cum ingenti clamore in dextrum cornu, Italicos equites, incurrerunt, [3]*ut* usu belli et ingenio inpauida gens turbaretur. ** Thr*ace*s hastas petere pedites ** equorumque nunc succidere crura rumpi*i*s, nunc ilia suffodere. [4]Perseus, in mediam inuectus aciem, Graecos primo impetu auertit; quibus f*usi*s cum grauis ab tergo instaret hostis, Thessalorum equitatus, q*ui*

LIX, 1 praecesserant *Madvig* : praecesserunt *V* || 2 haud *Fr.* : ut *V* || 3 ut usu *Fr.* : etusu *V* || turbaretur — suffodere *ego* : turbareturtrec[su]b[pal]a[n]gishastaspeterepedites... [equor]umquei| nuncsuccidererecrurarumpisnunc|iliasuffodere (*sed litterae uncis inclusae incertissimae sunt*) *V* turbaretur. regii longis hastis petere pedites iussi gladiisque nunc succidere crura equis, nunc ilia suffodere *H. J. Mueller*; *alii aliter coniec.* || 4 fusis *coniec. Gitlbauer* : f[usi]s *V*.

force sur leurs arrières, la cavalerie thessalienne qui, placée à courte distance de l'aile gauche, avait été maintenue en réserve en dehors de la mêlée, et n'avait été d'abord que spectatrice du combat, rendit par la suite, quand l'affaire parut tourner mal, les plus grands services. Reculant en effet peu à peu, sans rompre leurs rangs, puis se joignant aux auxiliaires d'Eumène, les cavaliers thessaliens et ce dernier permirent ainsi à leurs alliés dispersés par la fuite de trouver une retraite sûre dans leurs rangs ; ils osèrent même, comme les ennemis les pressaient en rangs moins serrés, se porter au-devant de nombreux fuyards pour les recueillir. De leur côté, les soldats du roi, qui s'étaient eux-mêmes dispersés au cours de la poursuite, n'osaient en venir aux mains avec des troupes en bon ordre et avançant[1] d'un pas ferme. Comme le roi, victorieux dans le combat de cavalerie, ⟨s'écriait⟩ que, si on l'aidait un tant soit peu, la bataille était terminée, voici que, juste pour répondre à ses exhortations, survint la phalange que, de leur propre initiative et pour ne pas manquer d'être là lors d'une opération pleine de risques, lui avaient amenée à la hâte Hippias et Leonnatus[2], à la nouvelle de l'heureuse issue du combat de cavalerie. Le roi était hésitant, partagé entre l'espoir et la crainte de tenter une si grande entreprise, quand Évandre le Crétois, dont il avait utilisé les services lors de l'embuscade tendue à Delphes contre le roi Eumène[3], voyant la colonne d'infanterie arriver enseignes déployées, accourut vers le roi et le pressa avec insistance de ne pas se laisser griser par la chance et de ne pas risquer à la légère le tout pour le tout sans nécessité : « S'il se contentait du succès remporté et restait en repos ce jour-là, ou bien il obtiendrait des conditions de paix honorables, ou bien il aurait, s'il préférait la guerre, un très grand nombre d'alliés prêts à partager son sort. » Les dispositions d'esprit du roi le portaient de préférence vers cette solution. Aussi, félicitant Évandre, donne-t-il un ordre de repli, faisant rentrer au camp la colonne d'infanterie et sonner la retraite pour les cavaliers[4].

a laeuo cornu breui spatio diiunctus in subsidiis fuerat extra concursum, primo spectator certaminis, deinde inclinata re maxumo usui fuit. [5]Cedentes enim sensim integris ordinibus, postquam se Eumenis auxiliis adiunxerunt, et cum eo tutum inter ordines suos receptum sociis fuga dissipatis dabant et, cum minus conferti hostes instarent, progredi etiam ausi multos fugientium obuios exceperunt. [6]Nec regii, sparsi iam ipsi passim sequendo, cum ordinatis et certo incedentibus gradu manus conserere audebant. [7]Cum uictor equestri proelio rex, paruo momento si adiuuisse*n*t, debellatum esse ⟨clamaret⟩, opportune adhortanti superuenit phalanx, quam sua sponte, ne audaci coepto deesse*n*t, Hippias et Leonnatus raptim adduxerant, postquam prospere pugnasse equitem acceperunt. [8]Fluctuante rege inter spem metumque tantae rei conandae Cretensis Euander, quo ministro Delphis ad insidias Eumenis regis usus erat, postquam agmen [im]peditum uenientium sub signis uidit, [9]ad regem adcurrit et monere instituit, ne elatus felicitate summam rerum temere in non necessariam aleam daret; [10]si contentus bene re gesta quiesset eo die, uel pacis honestae condicionem habiturum uel plurimos belli socios, qui fortunam sequerentur, si bellare mallet. In hoc consilium pronior erat animus regis. [11]Itaque conlaudato Euandro signa referri peditumque agmen redire in castra iubet, equitibus receptui canere.

LIX, **4** qui a laevo *coniec. Fr.* : q[uiala]eo *V* || **7** adiuuissent debellatum esse clamaret *Madvig* : adiuuissetdebellatumesseet *V* adiuvisset debellatum esset *Fr.* adiuvisset debellaturus esse videretur *Harant* || deessent *Sigonius* : deesset *V* || **8** peditum *Perizonius* : impeditum *V*.

LX. Il tomba ce jour-là du côté des Romains deux cents cavaliers et pas moins de deux mille fantassins ; six cents hommes environ furent faits prisonniers[1]. Du côté des troupes royales, vingt cavaliers et quarante fantassins furent tués. Chez les vainqueurs, une fois rentrés au camp, la joie était, certes, générale, mais cette joie n'atteignait nulle part autant d'insolence que chez les Thraces ; ils rentrèrent en effet en chantant et portant des têtes d'ennemis fichées au bout de leurs *romphées*. Chez les Romains, régnaient non seulement la tristesse de l'échec, mais encore la peur de voir l'ennemi attaquer aussitôt leur camp. Eumène conseilla ⟨au consul⟩ de transporter le camp de l'autre côté du Pénée, qui lui servirait de protection en attendant que les soldats effrayés eussent repris courage. Le consul avait honte d'avouer sa peur ; il céda pourtant à la raison et, de nuit, en silence, fit passer ses troupes sur l'autre rive, où il fortifia son camp. Le lendemain, le roi, s'étant porté en avant pour provoquer les ennemis au combat, s'aperçut que leur camp était établi sur une position sûre de l'autre côté du fleuve : il avouait que, s'il avait eu tort la veille de ne pas avoir poursuivi sa pression sur des vaincus, il avait commis une faute beaucoup plus grande encore en arrêtant le combat à la nuit. Car, à supposer même qu'il n'eût engagé aucune autre troupe, il aurait pu, en lançant son infanterie légère sur les ennemis en train de passer le fleuve en désordre, détruire une grande partie de leurs forces. Quant aux Romains, sans doute n'avaient-ils plus peur, maintenant que leur camp était en sûreté ; cependant, de tous les torts subis, c'était encore celui fait à leur réputation qu'ils ressentaient le plus. Et au conseil, devant le consul, chacun d'eux rejetait la faute sur les Étoliens : « C'étaient eux qui avaient commencé à fuir et à être pris de panique ; après les Étoliens, tous les autres alliés appartenant aux peuples de Grèce avaient été eux aussi gagnés par la peur. » Cinq

LX. [1]Cecidere eo die ab Romanis ducenti equites, duo milia haud minus peditum; capti sescenti ferme [equites]. Ex regiis autem uiginti equites, quadraginta pedites interfecti. [2]Postquam rediere in castra uictores, omnes quidem laeti, ante alios Thracum insolens laetitia *e*min*e*bat; cum cantu enim *rumpiis* fixa capita hostium portantes redierunt. [3]Apud Romanos non maestitia tantum ex male gesta re, sed pauor etiam erat, ne extemplo castra hostis adgrederetur. Eumenes ⟨consuli⟩ suadere, ut trans Peneum transferret castra, ut pro munimento amnem haberet, dum perculsi milites animos colligerent. [4]Consul moueri flagitio timoris fatendi; uictus tamen ratione, silentio noctis transductis copiis, castra in ulteriore ripa communi*uit*. [5]Rex postero die ad lacessendos proelio hostes progressus, postquam trans amnem in tuto posita castra animaduertit, fatebatur quidem peccatum, quod pridie non institisset uictis, sed aliquanto maiorem culpam esse, quod nocte foret cessatum; [6]nam, ut neminem alium suorum moueret, leui armatura inmissa, trepidantium in transitu fluminis hostium deleri magna ex parte copias potuisse. [7]Romanis quidem praesens pauor demptus erat, in tuto castra habentibus; damnum inter cetera praecipue famae mouebat. [8]Et in consilio apud consulem pro se quisque in Aetolos conferebant causam : ab iis fugae terrorisque principium ortum; [9]secutos pauorem Aetolorum et ceteros socios Grae-

LX, **1** capti sescenti ferme *Madvig* : captiac·fermecc·equites *V* capti sescenti ferme equites *Kreyssig* || **2** eminebat *Fr.* : minabat *V* || rumpiis fixa *Harant* : superfixa *V* rumpiis praefixa *Giarratano* rumpiis superfixa *Drakenborch* superfixa hastis *Gronovius et Madvig* || **3** consuli *add. Weissenborn* || **4** communiuit *Madvig* : communiri *V* communit *Fr.*

chefs étoliens[1] que l'on avait vus, disait-on[2], tourner le dos les premiers <furent envoyés à Rome.> Les Thessaliens reçurent des éloges devant l'assemblée et leurs chefs eurent même des récompenses pour leur courage[3].

LXI. Au roi, on rapportait les dépouilles des ennemis tués. Sur celles-ci, il donnait aux uns des armes de prix, aux autres, des chevaux, à certains, des captifs. Il y avait plus de quinze cents boucliers ; le nombre des cuirasses et des cottes de maille se montait à plus de mille ; celui des casques, des épées et des armes de jet de toute sorte était beaucoup plus élevé. Ces résultats, déjà importants et heureux par eux-mêmes, furent amplifiés par le discours que le roi tint à son armée convoquée en assemblée : « Vous pouvez préjuger par là de l'issue de la guerre. L'élément le plus solide des troupes ennemies, la cavalerie romaine, grâce à laquelle ils se flattaient d'être invincibles, vous l'avez mis en fuite. Chez eux, en effet, la cavalerie constitue l'élite de la jeunesse, la cavalerie constitue la pépinière du sénat ; c'est dans ses rangs qu'après leur entrée au sénat se trouvent ceux qu'ils désignent comme consuls, parmi eux, ceux qu'ils désignent comme généraux en chef[4] ; c'est à ces cavaliers qu'appartenaient les dépouilles qui viennent de vous être distribuées. Non moindre est la victoire que vous avez remportée sur les légions de fantassins ; car c'est en s'enfuyant de nuit qu'ils vous ont échappé, à travers un fleuve couvert de naufragés, nageant çà et là, en pleine panique. Mais il nous sera plus facile, à nous qui poursuivons des vaincus, de franchir le Pénée qu'à ces gens en proie à la panique ; dès que nous serons de l'autre côté, nous attaquerons leur camp, dont nous nous nous serions emparés aujourd'hui s'ils ne s'étaient pas enfuis ; ou bien, s'ils veulent en découdre en bataille rangée, attendez-vous à voir le combat des fantassins se terminer de la même façon que la bataille de cavalerie ». Et ceux qui avaient vaincu, portant sur les

corum populorum. Quinque principes Aetolorum, qui primi terga uertentes conspecti dicebantur, ⟨Romam missi⟩. [10]Thessali pro contione laudati, ducesque eorum etiam uirtutis causa donati.

LXI. [1]Ad regem spolia caesorum hostium referebantur. [2][Dona] ex his aliis arma insignia, aliis equos, quibusdam captiuos dono dabat. Scuta erant supra mille quingenta ; loricae thoracesque mille amplius summam explebant ; galearum gladiorumque et missilium omnis generis maior aliquanto numerus. [3]Haec per se amp*la* laetaque multiplicata uerbis regis, quae ad contionem uocato exercitu habuit. [4]« Praeiudicatum euentum belli habetis. Meliorem partem hostium, equitatum Romanum, quo inuictos se esse gloriabantur, fudistis. [5]Equites enim illis principes iuuentutis, equites seminarium senatus ; inde lectos in pat*res* consules, inde imperatores creant : horum spolia paulo ante diuisimus inter uos. [6]Nec minorem de legionibus peditum uictoriam habetis, quae nocturna fuga uobis subtractae naufragorum trepidatione passim natantium flumen conpleuerunt. [7]Sed facilius nobis sequentibus uictos Peneum superare erit, quam illis trepidantibus fuit ; transgressique extemplo castra oppugnabimus, quae hodie cepissemus, ni fugissent ; [8]aut si acie decernere uolent, eundem pugnae pedestris euentum expectate, qui equitum in certamine fu*i*t ». [9]Et qui uicerant, alacres, spolia caesorum hostium umeris gerentes, d*ec*ora sua au-

LX, 9 Romam missi *add. Kreyssig cf. Pol. 27, 13, 15.*

LXI, 2 dona *secl. Drakenborch* || 3 per se ampla laetaque *Weissenborn* : perseampletaquae *V* || 5 in patres *Madvig* : inpatrum *V* in patrum numerum *Fr.* || 8 fuit *Ruperti* : fuerit *V* || 9 decora *I. F. Gro-*

épaules les dépouilles des ennemis tués, écoutèrent avec enthousiasme le récit de leurs actions d'éclat, tirant du passé un présage favorable pour l'avenir ; de leur côté, les fantassins (surtout les Macédoniens appartenant à la phalange), excités par la gloire d'autrui, ⟨souhaitaient⟩ trouver eux aussi l'occasion à la fois de servir leur roi avec zèle et d'acquérir une gloire égale aux dépens de l'ennemi. Le roi renvoya ⟨l'assemblée⟩ et alla le lendemain établir son camp à Mopselus. C'est une éminence qui se dresse devant Tempé et se trouve à mi-distance entre Larissa et Gonnus.

Offres de paix de Persée.

LXII. ⟨Les Romains⟩, sans s'éloigner de la rive du Pénée, transportèrent leur camp en un lieu plus sûr. C'est là que le Numide Misagène[1] arriva avec mille cavaliers, un nombre égal de fantassins et en outre vingt-deux éléphants. Dans le même temps, le roi réunit un conseil consacré à la situation générale : comme l'exaltation due à son succès s'était désormais apaisée, certains des Amis[2] osèrent lui conseiller de tirer parti de la situation favorable dans laquelle il se trouvait pour obtenir des conditions de paix honorables plutôt que de se laisser griser par un vain espoir et de s'engager dans des hasards qu'on ne pourrait plus maîtriser : « Fixer des bornes à la prospérité et ne pas trop se fier au calme serein de sa situation présente, c'était le propre d'un homme sage et qui mérite son bonheur. Qu'il envoie des délégués au consul pour renouveler le traité aux mêmes conditions que celles auxquelles Philippe, son père, avait obtenu la paix de T. Quinctius, quand celui-ci fut vainqueur[3]. On ne ⟨pouvait⟩ finir la guerre de façon plus brillante que par cette bataille si mémorable, ⟨ni⟩ obtenir espoir plus solide d'une paix perpétuelle que celui de voir les

diuere, ex eo quod acciderat, spem futuri praec*ip*ientes, et pedites aliena gloria accensi, [10]praecipue qui Macedonum phalangis erant, sibi quoque et nauandae regi operae et similem gloriam ex hoste pariendi occasionem ⟨optabant. [11]Contione⟩ dimissa, postero die profectus inde ad Mopselum posuit castra. Tumulus hic ante Temp*e* eminet ⟨et⟩ Larisa medius abest *G*on*n*um ⟨eunti⟩.

LXII. [1]⟨Romani⟩ non abscedentes ab ripa Penei transtulerunt in locum tutiorem castra. [2]Eo Misagenes Numida uenit cum mille equitibus, pari peditum numero, ad hoc elephantis duobus et uiginti. [3]Per eos dies consilium habenti regi de summa ⟨rerum⟩, cum iam consedisset ferocia ab re bene gesta, ausi sunt quidam amicorum consilium dare, ut secunda fortuna in condicione*m* honestae pacis uteretur potius, quam spe uana euectus in casum inreuocabilem se daret. [4]Modum inponere secundis rebus nec nimis credere serenitati praesentis fortunae prudentis hominis et merito felicis esse. [5]Mitteret ad consulem, qui foedus in easdem leges renouarent, quibus Philippus, pater eius, pacem *a*b T. Quinctio uictore accepisset. [6]Neque *finiri* bellum magnificentius quam a*b* ta*m* memorabili pugna ⟨posse, neque⟩ spem firmiorem pacis perpetuae dari, quam quae perculsos aduerso

novius : da.ora *V* || praecipientes *Fr.* : praeponentes *V* || **10** optabant contione *add. Fr.* || **11** Tempe *Madvig* : tempesteest *V* Tempe est et *Kreyssig* || et *ante* Larisa *add. Madvig* || Larisa medius abest Gonnum eunti *Madvig* : larisaemediusabestonum *V*.

LXII, **1** Romani *add. Fr.* || **3** rerum *add. Crévier* || condicionem *I. F. Gronovius* : condicione *V* || **5** ab *Kreyssig* : ḅ *V* a *Fr.* || **6** finiri *Fr.* : sinere *V* || ab tam *Kreyssig* : apta *V* || posse *add. Crévier* || neque *add. Fr.*

Romains, ébranlés par leur défaite, rendus plus conciliants pour traiter. Si les Romains, faisant preuve, cette fois-là aussi, de leur obstination naturelle, rejetaient des propositions équitables, les dieux et les hommes seraient témoins à la fois de la modération de Persée et de l'orgueilleux entêtement de ses adversaires ». Par tempérament, le roi n'écartait jamais des conseils de ce genre. Aussi, ⟨dès que⟩ cet avis eut reçu l'assentiment de la majorité[1], on envoya des délégués[2] au consul ; on leur donna audience devant le conseil réuni au grand complet. Ils demandèrent la paix, promettant que Persée paierait un tribut[3] égal à celui que le traité avait fixé pour Philippe : « Le roi évacuerait immédiatement les villes, les terres et les lieux que Philippe avait évacués ». Telles furent les paroles des délégués. Après qu'ils se furent retirés, la délibération eut lieu et la fermeté romaine l'emporta au conseil. Tant on avait alors coutume d'afficher dans la mauvaise fortune le visage de la prospérité et de faire preuve, dans la bonne, de modération[4] ! On décida de répondre que la paix serait accordée si le roi laissait au sénat la liberté de régler l'ensemble de la situation, à savoir de fixer son statut personnel et celui de toute la Macédoine. Quand les délégués eurent rapporté cette réponse, cette obstination causa l'étonnement de gens qui ne connaissaient pas le caractère ⟨des Romains⟩ et la plupart ne voulaient plus que l'on fît désormais mention de paix : « Les Romains demanderaient bientôt spontanément ce qu'ils dédaignaient quand on le leur offrait ». Persée redoutait précisément cette fierté — elle était due à la confiance qu'ils avaient en leurs forces — et, augmentant la somme d'argent, au cas où il pourrait ainsi acheter la paix, ne renonça pas à sonder les dispositions du consul. Voyant que celui-ci s'en tenait strictement aux termes de sa première réponse, et n'espérant plus obtenir la paix, il revint à Sycurium, d'où il était parti, dans l'intention de s'en remettre entièrement aux hasards de la guerre.

proelio Romanos molliores factura sit ad paciscendum. [7]Quodsi Romani tum quoque insita pertinacia aequa aspernarentur, deos hominesque et moderationis Persei et illorum peruicacis superbiae futuros testes. [8]Numquam ab talibus consiliis abhorrebat regis animus. Itaque plurium adsens*u* ⟨ut⟩ conprobata est sententia, legati ad consulem missi; [9]adhibito frequenti consilio auditi sunt. [10]Pacem pet*i*ere, uectigal, quantum Philippus pactus esset, daturum Persea Romanis pollicentes; urbibus, agris locisque, quibus Philippus cessisset, ces*su*rum ⟨quam⟩ primum. [11]Haec legati. Summotis his cum consultarent, Romana constantia uicit in consilio. Ita tum mos erat, in aduersis ⟨rebus⟩ uoltum secundae fortunae gerere, moderari animo[s] in secundis. [12]Responderi placuit, ita pacem dari, si de summa rerum liberum senatui permittat rex de se deque uniuersa Macedonia statuendi ius. [13]Haec cum renuntiassent legati, miraculo ignaris moris ⟨Romani⟩ pertinacia esse, et plerique uetare amplius mentionem pacis facere: ultro mox quaesituros, quod oblatum fastidiant. [14]Perseus hanc ipsam superbiam — quippe ex fiducia uirium esse — timere, et summam pecuniae augens, si pretio pacem emere posset, non destitit animum consulis temptare. [15]Postquam nihil ex eo, quod primo responderat, mutabat, desperata pace ad Sycurium, unde profectus erat, rediit, belli casum de integro temptaturus.

LXII, **8** plurium adsensu ut conprobata est sententia *Harant* : pluriumadsensumconprobataestsententia *V* ut plurium adsensu comprobata est sententia *Novák* || **10** petiere *Perizonius* : petere *V* || cessurum quam primum *Perizonius* : caesarumprimum *V* cessurum primum *Fr.* || **11** rebus *add. Fügner* || animo *Madvig* : animos *V* || **13** Romani *hoc loco add. Novák, ante* moris *Madvig.*

Prise d'Haliarte. Reddition de Thisbé.

LXIII. La nouvelle du combat de cavalerie s'étant répandue à travers la Grèce, on put voir vraiment ce que pensaient les gens[1]. Non seulement en effet les partisans des Macédoniens, mais la plupart de ceux qui étaient redevables aux Romains d'immenses bienfaits, certains même qui avaient subi les effets de la violence et de l'arrogance ⟨du roi⟩ apprirent cette nouvelle avec joie ; cela ne tenait à rien d'autre qu'à une passion dépravée, celle dont la foule fait preuve même dans les compétitions des jeux, où elle favorise le parti le moins bon et le plus faible[2].

A la même époque[3], en Béotie, le préteur Lucretius menait avec la plus grande énergie le siège d'Haliarte[4] ; or les assiégés avaient beau ne disposer d'aucun secours extérieur (à part celui des jeunes gens de Coronée qui étaient entrés dans la ville au début du siège) et n'en espérer aucun, ils n'en résistaient pas moins à eux seuls avec plus d'énergie morale que de forces matérielles. Ils multipliaient en effet les sorties contre les ouvrages et, quand on faisait avancer le bélier, le projetaient à terre en l'écrasant tantôt ⟨avec d'énormes pierres, tantôt⟩ avec une masse de plomb ; en outre, s'ils ne pouvaient éviter un coup, à la place du mur détruit, ils en élevaient en hâte un nouveau, en entassant rapidement les pierres prises dans la masse même de celles qui s'écroulaient. ⟨L'attaque⟩ étant trop lente avec des machines de siège, le préteur fit distribuer une échelle par manipule, dans l'intention d'assaillir les remparts de tous les côtés, à l'aide d'un cordon de troupes, pensant que le grand nombre de ses hommes suffirait d'autant plus à cette tâche que, du côté où un marais couvrait la ville, il n'était ni opportun ni possible de l'attaquer. Lui-même fit avancer deux mille hommes d'élite du côté où deux tours et la partie du mur située entre elles ⟨s'étaient écroulées, de

LXIII. [1]Fama equestris pugnae uulgata per Graeciam nudauit uoluntates hominum. Non enim solum qui partis Macedonum erant, sed plerique ingentibus Romanorum obligati beneficiis, quidam uim superbiamque ⟨regis⟩ experti, [2]laeti eam famam accepere, non ob aliam causam quam prauo studio, quo etiam in certaminibus ludicris uulgus utitur, deteriori atque infirmiori fauendo.

[3]Eodem tempore in Boeotia summa ui Haliartum Lucretius praetor oppugna*b*at; et quamquam nec habebant externa auxilia obsessi praeter Coronaeorum iuniores, qui prima obsidione moenia intrauerant, neque sperabant, tamen ipsi animis magis quam uiribus resistebant. [4]Nam et eruptiones in opera crebro faciebant, et arietem admotum nunc ⟨saxis ingentibus, nunc⟩ libramento plumbi grauatum ad terram urguebant, et si qua declinare n*e*qui*u*erant ictum, pro diruto muro nouum tumultuario opere, raptim ex ipsa ruinae strage congestis saxis, extruebant. [5]Cum operibus lentior ⟨oppugnatio⟩ esset, scalas per manipulos diuidi praetor iussit, ut corona undique moenia adgressurus, eo magis suffecturam ad id multitudinem ratus, quod, qua parte palus urbem cingit, nec adtinebat oppugnari nec poterat. [6]Ipse ab ea parte, qua duae turres quodque inter eas muri fuerat, ⟨corruerat⟩, duo milia militum delectorum admouit, ⟨ut⟩ eodem tempore, quo ipse transcen-

LXIII, 1 regis *add. Novák* : Persei *Weissenborn* Macedonum *I. F. Gronovius* || **3** oppugnabat *Duker* : oppugnarat *V* || **4** saxis ingentibus nunc *add. Kreyssig* : laqueis excipiebant nunc *Vahlen* || declinare nequiuerant *Vahlen* : declinarentquiaugerant *V* || **5** oppugnatio *hoc loco add. Vahlen, post* operibus *Fr.* || **6** fuerat corruerat duo *Madvig* : fueratduo *V* prorutum fuerat duo *Fr.* || ut *add. Fr.*

façon qu'>au moment précis où il s'efforcerait lui-même de franchir les murs écroulés et où les assiégés se porteraient en masse contre lui, les remparts vides de défenseurs pussent, grâce aux échelles, être occupés sur un point ou sur un autre. C'est avec énergie que les assiégés se disposent à repousser son assaut. Ils avaient en effet répandu sur la surface où l'écroulement s'était produit des fagots de sarments secs et, se tenant là, des torches allumées à la main, menaçaient d'y mettre le feu pour en faire une barrière grâce à laquelle, séparés de l'ennemi par l'incendie, ils auraient le temps d'élever un mur de protection en deçà du précédent. Le hasard les empêcha de réaliser ce projet, car il tomba tout à coup une pluie si abondante que non seulement il n'était pas facile d'allumer le feu, mais que la pluie l'éteignait quand il était allumé. C'est pourquoi, une fois écartées ces broussailles fumantes, la route nous fut ouverte, et même, tous les assiégés s'étant groupés pour défendre un seul secteur, les remparts se trouvent, grâce aux échelles, occupés sur plusieurs points en même temps. Dans la confusion qui suivit d'abord la prise de la ville, vieillards et enfants furent, au hasard des rencontres, indistinctement massacrés ; les hommes armés se réfugièrent dans la citadelle ; le lendemain, n'ayant plus rien à espérer, ils se rendirent et furent vendus à l'encan. Ils se trouvèrent au nombre d'environ deux mille cinq cents. Les œuvres d'art qui faisaient l'ornement de la ville, les statues et les tableaux, ainsi que tout le butin de valeur, furent transportés à bord des navires ; la ville fut détruite de fond en comble. De là, l'armée fut conduite à *Thisbé*[1] ; une fois la ville occupée sans coup férir, le préteur la livra aux exilés et au parti romain ; il fit vendre les esclaves appartenant aux hommes de la faction adverse, aux partisans du roi et aux Macédoniens. Une fois cela fait en Béotie, il rejoignit la mer et la flotte.

Accrochages près de Sycurium et Phalanna; échecs de Persée.

LXIV. Pendant que cela se passait en Béotie, Persée passa quelques jours dans ses quartiers à Sycurium. Là, ayant appris que les Romains transportaient en hâte le blé moissonné dans les

dere ruinas conaretur, concursu aduersus se oppidanorum facto, scalis uacua defensoribus moenia capi parte aliqua possent. [7]Haud segniter oppidani uim eius arcere parant. Nam super stratum ruinis locum fascibus aridis sarmentorum iniectis stantes cum ardentibus facibus accensuros eam se saepe*m* minabantur, ut, incendio intersaepti ab hoste, spatium ad obiciendum interiorem murum haberent. [8]Quod inceptum eorum fors inpediit: nam tantus repente *e*ffusus est imber, ut nec accendi facile pateretur et extingueret accensa. [9]Itaque et transitus per distracta fumantia uirgulta patuit, et in unius loci praesidium omnibus uersis moenia quoque pluribus simul partibus scalis capiuntur. [10]In primo tumultu captae urbis seniores inpubesque, quos casus obuios obtulit, passim caesi; armati in arcem confugerunt: et postero die, cum spei nihil superesset, deditione facta sub corona uenierunt. [11]Fuerunt autem duo milia ferme et quingenti. Ornamenta urbis, statuae et tabulae pictae, et quidquid pretiosae praedae fuit, ad naues delatum: urbs diruta a fundamentis. [12]In*de* Th*is*bas ductus exercitus: quibus sine certamine receptis urbem tradidit exulibus et qui Romanorum partis erant; aduersae factionis hominum fautorumque regis ac Macedonum familias sub corona uendidit. His gestis in Boeotia ad mare ac naues rediit.

LXIV. [1]Cum haec in Boeotia gererentur, Perseus ad Sycurium statiua dierum aliquot habuit. [2]Vbi cum audisset raptim Romanos circa ex agris de-

LXIII, 7 eam se saepem *Madvig* : eamsesaepe *V* ea se saepe *Fr.* || 8 effusus est *Fr.* : estinfususest *V* fusus est *Novák* || 12 inde Thisbas *ego* : inttebanos *V* inde Thebas *Fr.* inde in Thebanos *Wesenberg.*

campagnes environnantes, qu'ensuite, chacun devant sa tente, ils coupaient les épis avec des faucilles, afin d'obtenir un blé plus pur à broyer, et avaient élevé, réparties dans tout le camp, d'énormes meules de paille, il jugea que c'était là une situation propice pour allumer un incendie ; aussi ordonne-t-il de préparer des torches, de la résine et des brandons d'étoupe enduits de poix ; ainsi équipé, il partit au milieu de la nuit, de façon à tromper l'ennemi en attaquant à l'aube. En vain : si les premiers postes de garde furent surpris, le désordre et la panique qui les gagna réveillèrent le reste de l'armée et l'on donna le signal de prendre aussitôt les armes : en même temps, les soldats se trouvaient prêts au combat sur le retranchement et aux portes. ⟨Renonçant à⟩ lancer *téméralrement* un assaut contre le camp, Persée fit sur le champ opérer un demi-tour à son armée et ordonna qu'on fît d'abord passer les bagages, puis avancer les fantassins ; lui-même, avec la cavalerie et l'infanterie légère, resta pour fermer la marche, pensant — et c'est en effet ce qui se produisit — que l'ennemi les poursuivrait pour tenter de mordre sur son arrière-garde. Il y eut un bref accrochage entre l'infanterie légère et des éléments composés surtout de voltigeurs ennemis ; cavaliers et fantassins regagnèrent le camp en bon ordre.

Après avoir coupé les moissons d'alentour, les Romains vont établir leur camp à Crannon[1], dans un territoire intact. C'est là que, se jugeant en sécurité, compte tenu à la fois de la distance et des difficultés du trajet dépourvu de point d'eau entre Sycurium et Crannon, ils avaient établi leurs quartiers. Tout à coup, à l'aube, la cavalerie royale apparut avec l'infanterie légère sur les collines dominant le camp et y provoqua une très vive alarme. Ils étaient partis la veille, vers midi, de Sycurium ; ils avaient laissé, à l'aube, dans la plaine la plus

messum frumentum conuehere, deinde ante sua quemque tentoria spicas fa*l*cibus desecantem, [3]quo purius frumentum tereret, ingentis aceruos per tota castra stramentorum fecisse, ratus incendio opportuna esse, faces taedamque et malleolos stuppae inlitos pice parari iubet; atque ita media nocte profectus, ut prima luce adgressus falleret. [4]Nequiquam primae stationes oppressae : tumultu ac terrore suo ceteros excitauerunt, signumque datum est arma extemplo capiendi; simulque in uallo, ad portas miles instructus erat. [5]*At* incons*ul*tae oppugnationis castrorum ⟨pertaesus⟩ Perseus [et] extemplo circumegit aciem et prima impedimenta ire, deinde peditum signa ferri iussit; ipse cum equitatu et leui armatura substitit ad agmen cogendum, ratus, id quod accidit, insecuturos ad extrema ab tergo carpenda hostis. [6]Breue certamen leuis armaturae maxime cum procursatoribus fuit; equites peditesque sine tumultu in castra redierunt.

[7]Demessis circa segetibus Romani ad *C*rannon*a*, intactum agrum, castra mouent. Ibi cum securi et propter longin*qu*itatem et uiae inopis aquarum difficultatem, quae inter Sycurium et Crannona est, statiua haberent, [8]repente prima luce ⟨in⟩ imminentibus tumulis equitatus regius cum leui armatura uisus ingentem tumultum fecit. Pridie per meridiem profecti ab Sycurio erant; peditum agmen sub luce*m* reliquera*n*t in proxuma planitie.

LXIV, 2 falcibus *I. F. Gronovius* : fascibus *VFr.* || 5 at inconsultae oppugnationis castrorum pertaesus *Giarratano* : etinconsteoppugnationiscastrorum *V* omissa spe oppugnationis castrorum *Madvig* at inconsultae taedio oppugnationis castrorum *Zingerle* || et *secl. Madvig multique* || 7 Crannona *Vahlen* : grannonam *V* || propter longinquitatem *Vahlen* : proptercumlongintate *V* || 8 in *add. Fr.* || lucem reliquerant *Fr.* : lucereliquerat *V.*

proche, la colonne d'infanterie. ⟨Persée⟩ demeura un certain temps sur les collines, pensant pouvoir amener les Romains à livrer un combat de cavalerie ; voyant qu'ils ne bougeaient pas, il envoya un cavalier ordonner à l'infanterie de regagner Sycurium ; lui-même la suivit bientôt. Les cavaliers romains les suivaient à faible distance, en vue d'attaquer éventuellement ici ou là ceux qui se seraient écartés ou éparpillés, mais, voyant qu'ils s'éloignaient en formation serrée et en gardant leurs rangs, ils rejoignent eux aussi leur camp.

LXV. Par la suite, pour pallier les inconvénients de la longueur du trajet qu'il avait à parcourir, le roi vint établir son camp à Mopselus ; de leur côté, les Romains, une fois la moisson faite à Crannon, passèrent sur le territoire de Phalanna[1]. A ce moment, apprenant par un transfuge que des Romains, disséminés çà et là à travers champs, étaient en train de faire la moisson, sans un seul poste armé pour les protéger, le roi partit avec ⟨mille⟩ cavaliers, deux mille Thraces et Crétois et, accélérant l'allure autant qu'il le pouvait, sans faire garder les rangs à sa troupe, fondit à l'improviste sur les Romains. Mille chariots attelés environ sont capturés, la plupart chargés, et près de six cents hommes faits prisonniers. Il chargea trois cents Crétois d'assurer la garde du butin et de le conduire au camp. Lui-même, rappelant ses cavaliers qui s'étaient éparpillés çà et là pour massacrer les ennemis, ainsi que le reste de ses fantassins, il les conduit contre le poste romain le plus proche, pensant pouvoir l'écraser après un bref combat. L. Pompeius[2], tribun des soldats, qui le commandait, regroupa sur une colline voisine ses hommes effrayés par l'arrivée soudaine de l'ennemi, comptant sur la nature du terrain pour assurer sa défense, étant donnée l'inégalité du nombre et des forces dont il disposait. Comme, arrivé à cet endroit, il avait disposé ses soldats en cercle, de façon qu'en serrant leurs boucliers les uns contre les autres, ils pussent se protéger des flèches et des javelots qu'on leur lançait,

[9]Stetit paulisper ⟨Perseus⟩ in tumulis, elici posse ratus ad equestre certamen Romanos ; qui postquam nihil mouebant, equitem mittit, qui pedites referre ad Sycurium signa iuberet ; ipse mox insecutus. [10]Romani equites modico interuallo sequentes, sicubi sparsos ac dissipatos inuadere possent, postquam confertos abire signa atque ordines seruantes uiderunt, et ipsi in castra redeunt.

LXV. [1]Inde offensus longinquitate itineris rex ad Mopselum castra mouit ; et Romani demessis Crannonis segetibus in Phalannaeum agrum transeunt. [2]Ibi cum ex transfuga cognosset rex sine ullo armato praesidio passim uagantis per agros Romanos metere, cum ⟨mille⟩ equitibus, duobus milibus Thracum et Cretensium profectus, cum, quantum adcelerare poterat, effuso agmine iss*et*, inprouiso adgressus est Romanos. [3]Iuncta uehicula, pleraque on*u*sta, mille admodum capiuntur, sescenti ferme homines. [4]Praedam custodiendam ducendamque in castra trecentis Cretensium dedit ; [5]ipse reuocato ab effusa caede equite et reliquis peditum ducit ad proximum praesidium, ratus haud magno certamine opprimi posse. [6]L. Pompeius tribunus militum praeerat, qui perculsos milites repentino hostium aduentu in propinquum tumulum recepit, loci se praesidio, quia numero et uiribus impar erat, defensurus. [7]Ibi cum in orbem milites coegisset, ut densatis scuti*s* ab ictu sagittarum et iaculorum sese tuerentur, Perseus

LXIV, **9** Perseus *hic add. Held, ante* paulisper *Wesenberg.*

LXV, **2** mille *add. Fr.* || isset *Doering* : issent *V* || **3** onusta *Fr.* : honesta *V* || **7** scutis ab ictu *Duker* : secutis abiectus *V* scutis ab iactu *Fr.*

Persée fait cerner la colline par ses soldats, ordonne aux uns d'en tenter l'ascension sur tous les points et d'engager le combat corps à corps, aux autres, de concentrer de loin leur tir sur les Romains. Ceux-ci étaient en proie à une très vive terreur, car, serrés les uns contre les autres, ils ne pouvaient repousser ceux qui s'efforçaient d'escalader la colline et, inversement, chaque fois qu'ils rompaient les rangs pour courir sus à l'ennemi, ils servaient de cible aux javelots et aux flèches. Ils devaient surtout leurs blessures aux *cestrosphendones*[1]. C'était un nouveau genre de projectile inventé pendant cette guerre. Un fer de lance long de deux palmes[2] était fixé à une hampe d'une demi-coudée et de l'épaisseur d'un doigt ; à cette hampe étaient attachées[3] trois courtes ailettes en bois de sapin, comme c'est le cas autour des flèches ; à la poche centrale[4] de la fronde, étaient adaptées deux courroies de longueur inégale ; lorsque le frondeur, après avoir placé le projectile en équilibre, faisait tournoyer sa fronde avec la courroie en exerçant un effort plus grand que pour les frondes ordinaires, le trait jaillissait, projeté comme l'aurait été une balle de plomb. Comme une partie des soldats avait été blessée par des traits de cette sorte ou par d'autres, et comme, étant donné leur état d'épuisement, ils n'avaient presque plus la force de tenir leurs armes, le roi les pressait de se rendre, leur donnait sa parole, leur promettait parfois des récompenses ; mais aucun ne voulant se résoudre à capituler, privés de tout recours, ils étaient déjà déterminés à mourir lorsque, contre toute attente, brilla une lueur d'espoir. Certains des fourrageurs s'étaient en effet réfugiés dans le camp et avaient annoncé au consul que le poste était assiégé : alarmé du péril couru par tant de citoyens — ils étaient presque huit cents et tous Romains — il sort du camp avec de la cavalerie et de l'infanterie légère, auxquelles s'étaient joints les nouveaux renforts numides, fantassins, cavaliers et éléphants, et ordonne aux tribuns des soldats de faire suivre les légions, enseignes déployées. Lui-même part en avant en direction de la colline, après avoir adjoint des vélites aux auxiliaires de troupes légères pour les renforcer. Eumène, Attale et le prince numide Misagène couvrent les flancs du consul.

circumdato armatis tumulo alios ascensum undique temptare iubet et comminus proelium conserere, alios eminus tela ingerere. [8]I*n*ge*n*s Romanos terror circumstabat; nam neque conferti prope*llere* eos, qui in tumulum con*ite*bantur, poterant et, ubi ordines procursando soluissent, patebant iaculis sagittisque. [9]Maxime cestrosphendonis uulnerabantur. Hoc illo bello nouum genus teli inuentum est. Bipalme spiculum hastili semicu*b*itali infixum erat crassitudine digiti; [10]huic ab*i*eg*n*ae br*e*ue*s* pinnae tres, uelut sagittis solent, circumdabantur; funda media duo *scut*alia inpari*a* habebat; cum maiori *nisu* libratum funditor habena rotaret, excussum uelut glans emicabat. [11]Cum et hoc et alio omni genere telorum pars uulnerata militum esset nec facile iam arma fessi sustinerent, instare rex, ut dederent se, fidem dare, praemia interdum polliceri. Nec cuiusquam ad deditionem flectebatur animus, cum ex insperato iam obstinatis mori spes adfulsit. [12]Nam cum ex frumentatoribus refugientes quidam in castra nuntiassent consuli circumsideri praesidium, motus periculo tot ciuium — nam octingenti ferme et omnes Romani erant — cum equitatu ac leui armatura — accesserant noua auxilia, Numidae pedites equitesque et elephanti — castris egreditur et tribunis militum imperat ut legionum signa sequantur. [13]Ipse uelitibus ad firmanda leuium armorum auxilia adiectis ad tumulum praecedit. [14]Consulis latera tegunt Eumenes ⟨et⟩ Attalus et Misagenes, regulus Numidarum.

LXV, **8** ingerere ingens *Kreyssig* : ingerereretiges *V* ingerere anceps *Fr.* || propellere *Madvig* : propter *V* pugnare propter *Fr.* || conitebantur *Weissenborn* : conabantur *V* || **9** semicubitali *Fr.* : semicuitali *V* || **10** abiegnae breues *Kreyssig* : ablegebraeue *V* ad libramen *Fr.* || scutalia inparia *Ernesti* : cumaliainpari *V* funaliainparia *Fr.* || maiori nisu *Kreyssig* : maioirissinu *V* || **14** et *add. Madvig.*

LXVI. A la vue des premières enseignes de leurs compatriotes, les Romains assiégés sortirent du plus profond désespoir où, à vrai dire, ils étaient tombés, et reprirent courage. Persée aurait dû avant tout se contenter du succès fortuit qu'il avait obtenu en capturant et en massacrant quelques fourrageurs et ne pas perdre son temps à assiéger le poste ; à défaut de cette tactique, comme il avait de toute façon tenté l'opération, sachant qu'il n'avait pas avec lui des forces suffisantes, il aurait dû s'en aller tant qu'il avait la possibilité de le faire sans subir de pertes ; mais, exalté par son succès, non content d'attendre lui-même la venue des ennemis, il envoya en hâte chercher la phalange ; celle-ci devait non seulement arriver plus tard que ne le demandait la situation, mais encore, amenée en hâte et dans le désordre provoqué par sa course, trouver devant elle des adversaires en formation de combat et prêts à la recevoir. Le consul, arrivé avant elle, engagea tout de suite le combat. Au début, les Macédoniens résistèrent ; puis, comme ils n'étaient nullement à égalité, après avoir perdu trois cents fantassins et vingt-quatre cavaliers d'élite appartenant à l'aile qu'ils appellent sacrée[1], parmi lesquels tomba même le commandant de l'aile, Antimachus, ils s'efforcent de s'éloigner. Mais leur marche s'accomplit dans une confusion presque plus grande que dans le combat proprement dit. La phalange, qu'on avait fait partir à la suite d'un message pressant, s'était d'abord trouvée prise, alors qu'on l'amenait en toute hâte, dans l'encombrement provoqué par la rencontre, en d'étroits défilés, de la colonne de prisonniers et des véhicules chargés de blé. Un désordre considérable en était résulté dans l'une et l'autre troupe, personne ne voulant attendre que, d'une façon quelconque, la colonne se dégageât : les hommes d'armes jetaient les marchandises convoyées dans les ravins — c'était en effet le seul moyen de s'ouvrir la route — tandis que les bêtes de somme s'emballaient dans la cohue sous les

LXVI. [1]Cum in conspectu prima signa suorum circumsessis fuerunt, Romanis quidem ab ultu*ma* desperatione recreatus est animus. [2]Perseus, cui primum omnium fuerat, ut contentus fortuito successu, captis aliquot frumentatoribus occisisque, non tereret tempus in obsidione praesidii, [3]secundum, ea quoque temptata utcumque, cum sciret nihil roboris secum esse, dum liceret intacto abire, et ipse hostium aduentum elatus successu mansit et, qui phalangem arcesserent, propere misit; [4]qua*e* et serius, quam res postulabat, et raptim acta, turbat*a* curs*u* aduersus instructos et praeparatos er*a*t aduentura. Consul anteueniens extemplo proelium conseruit. [5]Primo resistere Macedones; deinde, ut nulla re pares erant, amissis trecentis peditibus, uiginti quattuor primoribus e*qu*itum ex ala, quam sacram uocant, inter quos Antimachus etiam praefectus alae cecidit, abire conantur. [6]Ceterum iter prope ipso proelio tumultuosius fuit. Phalan*x* trepido nuntio accita cum raptim duceretur, primo in angustiis captiuorum agmini oblata uehiculisque frumento onustis *h*aesi*t*. [7]Ingens ibi uexatio partis utriusque fuit, nullo expectante, ⟨dum⟩ ut*c*umque explicaretur agmen, sed armatis dei*ci*entibus ⟨in⟩ praeceps inpedimenta — neque enim aliter uia aperiri poterat — iumentis, cum

LXVI, 1 ultuma *Weissenborn* : ultu *V* ultima *Fr.* || 4 quae et *Madvig* : quaet *V* || acta turbata cursu *Madvig* : aptaturturbaticursus *V* acta turbati cursu *Fr.* || erat *Madvig* : erant *V* || 5 equitum *Fr.* : peditum *V* || 6 phalanx *Novák* : phalansabs *V* phalanx abs *Fr.*, *fortasse rectius* || onustis haesit *Bekker* : onustiiscaesis *V* onustis; iis caesis *Fr.* || 7 dum *add. I. F. Gronovius* || utcumque : utrumque *V* ut utcumque *Kreyssig* || deicientibus *Kreyssig* : detinentibus *V* detrudentibus *Fr.* || in praeceps *Heraeus* : praeceps *V* per praeceps *Kreyssig.*

coups d'aiguillon. A peine s'étaient-ils dégagés de la colonne désorganisée des captifs, qu'ils se heurtèrent à celle des troupes royales et des cavaliers en déroute. Là, les cris de ceux qui ordonnaient de faire marche arrière provoquèrent, ⟨à ce moment⟩ aussi, une bousculade telle qu'ils faillirent presque s'écrouler les uns sur les autres, au point que, ⟨si⟩ les ennemis avaient osé entrer dans le défilé et prolonger leur poursuite, les Macédoniens auraient pu essuyer un grand désastre. Le consul, après avoir recueilli les hommes du poste situé sur la colline, se contenta d'un léger succès et ramena ses troupes au camp. — Au dire de certains auteurs, le combat livré ce jour-là fut une grande bataille : huit mille ennemis furent tués, parmi lesquels Sopater et Antipater, généraux du roi ; on prit vivants environ deux mille huit cents hommes et l'on s'empara de vingt-sept enseignes militaires. Et cette victoire ne fut pas, selon eux, sans nous causer de pertes : plus de quatre mille trois cents hommes tombèrent dans l'armée du consul ; l'aile gauche perdit cinq enseignes.

Fin des opérations militaires de 171.

LXVII. Cette journée, tout en rendant courage aux Romains, démoralisa Persée au point qu'après être resté quelques jours à Mopselus, surtout pour veiller à la sépulture des soldats qu'il avait perdus, il laissa à Gonnus une assez forte garnison et ramena ses troupes en Macédoine. Il laissa à Phila[1] un des commandants royaux, Timothée, avec une petite troupe et la mission de faire des ouvertures aux Magnètes, dont il était le voisin. Une fois arrivé à Pella, il renvoya son armée dans ses quartiers d'hiver et partit lui-même avec Cotys pour Thessalonique. Là, on apprend qu'un prince thrace, Autlesbis, et Corragus[2], préfet d'Eumène, ont envahi le territoire de Cotys et se sont emparés de la région appelée Maréné[3]. Aussi, pensant qu'il devait laisser Cotys aller défendre ses

stimularentur, in turba saeuientibus. [8]Vix ab incondito agmine captiuorum expedierant sese, cum regio agmini perculsisque equitibus occurrunt. Ibi uero clamor iubentium referre signa ruinae ⟨tum⟩ quoque prope similem trepidationem fecit, ut, ⟨si⟩ hostes intr*a*re angustias ausi longius insecuti essent, magna clades accipi potuerit. [9]Consul, recepto ex tumulo praesidio, contentus modico successu in castra copias reduxit. Sunt, qui eo die magno proelio pugnatum auctores s*i*nt; octo milia hostium caesa, in his Sopatrum et Antipatrum, regios duces; uiuos captos circiter duo milia octingentos, signa militaria capta uiginti septem. [10]Nec incruentam uictoriam fuisse; supra quattuor milia et trecentos de exercitu consulis cecidisse; signa sinistrae alae quinque amissa.

LXVII. [1]Hic dies et Romanis refecit animos et Persea perculit, ut dies paucos ad Mopselum moratus sepulturae maxume militum amissorum cura, praesidio satis ualido ad Gonnum relicto, in Macedoniam reciperet copias. [2]Timotheum quendam ex regiis praefectis cum modica manu relinquit ad Philam, iussum Magnetas e*x* propinquo temptare. [3]Cum Pellam uenisset, exercitu in hiberna dimisso ipse cum Cotye Thessalonicam est profectus. [4]Eo fama adfertur, Autlesbim, regulum Thracum, ⟨et⟩ Corragum, Eumenis praefectum, in Cotyis fines impetum fecisse et regionem, Marenen quam uocant, cepisse. [5]Itaque dimittendum Cotyn ad sua tuenda

LXVI, 8 tum *add. Harant* || si *add. Fr.* || intrare *Madvig* : introre *V* introire *Fr.* || 9 sint *Sigonius* : sunt *V.*

LXVII, 2 ex propinquo *Kreyssig* : etpropinquo *V* et propinquos *Fr.* || 4 et *add. ed. Bas. 1535.*

propres possessions, Persée lui fait, à son départ, d'importants cadeaux. Quant à la cavalerie, il verse la solde de six mois, deux cents talents, alors qu'il s'était d'abord engagé à verser celle d'une année[1].

Apprenant le départ de Persée, le consul va installer son camp devant Gonnus, pour voir s'il pourrait s'emparer de la ville. Elle est située à l'entrée même de la vallée de Tempé, dans des gorges, et constitue le verrou le plus sûr pour barrer l'accès de la Macédoine, tout en permettant aux Macédoniens de faire aisément des incursions en Thessalie. Voyant que sa situation et la force de sa garnison rendaient la ville inexpugnable, il renonça à son entreprise. Modifiant sa route, il se dirigea vers la Perrhébie, prit au premier assaut et pilla Malloea et, après avoir repris la Tripolis et le reste de la Perrhébie[2], revint à Larissa. Là, ayant renvoyé chez eux Eumène et Attale, il fournit à Misagène et à ses Numides des quartiers d'hiver situés parmi les villes de Thessalie les plus proches et répartit une portion de son armée à travers toute la Thessalie, de façon à permettre à la fois à tous de disposer de quartiers d'hiver commodes et aux villes d'avoir des garnisons. Il envoya son lieutenant Q. Mucius[3] avec deux mille hommes pour occuper Ambracie. Quant aux corps alliés fournis par les villes grecques, il les licencia tous, à l'exception des Achéens. Étant parti avec une portion de l'armée pour la Phtiotide achéenne, il rasa complètement la ville de Ptéléon qui avait été abandonnée par ses habitants et reçut la soumission de la population d'Antrones[4]. Il emmena ensuite son armée à Larissa[5]. La ville avait été désertée ; toute la population s'était réfugiée dans la citadelle, contre laquelle il s'apprête à lancer l'assaut. Les Macédoniens, placés en garnison par le roi, avaient été les premiers à se retirer, sous l'effet de la peur ; une fois laissés seuls, les assiégés se rendent immédiatement. Comme le consul hésitait ensuite

ratus, magnis proficiscentem donis prosequitur. Ducenta talenta, semestre stipendium, equitatui numerat, cum primo annuum dare constituisset.

[6]Consul, postquam profectum Persea audiuit, ad Gonnum castra mouet, si potiri oppido posset. Ante ipsa Tempe in faucibus situm Macedoniae claustra tutissima praebet et in Thessaliam opportunum Macedonibus decursum. [7]Cum et loco et praesidio ualido inexpugnabilis *urb*s esset, abstitit incepto. In Perrhaebiam flexis itineribus Malloea primo impetu capta ac direpta, Tripoli aliaque Perrhaebia recepta, Larisam redi*i*t. [8]Inde Eumene atque Attalo *d*om*u*m remissis, Misa*ge*ni Numidisque hiberna in proxumis Thessali*ae* urbibus distribuit et partem exercitus ita per totam Thessaliam diuisit, ut et hiberna commoda omnes haberent et praesidio urbibus essent. [9]Q. Mucium legatum cum duobus milibus ad obtinendam Ambraciam misit. Graecarum ciuitatium socios omnes praeter Achaeos dimisit. Cum exercitus parte profectus in Achaiam Pthiotim, Pteleum desertum fuga oppidanorum diruit a fundamentis, Antronas uoluntate *in*colentium recepit. [10]Ad Larisam deinde exercitum admouit. Urbs deserta erat ; in arcem omnis multitudo concesserat ; eam oppugnare adgreditur. [11]Primi omnium Macedones, regium praesidium, metu excessera*n*t ; a quibus relicti oppidani in deditionem extemplo ueniunt. Dubita*ntem* inde,

LXVII, 7 urbs *I. F. Gronovius* : res *V* arx *Weissenborn* || rediit *Fr.* : redit *V* || 8 domum *Fr.* : romam *V* Pergamum *Weissenborn* || Misageni *Madvig* : misachin *V* || Thessaliae *Gruter* : tessalis *V* || **9** uoluntate incolentium *Madvig* : uoluntatemcolentium *V* uoluntate colentium *Fr.* || **11** excesserant *Fr.* : excesserat *V* excesserunt *Madvig* || dubitantem *Vahlen* : dubitari *V* dubitare (dubitauit) *Duker.*

pour savoir s'il devait d'abord attaquer Démétrias[1] ou aller voir où en étaient les choses en Béotie, il se trouva que les Thébains, harcelés par les Coronéens[2], l'appelaient en Béotie. Pour répondre à leurs prières et aussi[3] parce que la région se prêtait mieux que la Magnésie à un hivernage[4], il conduisit ses troupes en Béotie.

---

utrum Demetrias prius adgredienda foret, an in Boeotia aspiciendae res, [12]Thebani uexantibus *eo*s Coronaeis in Boeotiam arcessebant. *Ad* horum preces, quia hibernis aptior regio quam Magnesia erat, in Boeotiam duxit.

LXVII, **12** eos *Fr.* : eius *V* || ad *Fr.* : et *V.*

In fine libri hic titulus exstat :

TITI LIVI ABVRBECONDITA
LIB. XLII. EXP. INC.
LIB. XLIII. FELICITER

NOTES COMPLÉMENTAIRES

LIVRE XLI

Page 2 :

1. Le début du livre est perdu, on l'a vu (cf. *Introduction*, p. XIX). Si l'on en croit la *Periocha* du livre 41 et l'ouvrage de J. Obseqvens, la partie manquante faisait état successivement de l'extinction du feu sacré dans le temple de Vesta et des victoires remportées en Espagne par les propréteurs (Tite-Live dit « proconsuls »), Ti. Sempronius Gracchus et L. Postumius Albinus, sur les Celtibères, les Vaccaei et les Lusitaniens. Peut-être la reconnaissance de Persée (qui venait de succéder à son père Philippe) comme roi y était-elle aussi mentionnée. Dans les lignes qui précèdent directement les mots *a patre*, Tite-Live avait repris (cf. 40, 26, 2) le récit des opérations menées par les Romains contre les Histriens. Ceux-ci avaient déjà tenté, trois ans auparavant, de s'opposer à la fondation d'une colonie à Aquilée (cf. A. Piganiol, *La conquête romaine*, Paris, P. U. F., 5e éd., 1967, p. 358 ; Tite-Live 40, 26, 2 et 34, 2 ; cf. aussi — dès 186 — 39, 22, 6).

2. Il s'agit du père du roi des Histriens, Épulon (Cf. Tite-Live 41, 11, 1). Rome avait commencé la guerre contre les Histriens, sous la direction du consul M. Claudius Marcellus, en 183 (cf. 39, 55, 4-5). En 182-181, le préteur L. Duronius (cf. 40, 18, 4) se voyait confier comme provinces l'Apulie et... l'Histrie, les habitants de Tarente et de Brindes se plaignant des incursions des pirates histriens. Ceux-ci étaient célèbres dans l'Antiquité et Rome avait maintes fois tenté de les mater : cf. dès 302 (10, 2, 4) et dans les années qui précèdent directement la deuxième guerre punique (Tite-Live, *Per.* 20 ; Orose 4, 13, 16). Il résulte en outre du témoignage de Florus (I, 26, 1) que les Histriens avaient, par la suite, « aidé » les Étoliens dans leur guerre contre Rome.

3. A. Manlius Volso.

4. Parce que ses eaux se répandent largement dans la campagne, Virgile dit du Timave qu' « il presse les campagnes de ses flots retentissants » (*Énéide* 1, 246 : *pelago premit arua sonanti*). Claudien (*IIIe consulat d'Honorius* 120) parle des *stagna Timaui*. Cf. aussi Strabon V, 1, 8 et les notes *ad loc.* de l'édition F. Lasserre, Collection des Belles Lettres, G. Budé, Paris, 1967. Cf. aussi H. Philipp (*R. E.* VI, A, 1 [1936], c. 1245) qui note qu'au Moyen Age l' « Isonzo formait une lagune fort étendue » ; celle-ci portait le nom de *Lacus* ou *Stagna Timaui.*

5. Cf. Strabon, 5, 1, 8 : λιμένα γὰρ ἔχει (τὸ Τίμαυον) καὶ ἄλσος ἐκπρεπὲς καὶ πηγὰς ἑπτὰ ποταμίου ὕδατος εὐθὺς εἰς τὴν θάλασσαν ἐκπίπτοντος, πλατεῖ καὶ βαθεῖ ποταμῷ : « Il (le Timave) possède un port, un magnifique bois sacré et sept sources d'eau de rivière qui se déversent immédiatement dans la mer par un cours large et profond » (trad. F. Lasserre).

6. Peut-être le même que le *legatus* qui, en 170, occupera l'île d'Issa.

7. Les *duumuiri nauales* sont des magistrats créés dans des circonstances exceptionnelles (ils sont élus par les comices tributes, à la demande des consuls : cf. 40, 18, 7), par exemple au début d'une guerre. Tite-Live est le seul à nous en parler et il ne les mentionne que rarement, la première fois en 311 (9, 30, 3, sur la proposition du tribun de la plèbe M. Decius). Ils sont chargés notamment de réparer et d'armer la flotte. On ne sait rien d'autre d'eux. Cette magistrature paraît avoir disparu au milieu du IIe siècle avant notre ère.

8. Déjà *duumuir naualis* en 180 (40, 42, 8). Il avait été candidat malheureux à la fonction sacerdotale de *rex sacrorum*.

Page 3 :

1. Inconnus, de même que le tribun militaire M. Aebutius, cité au paragraphe précédent.

2. Ces Gaulois servaient comme auxiliaires dans l'armée romaine.

3. Il s'agit de la marche entreprise par les Romains à partir d'Aquilée.

4. C'est-à-dire le marché.

Page 4 :

1. Inconnu. Macrobe (*Sat.* 6, 3, 3) extrait du livre XVI des *Annales* d'Ennius quelques vers exaltant la conduite héroïque d'un tribun « C. Aelius » luttant seul contre une troupe d'Histriens. Faut-il penser que Macrobe a nommé ainsi par erreur ce Licinius cité par Tite-Live ou, inversement, doit-on songer à une falsification opérée, pour louer sa *gens*, par le modèle éventuel de Tite-Live, l'annaliste C. Licinius Macer? Une confusion de la part de Macrobe s'expliquerait en tout cas par la mention faite ailleurs à deux reprises (41, 1, 7 et 41, 4, 3) chez Tite-Live de deux frères, deux tribuns, T. et C. Aelius. On constate aussi — cela ne fait qu'accroître l'embarras des modernes — que, selon Pline l'Ancien (*H. N.* 7, 28, 101), Q. Ennius aurait ajouté un seizième livre à ses *Annales*, en raison de l'admiration qu'il éprouvait pour « T. Caecilius Teucer et son frère ». — Notons enfin que le *cognomen* habituel de la *gens Licinia* est *Stolo*, d'où la correction apportée au texte (et adoptée par certains éditeurs) par Pighius : *M. Licinius Stolo*.

2. Nous adoptons ici, comme le fait C. Giarratano dans son édition (Rome, 1933), la correction de M. Müller, le texte de l'*editio princeps* (*tertiae*) nous paraissant en contradiction avec l'indication que Tite-Live nous a donnée un peu plus haut (41, 1, 7) sur la mission confiée à la troisième légion (surveillance de la route d'Aquilée).

3. L'emplacement attribué ici à la *uia quintana* (à l'arrière du camp) a pu paraître surprenant.On désigne ainsi, en effet, d'habitude, la voie qui précède la *uia principalis* pour qui arrive, comme c'est le cas des

Histriens, de la porte prétorienne. Cette anomalie que ne signalent pas Weissenborn-Müller lorsqu'ils « justifient » (*ad loc.*) l'emploi de l'expression par une citation de Paul Diacre (p. 256 : *quintana appellatur (uia) in castris post praetorium ubi rerum utensilium forum est*) et par une référence de Suétone, *Néron* 26, 2 (« cantine » traduit H. Ailloud. Cf. aussi Polybe 6, 30, 6) est à juste titre relevée par A. Domaszewski, *R. E.* III (1899), c. 1763. — Rüstow, *Heerwesen und Kriegsführung Caesars*, Nordhausen, 1862, situe cependant bien la *uia quintana* à l'emplacement indiqué par le texte livien, soit à l'arrière du camp. Cf. aussi J. Harmand, *L'armée et le soldat à Rome de 107 à 50 avant notre ère*, Paris, Picard, 1967, p. 120 (reproduction des *Castra* de Renieblas V, d'après Schulten).

***Page* 5 :**

1. A l'exemple de E. T. Sage (éd. de la Loeb Classical Library), nous maintenons ici la leçon *uere* de l'*editio princeps*, bien préférable, nous semble-t-il, à la correction *fere* proposée par Madvig et adoptée par Weissenborn-Müller et Giarratano.

2. Inconnu par ailleurs.

3. Le sens n'est pas clair, comme le remarquent Weissenborn-Müller. Il peut s'agir du tribun militaire qui a été élu le premier pour telle ou telle légion (en l'occurrence la seconde) ou, tout simplement, de celui qui a le plus de notoriété dans cette légion. A noter la formule utilisée par Tite-Live en 7, 41, 5 (année 342) : « P. Salonius alternait presque chaque année les grades de *tribun et de premier centurion* (*primus centurio*), qu'à présent on nomme primipile. »

***Page* 6 :**

1. A. Baeculonius est inconnu par ailleurs. *Suum* n'est pas clair : si le texte est exact, il faut admettre (un tribun militaire n'ayant pas de « porte-enseigne » propre) que Tite-Live a, par inadvertance, confondu le *signifer* du manipule avec l'*aquilifer* de la légion commandée ici par le tribun militaire.

2. Ce geste spectaculaire, destiné à stimuler le courage des soldats romains dans les moments difficiles, est ici absolument inutile puisque, de l'aveu même de Tite-Live, il n'y a ni poste de garde ni opposition quelconque des Histriens. Cette impropriété révèle peut-être une confusion de Tite-Live ou de sa (ses) source(s) ; à moins, ce qui n'est pas exclu, qu'on ne doive y trouver une preuve du caractère parfois conventionnel des récits de bataille liviens...

3. Florus I, 26 (II, 10), 3 donne des mêmes faits une version différente : « Leur roi lui-même, Épulon, juché sur un cheval d'où les vertiges de l'ivresse le faisaient glisser, eut le plus grand mal à comprendre, quand il se fut réveillé, qu'il était prisonnier ». (Sur ces différences, cf. notre édition de Florus, Paris, Les Belles Lettres, 1967, I, p. 66, n. 1).

***Page* 7 :**

1. M. Iunius Brutus avait été tribun de la plèbe en 195 et avait essayé, avec Caton, de s'opposer à l'abrogation de la loi Oppia. Il fut

édile plébéien en 193 et préteur en 191. En 189, il est l'un des dix commissaires envoyés régler les affaires d'Asie Mineure. Il sera en 169 candidat malheureux à la censure (Tite-Live 43, 14, 1). C'est sans doute lui que désigne Tite-Live en 42, 45, 1 sq. lorsqu'il parle d'un M. Iunius envoyé en 172 avec deux autres consulaires recruter des alliés contre Persée.

2. Ti. Claudius Nero est sans doute préteur pérégrin cette année-là (178). Envoyé malgré tout à Pise (cf. § 8), il y tient lieu de proconsul, bien qu'il n'y commande qu'une légion. Il resta encore deux ans dans sa province. En 171, il participe à une ambassade envoyée en Asie et dans les îles (42, 45, 1). En ce qui concerne la prétendue ambassade de 172 (42, 19, 7) au même endroit, cf. les notes *ad loc.*

3. Préteur urbain cette année-là (Tite-Live omet de citer son nom en 40, 59, 5. Cf. note à 41, 6, 5). Il ne faut pas le confondre avec son homonyme, le préteur M. Titinius Curvus, qui gouverna l'Espagne citérieure (cf. ci-dessous note à 41, 9, 3).

4. C. Cassius Longinus sera préteur urbain en 174, décemvir pour le partage des terres en 173 (42, 4, 4) et consul en 171 (42, 28, 5 ; 29, 1). Il obtint cette année-là l'Italie comme province, alors qu'il espérait diriger la guerre contre Persée (42, 32, 1-5). Sa politique agressive vis-à-vis des Gaulois et des Histriens lui valut d'être rappelé par le sénat devant lequel il est accusé en 170. Il fut ensuite, et à nouveau, tribun militaire en Macédoine (43, 5, 1-9) jusqu'en 168 (44, 31, 15). En 154, il exerce la censure avec M. Valerius Messala.

Page 8 :

1. A savoir l'autre consul, A. Manlius Volso (cf. Tite-Live 40, 59, 4).

2. Le prénom n'est pas sûr. S'il s'agit d'Aulus Licinius Nerva, c'est peut-être le même que l'homonyme envoyé en Crète en 171 avec mission d'y surveiller les côtes (42, 35, 7) et, en 169, en Macédoine, pour se rendre compte de la situation (cf. 44, 18, 6). Il fut préteur en 166. A moins qu'il ne s'agisse de C. Licinius Nerva : cf. *R. E.*, art. *Licinius*, nos 129 et 133.

3. Inconnu par ailleurs. — Niccolini, compte tenu de la date à laquelle expirait la charge des consuls, repousse ces tribunats à l'année 177.

4. Weissenborn-Müller notent à juste titre que cette prorogation n'empêche pas la « province » d'Histrie d'être confiée l'année suivante au nouveau consul, C. Claudius Pulcher (cf. 41, 9, 8). De même, M. Iunius demeure auprès de son collègue (41, 10, 1). Faut-il comprendre que cette prorogation des consuls n'est valable que jusqu'à l'arrivée de leurs successeurs? (cf. pour de semblables prorogations 40, 36, 7 ; 41, 14, 11).

5. Les tribuns de la plèbe reprochaient au consul A. Manlius d'être sorti illégalement de sa province de Gaule (cf. *infra*, § 7, 7) et d'avoir attaqué les Histriens sans autorisation du sénat.

6. Inconnu par ailleurs.

7. Né en 220. Père des Gracques. Il fut envoyé par les Scipions à la cour du roi Philippe V, vers 190 (Tite-Live 37, 7, 8-14). Tribun de la

plèbe en 184. Bien qu'il eût été un des adversaires des Scipions lors de leur procès, il épousa la fille cadette de l'Africain. Édile curule en 182, il dépensa tant pour la célébration de ses jeux que le sénat dut y mettre ordre. Il fut préteur en 180 et poursuivit, en Espagne citérieure, où il succéda à Q. Fulvius Flaccus, la guerre contre les Celtibères (40, 35, 2 et 9 sq.). Ses exploits en Espagne, où il fonda Gracchuris, semblent avoir été très exagérés. — Il faisait l'objet, d'après la *Periocha*, des chapitres perdus du début du livre 41. Après un premier triomphe, en 178, il est consul en 177 avec C. Claudius Pulcher. Une brillante campagne en Sardaigne lui vaut un second triomphe, en 175, sur les Sardes (cf. *infra*, 41, 28, 9) ; le nombre de prisonniers faits à cette occasion fut tel qu'il resta proverbial (*Sardi uenales*). Sa censure, en 169 (il avait pour collègue son ancien collègue au consulat), fut particulièrement rigoureuse (cf. Tite-Live 44, 16, 8 ; 45, 15, 8 sq.).

8. Il sera consul en 173. C'est le jeune frère du consul (Aulus) de 180, année où il est préteur (Tite-Live 40, 35, 2) et où il gouverne l'Espagne ultérieure, où il restera en 179. Les livres 41 et 42 de Tite-Live nous renseignent sur la suite de ses activités. Après une candidature malheureuse à la censure en 169 (43, 14, 1), il participera, à la tête d'une légion, à la bataille de Pydna, en 168 (44, 41, 2 et 6).

Page 9 :

1. Il s'agit de T. Aebutius Carus (ou Parrus) : il est désigné sous ce nom en 39, 55, 8 et 42, 4, 4, la première fois en 183, comme *triumuir coloniae deducendae* pour Parme et Modène, la seconde en 173, comme triumvir pour le partage de l'*ager Ligustinus et Gallicus*. Il fait partie des trois préteurs (sur six) élus pour 178 et dont Tite-Live omet de citer les noms en 40, 59, 5. On le trouve encore en Sardaigne en 176 (41, 15, 6) comme propréteur (Tite-Live l'appelle à tort préteur et ne signale pas que son *imperium* avait été prorogé).

2. Population de la partie montagneuse de l'île (cf. Tite-Live 40, 19, 6 et Pline, *N. H.* 3, 85). Strabon (V, 2, 7) les appelle Iolaéens (Ἰολαεῖς), suivant une tradition voulant que Iolaos ait conduit dans ces lieux quelques-uns des enfants d'Héraklès. Pausanias (X, 17, 6) parle en revanche des Ἰλιήσιοι. Diodore (V, 15, 6) déclare que, de son temps, les Iliens n'étaient pas encore pacifiés, affirmation confirmée par Tite-Live (40, 34, 13).

3. Ils sont également cités par Strabon (*ibid.*) et par Pausanias (X, 17, 9) qui en fait des déserteurs de l'armée carthaginoise ayant pris possession de l'île au cours du VIe siècle. Leur nom signifiait « fugitifs » en langue corse.

4. Comme le fait remarquer P. Meloni (*Perseo e la fine della monarchia macedone*, Rome, 1953, p. 124, n. 4), Polybe date l'ambassade lycienne de 177, soit un an plus tard (cf. 25, 4, 1 (26, 7) sq.). C'est en effet après le départ des consuls « Tiberius » (Sempronius Gracchus) et (Caius) « Claudius » (Pulcher), *c'est-à-dire des consuls de 177*, pour leur province (donc « à la fin de l'été »), que l'ambassade lycienne arriva à Rome, selon l'historien grec. Il est vrai que, d'après Polybe, l'ambassade en question était partie « longtemps auparavant ». Il est pos-

sible que l'annaliste pris ici comme modèle par Tite-Live ait été trompé par ce décalage chronologique.

5. Inexact. C'est le sénat qui avait pris cette décision et l'avait fait exécuter par la commission des Dix, ainsi que le remarque Polybe 25, 4 (= 26, 7), 5, et comme l'avait noté Tite-Live lui-même (37, 55, 5). Scipion était déjà parti. Sur les raisons de la tension que l'on pouvait discerner entre Rhodes et Rome, cf. P. Meloni, *op. cit.*, p. 122-125.

Page 10 :

1. C'est le fils du consul de 212, Appius Claudius Pulcher. Il fut augure en 195. Préteur pérégrin en 180, il instruisit les procès pour empoisonnements (Tite-Live 40, 37, 4 ; 42, 5). Le livre 41 fait le récit de son activité au cours de son consulat. Son expérience militaire le fait choisir, en 171, comme tribun militaire par le consul P. Licinius Crassus pour lutter contre Persée (Tite-Live 42, 49, 8). Il est censeur en 169 avec Ti. Sempronius Gracchus.

2. Cf. la note 7 à la page 8.

3. Il avait été tribun de la plèbe en 202, préteur pour la première fois en 201, et avait gouverné la Sicile (30, 40, 5 ; 41, 2). En 189, il fut l'un des dix *legati* envoyés en Asie (37, 55, 7). En 177, il exerce sans doute la charge de *praetor urbanus*.

Page 11 :

1. Inconnu par ailleurs.

2. Inconnu par ailleurs.

3. Il avait été tribun de la plèbe en 187 et avait tenté, comme tel, d'opposer son veto à l'ouverture d'un procès intenté, à l'instigation de Caton, à L. Scipion, accusé de garder l'or du butin pris à Antiochus. Il renonça finalement à ce veto (Tite-Live 38, 54, 5 ; 11).

4. Le fait que les noms des deux derniers préteurs de 177 soient les mêmes que ceux de 179 (cf. 40, 44, 2), le fait aussi que les deux préteurs de 177 se voient attribuer la province de Gaule, qui n'est pratiquement jamais confiée à des préteurs, incitent F. Münzer à penser (*R. E.* IV, art. *Cornelius*, n° 320, c. 1427 sq.) que le texte de Tite-Live a subi en cet endroit une interpolation ou bien résulte d'un faux (*loc. cit.*, c. 1433). Quant au Cn. Scipion dont nous parle Valère-Maxime en deux endroits (II, 10, 2 ; III, 5, 1), où il nous présente ce « Cn. Scipion » comme le fils dégénéré de Scipion l'Africain (ses parents s'indignant notamment de la façon dont il gère la préture), il y a lieu de corriger l'erreur commise par l'historien-moraliste. Ce n'est pas en effet de « Cn. » Scipion qu'il s'agit, mais de « Lucius », préteur pérégrin en 174 (Tite-Live 41, 21, 1), qui précisément sera l'objet d'un blâme des censeurs la même année (41, 27, 2).

A supposer, en tout cas, que la leçon « *Cn. Cornelius Scipio* » reproduite ici doive être considérée comme exacte, il ne pourrait s'agir d'un second fils de l'Africain, mais peut-être, selon F. Münzer (*loc. cit.*, n° 325), d'un fils de L. Cornelius Scipio, fait prisonnier par Antiochus à Magnésie (38, 51, 2), libéré par lui sans rançon et sur lequel Tite-Live confesse ne rien savoir de sûr (cf. 38, 53, 10).

5. Comme on l'a vu à la note précédente en ce qui concerne Cn. Cornelius Scipio, la mention d'une préture de Caius Valerius Laevinus, avec la Gaule comme province, en 177, est, d'après Volkmann (*R. E.*, *s. u.*, n° 208, c. 44-45), à supprimer comme interpolée (cf. *ibid.*, n° 214, c. 51).Weissenborn-Müller supposent, quant à eux, que Laevinus est un parent (homonyme) du consul subrogé de 176. Cf. *infra* n. 1 à p. 23.

6. Sans doute parce que la « province d'Ariminum (cf. 32, 1, 5 : *circa Ariminum prouinciam*), qui constituait parfois, à elle seule, la « province de Gaule » (cf. 28, 38, 13 : *Ariminum, ita Galliam appellabant*) ou *ager Gallicus* (cf. 21, 63, 2 ; 24, 10, 3), en avait été cette fois séparée : cf. 30, 1, 7-9. De même, deux ans après, pour les provinces de Pise et de Ligurie (41, 14, 8). Sur cette attribution de la Gaule à des préteurs, cf. *supra*, note 4.

7. C'est sans doute le même homme que le légat du préteur et propréteur Q. Fulvius Flaccus en Espagne citérieure, en 182 et les années suivantes (cf. Tite-Live 40, 35, 3 ; 10 ; 36, 1-5). En 154 (cf. Polybe 33, 11 (8), 6 sq.), il fera partie avec Cn. Cornelius Merula de l'ambassade romaine envoyée pour arbitrer une querelle entre les Ptolémées et sera, à ce titre, l'objet des attaques de Caton.

8. A distinguer probablement des *socii* tout court, comme les Samnites et les Péligniens, cités au § 8, et dont l'ambassade est concomitante, mais distincte, de celle des *socii nominis Latini.*

9. Déjà, en 187 (Tite-Live 39, 3, 4 sq.), des délégués des « alliés de droit latin » avaient protesté contre l'émigration à Rome d'un grand nombre de leurs concitoyens qui s'y étaient fait recenser. Le préteur Q. Terentius Culleo fut alors chargé de faire une enquête à ce sujet et d'obliger à rentrer chez eux tous ceux, pères comme enfants, dont il serait prouvé qu'ils avaient été compris dans le cens pendant et depuis la censure de C. Claudius Nero et M. Livius (en 204 : Tite-Live 29, 37, 7). Douze mille d'entre eux durent quitter Rome.

10. Frégelles était une colonie latine. Il est probable que, de là, les nouveaux habitants dotés du droit latin espéraient émigrer plus facilement à Rome.

11. Plutôt que d'interpréter *hos* comme désignant les Samnites et les Péligniens, *illos*, les Frégelliens, comme semblent s'y résigner Weissenborn-Müller, il est plus simple, même si cette construction est moins courante, de rapporter *hos* aux Péligniens, *illos* aux Samnites. On ne voit pas en effet en quoi les habitants de Frégelles, qui ont vu augmenter leur population, auraient à se plaindre...

Page 12 :

1. Weissenborn-Müller (cf. note à 45, 15, 1) soulignent ici à juste titre l'importance de la précision fournie dans le texte latin *ex sese*, mot à mot « une descendance née d'eux-mêmes » (et non un fils adoptif). Cf. Salluste, *Jugurtha* 5, 7 : *Is Adherbalem... ex sese genuit.*

2. Le texte de l'*editio princeps*, le seul dont nous disposions depuis la disparition des premières pages du manuscrit, semble bien, comme l'a noté Crévier, comporter ici une lacune que les éditeurs ont tenté de combler de façon plus ou moins heureuse. La plus vraisemblable, parce

que la plus simple, de ces corrections pourrait être celle de B. Kübler (édition Weissenborn-Müller (5e éd., p. 188) qui propose de lire : *quibus stirps deerat quam relinquerent, ut ⟨legi parerent, liberos adoptabant et ita⟩ ciues Romani fiebant* (« ceux qui n'avaient pas de descendants qu'ils pussent laisser sur place, adoptaient des enfants, afin d'obéir à la loi, et par ce moyen devenaient citoyens romains ». Al. Harant (*Emendationes et adnotationes ad Titum Livium*, Paris, Belin, 1880, p. 222) : 1) comprend que tout citoyen allié qui n'a pas d'enfant peut devenir citoyen romain ; 2) note que ce ne sont pas seulement les alliés qui sont trompés quand un de ces individus met son fils en esclavage à Rome, mais aussi les Romains, dans la mesure où il se fait passer auprès d'eux pour un homme sans enfant... Il propose donc de lire : 1) en 41, 8, 9 *aliam*, à chaque fois, au lieu de *alii* ; 2) de déplacer *ut* devant *quibus*. Du coup, la lacune disparaîtrait.

De toute façon, à la différence de C. Giarratano, nous pensons que cette lacune, si lacune il y a (et si l'on maintient le texte transmis par Grynaeus), est à localiser probablement avant *ciues Romani*, l'expression *ciues Romani fiebant* nous paraissant devoir constituer un tout.

3. Il s'agit ici de M. Titinius Curvus, sans doute cousin du M. Titinius cité précédemment (cf. la note à 41, 5, 7) et qui fut son collègue à la préture (cf. 40, 59, 5) en 178. Il fut tribun de la plèbe en 193 et succéda, en 178, à Gracchus en Espagne citérieure où il resta deux ans (cf. 41, 15, 11 ; 26, 1). Tite-Live l'appelle *praetor* en 41, 26, 1 et 43, 2, 6, mais *proconsul* en 41, 15, 11 (cf. note *ad loc.*). Il recevra en 176 le triomphe ou l'ovation. Premier gouverneur romain à être accusé (en 171) de *rebus repetundis* devant quatre *recuperatores*, il fut finalement acquitté (Tite-Live 43, 2, 1-6).

Page 13 :

1. Le *Crustuminus ager* est évidemment en rapport avec la *tribus Crustumina* (ou *Clustumina*), une des vingt et une tribus primitives et sans doute l'une des dernières à être créées (cf. Kubitschek, *R. E.*, *s. u.* c. 117-118). Elle est probablement d'origine étrusque, située au-delà de Fidènes. Du territoire, on forma une tribu qui s'étendit ensuite sur le sol sabin (cf. *infra*, 42, 34, 2, où Spurius Ligustinus déclare [*tribus*] *Crustumina ex Sabinis sum oriundus*. Cf. aussi la note *ad loc.*

2. Formule analogue en 39, 3, 5. Cf., pour tout ce passage, la note 9 à la page 11.

3. En 189. M. Claudius Marcellus est le fils du « grand » M. Claudius Marcellus dont Plutarque a écrit la biographie. Il était lui-même tribun militaire lors du combat où tomba son père, en 208, et réussit difficilement à échapper à l'ennemi (Plutarque, *Marc.* 29, 10 ; 15). Il prononça l'éloge funèbre de son père. Il fut tribun de la plèbe, en 204, avec Cincius Alimentus, préteur en 198 et consul en 196 (Tite-Live 33, 24, 1 ; 25, 4), année au cours de laquelle il fut choisi comme pontife. Il exerça la censure avec T. Quinctius Flamininus (37, 58, 2) cité à la note suivante.

4. Le vainqueur de Cynoscéphales. Il mourra en 174, à l'âge de cinquante-cinq ans (cf. *infra*, note 1 à la page 43), agrès s'être retiré de la vie politique.

5. En 187, aucun délai ne semble avoir été fixé (cf. Tite-Live 39, 3).

6. D'après 41, 8, 2, il devait aller en Sardaigne. De même, en 184 (cf. 39, 41, 5), le préteur Q. Naevius voit retarder de quatre mois son départ pour sa province (il s'agit aussi de la Sardaigne), en raison de la mission que lui confie le sénat de présider des *quaestiones ueneficii* (cf. en 180/179, pour P. Mucius Scaevola 40, 44, 6).

7. L'adjonction proposée par W. Weissenborn et adoptée par les éditeurs récents tire sa grande vraisemblance d'une comparaison avec 39, 19, 6 (*quiue postea futuri essent*) ou encore Frontin, *De aquaed.* 129, 9 : *Curatores aquarum qui nunc quique erunt.* — Les mots *dictator, consul, interrex*... sont, comme cela se produit parfois dans les formules de ce genre, au nominatif absolu (cf. 42, 21, 5).

8. Formule pléonastique traditionnelle. — Sur les problèmes juridiques posés par ce passage, cf. *R. E.* X, 1, c. 1275-1278. — Des nominatifs absolus *dictator, consul*..., aux passifs *mitteretur* et *uindicaretur*, la phrase présente une syntaxe très lâche (style juridique?).

Page 14 :

1. Madvig, qui suppose avec raison l'existence d'une lacune après *cons.*, rétablit ainsi le texte manquant *: socii in suas ciuitates redire ; de iis, qui non redissent, quaestio*... : pour ceux qui ne seraient pas rentrés, il fut institué un tribunal chargé d'enquêter sur leur cas (enquête confiée à Claudius?).

2. Sur l'attitude de ce Claudius et le jugement de Tite-Live à son égard, cf. *infra*, n. 3 à la page 39.

Page 15 :

1. Aujourd'hui Visazzi, à l'est de Pola. — On trouve aussi les graphies Nesatium, Nessatio, Nesacium...

Page 16 :

1. Mutila pourrait être aujourd'hui la bourgade de Medolino, au sud de l'Istrie. Faveria n'est pas identifiée (cf. M. Fluss, *R. E.* XVI, 1, c. 938).

2. La suite des événements semble bien démentir cette information : cf. Tite-Live 43, 1, 7 et surtout Pline l'Ancien (3, 129), du témoignage duquel il ressort que C. Sempronius Tuditanus, consul en 129, se flattait, dans l'inscription figurant sur sa statue, d'avoir soumis les Histriens jusqu'à environ 150 kilomètres à l'est d'Aquilée (cf. Weissenborn-Müller, *adn. ad loc.*)

3. Sur l'ensemble de ces faits, on trouvera quelques indications utiles dans Giuseppina Mezzar-Zerbi, *Le fonti di Livio nelle guerre combattute contro i Liguri* in *Rivista di Studi Classici*, 13, 1965, p. 287 sq. ; 14, 1966, p. 211-224 ; 359-368.

4. Cf. page 7, note 2.

Page 17 :

1. Sur les *Balari* et les *Ilienses*, cf. *supra* les notes à 41, 6, 6.

2. Cf. F. Lasserre, éd. de Strabon, V, Paris, Les Belles Lettres, 1967, p. 270 : « Le Panaro, affluent de droite du Pô, dans lequel il se jette à

18 kilomètres au nord-ouest de Ferrare. La partie supérieure de son cours, au pied du Monte Cimone (62 kilomètres au sud-ouest de Bologne), porte encore le nom de Scoltenna. »

Page 18 :

1. Cf. *supra*, note 1 à la page 13.

2. Oiseau de nature inconnue. Pline, *H. N.* 10, 20, nous dit que « le sanquale et l'immusule » (un autre oiseau) constituent un vaste sujet de discussion pour les augures romains. D'aucuns, parmi lesquels Masurius Sabinus, contemporain de Tibère (cf. Paul. Fest., p. 421, 1), assimilent le sanquale à l'ossifrage, sorte d'aigle barbu qui avait, d'après Cuvier, l'instinct de précipiter les chamois dans les ravins pour aller les y dévorer. Le sanquale (cf. Fest., p. 317 b, 31 ; Paul. Fest., p. 316, 9 ; 112, 3 ; 113, 16) était consacré à Sancus, divinité protectrice des serments, qui avait une chapelle au Quirinal.

3. On ignore ce que désigne exactement cette expression.

4. Cf. *supra*, note 3 à la page 13.

5. M. Claudius Marcellus sera tribun de la plèbe en 171 avec M. Fulvius Nobilior (42, 32, 7), préteur en 169 (43, 11, 7), et gouvernera les deux Espagnes jusqu'à la fin de 168. Il sera trois fois consul, en 166, 155 et 151, et célébrera un triomphe au cours de chacun de ses deux premiers consulats. Il meurt en 148, victime d'un naufrage. Cf. F. Münzer, *R. E.*, *s. u.*, n° 225, c. 2758-2760.

6. Ville située à la limite de la Ligurie et de l'Étrurie, à 10 kilomètres de l'actuelle La Spezia. Le mot *luna* signifie « port » en étrusque, mais peu à peu le nom fut assimilé à celui de l'astre (cf. Strabon 5, 2, 5 Σελήνης λιμένα). La ville joue un grand rôle dans l'histoire de la République, parce que c'est une ville-frontière.

7. Peut-être est-ce le même que le préteur cité en 41, 8, 1 (cf. *supra*, note *ad loc.*).

8. Il s'agit du censeur de 179. Personnage considérable, édile curule en 193, préteur en Sicile en 191, consul en 187, six fois prince du sénat, pontifex maximus depuis 180, élu consul pour la deuxième fois pour 175, avec P. Mucius Scaevola. C'est lui qui avait fait construire la *Via Aemilia* de Placentia à Ariminum et la *Basilica Aemilia*. Il mourra très vieux en 152. Il avait déjà, en 183, été *triumuir coloniae deducendae* pour Parme et Modène (39, 55, 8).

9. Il avait été édile plébéien en 185 et préteur I en 183, avec la Sicile comme province. En 172, il sera préteur II et jouera à cette occasion un rôle important dans les préparatifs de la guerre contre Persée (cf. *infra*, livre 42).

10. Ce lot représente une surface de près de 13 hectares (un arpent = environ 25 ares). La surface de terrain accordée aux colons varie beaucoup suivant les époques et les endroits. En 189, pour Bologne, chaque cavalier reçoit 70 arpents, et les autres colons 50 (37, 57, 8). En 193, à Castrum Ferentinum, 60 arpents sont concédés à chaque cavalier, 30 à chaque fantassin (35, 9, 7). En 181, à Aquilée, endroit particulièrement dangereux, on distribue 140 arpents par cavalier, 100 par centurion, 50 par fantassin (40, 34, 2). En revanche, pour

Modène et Parme (39, 55, 7), ce chiffre tombe respectivement à 8 et 5 arpents pour chaque colon.

11. Nous sommes très mal renseignés sur l'origine et la nature exactes du « victoriat » sous la République. (Cf. W. H. Gross, *R. E.*, VIII A 2, c. 2542 sq.) Il ressort d'un texte assez imprécis de Pline l'Ancien (33, 46, *is, qui nunc uictoriatus appellatur, lege Clodia percussus est* [mais on ignore la date de cette *lex Clodia*] ; *antea enim hic nummus ex Illyrico aduectus mercis loco habebatur*) qu'il devait s'agir d'une monnaie d'argent originaire de l'Illyricum. (Les Romains ne commencèrent à frapper de la monnaie d'argent qu'au début de la première guerre punique — cf. Tite-Live, *Per.* 15.) Cette monnaie portait sur une de ses faces une représentation de la Victoire, d'où son nom. Tite-Live ne mentionne qu'ici les victoriats — encore sont-ils mis en rapport avec les deniers (un victoriat = un demi-denier). Même rapprochement chez Cicéron qui fait allusion à deux reprises aux « victoriats » (*Pro Fonteio* 9, 19). Cf. aussi G.-Ch. Picard, *Les trophées romains*, Paris, De Boccard, 1957, p. 140.

Page 19 :

1. La répétition du mot ne manque pas d'ironie, au même titre que l'emploi de l'imparfait *agebatur*.

2. Cf. *supra*, note 2 à la page 7.

3. Sans doute à Rome, où elle avait rejoint l'armée du consul.

4. Il était pontife depuis 198 (Tite-Live 32, 7, 15) et avait été élu préteur en 179 (40, 44, 2 et 7).

5. Il avait été questeur en 190 et préteur (urbain) en 181. Le manuscrit *V* donne ici l'orthographe *Petilius* que nous respectons dans notre édition, au lieu de celle, plus courante dans les ouvrages des historiens modernes, de *Petillius* (cf. la note suivante). Sur les *Petilii*, cf. A. Piganiol, *La conquête romaine...*, p. 397. Les deux *Petilii* (notre *Petilius*, aidé de son frère ou plutôt de son cousin) sont célèbres par les attaques lancées par eux contre les Scipions et le procès de corruption qu'ils leur intentèrent en 187, alors qu'ils étaient tribuns de la plèbe, sans doute à l'instigation de Caton (cf. Aulu-Gelle 4, 18, 7 ; Tite-Live 38, 50, 5).

6. Il avait été *triumuir coloniae deducendae* à Pise en 180 et sera consul en 173 (cf. *infra*, 41, 28, 4). En 169, M. Popilius (ou Popillius) sera légat consulaire de Q. Marcius, dans la guerre contre Persée. En 159, il exerce la censure avec P. Cornelius Scipio Nasica. — L'orthographe *Popilius* est celle que l'on trouve la plupart du temps dans le manuscrit *V* (sauf en 41, 15, 8 et 42, 22, 7). Les modernes adoptent au contraire celle de *Popillius* (avec deux *l*). Afin d'harmoniser les graphies, nous respecterons, dans notre édition, l'orthographe qui est de beaucoup la plus courante dans le manuscrit.

7. Il sera consul en 171 et, comme tel, commencera les opérations militaires contre Persée (cf. *infra*, 42, 55, 1 sq. et *passim*). Son frère Caius sera préteur en 172.

8. Il s'agit de M. Cornelius Scipio Maluginensis qui refusera par la suite de se rendre dans sa province. Cf. *infra*, §§ 15, 10 et 27, 2.

9. On ne sait rien de lui. Son nom est mentionné par Pline l'Ancien, *H. N.* 7, 40, et Aulu-Gelle 3, 16, 23.

10. Il avait été tribun de la plèbe en 187 (cf. Tite-Live 39, 4, 3) et s'était opposé au triomphe de M. Fulvius Nobilior.

11. Inconnu par ailleurs.

12. De tels « recommencements » du sacrifice sont très fréquents (cf. Cicéron, *De Divin.* 2, 15, 26, et Suétone, *César* 81, 4). Il faut noter d'ailleurs que, lorsqu'on obtient la *litatio* dès le début, cela est aussi, dans certains cas, mentionné. Cf. Tite-Live 5, 38, 1 ; 9, 14, 4 ; 36, 1, 3. Quand il y a, comme c'est le cas ici, plusieurs sacrifices, il arrive qu'il ne puisse y avoir *litatio* pour une partie d'entre eux. (cf. Tite-Live 8, 9, 1 ; Quinte-Curce 7, 7, 29 ; cf. Plaute, *Poenulus* 488 sq.).

Page 20 :

1. Où siège le sénat.
2. La signification de ce mot est inconnnue.
3. En réalité, propéteur. Cf. *supra*, note 1 à la page 9.

Page 21 :

1. Pour A. Klotz (*Zu den Quellen*..., p. 515), le titre de proconsul donné ici à Titinius et Fonteius, en réalité propréteurs, est anormal, mais cf. la note suivante.

2. Cf. *supra*, note 3 à la p. 12. — Que Titinius se voie conférer ici le titre de proconsul, alors qu'en 41, 9, 3 et 26, 1, il est mentionné comme préteur, ne doit pas surprendre. Il peut en effet, comme son collègue T. Fonteius, avoir fait, au moins pour un temps, fonction de proconsul (cf. 41, 12, 1 *T. Claudius proconsul, qui praetor priore anno fuerat*...). L'attribution du titre de proconsul à un propréteur est fréquente chez Tite-Live. Weissenborn-Müller (*op. cit.*, note à 33, 25, 9) en donnent de nombreux exemples ; cf. aussi 39, 29, 4 (*L. Manlius proconsul*...).

3. Il s'agit de T. Fonteius Capito qui avait été préteur en 178 (cf. 40, 59, 5) et gouvernait l'Espagne ultérieure.

4. De fondation très ancienne, la célébration de ces fêtes au sanctuaire du Mont Albain durait trois jours et la date en était fixée chaque année (*feriae annales*) par les consuls, aussitôt après leur entrée en charge et avant leur départ pour leur province respective. A l'époque qui nous intéresse, la fête a théoriquement lieu en mai ou en juin, en pratique en janvier-février ou mars julien. Le sacrifice principal était célébré le troisième jour, appelé *Latiar*. Les trente peuples ou cités qui formaient à l'origine la Ligue latine devaient y envoyer un représentant, même après 338, date de la dissolution de la Ligue. Certains de ces peuples (ou de ces bourgades) ayant disparu depuis longtemps, les organisateurs avaient le plus grand mal à trouver pour ces cités un représentant qualifié. Celui-ci prenait le nom de « prêtre », si la cité en question n'avait pas de magistrat. Tous ceux de Rome devaient en tout cas y assister, y compris les tribuns de la plèbe, la ville étant pendant ce temps gouvernée par un préfet.

Page 22 :

1. Sans doute aux environs de Baïes. Les curistes y étaient soignés par des bains de vapeur.

2. Al. Harant (*op. cit.*, p. 223) attire à juste titre l'attention sur l'intérêt qu'il y aurait à corriger *concidit et* en *concidisset* et à ponctuer par deux points après le nouveau mot : ce n'est pas en effet le fait que le consul « mourut à Cumes » qui peut provoquer des scrupules religieux. Il nous semble cependant que le *et* latin peut être l'équivalent des deux points (= d'ailleurs, en outre) et qu'en conséquence la correction ne s'impose pas (à noter aussi que *quod* est déjà une addition de Grynaeus).

3. Depuis 198 (cf. 32, 7, 15).

4. Il s'agit vraisemblablement du rempart et d'une des portes de la ville.

Page 23 :

1. Cf. *supra*, n. 5 à la p. 11. — Ce Caius Valerius Laevinus est le fils du consul de 210. Né en 220, il est le demi-frère de M. Fulvius Nobilior, consul en 189, qu'il accompagne alors en Étolie, pays dont il apparaît comme le « patron » (Tite-Live 38, 9, 8). En 179, il est préteur en Sardaigne (40, 44, 2 et 7). En 176, il sera consul suffect, remplaçant Cn. Scipion Hispallus décédé (*infra*, 41, 17, 6). Les livres 41 et 42 font le récit de ses activités dans les années qui suivent, notamment au cours de diverses ambassades en Orient. Il sera candidat à la censure en 169 et mourra peu après.

2. C'est-à-dire le 5 août. Weissenborn-Müller soulignent (*adn. ad loc.*) le caractère surprenant de cette indication chronologique (à supposer qu'il n'y ait pas d'erreur de la part du copiste). Il résulte en effet du § 16, 5, que les féries latines, auxquelles les consuls devaient assister, avaient été reportées au 11 août. On s'attendrait donc à voir le départ du consul daté non des nones, mais des ides (13 août). La lacune dans le texte peut, il est vrai, contenir l'explication de ce qui n'est peut-être qu'une contradiction apparente dans le manuscrit que nous possédons.

3. Lacune probable dans le texte.

Page 24 :

1. Cf. *supra*, n. 2 à la page 17.

2. On ignore à quelles montagnes correspondent aujourd'hui ces deux hauteurs situées dans le voisinage de Parme et de Modène.

3. Nous avons adopté la correction de Sigonius « adf*l*igunt » (*V* donne « adụfigunt ») : le destruction de ces vases, en même temps que le peu de valeur réelle de la majeure partie d'entre eux, prouve la barbarie et l'ignorance ridicule des Ligures, dont la rage n'est nullement justifiée, en l'occurrence.

Peut-être pourrait-on conserver cependant le texte de *V* et comprendre : « Ils fixent aux murs (*adfigere* : clouer) des objets inanimés », etc... Une fois entièrement rassasiés par le massacre des êtres vivants, les Ligures (désormais apaisés) prétendent vivre et se conduire en civilisés raffinés, dont ils singent les usages ; même dans ce domaine, ils révèlent leur barbare ignorance en accrochant aux murs non pas les armes des Romains vaincus (cf. Horace, *Odes* 3, 5, 18-21 : *signa ego Punicis / adfixa delubris... uidi*), ni des tableaux ou statues de valeur, mais les objets les plus communs. (On peut, *mutatis mutandis*, rapprocher de Tacite, *Germanie*, 5, 4, *est uidere apud illos argentea uasa, legatis et principibus eorum muneri data, non in alia uilitate quam quae humo finguntur.*)

Contrairement à la plupart de nos prédécesseurs, nous n'avons pas cru nécessaire d'éliminer *ornamento* du texte : parallèle à *usui, ornamento* est complété et renforcé par *in speciem* qui suit directement.

4. Plaine située près de la ville actuelle de Magreta, à 7 kilomètres à l'ouest de Modène. Cf. Varron, *R. R.* 2, *Praef.* 6 ; Columelle 7, 2, 3 ; Strabon 5, 1, 11, qui adapte curieusement les mots latins en Μακροὶ Κάμποι et signale en cet endroit l'existence d'une « panégyrie » (= foire de bétail).

Page 25 :

1. Nous avons repris ici, à l'exemple de Weissenborn-Müller, la correction de l'édition de Bâle 1535 *digrederentur*, la leçon de *V*, *congrederentur*, paraissant due à l'analogie de préfixes avec le terme suivant *communiter*. Le maintien par Giarratano de la leçon originelle ne semble pouvoir s'expliquer que si l'on sous-entend, à l'exemple de Madvig, *congrederentur (cum hoste)*. Or, les éditeurs allemands soulignent à juste titre qu'il ne commence à être question de cette rencontre avec l'ennemi qu'au § 9. Sans doute Giarratano a-t-il vu un pléonasme dans la remarque *quia non ab eadem utrumque parte adgredi hostem placebat* : nous y voyons plutôt une explication. Quant à *communiter*, le mot nous semble faire ressortir l'importance de l'acte religieux accompli *en commun* avant la séparation.

2. Ehrenberg (*R. E.*, art. *Losung*, c. 1465) remarque que l'assimilation faite ici entre le tirage au sort et une prise d'auspices, assimilation qui exige l'existence d'un *templum*, est un cas tout à fait isolé. Ehrenberg note justement que c'est là le type de version fournie par les augures *post festum*...

3. Nous avons renoncé à donner une traduction de ce passage manifestement lacunaire et corrompu. La plupart des corrections proposées pour le texte s'appuient sur deux hypothèses : 1) du point de vue textuel : le copiste aurait été victime d'un saut du même au même (en l'occurrence *oppertus-oporteret*) ; 2) du point de vue du sens : alors qu'il avait jeté les sorts dans l'urne, en se trouvant lui-même à l'intérieur du *templum*, le consultant aurait eu le tort d'attendre le résultat en demeurant à l'extérieur de l'espace consacré (?).

Giarratano, s'inspirant de Gitlbauer et de H. J. Mueller, propose de lire *quod extra templum sortem in sitellam inlatam foris ipse oppertus esset, cum in templo eum esse oporteret* ; Harant *quod extra templum sortem in sitellam deiecisset et in templum latam foris ipse exspectasset* ; Madvig *quod sorte in sitella in templum illata foris ipse oppertus esset* ; Zingerle *quod sortem in sitella in templum latam foris ipse oppertus esset* ; etc...

4. Le jeu de mots dû à l'ambiguïté du terme *letum* (cf. *letum, -i* = la mort) est intraduisible en français. Valère-Maxime 1, 5, 9 reprend le même jeu de mots (*hodie ego Letum utique capiam*), au cours de plusieurs anecdotes destinées à montrer le caractère inéluctable des présages.

5. Sur le sens de *super* (= outre) au début de la phrase latine (*super tam euidentem*...), cf. Tite-Live 28, 46, 15 *Punicum exercitum super morbum etiam fames adfecit.*

6. La perte des trois quarts d'un quaternion du manuscrit ne nous permet pas de connaître les conséquences de cette mort. Deux textes, l'un de Valère-Maxime (2, 7, 15), l'autre de Frontin (*Strat.* 4, 1, 46), nous informent des sanctions prises (licenciement sans solde) par le sénat à l'égard de la légion coupable de n'avoir pas su protéger la vie du consul.

Page 26 :

1. Les éditeurs insèrent traditionnellement ici, depuis Sigonius, ce fragment dû à Priscien XVII, 29 : *Liuius XLI ab urbe condita : periti... habere posse.*

2. Il est vraisemblable que Tite-Live faisait notamment état, dans la lacune signalée plus haut (note 6 à la p. 25), de l'élection des magistrats pour l'année 175, à savoir les consuls P. Mucius Scaevola (cf. *infra*, 19, 1) et M. Aemilius Lepidus II (cf. Orose IV, 20, 34). Les préteurs élus étaient C. Popilius Laenas, T. Annius Luscus, C. Memmius Gallus (?), C. Cluvius Saxula, Ser. Cornelius Sulla et Ap. Claudius Cento. Tite-Live devait également mentionner la répartition des provinces entre les magistrats et la poursuite de la lutte contre les Ligures.

3. Le sujet est probablement Mucius Scaevola, consul. Il s'agit soit de l'installation en plaine des peuples soumis, soit plutôt de la fondation d'une colonie (*deduxit* : terme technique).

4. Peuples inconnus.

5. De quel peuple s'agit-il? Nous nous en sommes tenu, comme le fait C. Giarratano, à la leçon du manuscrit, leçon que la plupart des autres éditeurs, à la suite de Cluver, corrigent en *Friniates.* On a pensé en effet que le peuple ainsi désigné était le même que les « Friniates » mentionnés à deux reprises par Tite-Live en 39, 2, 1 et 9. Mais la leçon *Friniates* est elle-même, en ces deux endroits, due à une correction et les Friniates semblent habiter non pas *trans*, mais *cis Apenninum*...

6. Inconnue. Le fait que le manuscrit ait *inter* (la leçon *intra* est une correction de Crévier) incite Weissenborn-Müller à penser que le nom d'une seconde rivière a été omis par le copiste.

7. C'est l'un des consul de l'année 175. Il avait été, avec son frère Quintus (le consul de 174), préteur en 179 (Tite-Live 40, 44, 2). Il triompha avec son collègue sur les Ligures et sera candidat malheureux à la censure en 169 (cf. Cicéron, *Brutus* 161 ; Tite-Live 43, 14, 1).

8. Cf. *supra*, note 6 à la p. 18.

9. Les *Fasti triomphales* mentionnent à cette occasion un triomphe accordé aux deux consuls (*C. I. L.* I, 459 ; 463).

10. Il était né en 221 et régnait à cette date depuis quatre ans.

11. Les Dardaniens étaient un peuple illyrien dont l'habitat se trouvait dans (ou à l'est de) la vallée de la Morava et du haut Vardar (Skoplje-Nish). Ils étaient connus dans l'Antiquité pour leur sauvagerie, leur courage et leur aspect inculte. « Ce peuple avait toujours

été très hostile aux Macédoniens », dit d'eux Tite-Live 40, 57, 6 (*gens semper infestissima Macedoniae*).

12. Peuple transdanubien, probablement de race germanique (Tacite, *Germanie* 46, 1 note que certains les assimilent aux Peucins qui ont, eux, « une langue, un genre de vie, des établissements et des maisons tout semblables à ceux des Germains » — traduction J. Perret ; Plutarque, *Paul-Émile* 9, 6, en fait des Gaulois), et dont le nom apparaît au cours du récit des événements de 182, lorsque le roi Philippe chercha à étendre le territoire occupé par les Bastarnes au nord de son propre royaume, aux dépens des Dardaniens, ses vieux ennemis. Il est possible aussi, comme Tite-Live lui en prête le dessein (40, 57, 5 sq.), que Philippe ait songé à lancer ensuite les Bastarnes contre l'Italie, objectif suprême de ses visées hostiles depuis la fameuse ascension de l'Hémus (40, 21). En tout cas, un envoyé de Philippe, Antigone, assistait le « nobilis » bastarne Cotto (Tite-Live, *ibid.*). Une colonne de 30.000 Bastarnes commandés par Clondicus pilla alors le territoire des Dardaniens (Tite-Live 40, 58, 8) qui envoyèrent une ambassade à Rome (cf. Polybe 26, 9 = 25, 6). Dans le courant de l'année 176 (?), Rome de son côté envoie une ambassade (cf. la note suivante) dans la région. Sur tous ces faits, cf. P. Meloni, *op. cit.*, p. 78-85.

13. Tite-Live n'a mentionné nulle part le départ de cette ambassade dirigée, nous dit Polybe (25, 6 = 26, 9, 6), par A. Postumius. Ce départ aurait eu lieu, d'après P. Meloni (*op. cit.*, p. 461), au cours de l'été 176 (en 175 pour E. Bikerman, *Notes sur Polybe*, III, in *R. É. G.*, 66, 1953, p. 505). Le retour est fixé à l'automne 175 par E. Bikerman, au milieu de l'hiver 176-175 par Meloni.

Page 27 :

1. Les Scordisques habitaient la région correspondant à l'actuelle Serbie (cf. Strabon VII, 5, 12). Selon Justin 32, 3, 6-8, les Scordisques auraient été les descendants d'un corps (*manus*) de Gaulois revenus du pillage de Delphes et qui s'étaient établis au confluent du Danube et de la Save. Tite-Live (40, 57, 7) souligne les excellents rapports qu'entretenaient les Bastarnes avec les Scordisques, prêts à leur laisser le passage pour une éventuelle marche vers l'Ouest, en direction de la Dalmatie et de la Vénétie. — Les Scordisques sont, en fait, des Celtes qui, lors de la poussée de ce peuple vers l'est, au cours de la Tène II, s'étaient établis sur le moyen Danube (cf. E. Demougeot, *La formation de l'Europe et les invasions barbares, des origines germaniques à l'avènement de Dioclétien*, Paris, Aubier, 1969, p. 40).

2. Nouvelle lacune dans le texte. Il ressort d'Orose IV, 20 qu'au cours de leur retraite, les Bastarnes furent engloutis, la glace s'étant brisée, dans le Danube gelé sur lequel ils avaient eu l'imprudence de s'aventurer.

3. Il s'agit d'Antiochos IV Épiphane qui venait de monter sur le trône de Syrie et régna jusqu'en 164. Il avait été jusqu'alors (depuis 189) otage à Rome (cf. *infra*, p. 53, n. 6). Sur ce personnage, cf. P. Pédech, *La méthode historique de Polybe*, Paris, Les Belles Lettres, 1964, p. 150. — Dans ce chapitre, Tite-Live suit Polybe de très près.

Page 28 :

1. Cf. les nombreux exemples cités par Polybe 26, 1 (10), 1 : le roi se mêle sans cesse au peuple et notamment aux plus humbles (les forgerons, par exemple).

2. Polybe (26, 1 (10), 1) note qu'on le surnommait parfois non pas Épiphanès, mais Epi*manès* (le fou).

3. Weissenborn-Müller rapprochent l'expression livienne de celle de Cicéron désignant le sanctuaire (*penetrale*, dit Tite-Live 26, 27, 14) du temple de Vesta *quasi focum urbis* (*De leg*. 2, 29). Le prytanée d'une ville contient en effet la κοινὴ ἑστία de celle-ci.

4. Weissenborn-Müller (*ad loc*. et note à 10, 38, 9) remarquent justement que le pluriel *arae* est dû ici, comme en plusieurs autres endroits (cf. notamment *infra*, 42, 40, 8), à l'analogie d'*altaria*. Polybe (26, 1, 11), que Tite-Live suit de très près dans ce chapitre, on l'a vu, parle de « statues (offertes par Antiochos) autour de l'*autel* de Délos » (καὶ τῶν περὶ τὸν ἐν Δήλῳ βωμὸν ἀνδριάντων).

5. Ce jugement surprend : Antiochos IV régna onze ans. L' « explication » de Weissenborn-Müller (« peut-être faut-il comprendre : à partir de l'époque où il fit ces promesses »?) n'exclut pas l'hypothèse, plus vraisemblable en l'occurrence, d'une erreur de Tite-Live.

6. La leçon de *V*, *reliquorum sui moris*, maintenue par la plupart des éditeurs (H. J. Müller corrige en *reliquoque apparatu ludorum*), semble pouvoir s'expliquer en faisant de *reliquorum* une opposition, en incise, à *spectaculorum* placé en tête de phrase ; mot à mot : « Par la magnificence aussi de spectacles de tout genre, spectacles conformes, dans leur quasi-totalité, aux usages du pays, il l'emporta sur tous les rois qui l'avaient précédé, ainsi que par le grand nombre d'artistes grecs. » Suivant l'hellénisme bien connu, *reliquorum* s'oppose, par avance, au spectacle typiquement romain mentionné ensuite (§ 11 : *gladiatorum munus*).

Page 29 :

1. Nouvelle lacune dans le manuscrit. Tite-Live y faisait sans doute le récit des derniers événements de 175 et donnait la liste des magistrats élus pour 174, à savoir, pour le consulat, Sp. Postumius Albinus et Q. Mucius Scaevola ; à la préture, C. Cassius Longinus, P. Furius Philus, L. Claudius, M. Atilius Serranus, Cn. Servilius Caepio et L. Cornelius Scipion.

2. Le préteur cité le dernier dans l'énumération faite à la note précédente. Il s'agit ici du fils de l'Africain (cf. *supra*, note 4 à la page 11).

3. M. Atilius Serranus est sans doute le même homme que le triumvir *ad colonos deducendos* (à Crémone et Plaisance) de 190 (Tite-Live 37, 46, 11).

4. Il s'agit vraisemblablement de Ser. Cornelius Sulla, le préteur de l'année précédente. C'est sans doute le même personnage qui fit partie de la commission de décemvirs chargée de l'organisation des provinces de Grèce et de Macédoine (Tite-Live 45, 17, 3).

5. Préteur cette année-là, il avait été édile curule en 179 (Tite-Live 40, 59, 6). Le livre 42 (25, 1-13) mentionne sa participation à une

ambassade auprès de Persée. Il sera, en 169, le premier consul patricien élu depuis trois ans (cf. Cicéron, *Brutus* 78 ; *De senectute* 14 ; Tite-Live 43, 11, 6 ; 12, 1), avec, pour collègue, Q. Marcius Philippus.

6. Préteur cette année-là (174), il sera, en 171, accusé par M. Caton pour exactions et corruption à propos de livraisons de blé au cours de son gouvernement en Lusitanie. Condamné, il s'exilera à Préneste (Tite-Live 43, 2, 8-10).

7. Inconnu par ailleurs.

Page 30 :

1. Père du préteur cité à la note 1 à la page 29. Il était pontife depuis 213, avait été édile curule en 207, préteur urbain en 205, consul en 203. Il avait, en 195, conduit à Carthage l'ambassade romaine qui avait provoqué le départ d'Hannibal.

2. Il avait été tribun de la plèbe en 200, édile curule en 198, préteur en 196, avec la Sardaigne pour province, consul en 194, candidat malheureux à la censure en 184.

3. Il avait été augure en 208, édile de la plèbe en 204, préteur en 203, consul en 201 et censeur en 199, avec Scipion l'Africain.

4. Il était augure depuis 204 et sans doute fils du consul de 215.

5. Il avait été le premier *curio maximus* plébéien (Tite-Live 27, 8, 1-3). Édile plébéien en 208, il avait prolongé les Jeux Plébéiens. Il fut préteur en 207.

6. On ne sait pratiquement rien du « grand curion » et même du « curion », président de la curie, dont les activités, à l'époque historique, étaient limitées au domaine religieux. C'est lui qui conduisait les *Fornacalia* en février (Ovide, *Fastes* 2, 527 ; Varron, *De lingua latina* 5, 83). Les « renseignements » de Festus (113 L.) équivalent à une lapalissade (*Maximus curio, cuius auctoritate curiae omnesque curiones reguntur*).

7. Il était pontife depuis 183 (Tite-Live 39, 46, 1). Tribun de la plèbe en 193, préteur en 189, consul en 185, candidat malheureux à la censure pour 184.

8. Il sera préteur en 171 (42, 28, 5 ; 31, 9) et jouera un rôle important (c'est, remarque F. Münzer, *R. E.*, c. 753-754, n° 50, l'homme de confiance du sénat en une année où les deux consuls sont plébéiens) dans les levées de troupes contre Persée. — L'existence d'une lacune de quelques mots (il y a deux *pontifices* à remplacer, *Caepio* et *Tuditanus*, alors qu'un seul remplaçant est cité) après *C. Sulpicius Galba* a été décelée par Grynaeus (saut du même au même). Sigonius place la lacune après *Tuditani*.

9. Inconnu. Il s'agit d'un plébéien élu à la place d'un plébéien (un Gracchus adopté par un Veturius : cf. Gündel, *R. E.*, *s. u.*, c. 1898, n° 23).

10. Fils du précédent (cf. *supra*, note 3 à la page 30). Q. Aelius sera consul en 167 avec M. Iulius Pennus, plébéien comme lui (cf. Tite-Live 45, 16, 1). Valère-Maxime (4, 3, 7) le confond avec Q. Aelius Tubero Catus (cf. Klebs, *R. E.*, art. *Aelius*, c. 535 n° 154,).

11. Inconnu.

12. C'est précisément à ce sacerdoce qu'il doit le surnom qu'il trans-

mettra à ses successeurs. Tite-Live le lui donne d'ailleurs par anticipation dès 33, 42, 10, lorsqu'il signale l'activité de ce C. Scribonius comme édile plébéien en 196. Il fut préteur urbain en 193 (cf. Tite-Live 34, 54, 2 ; 55, 6 ; etc...).

13. Il était lui-même *decemuir sacrorum* depuis 182 (cf. Tite-Live 40, 42, 12). Pour plus de détails sur ce personnage qui joue un rôle de premier plan dans les événements racontés au livre suivant de Tite-Live, cf. *infra*, note 10 à la p. 91. Sur le rôle particulier des Marcii dans le collège décemviral, cf. les importantes remarques de J. Gagé, *Apollon romain*, Paris, De Boccard, 1955, p. 307 et note 1, et surtout p. 346 (cf. les *carmina Marciana*).

14. Station balnéaire campanienne, à une quinzaine de kilomètres au sud de Minturnes. Strabon (5, 3, 4 sq.), qui place Sinuessa à la frontière du Latium et de la Campanie, rapproche son nom de *sinus*, golfe (*ibid.* 6). Cicéron y possédait un pied-à-terre (*deuersoriolum* : *Fam.* XII, 20, 1).

Page 31 :

1. Ville fortifiée du Picénum, à 12 kilomètres de la mer.

2. La date de cette ambassade, dont l'existence est mise en doute par E. Bikerman (*op. cit.*, p. 505 — celui-ci n'y voit qu'un doublet annalistique de celle qui était partie l'année précédente : 41, 19, 4 —), est fixée par P. Meloni (*op. cit.*, p. 462) à mars 174. Le retour aurait eu lieu (*ibid.*) au début de 173 (Weissenborn-Müller, *adn. ad* 41, 25, 5, se bornent à noter que Tite-Live ne mentionne pas ce retour...).

3. Il s'agit (cf. F. Münzer, *R. E.*, *s. u.*, c. 400 sq.) du personnage qui entretint avec Scipion l'Africain les mêmes relations d'amitié — amitié presque légendaire — que son fils, C. Laelius, avec Scipion Émilien. Simple *socius* à l'origine, il doit son entrée dans la noblesse à ses liens étroits avec Scipion l'Africain qu'il accompagne en Espagne et en Afrique au cours de la deuxième guerre punique. Il n'aurait reçu le droit de cité qu'en 202, en Afrique, alors qu'il commandait l'aile gauche de la cavalerie romaine à Zama. Édile plébéien en 197, il est préteur en 196 et consul en 190, avec L. Scipion. Ce n'est qu'en 174 qu'il réapparaît, longtemps après le « procès des Scipions », sur la scène politique, où il ne joue plus qu'un rôle de second plan, au cours de deux ambassades, en 174 et en 170 (Tite-Live 43, 5, 10). — H. H. Scullard, *Roman politics 220-150 B. C.*, Oxford, 1951, p. 191, n. 3, pense que Laelius fut en réalité envoyé près de Masinissa, à cause de sa connaissance des affaires africaines, et non auprès de Persée. P. Pédech (*op. cit.*, p. 365, n. 66) est du même avis.

4. Il avait été édile curule, sans doute en 195, préteur en 193 avec L. Scipio, et consul en 188 avec C. Livius Salinator. Il sera *decemvir sacrorum* en 172 (cf. *infra*, 42, 28, 13).

5. Préteur en 194, il avait, comme tel, gouverné l'Espagne citérieure et livré à cette occasion de nombreux combats. En 190, il était légat de L. Scipio Asiaticus (cf. Tite-Live 37, 4, 2). En 172, il sera envoyé en Calabre pour y assurer le ravitaillement de l'armée (*infra*, 42, 27, 8).

6. Ce peuple thessalien, d'origine inconnue, avait subi tour à tour

les dominations étolienne et macédonienne. Les Dolopes avaient été déclarés libres, lors du traité de paix conclu, en 196, entre Rome et Philippe, au même titre que les Magnésiens et les Perrhébiens (Tite-Live 33, 34, 6). Mais Philippe, profitant, en 191, de sa position d'allié de Rome dans la guerre contre Antiochus, avait repris la Dolopie (36, 33, 7), cela avec l'accord tacite de Rome ou du moins du consul (cf. *infra*, 42, 41, 13 et la note). Persée avait lui-même conduit, deux ans plus tard, au nom de son père, une expédition dans le pays qui s'était soulevé ; les Dolopes avaient été durement châtiés (38, 5, 10 ; 8, 2 ; 39, 26, 1). Il semble bien qu'il s'agisse ici d'une « insurrection » (cf. 42, 41, 13 *cum (Dolopes) mei regni, meae dicionis essent* ; cf. aussi P. Meloni, *op. cit.*, p. 26 et note 3 ; 28, 29 et notes 2-3 ; 131-132). Mais cf. la note suivante.

7. D'autres (cf. notamment A. C. Schlesinger, *adn. ad loc.*) construisent *ab rege ad Romanos reuocabant* et comprennent : « et faisaient appel à l'arbitrage des Romains au lieu de demander celui du roi » (pour leurs discordes). En ce cas, il faudrait admettre que la Dolopie s'était rendue indépendante (cf. 41, 23, 13) et que Persée entra dans ce pays pour y rétablir son pouvoir. — Pour notre part, nous considérons que l'interprétation de 41, 23, 13 est propre aux adversaires du roi...

Page 32 :

1. Le retentissement de l'arrivée de Persée à Delphes fut d'autant plus grand qu'il coïncidait sans doute avec la célébration de la fête des Pythies qui attirait dans la ville une foule considérable (cf. G. Daux, *Delphes au IIe et au Ier siècle, depuis l'abaissement de l'Étolie jusqu'à la paix romaine, 191-31 av. J.-C.*, Paris, De Boccard, 1936, p. 316 ; cf. aussi P. Meloni, *op. cit.*, p. 134, qui date le pélerinage armé de Persée d'août-septembre 174). Est-ce de cette présence de Persée à Delphes qu'il faut dater le début de la construction des deux piliers de marbre blanc qu'il y fit élever en son honneur? On sait que Paul-Émile vainqueur fit dresser sa statue sur l'un d'eux, en lieu et place de celle de Persée (cf. Polybe 30, 10, 2 ; Tite-Live 45, 27, 7 ; Plutarque, *Paul-Émile* 28, 4). La dédicace est intacte : *L. Aimilius L. f. imperator de rege Perse Macedonibusque cepet* (cf. G. Daux, *op. cit.*, p. 318-319).

2. A l'instar de plusieurs traducteurs, nous interprétons ainsi de façon très large et inhabituelle le verbe *mittere* dont on ne saurait admettre, si on lui maintient son sens traditionnel, que *Perseus* soit le sujet (le texte latin est ici effacé *nuntios tumultuo... misit*). P. Meloni (*op. cit.*, p. 134, note 2) semble implicitement accepter cette interprétation. Il est possible, si les corrections de Hertz et Kreyssig sont justifiées, qu'il y ait là de la part de Tite-Live une recherche expressive analogue à celle que révèle l'emploi, tout aussi impropre, de *rebellandum* en 42, 52, 7 (cf. la note *ad loc.*).

3. Région située au sud-est de la Thessalie et dont une partie demeura longtemps sous l'influence ou la domination macédonienne. On l'appelle ainsi pour la distinguer de l'Achaïe proprement dite, au

nord du Péloponnèse. En 196-186, la Phthiotide achéenne fut incorporée à la ligue thessalienne, à l'exception des villes d'Alopè, Antrona, Larissa Krémastè et Ptéléon, qui passent aux Macédoniens. Elles furent annexées à la Thessalie après Pydna. Sur tous ces faits et notamment sur les délégués (de ces régions) dont disposait Persée au conseil amphictyonique de Delphes, cf. G. Daux, *op. cit.*, p. 304-306.

4. C'est-à-dire avec son père (par opposition à *secum* qui suit).

5. Sur ce décret, cf. A. Aymard, *Les premiers rapports de Rome et de la Confédération achaienne (198-189 av. J.-C.)*, Paris, De Boccard, 1938, p. 112-124. L'auteur note (p. 113, n. 7) que « la mesure est à sens unique et n'interdit pas, du moins en principe, aux citoyens achaiens de se rendre en territoire macédonien ; pratiquement, ils n'osent pas se risquer au voyage (XLI, 23, 2), par crainte de représailles ». A. Aymard ajoute que « l'unique résultat réel du décret fut de nuire aux intérêts privés des Achaiens eux-mêmes ». — Sur la haine d'Athènes envers la Macédoine à cette date, cf. P. Meloni, *op. cit.*, p. 112-114. Cf. aussi Tite-Live 42, 6, 2 et la note *ad loc.*

6. Lacune dans le manuscrit. La traduction que nous proposons est tirée du contexte.

7. Il avait dirigé une ambassade envoyée par son pays à Rome, en 183. C'était, avec son frère Archon et l'historien Polybe, un partisan de l'indépendance achéenne à l'égard de Rome. L'insinuation malveillante qui suit, dans la phrase de Tite-Live, est, à juste titre, jugée sans fondement par P. Meloni (*op. cit.*, p. 111). Cf. aussi A. Aymard, *Les Assemblées...*, p. 339, n. 2.

Page 33 :

1. Polybe et même Tite-Live le présentent comme un homme politique inféodé à Rome. Membre d'une ambassade achéenne envoyée dans cette ville en 180, il trahit plus ou moins son mandat en sacrifiant à Rome les intérêts de son pays : P. Pédech (*op. cit.*, p. 208) rappelle que « Callicratès devint (aux yeux de Polybe 24, 10, 8) μεγάλων κακῶν ἀρχηγός... parce que son discours au sénat inaugura une ère de défiance et de démêlés entre Rome et la Confédération ». Il avait été stratège des Achéens en 180/179. C'est lui qui, après Pydna, poussa Rome à ordonner la déportation en Italie de mille otages, parmi lesquels Polybe et la quasi-totalité de ses adversaires politiques. Il meurt en 150-149, au cours d'un voyage à Rome.

2. Nous avons adopté ici la correction de C. Giarratano, correction qui nous semble à la fois être la plus simple et rendre le mieux compte, par un saut du même au même, de l'omission par *V* de *sciremus.*

Page 34 :

1. Tite-Live reprendra, dans le discours prêté à Eumène (*infra*, 42, 11, 5), ce jugement et cette formule qu'il utilise déjà en 39, 29, 3 (à propos des événements de 185), où il analyse les raisons de l'irritation de Philippe contre les Romains.

2. *Paene* a pour but d'atténuer l'effet de surprise causé par *prius* là où l'on attendrait *potius.*

3. Argument habile, d'autant plus que, jusqu'alors, les rois de Macédoine avaient toujours mis en avant, pour assurer et maintenir leur influence en Grèce, le rôle de protecteurs du monde hellénique qu'ils jouaient en défendant ce pays contre les invasions des Barbares venus du nord. G. Daux (*op. cit.*, p. 320-321) souligne à juste titre comment, dans la proclamation gravée sur le marbre, à Delphes, où ils énuméraient leurs chefs d'accusation envers Persée, les Romains faisaient ressortir les collusions du roi avec les Barbares. Cette proclamation qui peut être datée de 171-168 (*ibid.*, p. 322) est donc contemporaine du discours de Callicratès.

Page 35 :

1. Frère de Xénarque (*supra*, n. 7 à la p. 32). Il fut lui-même stratège de la ligue achéenne en 187-186 et défendit à maintes reprises, aux côtés de Philopoemen et de Lycortas, père de Polybe, les intérêts de son pays face à la pression romaine. Archon sera une seconde fois stratège, en 172-171, et une troisième fois, en 170-169 (Polybe étant hipparque), années au cours desquelles il se voit de plus en plus contraint de se plier aux exigences romaines (cf. Polybe 28, 6, 8 sq. ; 29, 23 sq.).

Page 36 :

1. P. Meloni (*op. cit.*, p. 72, n. 3), qui date cette ambassade romaine de l'hiver 179/178 (p. 461), met à juste titre cette phrase en rapport avec le fait que le sénat avait de son côté accordé le titre de roi à Persée (cf. Tite-Live 45, 9, 3). Ainsi est rendue fort plausible l'affirmation d'Archon. D'après E. Bikerman (*op. cit.*, p. 505), ce serait « probablement » au printemps de 178 que Persée aurait été reconnu roi, soit moins d'un an après son avènement.

2. Le comportement des Romains manifeste qu'ils reconnaissent officiellement l'état de fait actuel comme un état de paix.

3. Le sens de ce terme rare semble pouvoir se tirer du contexte, son acception traditionnelle (*dissertiones diuisiones patrimoniorum inter consortes*, écrit Paul Diac., p. 72) n'étant pas de mise ici. Il est possible que le texte soit corrompu. Il a été diversement corrigé (*desertio* : correction de l'*editio princeps* ; *discerptio*, *dissaeptio*, *discretio*, etc... Cf. l'apparat critique de l'édition de C. Giarratano).

4. Ce « bienfait » ne peut désigner que l'offre faite par Persée de rendre les esclaves fugitifs... Aussi ne comprend-on pas l'embarras de P. Meloni quand il se demande (*op. cit.*, p. 111) de « quels bienfaits » (le pluriel est d'ailleurs erroné) il s'agit ici (« ma non è chiaro di cosa si tratti »). — Sur le peu de valeur historique de ce discours, plus ou moins recomposé par Tite-Live, cf. A. Aymard, *Les assemblées de la Confédération achaienne*, Paris, De Boccard, 1938, p. 339 et note 2.

Page 37 :

1. Le port de Corinthe. Ces faits se produisirent en 198 (cf. Tite-Live 32, 17, 3 ; 19, 3).

2. Il s'agit d'une séance de l'assemblée de la ligue à Sicyone. A. Aymard (*Les assemblées...*, p. 339, n. 2) juge ces indications de Tite-Live « extrêmement suspectes ».

3. Nous avons maintenu ici le texte de *V*, *fecerat*, alors que la quasi-totalité des éditeurs adoptent la correction de Vascosanus (et de Madvig) *faceret*. Nous nous sommes rendu sur ce point aux raisons de Harant (*op. cit.*, p. 229), pour qui l'indicatif a pour but de renforcer ici *aliquid* qui précède.

4. « Le témoignage d'Archon est en l'espèce suspect, mais n'est pas sans valeur » note à ce propos A. Aymard (*Les premiers rapports...*, p. 53, n. 28, *in fine*).

5. Il s'agit apparemment de clauses analogues à celles dites de récupération ou de restitution des biens, telles que les adversaires les stipulaient dans les traités et dont s'occupaient les *recuperatores*. Des conventions de ce genre avaient été envisagées (34, 57, 8) ou conclues (38, 38, 12) entre Rome et Antiochos.

6. On trouvera sur ce discours un excellent jugement dans A. Aymard, *Les assemblées...*, p. 339, n. 2.

Page 38 :

1. Il est possible que cette assemblée se soit réunie très peu de temps après la précédente, à la fin de 174, les dates de convocation n'étant nullement fixes (cf. A. Aymard, *Les assemblées...*, p. 233 sq., et surtout P. Meloni, *op. cit.*, p. 140 et n. 2 et 3). Du coup, le stratège achéen n'aurait plus été Xénarque, mais un partisan de Rome.

2. Tite-Live fait sans doute allusion ici à l'attitude, insensée à ses yeux, qu'avaient eue à maintes reprises les Étoliens dans un passé récent, soit qu'ils fussent pour Rome un allié particulièrement encombrant et importun, soit qu'ils prissent parti contre elle, comme cela avait été le cas lors de la guerre contre Antiochus. — Tite-Live est d'autre part influencé par Polybe qui déteste les Étoliens et les rend responsables de nombreux conflits (cf. P. Pédech, *op. cit.*, p. 100 et surtout 154), en raison notamment de leur caractère belliqueux, de leur présomption et de leur goût pour le brigandage.

3. Cette ville étolienne, située au nord de l'Oeta, avait joué un rôle important lors de la guerre avec Rome, en 191 (Tite-Live 36, 14 ; 26, 1 sq.) et des négociations avec Scipion, en 190 (*ibid.*, 37, 6, 2 sq.).

4. Proxène avait sans doute été stratège en 183/182 (P. Meloni, *op. cit.*, p. 142).

5. Il était sans doute archonte (P. Meloni, *loc. cit.*), terme du reste assez vague, si l'on en croit A. Aymard (*Les assemblées...*, p. 332, n. 9 *in fine*) et désignant souvent un « magistrat ». Eupolème avait lui-même été stratège en 189/188 et 176/175.

6. Il s'agit du préteur de 179 (cf. *supra*, n. 5 à la p. 11).

7. Il s'agit du consul de 185. Il avait joué un rôle important dans la guerre contre Antiochus et avait déjà conduit une ambassade en Macédoine et en Grèce, en 184 (Tite-Live 39, 33, 3).

8. Il sera préteur deux ans plus tard ; cf. *infra*, page 56, n. 10.

9. Il s'agit de M. Popilius Laenas, le préteur de 177 (cf. n. 6 à la page 19) qui sera consul en 173.

10. Peut-être (cf. F. Münzer, *R. E.*, *Suppl.* I, c. 274) le même que l'envoyé romain auprès des cours orientales, dont nous parle Polybe 31,

18, 4 ; le même aussi que le préteur L. Canuleius Dives de 171 (cf. *infra*, n. 4 à la page 80).

11. P. Meloni (*op. cit.*, p. 462) date de la fin de 174 le départ de cette ambassade romaine en Étolie, ambassade dont il est encore question en 41, 27, 4. Le savant italien en fixe le retour à « peu après ». — On peut cependant se demander (cf. *infra*, n. 2 à la p. 47) si cette ambassade ne doit pas être confondue avec celle qui rentre d'Étolie et de Macédoine au début de 173...

12. F. Münzer (*R. E.*, *s. u.*) hésite, pour l'identification de ce *legatus*, entre Q. Minucius (n° 23), qui sert avec P. Minucius, son frère ou son parent, comme tribun militaire en 193, en Italie du Nord ; Q. Minucius (n° 24), peut-être préteur en 165 ou 164, et enfin Q. Minucius Rufus (n° 55, c. 1963-1964), préteur en 200, consul en 197, membre de la commission des Dix envoyée auprès d'Antiochus.

Page 39 :

1. Dix ans plus tard, un ambassadeur rhodien à Rome fera allusion aux « trois guerres » qu'ils avaient dû faire aux Lyciens (cf. Polybe 30, 31, 4 = 31, 7, 4). Sur les rapports entre Rhodes et la Lycie, cf. E. Will, *Histoire politique du monde hellénistique*, Nancy, II, 1967, p. 250.

2. Déclaration analogue de Tite-Live en 33, 20, 13 ; 35, 40, 1 ; 39, 48, 6.

3. Faut-il voir dans cette curieuse concomitance — ou, tout au moins, dans la façon dont elle nous est présentée — une nouvelle pointe de Tite-Live à l'égard d'un membre de la *gens Claudia*, célèbre par son orgueil et son insolence? Ce n'est pas exclu (cf. le jugement de Tite-Live — *inconsultius* — sur l'attitude outrecuidante du consul de 177, C. Claudius Pulher, *supra*, n. 2 à la p. 47).

Il s'agit ici d'Appius Claudius Cento, préteur l'année précédente. Il sera, l'année suivante, envoyé comme *legatus* en Thessalie (cf. *infra*, 42, 5, 8-10), puis, par la suite, en Illyrie. Weissenborn-Müller (*adn. ad loc.*) font justement remarquer que la présence, en cette année 174, d'Appius Claudius Cento en Espagne ne saurait s'accorder avec celle, au même endroit, des deux préteurs de l'année, Cn. Servilius Caepio et P. Furius Philo, présence mentionnée *supra*, § 21, 3. En outre, le fait qu'au § 28, 1 des supplications soient décernées à Appius Claudius « à la fin de l'année » semble bien confirmer que Tite-Live raconte ici des faits qui s'étaient déroulés l'année précédente, soit en 175. A noter qu'un peu plus loin (41, 27, 3) l'historien fait également état — par erreur — de l'activité du consul de l'année précédente (cf. n. 8 à la p. 40), M. Aemilius.

Page 40 :

1. Il avait été édile curule en 184 et préteur en 182, année au cours de laquelle il livra de durs combats aux Celtibères. Prorogé d'un an dans son commandement, il obtient le triomphe. Il est consul en 179, avec son frère L. Manlius Acidinus Fulvianus, cas unique signalé par Velleius Paterculus II, 8, 3. Il obtiendra un second triomphe cette année-là en raison de ses succès sur les Ligures. Il sera censeur en 174.

Sur la fin (tragique) de sa carrière politique, cf. *infra*, note 12 à la p. 80.

2. Son second cognomen est Luscus. C'est, comme le note F. Münzer (*R. E.*, *s. u.*, n° 46, c. 928 sq.), le représentant le plus illustre, à cette date, de la famille. Il est le frère aîné du consul de l'année, Sp. Postumius Albinus Paullulus, et du consul de l'année suivante, Lucius. Il avait lui-même exercé la préture en 185 et le consulat en 180. Son collègue, C. Calpurnius Piso, était mort au cours de sa charge et avait été remplacé par Q. Fulvius Flaccus, cousin de son collègue à la censure. Il participa, en 176, à une ambassade sénatoriale auprès de Persée (Tite-Live parle d'une ambassade romaine en 41, 19, 4, mais sans donner de noms). Il sera l'année suivante (173 : cf. *infra*, 42, 10, 6) élu *decemvir sacrorum* et présidera, en 171, une mission envoyée en Crète (*infra*, 42, 35, 7). Il dirigera, en 167, la commission sénatoriale de dix membres chargée de régler la situation en Macédoine.

3. Cf. *supra*, note 8 à la p. 18.

4. Cf. *supra*, n. 8 à la p. 19.

5. Contradiction (ou maladresse d'expression?) de Tite-Live qui nous a dit plus haut (41, 15, 10) que, lors de sa préture, M. Cornelius avait refusé de partir pour sa province. Il est possible que ce soit précisément ce refus qui explique son éviction du sénat.

6. Il s'agit du préteur pérégrin de l'année (cf. *supra*, n. 1 à la p. 29), sans doute le fils dégénéré de Scipion l'Africain (cf. aussi note 4 à la p. 11).

7. On appelle « frères germains » ceux qui sont issus du même père et de la même mère. — Quant à l'expression *consors*, elle indique que les deux frères n'avaient pas encore partagé l'héritage paternel. Ni Tite-Live ni Velleius Paterculus, qui signale aussi le fait (1, 10, 6), ne donnent la raison de ce blâme. Valère-Maxime (2, 7, 5) et Frontin (*Strat.* 4, 1, 31), eux, déclarent que L. Fulvius avait osé, sans ordre du consul, licencier une légion où il était tribun militaire. On n'est pas sûr non plus du prénom de l'exclu. Valère-Maxime et Frontin n'en donnent aucun ; Velleius Paterculus l'appelle Gnaeus ; Mommsen, constatant qu'il n'y a pratiquement pas de « Lucius » chez les Fulvii Flacci, rejette celui fourni par Tite-Live. — D'autre part, on constate que le censeur de l'année (lui-même consul en 179), comme son cousin, consul en 180, avaient l'un et l'autre un frère prénommé Marcus et non Lucius. (Le frère du consul de 180 avait peut-être un second cognomen, Nobilior ; cf. Tite-Live 40, 41, 8.) Mais, comme le remarquent Weissenborn-Müller, rien n'empêche que le censeur ait eu un autre frère...

8. Erreur de Tite-Live ou du copiste (à moins que l'indication en question ne soit déplacée d'une année?) : M. Aemilius Lepidus était consul l'année précédente.

9. Cf. *supra*, page 38, n. 11, et *infra*, page 47, n. 2.

10. On trouvera sur l'activité des censeurs de 174 et, d'une manière générale, sur le « style » des paragraphes 5-13 de ce chapitre, quelques renseignements utiles dans K. Gast, *Die zensorischen Bauberichte bei Livius und die römischen Bauinschriften*, Göttingen, 1965.

L. Homo (*L'Italie primitive et les débuts de l'impérialisme romain*,

Collection H. Berr, Paris, A. Michel, nouv. édition revue, 1953, p. 313) cite, à juste titre, à propos des « censures particulièrement fastueuses comme celles de 174 » — censures qui « représentent une véritable pluie d'or pour l'ensemble de la population italienne » — le passage suivant de Polybe 6, 17, 2-4 (traduction L. Homo) : « Il y a en Italie beaucoup de travaux qui sont adjugés par les censeurs : construction et entretien de monuments publics, qui sont si nombreux qu'on peut à peine les compter, exploitation des cours d'eau, des ports, des jardins, des mines, des terres, en un mot de tout ce qui est soumis à l'autorité romaine ; c'est le peuple qui se charge de toutes ces entreprises et presque tous, pour ainsi dire, y participent par les fermages auxquels elles donnent lieu et par les bénéfices qui en résultent. »

11. Déjà, en 189 (38, 28, 3), les censeurs avaient fait paver, à l'*extérieur* de Rome, la route menant de la porte Capène au temple de Mars situé entre la première et la deuxième borne milliaire, sur la Via Appia.

12. Pas à Rome en tout cas.

13. « Peut-être cette scène subsista-t-elle », écrit O. Navarre (*Dictionnaire des Antiquités...*, Daremberg-Saglio-Pottier, tome V, 2, p. 192), « auquel cas elle eût constitué pour les magistrats, donateurs de jeux, un allègement de dépenses très sensible ». Cinq ans auparavant, le censeur M. Aemilius Lepidus avait déjà mis en adjudication la construction d'un théâtre près du temple d'Apollon (Tite-Live 40, 51, 3). Peut-être est-ce ce théâtre qui fut détruit vingt-cinq ans plus tard, à l'instigation de Scipion Nasica, en 155 (cf. sur ce point G. Colin, *Rome et la Grèce de 200 à 146 av. J.-C.*, Paris, Fontemoing, 1905, p. 370-371, avec toutes les références utiles.) — Récemment, W. Richter (*Zum Bauprogramm der Censoren des Jahres 174 v. Chr.*, in *Rh. M.*, N. F., 104, 1961, p. 261) a proposé de voir dans *scaena*, non pas une estrade construite pour les acteurs, mais un local officiel dont avaient besoin les édiles et les préteurs pour remplir les fonctions cultuelles, à l'occasion de la célébration de certains *ludi*.

14. Cf. Varron, *De re rustica* 1, 2 : *ouum illud sublatum est, quod ludis circensibus nouissimi curriculi finem facit quadrigis.* — J. Carcopino (*La vie quotidienne à Rome à l'apogée de l'Empire*, Paris, Hachette, 1939, p. 246) parle de l'installation, en 174 av. J.-C., sur la *spina*, des « *septem oua*, ces gros œufs de bois dont la manœuvre signale aux yeux du public les différentes phases des épreuves ». Une course (*missus*) comportait d'habitude sept tours, après chacun desquels on faisait basculer un œuf. Dion Cassius (49, 43, 2) note qu'en 33, Agrippa prit des mesures pour que la manœuvre des œufs cessât d'induire en erreur le public.

Page 41 :

1. Comme l'indique l'apparat critique, le texte de ce passage est corrompu ou effacé en divers points. Nous avons adopté la lecture de l'édition C. Giarratano, ce dernier reproduisant lui-même dans l'ensemble celle de Weissenborn-Müller. — W. Richter (*loc. cit.*) propose de lire *ad no⟨tam⟩ curriculis numerand⟨is s⟩ta⟨tuen⟩ dam et metas trans⟨figurandas⟩ et caueas ferreas, pe⟨r quas bestiae⟩ intromitteren-*

tu⟨r et aedem pro⟩ feriis... La démonstration, du reste assez brève, qui appuie les nouvelles restitutions (*transfigurandas* et *aedem*) ne nous a pas paru susceptible d'emporter l'adhésion. Seule, à titre de pure hypothèse et dans le but de proposer un sens pour la phrase qui mentionne l'activité des consuls sur le Mont Albain, la leçon *aedem* a été retenue par nous dans la traduction (Dion Cassius 54, 29, 7 parle en effet d'une οἰκία qui avait été construite pour loger les consuls pendant les *feriae Latinae* et fut frappée de la foudre en 12 av. J.-C.). — D'autre part, la description de l'horloge à eau de Ctésibius chez Vitruve (*De architectura* 9, 8, 5) fait apparaître, dans l'énumération des mouvements variés produits par les roues dentées, l'expression *uertuntur metae*. « Rotation de bornes », traduit J. Soubiran (*Édition du livre IX de Vitruve*, Paris, Les Belles Lettres (Budé), 1969), qui commente (*Ibid.*, p. 278) : « Ne peut-on supposer qu'il s'agit ici de cônes... pivotant d'un douzième de tour à chaque heure? » Nous nous demandons si le verbe disparu, sans doute un adjectif verbal (*transuertendas*?), ne recouvrirait pas quelque référence à une « rotation » assez semblable des « bornes », mobiles en l'occurrence, de la *spina*. A moins que Tite-Live ne mentionne simplement l'installation de bornes fixes que les concurrents devaient à chaque fois dépasser (il faudrait lire alors *transgrediendas*)?

2. Le *senaculum* est l'édifice dans lequel se réunissaient les sénateurs avant d'entrer en séance (cf. Varron, *De lingua latina* 156 : *Senaculum supra Graecostasin ubi aedis Concordiae et basilica Opimia. Senaculum uocatum ubi senatus aut ubi seniores consisterent*). Varron fait allusion au *senaculum* élevé près ou à la place du temple de la Concorde, au nord-ouest du Forum, lorsque ce temple, voué par Camille, fut restauré en 121 av. J.-C. par L. Opimius. Cf. aussi Valère-Maxime 2, 2, 6 : *antea senatus adsiduam stationem eo loci peragebat qui hodieque senaculum appellatur*, et Festus (p. 347) : *unum (senaculum) ubi nunc est aedis Concordiae inter Capitolium et forum*. Il y a sans doute eu trois *senacula* à Rome. Weissenborn-Müller, dans leur édition, et S. B. Platner, dans son *Topographical dictionary of ancient Rome*, Oxford, 1929, admettent plus ou moins explicitement, sous réserve que le texte livien soit exact, l'interprétation que Mommsen donne du passage. Il en ressort que Tite-Live ferait ici allusion à un quatrième *senaculum* qui se serait dès lors trouvé sur le Capitole, près de la *Curia Calabra* (S. B. Platner). — A. Klotz (*R. E.*, *s. u.*, c. 1453-1454) propose de lire, comme le proposait déjà Weissenborn- : ... *et porticum ab aede Saturni in Capitolium ⟨et⟩ ad senaculum ac super id ⟨ad⟩ curiam*.

Pour notre part, nous remarquerons que l'adjonction de *ad* n'est pas absolument nécessaire, un sens analogue paraissant pouvoir être tiré, comme nous l'avons fait, de *ad (senaculum)* qui précède. Notons enfin qu'on pourrait à la rigueur, comme le propose A. Schlesinger (Ed. Loeb, *adn. ad loc.*), interpréter *super* comme indiquant non pas l' « altitude » (= *montant* vers le Capitole), mais la « direction vers » (le nord). L'éditeur suppose ainsi qu'il y avait deux portiques, « l'un suivant la ligne du *Cliuus Capitolinus*, l'autre bifurquant à partir de là et courant le long de la colline, au pied du Capitole, et atteignant l'espace occupé par le temple de la Concorde ou le Comitium ».

3. Entre l'Aventin et le Tibre, près du temple de Cérès (cf. Tite-Live 35, 10, 12). Le marché avait été établi à cet endroit, en 193, par les édiles M. Aemilius Lepidus et L. Aemilius Paulus.

4. Ainsi appelé parce qu'il avait été construit (en 193) par les édiles cités à la note précédente.

5. Bien que le manuscrit donne *extra portam* et qu'il soit bien fait mention en 40, 51, 6 d'un portique construit, en 179, par le censeur M. Fulvius *extra portam Trigeminam*, nous avons, comme la plupart des éditeurs, adopté la correction *intra* de I. Perizonius. On conçoit difficilement en effet qu'on puisse paver un portique conduisant « de l'extérieur » des portes à l'Aventin, dont on sait qu'il était lui-même à l'intérieur de l'enceinte.

6. Le texte de ce passage est manifestement corrompu, *eo publico* n'offrant aucun sens. Tous les éditeurs notent à ce propos que I. Perizonius croyait retrouver sous ces deux mots l'expression *cliuo Publicio* (rue qui conduisait du Forum Boarium à l'Aventin), la mélecture s'expliquant aisément du point de vue paléographique. W. Richter (*op. cit.*), de son côté, propose de lire et *eo⟨dem uiam silice stratam in⟨cliuo⟩ Public⟨i⟩o ab aede Veneris fecerunt*, mais on ne voit pas clairement ce que signifierait une *uia* construite « dans » un *cliuus*. Les maisons qui bordaient ce dernier avaient été entièrement détruites par un incendie vingt-neuf ans auparavant, en 203 (Tite-Live 30, 26, 5). — S. B. Platner (*op. cit.*) ignore cette *aedes Veneris*, que Weissenborn-Müller pensent pouvoir assimiler à une chapelle construite sur le Forum Boarium (Tite-Live 29, 37, 2).

7. Le fait prend tout son sens si l'on songe que, trente-six ans auparavant, la ville avait été durement châtiée par Rome pour s'être associée à la « trahison » de Capoue (Tite-Live 26, 16, 5 ; 34, 6-7). Calatia se trouve à 24 kilomètres au nord-est de Naples.

8. Ville fortifiée du Picenum, au sud d'Ancône et à 12 kilomètres de l'Adriatique.

9. Il s'agit de l'argent alloué aux censeurs par le sénat et le peuple romain et non, comme le pense Harant (*op. cit.*, p. 231), de l'argent des « colonies elles mêmes » (se fondant sur la leçon *ipsarum* de *V*, Harant ajoute *coloniarum*). — L'initiative de Q. Fulvius était d'autant plus hardie que, si certaines des villes citées au paragraphe suivant étaient des colonies romaines (Pisaurum, Potentia, Sinuessa), d'autres, comme Fundi, avaient été des municipes et n'avaient reçu que récemment le droit de suffrage (en 188 : cf. Tite-Live 38, 36, 7. Cf. Weissenborn-Müller, note *ad loc.* ; J. Gaudemet, *op. cit.*, p. 373, n. 3).

10. Colonie romaine fondée en 184 (cf. Tite-Live 39, 44, 10). La ville, aujourd'hui Pesaro, est située entre Ancône et Ariminum.

11. Sur la Via Appia, à 13 milles de Formies. En 188 (Tite-Live 38, 36, 7), Fundi avait obtenu le droit de cité complet.

12. Colonie romaine fondée en 184 (cf. Tite-Live 39, 44, 10). C'est un port du Picénum, au sud d'Ancône.

13. Passage irrémédiablement inintelligible, plusieurs lettres n'étant

plus déchiffrables dans le manuscrit où on lit : ***sinuessamaca... sauiariae***; les éditeurs récents adoptent en général, comme nous l'avons fait, les corrections et la restitution de Roth. Celui-ci s'appuie sur Servius (*Ad Aen.* 1, 421 : *magalia... de his Sallustius* « *magalia sunt circumiecta ciuitati suburbana aedificia* ». *Et alibi Cassius Hemina docet ita* « *Sinuessae magalia addenda murumque circum eam* ». Récemment, W. Richter (*op. cit.*) propose de lire *et Sinuessam a Ca⟨pua centuri⟩a uiaria e⟨t⟩ in his...* : et il fit paver la route (*uiam* serait sous-entendu) conduisant de Capoue à Sinuessa par la centurie chargée des routes. — W. Richter juge en effet « très douteux » — c'est aussi notre avis — le *s* que lit C. Giarratano devant *auiariae*. — Quels que soient cependant l'intérêt et le mérite de ces restitutions, la langue n'en paraît guère livienne... D'autre part, comme le reconnaît W. Richter lui-même, il faudrait admettre que *in his* désigne Capoue au même titre que Sinuessa. Or n'est-ce pas là hypothèse hardie que de supposer que, moins de quarante ans après le terrible châtiment infligé à Capoue par Rome, celle-ci ait payé de ses propres deniers la reconstruction des *remparts* de son ancienne rivale? (Cf. cependant *supra*, n. 9, ce qui est dit de Calatia.)

14. Comme le font remarquer Weissenborn-Müller (*adn. ad loc.*), le mot ne peut s'appliquer aux habitants de Fundi qui, avant 188, était un municipe.

Page 42 :

1. Cf. *supra*, n. 3 à la p. 39. Sur l'usage du titre « proconsul » pour « propréteur », cf. *supra*, page 21, n. 1 et 2.

2. Tel est, dans l'ordre, le nom officiel du temple (cf. H. Le Bonniec. *Le culte de Cérès à Rome...*, Paris, Klincksieck, 1958, p. 254 et n. 2), Sur cette triade, cf. *ibid.*, p. 277 sq.

3. Cf. *supra*, n. 8 à la p. 8. Il s'agit du frère du censeur et du consul de l'année.

4. Cf. *supra*, n. 6 à la p. 19. Il avait été préteur en 176 (cf. 41, 15, 6).

5. Inconnu par ailleurs.

6. Comme le notent F. Münzer (*R. E.*, *s. u.*, c. 2204, n° 2) et A. Klotz *Zu den Quellen der vierten und fünften Dekade des Livius*, in *Hermes*, 50, 1915, p. 517, n. 1), Matienus est appelé, comme ici et à juste titre, Caius en 40, 26, 8 et 28, 7 ; en revanche, en 42, 1, 5 et en 43, 2, 8, le prénom (Marcus) est erroné. La confusion serait due, d'après A. Klotz, à l'analogie du prénom de M. Furius Crassipes (42, 1, 5).

C. Matienus avait été *duumuir naualis* en 181 (Tite-Live 40, 26, 8 ; 28, 7). Il devait être, par la suite, accusé de concussion au terme de son gouvernement en Espagne ultérieure et dut s'exiler à Tibur.

7. Il avait défrayé la chronique l'année précédente en se désistant de sa candidature à la préture en faveur du fils de Scipion l'Africain (*supra*, 41, 8, 1 ; 21, 1 ; cf. Valère-Maxime 4, 5, 3 ; cf. 3, 5, 2) dont il avait été le *scriba*. Il devait par la suite obtenir la Sardaigne, puis la Corse comme province (*infra*, 42, 1, 5). Il triompha sur les Corses *in monte Albano*, où il dédia, en 168, à Junon Moneta, un temple qu'il lui avait voué lors de la bataille contre les Corses (Tite-Live 42,

7, 1 ; 45, 15, 10). Déjà envoyé en Illyrie en 172 (42, 26, 7), il y retourna, en 167, comme membre de la commission chargée d'organiser le pays. Sur C. Cicereius en général, son appartenance au clan des Scipions, et par suite l'hostilité dont il était l'objet de la part des cercles catoniens du sénat, cf. J. Triantaphyllopoulos, *C. Cicereius, préteur de la Sardaigne de l'an 173 av. J.-C., et la gens Cicereia*, Mélanges A. Piganiol, Paris, 1966, II, p. 859 à 874.

8. Il avait déjà été préteur en 187 ; mais ayant, à cette occasion, attaqué et pillé sans raison les Cénomans, il avait dû, sur l'ordre du consul M. Aemilius Lepidus, leur rendre leurs armes, évacuer le pays et leur restituer l'argent volé (Tite-Live 38, 42, 4 et 6 ; 39, 3, 1-3). F. Münzer (*R. E.*, *s. u.*, c. 353, n° 56) suppose à bon droit qu'il fut, pour cette raison, exclu du sénat en 179 (Tite-Live 40, 51, 1) et dut recommencer sa carrière politique.

9. Il s'agit sans doute (cf. Klebs, *R. E.*, *s. u.*, c. 2096-2097, n° 60) de l'édile curule de 194 qui, avec L. Scribonius Libo, fit célébrer le premier des jeux scéniques aux *Megalesia*, jeux au cours desquels les sénateurs furent, pour la première fois, séparés du peuple (Tite-Live 34, 54, 3 ; Valère-Maxime 2, 4, 3). Il avait déjà été préteur en 192 (Tite-Live 35, 10, 11) et participa aux opérations militaires contre Nabis et Antiochos. Il joua un rôle important dans la lutte contre Persée, comme cela ressort du récit fait par Tite-Live au livre 42. Il fut consul en 170 avec A. Hostilius Mancinus.

10. Il avait été sans doute préteur I en 175, c'est-à-dire l'année précédente. Tite-Live devait en faire état dans une des parties perdues du livre 41. La date de 175 est admise par F. Münzer (*R. E.*, *s. u.*, c. 125, n° 14). Le plébiscite interdisant de revêtir la même magistrature à moins de dix ans d'intervalle (Tite-Live 7, 42, 2) semble bien n'avoir pas toujours été observé.

11. Cf. *supra*, page 39, n. 3.

12. Inconnu par ailleurs. F. Münzer (*R. E.*, *s. u.*, c. 1255, n. 22) note qu'il resta peu de temps *flamen Dialis*, P. Cornelius Scipion, fils aîné de l'Africain, lui ayant sans doute succédé dès 171.

13. Sur le Forum Boarium, à côté de la Porte Carmentale (cf. Tite-Live 33, 27, 4) et près du temple de Fortuna. Attribué suivant la tradition à Servius Tullius, le temple avait été dédié par Camille en 395. Mater Matuta désigne la déesse de l'Aurore.

14. Formule archaïque et sans doute stéréotypée où la réduplication de l'expression rappelle le sens étymologique du mot *legio* (« parce que les hommes de la légion étaient recrutés au choix » : *quod leguntur milites in delectu*, écrit Varron, *L. L.* 5, 87).

15. On sait que de ce grand nombre de prisonniers naquit l'expression proverbiale *Sardi uenales* (Aur. Victor 57) ; cf. Festus, p. 322, et *supra*, n. 7 à la p. 8.

16. L'addition du mot est due à Sigonius : cf. 41, 12, 6, où il est question des villes alliées de Sardaigne.

17. Le premier triomphe datait de 178 (cf. 41, 7, 1).

Page 43 :

1. Il s'agit très vraisemblablement du vainqueur de Cynoscéphales

et du libérateur de la Grèce (cf. *supra*, n. 4 à la p. 13). Il avait été censeur en 189 et avait présidé, en 183, une ambassade romaine envoyée auprès de Prusias, roi de Bithynie, duquel il avait exigé l'extradition d'Hannibal. Plutarque (*Vie de Flamininus* 21) fait état des reproches que lui adressèrent beaucoup de Romains à ce propos. Il semble qu'il se soit ensuite retiré de la vie politique. — Tite-Live mentionne probablement à nouveau le nom de son fils en 45, 42, 11 et 44, 3, à propos des événements de l'année 167, au cours de laquelle ce fils aurait été ambassadeur et augure. Il fut consul en 150.

LIVRE XLII

Page 46 :

1. Sur ces deux personnages, cf. respectivement n. 8 à la p. 8 et 6 à la p. 19.

2. Il était préteur l'année précédente (cf. 41, 21, 1-2).

3. Sur tous les préteurs cités dans ce paragraphe, cf. les notes correspondantes à chacun d'eux en 41, 28, 5 (page 42).

4. La confiscation du territoire campanien date de 211, après la prise de Capoue (cf. Tite-Live 26, 16, 8). Le consul Quintus Fulvius Flaccus loua une partie des terres confisquées par l'État, moyennant une redevance en blé. En 209 (27, 11, 8) les censeurs M. Cornelius Cethegus et Publius Sempronius Tuditanus obtiennent le vote d'un plébiscite réglant cette location. On constate ensuite que des terres appartenant à l'*ager Campanus* sont, en 205 (Tite-Live 28, 46, 4-6), 199 (32, 7, 3) et 194 (34, 45), *vendues* à des particuliers, sans qu'il soit fait mention de location. En 174 encore, les censeurs font vendre des *publica loca* (41, 27, 10) à Calatia et Auximum, alors que la première de ces deux villes, comme le remarque Kubitschek (*R. E.*, *s. u.*, c. 1441-1442), faisait partie du territoire de Capoue (elle est mentionnée en 26, 33, 12 comme déditice ; cf. 26, 34, 6 et 11). Au fur et à mesure que les années s'écoulèrent, les locataires se considérèrent comme propriétaires (cf. Florus II, 1 (III, 13), 7 — *à* propos des contemporains des Gracques — *et tum relictas sibi a maioribus sedes aetate quasi iure possidebant* ; cf. Tite-Live 42, 19, 1 *tot annis*) — d'autant plus que les censeurs ne procédaient à aucune adjudication (cf. *infra*, 42, 19, 1).

Page 47 :

1. Il ressort au contraire de ce que dit Tite-Live lui-même en 32, 27, 4 (Caton, alors qu'il gouvernait la Sardaigne comme préteur, en 198, « réduisit ou supprima les dépenses que les alliés avaient coutume de faire pour l'entretien des préteurs ») que de telles pratiques étaient anciennes.

2. Tite-Live a mentionné, en 41, 22, 3, le départ d'une ambassade de trois importants personnages pour la Macédoine (cf. la note *ad loc.*) En 41, 27, 4, il signale le retour d'une ambassade venant d'Étolie, ambassade dont il indique l'arrivée sur place en 41, 25, 5. Est-ce la même? Weissenborn-Müller (*adn. ad loc.*) soulignent à juste titre le sens large de *Macedonia* chez les annalistes. — P. Pédech (*op. cit.*, p. 365, n. 66) considère pour sa part le résultat de cette ambassade comme « une simple fable ».

3. P. Meloni (*op. cit.*, p. 144) remarque justement à ce propos que le roi devait être lassé des incessantes pressions romaines et exaspéré par l'espionnage auquel se livraient les « ambassadeurs » de Rome.

Page 48 :

1. L'emplacement de cette localité est inconnu.

2. Mot à mot : « qui sortaient (de terre) ». La correction *exstantibus* de Duker ne paraît pas nécessaire.

3. Situé près du promontoire de Lacinium, « à 6.000 pas de Crotone et encore plus célèbre que la ville » (Tite-Live 24, 3, 3), le temple d'Héra, assimilée à Junon, avait une renommée considérable, en partie à cause de son immense richesse (Tite-Live, *ibid.*, § 6), dans toute la Grande-Grèce. Hannibal y avait fait construire un autel et graver une très longue inscription racontant ses exploits, en caractères grecs et carthaginois (Tite-Live 28, 46, 16 ; Polybe 3, 33, 18 ; 56, 4). Le temple devait être souvent pillé au cours des siècles dans l'Antiquité, notamment par les pirates que devait vaincre Pompée (Plutarque, *Pompée* 24, 5) et par... Sextus Pompée lui-même (Appien, *B. C.*, 5, 133).

4. Sur ce personnage, cf. note 1 à la p. 40.

5. Ce temple se trouvait sur le Champ de Mars, près du théâtre de Pompée (Vitruve 3, 3, 2). Il avait été dédié, en 180, après la victoire remportée par Flaccus, alors préteur, sur les Celtibères (Tite-Live 40, 40, 10) ; la construction du temple dut commencer aussitôt après (*ibid.*, 44, 8 sq.). J. Obsequens (53) mentionne un prodige qui s'y serait produit en 92. Mais, en 22 de notre ère, le temple n'existait plus (Tacite, *Annales* 3, 71). Il devait son nom à la relation établie à l'origine entre la Fortuna et les cavaliers légionnaires grâce auxquels la victoire sur les Celtibères avait été acquise (Tite-Live 40, 40, 9).

Page 49 :

1. Il y avait pourtant, à en croire Tite-Live lui-même, fait massacrer les soldats italiens qui refusaient de rentrer avec lui en Afrique (203 av. J.-C. : Tite-Live 30, 20, 6).

2. La censure avait été, selon la tradition, créée en 443 (Tite-Live 4, 8, 5). Que la surveillance des mœurs ait été, aux yeux du sénat, la fonction essentielle des censeurs, c'est ce qui ressort explicitement du discours qu'adresse, en 179, Q. Caecilius Metellus parlant, au nom de la haute assemblée, aux deux censeurs récemment élus (40, 46).

3. Sur la justification de la correction de Madvig (le manuscrit donne *loca tuenda*), cf. les annotations de Weissenborn-Müller, *ad loc.*

Page 50 :

1. Sur P. Furius Philus, préteur en 174, cf. n. 6 à la p. 29.

2. Sur Cn. Servilius Cépion, préteur en 174, cf. n. 5 à la p. 29.

3. En fait, seul, P. Furius Philus, préteur en Citérieure (41, 21, 3), devait être remplacé par N. Fabius Buteo (42, 1, 5).

4. Sur A. Atilius Serranus, préteur l'année précédente (173), cf. *supra*, n. 9 à la p. 42.

5. Le consul de 175 (cf. sur ce personnage, n. 8 à la p. 18).

6. C. Cassius Longinus, préteur urbain l'année précédente (174). Cf. n. 5 à la p. 7.

7. Il avait été préteur en Sardaigne en 178 (cf. n. 1 à la p. 9).

8. Inconnu par ailleurs.

9. Il avait été édile curule en 187 (Tite-Live 39, 7, 8), préteur en 185 (39, 23, 2) et consul en 181, année qu'il avait passée en partie, ainsi que la suivante, à combattre en Ligurie. Sur ce personnage, cf. F. Münzer, *R. E.*, *s. u.*, c. 1280-1281, n° 95.

10. Le premier est inconnu par ailleurs. Le second, L. Apuleius Saturninus, est assimilé par Weissenborn-Müller (*ad. loc.*) et Klebs (*R. E.*, *s. u.*, c. 261, n° 28) au préteur de 166 (Tite-Live 45, 44, 2). Klebs l'identifie aussi avec le Λεύκιος Ἀπολήιος envoyé en Asie, en 156, avec Cn. Petronius pour y régler les questions concernant Attale et Prusias (Polybe 32, 16 (28), 5).

11. Sans doute le même que celui qui fut envoyé l'année suivante comme *legatus* en Apulie et en Calabre (*infra*, 42, 27, 8).

12. Il avait, en 194, conduit une colonie à Tempsa, dans le Bruttium (Tite-Live 34, 45, 5).

13. Inconnu par ailleurs.

Page 51 :

1. Sur ce point, cf. en dernier lieu P. Meloni (*op. cit.*, p. 57, n. 3 ; 79, n. 2) et P. Pédech, (*op. cit.*, p. 137 et n. 201). Cette femme pourrait être la princesse bastarne que Persée (Tite-Live 40, 5, 10) aurait d'abord épousée. P. Meloni rappelle à ce propos l'hypothèse de S. Reinach selon lequel il faudrait accepter la version de la *Periocha* 49 : lors du second mariage du roi avec Laodicée, fille de Séleucus, roi de Syrie (cf. Tite-Live 42, 12, 3), la première femme de Persée serait tombée au rang de concubine. De ce mariage serait né Andriscos, le « pseudo-Philippe » : cf. *Per.* 49 (l. 66 de l'édition Weissenborn-Müller) *ex paelice se et Perseo rege ortum.*

2. Cf. Tite-Live 40, 55, 6 : Apelle était passé en Italie dès qu'il avait appris la découverte du « complot ».

3. Comme P. Pédech et P. Meloni (*loc. cit.*), nous considérons que *interfecisse*, et par conséquent *accersitum*, dépendent de *fama erat* : Tite-Live ne prend pas l'accusation à son compte.

4. C'est en 263, deux ans avant la mort d'Antiochos Ier, qu'Eumène de Pergame (Eumène Ier), neveu de Philétairos, se trouva — dans des conditions que nous ignorons (E. Will, *Histoire politique du monde hellénistique, 323-30 av. J.-C.*, Paris, I, 1966, p. 131) et à la suite d'une victoire sur Antiochos — maître du royaume indépendant de Pergame, au territoire encore restreint. Son successeur et parent Attale Ier prit le titre de roi, sans doute avant 236 (E. Will, *op. cit.*, I, p. 267), à la suite d'une nouvelle victoire sur le Séleucide (Antiochos Hiérax), victoire au cours de laquelle il s'empara d'une grande partie de l'Asie Mineure jusqu'au Taurus. Privé de la presque totalité de ses conquêtes par Antiochos III en 222, il reprit une partie des villes grecques d'Éolide et des Détroits. Il fut l'allié de Rome dans la première guerre de Macédoine et mourut en 197. Son fils, Eumène II, fut l'un des grands bénéficiaires de la paix d'Apamée (188), à la suite de son alliance avec Rome contre Antiochos : il hérita, en Europe, de la Chersonnèse de Thrace et de la rive européenne de la Propontide ; en Asie, de la Phrygie hellespontique, de la Mysie, la Lydie, la

Phrygie, la Lycaonie, la Pisidie et la Pamphylie (cf. Tite-Live 38 39, 14-17) « De petit dynaste régional, Eumène devenait un souverain de première grandeur : la fidélité attalide à Rome était bien payée » (E. Will, *op. cit.*, II, p. 190).

5. Région située entre la Thessalie et la Macédoine, la Perrhébie avait longtemps appartenu à cette dernière, mais la défaite de Philippe V affranchit la Perrhébie de la domination macédonienne, dès 196 (cf. Tite-Live 33, 32, 5). Les Perrhébiens protesteront par la suite (184) à Rome parce que Philippe n'avait pas évacué certaines villes : celui-ci ne manqua pas de souligner, pour justifier ses actes, que les Perrhébiens avaient pris le parti des Étoliens contre Rome (Tite-Live 39, 24 sq.). Finalement Philippe dut céder.

Page 52 :

1. Appius Claudius Cento, le préteur de 175 (cf. n. 3 à la p. 39).

2. Le prénom *Marcus* est ici une adjonction de Madvig. Il s'agit sans doute de M. Claudius Marcellus, préteur urbain en 188 (Tite-Live 38, 35, 2) et consul en 183 (39, 45, 1). F. Münzer (*R. E.*, *s. u.*, c. 2757-2758, n°s 223-224) rassemble dans un même article deux hommes qu'on ne peut distinguer, le premier qui exerça les magistratures citées ci-dessus, l'autre qui fut préteur en 185 (Tite-Live 39, 23, 2 — mais certains *recentiores* donnent ici le cognomen *Marcellinus*, leçon adoptée par Weissenborn-Müller dans leur édition).

3. Le mot est ici une adjonction de H. J. Mueller. — C'est dans cette ville du nord du Péloponnèse que se réunissaient les assemblées de la Ligue achéenne, du moins jusqu'en 188, date à partir de laquelle (cf. A. Aymard, *Les assemblées...*, p. 302 sq.) les principales villes de la Confédération peuvent servir de lieu de réunion.

4. La plupart des éditeurs notent à ce propos que Marcellus aurait, sur ce point outrepassé ses « pouvoirs », les envoyés du sénat semblant avoir seulement (cf. Tite-Live 39, 33, 8 : en 184) le droit d'accès en tous temps aux assemblées de la Ligue avec clause de réciprocité. En réalité, les *legati* romains s'étaient alors plaints (*ibid.*, 5) de n'avoir pu obtenir une convocation de l'assemblée (*nec datum petentibus erat Achaeorum concilium*), ce qui semble bien signifier qu'ils estimaient en avoir le droit. — De fait, A. Aymard a montré (*Les assemblées...*, p. 200 sq.) que Philippe V ayant, avant Cynoscéphales, le droit de convoquer l'assemblée, le sénat romain (et donc ses *legati*), qui avait pris sa succession du fait de la victoire de Rome, pouvait convoquer l'assemblée achéenne. Les Achéens ne contestent pas, d'ailleurs, à cette époque, le bien-fondé des protestations romaines : c'est, disent-ils, *parce que les envoyés du sénat n'avaient pas de lettres ou d'ordres écrits* (*nisi... cum legati ab senatu cum litteris aut scriptis mandatis uenirent*) que la convocation n'avait pu être lancée. L'assemblée réunie à la demande de Marcellus est une σύγκλητος, « assemblée extraordinaire dont le stratège fixe à sa guise la date et le lieu de réunion » (A. Aymard, *Les stratèges de la Confédération achéenne de 202 à 172 av. J.-C.*, in *R. É. A.*, 1928, p. 12 ; cf. aussi *Les assemblées...*, p. 41, n. 3, où l'auteur souligne l'imprécision du vocabulaire livien : l'his-

torien emploie indifféremment *concilium* ou *conuentus* pour traduire « synodos » ou « synklètos »).

5. A. Aymard (*Les premiers rapports...*, p. 112 et n. 4 ; cf. p. 219, n. 24) fixe de façon très vraisemblable à 198-197, c'est-à-dire pendant la deuxième guerre de Macédoine, la publication de ce décret.

6. Cf. Tite-Live 41, 23, 1.

7. E. Bikerman (*op. cit.*, p. 506) et P. Meloni (*op. cit.*, p. 462) datent de la fin de 173 le départ de cette ambassade.

Page 53 :

1. Ptolémée VI Philométor, fils de Ptolémée V Épiphane. Il régnait nominalement depuis 181, mais n'était encore qu'un enfant, sans doute âgé d'une dizaine d'années (E. Will, *op. cit.*, II, p. 263). La régence était assurée par ses tuteurs Eulaeos et Lenaeos ; cf. *infra*, 42, 29, 7. — Selon M. Holleaux (*Rome, la Grèce et les monarchies hellénistiques au III*e *siècle avant J.-C.*, Paris, De Boccard, 1921, p. 70 et n. 3), l'expression livienne *renouandae amicitiae causa* ne saurait signifier qu'il y ait eu un traité formel d'alliance conclu entre Rome et l'Égypte. De même qu'en 42, 19, 7 (à propos des Crétois et des Rhodiens) et en 42, 44, 5 (à propos des Thébains), le mot *amicitia* doit être pris dans le sens très vague de « relations amicales ».

2. Il s'agit de C. Valerius Laevinus, consul suffect en 176. Cf. n. 5 à la p. 11.

3. Ces quatre derniers personnages sont inconnus par ailleurs. M. Caecilius Denter est peut-être le frère du préteur de 182 (Tite-Live 39, 56, 5) qui gouverna la Sicile (40, 1, 2)

4. Cf. *supra*, n. 3 à la p. 27.

5. En 188 (cf. Tite-Live 38, 38, 2 sq.).

6. Antiochos IV Épiphane avait été plus d'une dizaine d'années otage à Rome, à partir de 189. Il y fut remplacé « à une date inconnue » (E. Will, *op. cit.*, II, p. 255), par Démétrios, fils aîné de Séleucos IV, assassiné en 175 par son « vizir » Héliodore. — Sur les relations de Rome avec Antiochos IV et, plus précisément, sur ce texte de Tite-Live, cf. les bonnes remarques de Th. Liebmann-Frankfort, *La frontière orientale dans la politique extérieure de la République romaine... (189-63)*, Bruxelles, 1969, p. 66 ; 78 et n. 2 ; 125.

Page 54 :

1. Sur ce personnage, cf. n. 7 à la p. 42.

2. Ce temple devait être dédié cinq ans plus tard, en 168, sur le Mont Albain (cf. 45, 21, 10), où d'ailleurs C. Cicereius allait triompher à son retour (*infra* 42, 25, 7). C'est sans doute ce temple qui fait l'objet du prodige de 56 mentionné par Dion Cassius (39, 20, 1).

3. J. Triantaphyllopoulos (*Mélanges A. Piganiol*, Paris, 1966, II, p. 864) met ces besoins en cire (déjà en 181 — cf. Tite-Live 40, 34, 12 — le préteur M. Pinarius avait exigé 100.000 livres de cire) « en rapport avec la coutume de donner des cierges aux Saturnales, le 17 décembre, coutume qui fut réglée par la loi Publicia *de cereis* (Macrobe, *Sat.* 1, 7, 33)... Il n'est pas exclu », continue le même auteur, « que C. Cicereius ait joué des rapports étymologiques entre son nom,

la cire (*cera*) et les cierges (*cerei*) ». — Bien que la Corse ait eu la réputation de produire de la cire « en abondance » (φυομένων τούτων δαψιλῶν ἐν τῇ νήσῳ, dit Diodore de Sicile, V, 13, 4, de la résine, de la cire et du miel), on est en droit de s'étonner de la masse considérable (65.400 kgs) de cire ainsi exigée des Corses. Sans doute un large échelonnement des livraisons était-il prévu... (Virgile, *Buc.* 9, 30, fait allusion au miel corse, peu estimé, d'ailleurs, en raison, semble-t-il, de son amertume).

4. La forme de ce mot varie chez Tite-Live 42, 21, 2 : *Statellatibus* et 42, 21, 5 : *Statellis* (ablatif dans les deux cas ; cf. en 36, 20, 2 : *Coroneum* et 36, 20, 3 : *Coronensem*). On trouve aussi l'orthographe *Statielli* ou *Statiellenus* (pour le nom du peuple). Strabon (V, 1, 11)) parle des habitants d'*Aquae Statiellae* en Ligurie. Cf. aussi D. Brutus dans *Fam.* XI, 11, 2 : il a établi son camp *in finibus Statiellensium* ; etc... — L'emplacement de la ville de Carystus est inconnu, mais doit être recherché au nord-ouest de Gênes.

5. Nous pensons qu'il s'agit ici, compte tenu du contexte qui fait ressortir la seule idée de « nombre », des premiers rangs des soldats et non des « officiers » ou des « hommes les plus valeureux », comme le pensent Weissenborn-Müller.

Page 55 :

1. La simple comparaison de ce chiffre avec le nombre des morts et des prisonniers cité précédemment (42, 7, 9) montre que l'un des chiffres indiqués est erroné.

2. Cf. n. 9 à la p. 42.

3. Sur l'ensemble de ces faits, cf. G. Mezzar-Zerbi, *Le fonti di Livio nelle guerre combattute contro i Liguri*, in *Rivista di Studi Classici*, 13, 1965, p. 287 sq. ; 14, 1966, p. 211-224, 359-368.

Page 56 :

1. C'est-à-dire « les Ligures » (cf. *supra*, 1, 1).

2. C'est le frère du consul de l'année (Marcus). Il avait été préteur en 175. Tite-Live le définit comme un *uir asper ingenio* (45, 10, 8). C'est, écrit Volkmann (*R. E.*, *s. u.*), le type du « colonisateur » très dur. Avec l'élection de son collègue P. Aelius Ligus, Rome a pour la première fois deux consuls plébéiens. A. Piganiol, qui songe à un rapprochement possible entre ce C. Popilius Laenas et « un exportateur ombrien de céramique du nom de Popilius » (*La conquête romaine*, Paris, P. U. F., 1967, 5e éd., p. 316), pense qu'il représente, avec son collègue, les « hommes nouveaux enrichis dans les affaires » qui « s'opposent aux vieilles familles agrariennes du sénat » (*ibid.*) C. Popilius devait être, trois ans plus tard, envoyé en Macédoine comme négociateur et chef militaire. Il allait se rendre célèbre l'année suivante (168) par les conditions originales (cercle tracé sur le sable autour de la personne du roi) dans lesquelles il présenta au roi de Syrie, Antiochos (alors en train d'assiéger Alexandrie), l'ultimatum romain qui lui enjoignait de rentrer en Syrie. C. Popilius Laenas fut à nouveau consul en 158 avec M. Aemilius Lepidus.

3. On ne sait rien de lui. Il devait faire partie en 167 d'une commission sénatoriale envoyée en Illyrie (cf. 45, 17, 4).

4. A noter que les magistrats curules de l'année 172 sont, comme les consuls, tous plébéiens.

5. Il devait être préteur urbain (cf. *infra*, § 10, 14) et, comme tel, jouer un rôle très important — et très complaisant — dans le procès intenté au consul de 173, P. Popilius Laenas. Son frère (P. Licinius) sera consul l'année suivante ; lui-même devait l'être en 168 avec Paul-Émile. Il fut l'un des dix commissaires envoyés en Macédoine, en 167. Sur son rôle au début de la guerre contre Persée et notamment à Kallinîkos, où il commandait l'aile droite romaine, cf. *infra*, 58, 12.

6. On lui confiera l'Espagne citérieure (*infra*, § 10, 14). Il sera consul en 167 avec Q. Aelius Paetus, lui aussi plébéien.

7. On lui confiera l'Espagne ultérieure (cf. *infra*, § 10, 13). En 169, il sera légat du consul Q. Marcius Philippus dans la guerre contre Persée et jouera un rôle très important dans les opérations militaires en forçant l'entrée de la Macédoine par la vallée de Tempé (44, 7, 1 ; 12). En 164, il fera partie de la mission romaine envoyée en Asie et en Syrie et dirigée par Cn. Octavius, assassiné en raison des haines qu'il s'était attirées (cf. F. Münzer, *R. E.*, *s. u.*, c. 1658-1659, n° 14).

8. Inconnu par ailleurs. Pendant sa préture, il gouvernera la Sardaigne (*infra*, § 10, 14).

9. Sur ce personnage, cf. n. 9 à la p. 18. Cn. Sicinius avait, en 177, été triumvir chargé de la fondation de la colonie de Luna.) Il allait se voir confier (*infra*, § 10, 14) la préture pérégrine. Sur son rôle très important pour le début des opérations militaires en Macédoine, rôle du reste brouillé du point de vue chronologique par la tradition annalistique, cf. *Introduction*, p. XLI, n. 2 ; XLII, n. 4.

10. L'addition de ce nom, addition qui remonte à l'*editio princeps*, a été adoptée par tous les éditeurs. Ce C. Memmius, qui se verra confier la Sicile (*infra*, § 10, 14) comme province, avait été membre d'une ambassade envoyée en Macédoine (cf. n. 8 à la p. 38). Rien n'indique de façon sûre qu'il ait déjà été préteur (en 175?). Il est possible, d'ailleurs, comme le suggèrent Weissenborn-Müller, qu'*iterum* ait été déplacé par un copiste et n'ait été accolé à l'origine qu'au nom du seul Sicinius.

11. Comme le note J. Gaudemet, (*Institutions de l'Antiquité*, Paris, Sirey, 1967, p. 343, n. 9), « le cens est lié au *lustrum*. Cette cérémonie religieuse marque l'achèvement du *census* (Tite-Live 1, 44, 2) et la « fondation » de l'armée par le rite, le recensement des individus n'étant que l'acte administratif qui crée l'armée en fait. »

12. Sur ces deux censeurs, cf. 41, 27, 1 et les notes *ad loc.*

Page 57 :

1. A noter que la *Periocha* fournit un chiffre légèrement inférieur (267.231 citoyens).

2. De fait, la progression était faible depuis le dernier recensement de 179 (le chiffre est fourni par la seule *Periocha* du livre 41, soit 258.794 citoyens). Il n'est pas moins frappant de voir combien, en dix ans, de 189 à 179, le nombre de citoyens avait peu évolué, le recensement de 189 donnant 258.318 citoyens. Cf. L. Homo, *Les institutions politiques romaines*, Paris, Albin Michel, 1933, p. 113).

3. En 177. Cf. Tite-Live 41, 9, 12.

4. Cette double punition était fréquente à Rome (cf. Tite-Live 4, 24, 7 ; 9, 34, 9 ; 24, 18, 6 ; 43, 3 ; 27, 11, 15 ; Cicéron, *Pro Cluentio* 122, etc...) : la première consistait en fait à taxer les coupables de façon arbitraire et non selon la « classe » à laquelle ils appartenaient.

5. Cf. *supra*, 42, 3, 1.

6. En fait sept ans, suivant notre façon de compter. Ce vœu avait été émis en 180 (Tite-Live 40, 40, 10).

7. Il occupait ce sacerdoce depuis 213 (cf. Tite-Live 25, 2, 2). F. Münzer (*R. E.*, *s. u.*) hésite, pour l'identification de ce personnage entre trois « Lucius Lentulus », le préteur de 211, gouverneur de Sardaigne (Tite-Live 25, 41, 12 ; 26, 1, 11, etc... Cf. *R. E.*, c. 1367, n° 187), le consul de 199 (*ibid.* n° 188) et l'édile curule de 205 (*ibid.*, n° 205).

8. A la différence de Weissenborn-Müller, F. Münzer n'hésite pas à reconnaître en lui le censeur de 174 (cf. n. 2 à la p. 40).

Page 58 :

1. Il n'est pas impossible que cette *double* hostilité du sénat vis-à-vis des consuls ait tenu au fait qu'ils étaient tous deux plébéiens.

2. En soi, l'affirmation de Valerius Antias n'avait rien d'invraisemblable, compte tenu du rôle important joué par Attale dans la politique et les opérations militaires de Pergame. Son frère, qui régnait depuis 197, l'avait déjà envoyé à Rome en 192 pour y dénoncer les empiétements d'Antiochos. Attale était présent à Magnésie en 190, avait lutté contre les Galates aux côtés de Cn. Manlius Volso et contre le roi Prusias qu'il avait battu. C'est à cette occasion qu'il était venu une seconde fois à Rome, accompagné d'ailleurs de ses autres frères, en 181, pour y régler la paix avec Prusias et Pharnace. Polybe (24, 5 = 25, 6) insiste sur l'accueil à la fois cordial et fastueux fait par les sénateurs aux frères d'Eumène. — Trois ans auparavant, en 175, Attale avait contribué à rendre son trône à Antiochos IV Épiphane.

3. Il s'agit probablement là d'une allusion aux agrandissements territoriaux effectivement « considérables » dont avait bénéficié le royaume de Pergame lors de la paix d'Apamée en 188 (cf. Tite-Live 38, 39, 14-17 et *supra*, n. 4 à la p. 51).

Page 59 :

1. Formule ambiguë de laquelle il semble ressortir qu'Eumène venait alors à Rome pour la première fois. En fait, il y était déjà venu dix-sept ans auparavant (en 189 ; cf. Tite-Live 37, 52, 1) et y avait tenu, au sénat, un discours célèbre, dirigé notamment contre les Rhodiens, les rivaux de Pergame pour le partage des dépouilles d'Antiochos (cf. E. Will, *op. cit.*, II, p. 188 sq.).

2. Cf. Tite-Live 40, 5, 10. Sur les Bastarnes, cf. n. 12 à la p. 26.

3. Cf. Tite-Live 40, 57, 7.

4. Sur cette formule et ce jugement, cf. *supra*, n. 1 à la p. 34.

5. E. Bikerman (*Notes sur Polybe*, III, in *R. É. G.*, 66, 1953, p. 492) souligne avec raison l'importance de cette *auctoritas* aux yeux des Romains : c'est elle qui constitue pour eux le véritable danger repré-

senté par Persée. Le mot *auctoritas* est d'ailleurs répété peu après (§ 12, 3).

Page 60 :

1. Il s'agit de Séleucos IV Philopator qui régna de 187 à 175 (Antiochos IV, son frère cadet, lui succédera sur le trône de Syrie). Sa fille s'appelait Laodicée. On fixe en général ce mariage au printemps de 178 ou de 179 (cf. P. Meloni, *op. cit.*, p. 120, où l'on trouvera une excellente analyse des raisons qui justifiaient ce désir de rapprochement entre la Syrie et la Macédoine). Laodicée avait été conduite de Syrie en Macédoine par une escadre rhodienne, ce qui irrita à la fois Pergame et Rome. — Neuf ans plus tard, Laodicée, veuve de Persée, devait être offerte comme épouse par son frère Démétrios, alors roi de Syrie, au roi de Cappadoce, Ariarathès V, lequel la refusa de crainte d'offenser Rome et Pergame (cf. E. Will, *op. cit.*, II, p. 312).

2. Cette sœur de Persée s'appelait Apama ou Apamé.

3. L'expression *Boeotorum gentem* équivaut ici (cf. *infra*, n. 3 à la p. 102) à « ligue béotienne ». Dans celle-ci, en effet, les Béotiens sont réunis en un seul « peuple » (*gens*).

4. On peut dater ce traité de l'automne 174.

5. Ville de Béotie (près de Tanagra), au bord du détroit eubéen où se trouvait un temple célèbre d'Apollon. — Nous avons, avec la plupart des récents éditeurs, repris la correction apportée par Madvig à un texte incompréhensible *alteradsidenum*. L'alternative est évidemment la correction, non moins tentante, de Sigonius (*ad Delum*) ; cette correction est implicitement acceptée par G. Daux (*op. cit.*, p. 317) citant Tite-Live. Le savant helléniste était sans doute influencé par le texte bien connu où Polybe (25, 3) signale que Persée fit afficher son édit d'amnistie, en 178, « à Délos, à Delphes et dans le temple d'Athéna Itonienne ». Nous croyons cependant devoir maintenir, à l'instar de Weissenborn-Müller et Giarratano, la correction de Madvig, Delium étant en Béotie et devant, en l'occurrence, constituer pour Persée un centre de propagande peut-être moins universel, mais plus efficace que Délos (Tite-Live a déjà mentionné Délium à deux reprises en 31, 45, 6 et surtout 35, 51, 1, où apparaît nettement la célébrité du sanctuaire).

6. Cf. Tite-Live 41, 23 sq.

7. Un riche matériel archéologique et épigraphique confirme les affirmations d'Eumène (bibliographie dans P. Meloni, *op. cit.*, p. 152, n. 3) qui avait enrichi Délos, Thespies, Athènes et Delphes de statues et de monuments. De leur côté, les Amphictyons, les Étoliens et les Delphiens avaient élevé plusieurs monuments de reconnaissance aux Attalides, notamment à Eumène II (cf. G. Daux, *op. cit.*, p. 499).

8. Cf. sur ce point A. Aymard, *Les assemblées...*, p. 185, n. 3. Polybe (28, 7, 8 sq.) nous apprend qu'à sa propre instigation, les Achéens avaient voté un décret ordonnant « de rapporter les honneurs trop serviles et illégaux », notamment ceux que l'on avait conférés à Eumène. P. Meloni (*op. cit.*, p. 111-112 et n. 2) note à juste titre qu'en proposant maladroitement, en 185, de payer une indemnité de présence aux membres de l'assemblée fédérale, Eumène avait

commencé à s'aliéner beaucoup de gens dans la confédération. — A noter que Polybe (références *supra*) souligne combien, par rapport à l'hostilité de la plupart de ses compatriotes à l'égard d'Eumène, sa position personnelle avait alors été modérée.

Page 61 :

1. Cf. Tite-Live 39, 24, 2 ; P. Meloni, *op. cit.*, p. 67 et la bibliographie citée *ibid.* à la note 1. Il s'agissait surtout des mines d'or et d'argent du Pangée.

2. Il ressort d'Appien, *Mac.* 11, 5, que cet argument développé par Eumène eut un poids considérable dans la décision prise par Rome de déclarer la guerre à Persée.

3. A noter qu'en prêtant à Eumène ces accusations contre Persée, qu'il rend explicitement responsable d'avoir minutieusement préparé la guerre, Tite-Live est en désaccord, voire en contradiction formelle, avec ce qu'il a dit plus haut en 39, 23, 5 : « La guerre qui était imminente (en fait, nous sommes en 186/185 !) contre le roi Persée et les Macédoniens n'eut point pour cause les motifs que l'on assigne généralement et *ne fut pas provoquée par le roi Persée lui-même* (*nec ab ipso Perseo causas cepit*). C'était Philippe qui en avait conçu le projet, et il aurait conduit cette guerre s'il eût vécu plus longtemps. » Tite-Live ne fait d'ailleurs, sur ce point, que reprendre la déclaration solennelle de Polybe (22, 18, 10) : « J'affirme que c'est Philippe, fils de Démétrios, qui a conçu le dessein de mener contre les Romains cette guerre qui fut la dernière ; c'est lui qui en a assuré tous les préparatifs et, après sa mort, Persée s'est contenté de mettre ses projets à exécution. » Plutarque, qui s'inspire sans doute de Polybe, reprend à son compte la même opinion : cf. *Paul-Emile* 8, 7 sq., où, entrant dans les détails, il attribue à Philippe lui-même plusieurs des mesures — et notamment celle concernant la solde — dont Eumène prête ici la réalisation à Persée. — Sur la « cause » de la troisième guerre de Macédoine aux yeux des historiens grecs (Polybe, Diodore et Appien), cf. E. Bikerman, *Notes sur Polybe III*, in *R. É. G.*, 66, 1953, p. 479-480, avec toutes les références.

4. P. Pédech a bien analysé (*op. cit.*, p. 280) ce procédé par lequel Tite-Live, imitant Polybe, passe, au milieu même d'un discours, du style indirect au style direct : « Cette imitation garantit, écrit P. Pédech, la fidélité à l'original grec qui est perdu. En général, le passage d'un style à l'autre se fait au début : l'écrivain veut manifestement éviter une trop longue étendue de style indirect. Mais quelquefois le langage direct n'éclate qu'à la fin pour donner à la péroraison un accent plus pathétique. »

5. C'est le « philhellénisme intrigant » (ἑλληνοκοπεῖν) dont parle justement P. Pédech, *op. cit.*, p. 137 et note 202 (avec référence à Polybe 25, 3, 1).

Page 62 :

1. On ignore depuis quand Abrupolis avait le titre d' « allié du peuple romain ». « Ni Polybe ni les historiens qu'il (Tite-Live) a consultés ne lui donnent ce titre », écrit P. Pédech (*op. cit.*, p. 134), et plus

loin : « Abrupolis avait vraisemblablement avec Rome des relations d'amitié (*amicus*) ; mais l'alliance (*socius*) est une invention des annalistes et un coup de pouce de Tite-Live au texte de Polybe » (*ibid.*). Abrupolis était roi des Thraces Sapaioi (cf. Pausanias 7, 10, 6) qui vivaient au nord de la Bistonie, à l'ouest d'Abdère ; il avait été chassé par Persée alors qu'il occupait les mines du Pangée. C'est parce qu'Abrupolis était dans son tort que Rome, pour un temps, laissa faire.

2. On ne sait pratiquement rien de ce prince illyrien. P. Pédech (*op. cit.*, p. 135 et n. 184) considère aussi comme « fort douteux » le titre d'ami et d'allié de Rome qui lui est donné par Eumène... En fait, il semble bien que P. Pédech ait commis un contresens sur le texte de Tite-Live 42, 13, 6, lorsqu'il écrit : « Les lettres de Persée qu'il (Arthetauros) fit parvenir aux Romains contenaient selon toute vraisemblance des propositions d'alliance et faisaient partie des tentatives de rapprochement avec les princes illyriens en 172 (cf. Tite-Live 42, 26, 2) ; Persée n'aurait pas eu la maladresse de fournir ces documents à un allié de Rome. » L'historien latin parle au contraire de textes écrits par Arthetauros aux Romains et découverts par Persée.

3. Tite-Live reviendra à deux reprises (42, 40, 7 et 41, 5) sur ces faits. On verra que Persée attribue leur mort à un naufrage.

4. Cette action militaire de Persée, action sur laquelle nous ne possédons aucun renseignement, aurait eu lieu l'année d'avant (173) : cf. P. Meloni (*op. cit.*, p. 148), qui insiste à juste titre sur la gravité de ce geste (Persée sortant de ses frontières) aux yeux de Pergame et de Rome. En revanche, le même savant conteste précisément l'existence de cette clause dans le traité entre Rome et Philippe. Le fait que Tite-Live y fasse allusion, à de nombreuses reprises (33, 30, 6 ; 42, 13, 8 ; 25, 4 ; 40, 6), ne saurait prévaloir, selon lui, contre le silence de Polybe et d'Appien sur ce point, lorsqu'ils donnent le texte du traité de 196 (Polybe 18, 44 ; Appien, *Mac.* 9, 3). Il s'agirait donc d'une « invention annalistique ». La plupart des historiens d'aujourd'hui adoptent le même point de vue (cf. P. Meloni, *ibid.*, p. 188, n. 1). — A noter qu'en 184, Philippe avait accompli en Thrace une campagne militaire fort semblable à celle conduite par son fils — cf. Tite-Live 39, 35, 4 : « Sous prétexte de porter secours aux Byzantins, mais en fait pour jeter la terreur chez les petits princes de la Thrace, Philippe marcha contre ceux-ci, les défit entièrement dans un seul combat... et revint en Macédoine. »

5. Cf. Tite-Live 41, 22, 4 (mais il n'y est pas question de la Doride).

Page 63 :

1. Valère-Maxime, II, 2, 1 souligne, comme Tite-Live, la discrétion dont firent preuve les sénateurs en cette circonstance (cf. aussi Appien, *Mac.* 11, 3).

2. En février-mars 172 (julien).

3. Il s'agit d'Harpale de Béroéa, homme politique important, qui avait été, en 178, hiéromnémon à Delphes. Diodore prétend (29, 34),

manifestement par erreur, qu'Harpale ne « répondit rien » (σιωπήσαντος).

4. Le texte latin, corrompu dans le manuscrit, a donné lieu à beaucoup de variantes et de corrections. Voici les principales : *et legatio Rhodiorum Romae erat ac Satyrus princeps* Koch, *et legationis Rhodiorum ferox erat nec falsa simulaturus princeps* Vahlen *et legatio Rhodiorum erat hac causa missa et cum ea Satyrus princeps* Novâk *et legatio Rhodiorum aderat Romae, cuius ferox erat nec falsa dicturus princeps* H. J. Mueller *et legatio Rhodiorum erat nec per falsa iturus princeps* Goldbacher. Nous avons, pour notre part, repris la leçon de l'édition Giarratano, leçon qui nous a paru à la fois reproduire exactement le texte du manuscrit et la plus vraisemblable pour le sens (quel serait, par exemple, l'intérêt de la remarque *nec falsa dicturus princeps*?). Appien (*Mac.* 11, 3) parle seulement d'un Ῥοδίων τινὰ πρεσβευτήν.

5. Cf. Tite-Live, 34, 32, 20 *populari oratione* : jugement porté par un général romain sur un discours de Nabis. — Le texte latin est visiblement corrompu ici et, par suite, le sens incertain. Nous avons, à l'imitation des récents éditeurs, adopté en désespoir de cause la correction de Hartel ; *V* donne *popularemquidemquidemingratampopulis* ; Froben propose de lire *popularem quidem ac gratam populis Asiae*, Kreyssig *popularem quidem nec ingratam populis Asiae*, Madvig *popularibus quidem gratam*, Harant *popularem quidem suisque non ingratam populis.*

Page 64 :

1. Comme le notent Weissenborn-Müller (*ad. loc.*), le mot *conspiratio* désigne plutôt ici l'hostilité quasi générale éprouvée contre Eumène par les peuples d'Asie et de Grèce, que le complot fomenté par Persée et dont il n'a pas encore été question (cf. le chapitre suivant). — A noter, à propos de cette hostilité contre Eumène, le geste des Rhodiens qui interdirent à la seule délégation de Pergame le droit de participer à leur fête du Soleil (Appien, *Mac.* 11, 3).

2. Comme certains de nos prédécesseurs (Weissenborn-Müller, Giarratano), nous avons cru devoir maintenir ici dans le texte latin la graphie *facinerum* de *V* ; cf. en 42, 41, 6 (alors qu'au § 4, on a *facinorum*).

3. P. Meloni (*op. cit.*, p. 162 et 462) date l'attentat de mars 172. P. Pédech souligne (*op. cit.*, p. 137, n. 205, et surtout p. 138, n. 207) combien la culpabilité de Persée à cet égard est mise en doute par les historiens modernes.

4. Sur Praxo, femme de l'ancienne archonte delphique de 178/177, cf. *infra*, n. 4 à la p. 66. G. Daux (*op. cit.*, p. 318 et 450) souligne le rôle de premier plan que joua Praxias, mari de Praxo, à Delphes, pendant une longue période. Il fut en outre prêtre d'Apollon Pythien, de 153-152 à 144-143.

5. A l'embouchure du Pleistos, port d'abord de Crisa, puis de Delphes. Cf. G. Daux, *op. cit.*, p. 495.

Page 65 :

1. De fait, Pantaléon avait été stratège de la confédération éto-

lienne en 186-185, et, une deuxième fois, l'année d'avant, soit de 174 à 173. C'est, comme le souligne P. Treves (*R. E.*, *s. u.*, c. 691-692), par pur hasard et surtout en raison de sa grande réputation qu'il se trouvait aux côtés d'Eumène. Il avait toujours, en effet, prôné l'indépendance de son pays face aux pressions romaines. En 170, il obtint même de l'assemblée de la ligue qu'elle amenât les envoyés romains à partir sans avoir obtenu les otages qu'ils demandaient et, par là, à ne pas donner gain de cause aux « collaborateurs » (cf. Polybe 28, 4, 5 sq.). P. Meloni nous semble donc penser à tort (*op. cit.*, p. 184, n. 2) que Pantaléon « doveva essere un esponente del partito filoromano se al momento dell'attentato contro Eumene lo troviamo al suo fianco ».

Page 66 :

1. L'île appartenait à Eumène (cf. 31, 25, 1). La « traversée » de l'isthme s'effectuait par le transfert des navires sur des chariots spécialement aménagés : cf. Strabon 8, 2, 1 ; 8, 6, 4 ; Thucydide 8, 7, 5... De même, à Tarente (Tite-Live 25, 11, 18).

2. L'affaire de Stratonice, femme d'Eumène, est racontée différemment par Tite-Live (42, 16, 8), d'une part, Diodore (29, 34) et Plutarque (*De frat. am.* 18), de l'autre ; Diodore, à mots couverts, Plutarque, nettement, parlent en effet d'un « mariage » d'Attale et de Stratonice (Stein, *R. E.*, IV A (1), art. *Stratonikè*, n° 11, c. 321, ne semble pas douter que Stratonice ait épousé Attale et que le jeune Attale III soit né de cette union). Toutes les sources antiques n'en soulignent pas moins le maintien de la bonne entente entre Eumène et son frère, du reste surnommé Φιλάδελφος.

3. Cf. *supra*, § 6, 5 et la note. L'ambassade qu'il dirigeait devait en principe se rendre en Macédoine, puis en Égypte. Or il vient de Delphes et de Chalcis (cf. § 17, 8) — Erreur de Tite-Live? Le retour de C. Valerius aurait eu lieu, selon E. Bikerman (*op. cit.*, p. 506), en avril 172.

4. P. Pédech (*op. cit.*, p. 138, n. 203) note, après G. Daux (*op. cit.*, p. 318), que, du moment qu'on retrouve le nom de Praxo, en 167, à Delphes, sur un acte d'affranchissement, on est en droit de supposer qu'à Rome, elle se justifia facilement.

5. F. Münzer (*R. E.*, art. *Herennius*, n° 1, c. 662), rappelant qu'Appien (*Mac.* 11, 7-8) donne à trois reprises à ce personnage le nom d'Ἑρέννιος et qu'une inscription parle d'un certain Ῥέννιος, pense que la véritable forme du nom était Rennius. A noter que le manuscrit *V* donne deux fois la forme *Rammum* (42, 17, 2 et 41, 4) et deux fois *Rammius* 42, 17, 3 et 8). Grynaeus, dans l'*editio princeps* de 1531, a adopté la seconde forme. — Sur L. Rammius, cf. P. Pédech, *op. cit.*, p. 138 et n. 206 207. Comme la plupart des historiens modernes, l'auteur considère comme « bien romanesque » l'histoire de Rammius (un pur mensonge, d'après F. Geyer, *R. E.* XIX, *s. u.*, *Perseus*, n° 5, c. 1006). « Persée », ajoute P. Pédech, « espérait-il empoisonner tout le sénat? » C'était déjà une des objections des ambassadeurs de Persée à Rome (Appien, *op. cit.*, § 7).

Page 68 :

1. Cf. *supra*, 10, 13.

2. Ce tribun ne nous est connu que par les livres 41 et 42 de Tite-Live. Il est le frère du préteur de l'année suivante, C. Lucretius Gallus (cf. 42, 28, 5), dont il sera le légat dans les opérations militaires contre Persée.

Page 69 :

1. Il s'agit d'Ariarathès IV, roi de Cappadoce (cf. *infra*, 42, 29, 4) depuis 220. Beau-père d'Eumène depuis 188, il avait auparavant eu le tort de s'allier à Antiochos III (dont il était le gendre) contre Rome. Eumène avait obtenu de Rome une réduction de moitié de l'énorme indemnité de guerre (600 talents) qu'Ariarathès devait aux Romains. Celui-ci conclut avec eux un traité d'alliance (Tite-Live 38, 37, 5 ; 39, 6) et s'en tiendra désormais fidèlement à la politique romanophile de son gendre. A la différence de Niese (*R. E.* II, 1, c. 817 sq.), P. Meloni (*op. cit.*, p. 167 et n. 2) ne croit pas à l'affirmation de Diodore (31, 19, 7) suivant lequel le fils d'Ariarathès envoyé à Rome aurait été un fils illégitime (né du mariage du roi et d'une concubine).

2. Comme le montre l'apparat critique, le texte du manuscrit est corrompu de *Threcum* à *societatem*. La plupart des éditeurs ou commentateurs sont d'accord pour lire *Medis* sous *SEDIS* (cf. en dernier lieu P. Meloni, *op. cit.*, p. 168, qui rappelle que les Mèdes en question sont des Thraces dont Strabon 7, 5, 12, et Pline, *N. H.* 4, 11, 40, situent l'habitat sur la rive droite du Strymon. Ils avaient des raisons d'être les ennemis de Persée, puisque Philippe, en revenant de son excursion de l'Hémus, avait ravagé leur pays en 181 et conquis Pétra, leur capitale (cf. Tite-Live 40, 22, 12 sq.). Peut-être ne devrait-on pas exclure la lecture *Serdi*, tribu habitant les environs de l'actuelle Sofia (*Serdica* : cf. Ptolémée III, 11, 6).

3. Nous avons adopté la correction de Zingerle. La lecture *Odomantisque*, proposée par Müller, semble devoir être rejetée : ce peuple, qui habitait en effet l'embouchure du Strymon, paraît trop proche de la Macédoine pour pouvoir, en 172, envoyer une ambassade à Rome ; d'autre part, la correction *Caenisque* de Weissenborn est paléographiquement peu vraisemblable. Les Célalètes (versant sud de l'Hémus et septentrional du Rhodope) habitaient non loin de Philopolis (cf. Pline, *H. N.* 4, 11, 41).

4. Les *Asti* (la correction est de Müller) habitaient entre la Propontide et la mer Noire. C'étaient les ennemis traditionnels des Macédoniens. La correction *Sapaei* de Zingerle et Madvig semble devoir être rejetée, puisque ces Barbares étaient précisément, depuis l'expulsion d'Abrupolis par Persée, passés sous la domination macédonienne (cf. *supra*, 42, 13, 6, n. 1).

5. Cf. la note suivante.

6. On admet en général aujourd'hui (cf. P. Meloni, *op. cit.*, p. 205, n. 3) que la mention, à cette place, de l'ambassade en question est une falsification ou une réduplication d'origine annalistique de celle de 171, dont Ti. Claudius Nero était le chef (cf. *infra*, 42, 45, 1 ; cf. aussi F. Münzer, *R. E.*, art. *Decimius*, n° 4, c. 2273). Quant à M. Decimius, le prénom est probablement erroné : il s'agirait d'une confu-

sion, soit avec L. Decimius (42, 37, 1) envoyé en Grèce, puis en Illyrie (*ibid.* 2), soit avec C. Decimius (42, 35, 7) envoyé en Crète.

7. Le mot désigne en fait d'autres peuples que les Rhodiens ou les Crétois (et non pas, comme le notent Weissenborn-Müller « *aussi* d'autres peuples »). Les Crétois, en effet, n'ont conclu aucun traité d'alliance avec Rome (cf. la présence de 3.000 mercenaires crétois dans le camp macédonien, Tite-Live 42, 51, 7), pas plus que les Rhodiens, dont les relations avec Rome n'étaient pas des meilleures depuis l'ambassade de Satyrus : cf. M. Holleaux, *op. cit.*, p. 69, où l'auteur rapproche à juste titre notre passage de 43, 7, 1 et observe que le sénat n'aurait pas manqué, s'il y avait eu un traité d'alliance avec la Crète, de le rappeler — cf. *supra*, n. à 42, 6, 4. (Si le texte transmis en 42, 26, 8 — *Rhodios* est une correction — est juste, il faut admettre que Rhodes ne peut pas non plus être considérée comme une *ciuitas socia* au sens propre du mot — cf. aussi *infra*, n. 1 à page 104.)

Il est possible qu'en ce qui concerne 42, 19, 8, l' « erreur » de Tite-Live soit entraînée par celle, plus grave (cf. la note précédente), qui fait état, en la circonstance, d'une ambassade romaine en réalité inexistante. — Sur ces « contradictions » entre différents passages de Tite-Live concernant les Rhodiens, cf. 42, 26, 8, où l'historien nous montre ces derniers *fluctuantes et imbutos Persei consiliis*, et 42, 45, où leur flotte est prête à aider Rome, cf. E. Will, *op. cit.*, p. 250. Le refroidissement des relations, excellentes pendant le règne de Philippe V de Macédoine, entre Rome et Rhodes date, d'après Polybe (25, 4 = 26, 7, 8), du mariage de Persée : le fait qu'une flotte rhodienne avait escorté la fiancée de Persée, les facilités accordées par ce dernier à la construction d'une importante flotte rhodienne, tout cela aurait à la fois indisposé et inquiété Rome et Pergame. — Pour G. Colin (*Rome et la Grèce de 200 à 146 av. J.-C.*, Paris, Fontemoing, 1905, p. 403), la tension daterait de 177, date à laquelle Rome aurait accueilli avec bienveillance les réclamations des Lyciens.

8. L'addition de Madvig est adoptée par tous les éditeurs. — Il s'agit du consul de 255, collègue de Ser. Fulvius Nobilior. Les deux consuls étaient partis pour l'Afrique récupérer les restes de l'armée de Régulus. Après avoir remporté un succès sur la flotte carthaginoise, la flotte romaine fut en grande partie détruite par une tempête à son retour, l'année suivante (254). Les deux proconsuls reçurent le triomphe.

Page 70 :

1. Il doit s'agir (cf. Tite-Live 40, 18, 8) du promontoire situé en face de l'île de Capri (cf. Pline, *H. N.* 3, 62 : *Surrentum cum promontorio Mineruae* ; cf. Tacite, *Annales* 4, 67).

2. Cette bourgade était située en Étrurie, au nord de Vulci. Une colonie romaine y avait été fondée onze ans auparavant, en 183 : cf. Tite-Live 39, 55, 9.

3. Sur cette ville de Campanie, cf. Tite-Live 41, 27, 10 et la note.

4. Ville du Picenum, à 12 kilomètres de la mer, sur une colline.

5. On peut admettre qu'il n'y a pas là contradiction, comme semblent le penser Weissenborn-Müller, avec 42, 10, 15, où les mêmes consuls déclarent qu' « ils allaient partir pour leur province ». Tite-Live donne précisément maintenant les raisons de ce retard.

6. Cf. *supra*, n. 4 à la page 54.

Page 71 :

1. Ces deux tribuns sont inconnus par ailleurs.
2. Sur ce personnage, cf. Tite-Live 41, 28, 5 et la note *ad loc.*
3. Cf. *supra*, 42, 7, 1-2.
4. Ce triomphe aurait eu lieu aux calendes d'octobre (cf. J. Triantaphyllopoulos, *op. cit.*, p. 865). Pais (*Fasti triumphales*, 120) le date du 1er août.
5. Sur ce personnage, cf. *supra*, 42, 9, 8 et la note.

Page 72 :

1. En 179. Les deux consuls étaient frères, cas exceptionnel. — A noter que le sénat avait pourtant, à cette date, accordé un triomphe *ex Liguribus* au consul Q. Fulvius (Flaccus) (cf. 40, 43, 4-6). Ce dernier n'est autre que le censeur de 174 (cf. *supra*). Quant à L. Manlius (Acidinus Fulvianus), c'était un Fulvius adopté par un Manlius Acidinus (cf. *infra*, 42, 49, 9).
2. Sur une *traductio* analogue de 40.000 Ligures Apuani, en 180, dans le Samnium, cf. Tite-Live 40, 38, 6. — Le sénat leur donna 150.000 sesterces. Par la suite, 7.000 autres Ligures de la même tribu furent également transportés par mer de Ligurie à Naples, puis dans le Samnium, où ils rejoignirent leurs compatriotes (Tite-Live 40, 41, 4 sq.).
3. Le terme *rogatio* étonne au premier abord à propos d'un texte promulgué d'abord régulièrement avec l'*auctoritas senatus* (42, 21, 5), puis voté normalement par la plèbe (*ibid.* 8). Mais, comme veut bien nous l'écrire notre collègue M. R. Villers, professeur à la Faculté de Droit de Paris, que nous remercions ici de son obligeance et dont, avec son autorisation, nous reproduisons en partie la lettre, *rogatio* a en droit public romain trois sens : 1) la proposition du magistrat du peuple romain (ou du tribun de la plèbe) ; 2) le dispositif de la loi qui en sort et qui, par définition, est identique à la proposition, puisque les comices n'ont ni le droit d'initiative, ni le droit d'amendement et se contentent de répondre par oui ou par non ; 3) par extension, la loi tout entière. En conséquence, on peut très bien employer le mot *rogatio* au sens de *lex* (cf. Aulu-Gelle, *N.* 4.10,20, qui mentionne ce mélange d'emplois.) « Le fait que finalement », ajoute M. Villers, « cette loi n'ait pas été appliquée à cause de l'*ars fallax* de Popilius et de ses amis a peut-être incité Tite-Live à commettre volontairement cette confusion. »
4. C'est l'oncle de Jugurtha et le père de Massiva (Salluste, *Jug.* 35, 4). Son père mort (149-148), il participera aux côtés des Romains à la lutte contre Carthage, lors de la troisième guerre punique (cf. Tite-Live, *Per.* 48), et fut connu de Polybe (cf. Pline, *H. N.* 8, 47). Il mourut avant son frère Micipsa, donc avant 118.
5. Tel avait été le cas en 182, Masinissa ayant enlevé aux Carthaginois une portion de territoire que Syphax, après l'avoir prise à son père Gala, avait remise aux Carthaginois (Tite-Live 40, 17, 1). Rome avait semblé par la suite (cf. *ibid.* 34, 14) pencher du côté de Carthage

à laquelle elle avait rendu cent otages. Polybe (31, 21 = 32, 2) fait état de nombreux empiètements commis par Masinissa aux dépens du territoire de Carthage, avec la tolérance de Rome (cf. aussi Appien, *Libyca* 67-68).

Page 73 :

1. Le texte latin de *V* (*quiddedissentquidipsumnullampraeterquamsuaelibidinisarbitriofuturumhorumsi*) a donné lieu à de nombreuses corrections. Nous avons, à l'exemple de Giarratano, adopté dans leur intégralité celles de l'*editio princeps*. Weissenborn-Müller écrivent *arbitrio acturum*, Hartel *arbitrium futurum*. Harant (*op. cit.*, p. 238-239) rétablit pratiquement le texte de *V* en proposant : *quid dedissent, quid non; ipsi nullum, praeterquam suae libidinis arbitrio, futurum modum si...* Cependant la correction de *ipsum* en *ipsi* nous semble difficile à admettre.

Page 74 :

1. Weissenborn-Müller font remarquer à juste titre que cette allusion se rapporte sans doute à un fait déjà mentionné deux ans auparavant (41, 22, 2).

Page 75 :

1. Sur ce personnage, préteur en 174, cf. *supra*, 42, 4, 2 et n. 5 à la p. 29.
2. Préteur en 175. Cf. n. 3 à la page 39.
3. Préteur en 175. Il sera, en 169, l'un des triumvirs chargés de conduire à Aquilée un nombre supplémentaire de colons (43, 17, 1).
4. Comme le notent Weissenborn-Müller, Tite-Live ne mentionne nulle part l'envoi de cette ambassade, pourtant fort importante. Plus grave encore apparaît le désaccord entre les faits racontés dans les paragraphes suivants (et notamment l'attitude agressive du roi Persée) et ceux dont Tite-Live fait le récit aux chapitres 36, 39 et 50, où l'on nous dépeint au contraire un Persée accommodant et patient. Une falsification d'origine annalistique est manifestement la cause, à la fois de cette discordance et de cette insertion maladroite d'une ambassade probablement inexistante (cf. E. Bikerman, *op. cit.*, p. 506).
5. Comme le fait justement remarquer H. Drexler (*Iustum bellum*, in *Rh. M.*, 102, 1959, p. 98), l'expression stéréotypée *res repetere*, en rapport formel avec la juridiction fétiale, ne correspond pratiquement plus ici à la réalité. Si, en 200, au moment où Rome songe à déclarer la guerre à Philippe, le rôle envisagé pour les féciaux (cf. 31, 8, 3-4) paraît encore proche de celui qui était le leur dans les premiers temps de Rome, ce ne semble déjà plus être le cas en 191, quand il s'agit de savoir comment déclarer la guerre à Antiochos. En revanche, les expressions *res repetere* et *satisfieri*, qu'on verra figurer à plusieurs reprises (cf. *infra*, 30, 11 et 31, 1) dans les réclamations romaines adressées à Persée, correspondent, encore à cette date, à une réalité. Antiochos doit libérer les villes dont il s'est injustement emparé : cf. Tite-Live 36, 3, 7-12. En 172-171, les mêmes expressions n'appa-

raissent plus guère que comme des formules vides ou hypocrites (cf. W. Walbank, *Roman declaration of war in the third and second centuries*, in *C. Ph.*, 44, 1949, p. 18, n. 19).

6. A noter qu'en 40, 58, 9, Tite-Live ne parle pas d'un *foedus... renouatum*, mais simplement d'une demande faite à Rome par Persée *ad amicitiam paternam renouandam.* (La fatalité a voulu qu'en 42, 40, 4 le mot *foedus*, infiniment probable, ne demeurât malgré tout qu'une conjecture.) A propos du mot *renouare*, cf. surtout G. Daux, *op. cit.*, p. 304, n. 2 : « 'Ανανεοῦσθαι (dont le latin *renouare* semble n'être qu'un calque sémantique) signifie presque toujours dans cet emploi : donner une force nouvelle à un acte de caractère juridique (traité d'alliance, pacte d'amitié, décret, etc...) qui n'a pas été aboli, mais que les circonstances ont émoussé. C'est bien le cas de l'amitié entre Rome et la Macédoine ; elle subsiste en théorie ; elle ne manifeste plus ses effets, bien au contraire. »

7. Sur ce point, cf. *supra*, n. 4 à la page 62.

8. La plupart des commentateurs modernes (E. Bikerman, *op. cit.*, p. 491 ; P. Meloni, *op. cit.*, p. 73 et n. 2 et p. 180 sq.) voient dans cette affirmation une falsification d'origine annalistique, comme le serait d'ailleurs la clause du traité telle qu'elle est libellée par Tite-Live en 33, 30, 6 (« faire la guerre hors des frontières sans autorisation du sénat »). En tout cas, il n'est pas fait mention, dans la liste de ces clauses, d' « alliés du peuple romain ».

Page 76 :

1. Cf. Tite-Live 40, 58, 9, et la note 6 ci-dessus.

2. Le cynisme de cette révélation dénonce à nouveau une falsification d'origine annalistique. (Pour l'analyse et le commentaire de ces faits, cf. P. Meloni, *op. cit.*, p. 178.) La contradiction que révèlerait en effet une telle attitude de la part du roi avec les efforts qu'il multiplie pour éviter la guerre n'a pas besoin d'être démontrée.

3. « A ces mots, naguère enflammé, il avait repris son sang-froid. » Cf. *restitisse* en 42, 50, 10 (J. Perret).

4. Les historiens modernes ne sont pas d'accord « sur la vraisemblance » de l'existence de cette ambassade romaine.

Page 77 :

1. C'est le fils de Pleuratos qui, lui, s'était montré un fidèle allié de Rome au cours de la deuxième guerre de Macédoine. Gentios, qui règne sans doute depuis 180 (cf. Tite-Live 40, 42, 1-5), n'est pas « roi des Illyriens », comme l'écrit ici Tite-Live, mais roi d'une tribu illyrienne (cf. Appien, *Ill.* 9 — Tite-Live 42, 45, 8 parle d'ailleurs « des » rois illyriens) et, plus exactement, des « Labeates » (43, 19, 3). Il habitait Skodra (Scutari). Dès le début, il s'attire par ses actes de piraterie l'hostillité des Romains (cf. 40, 42, 1). Longtemps hésitant au cours de la lutte de Rome contre Persée, il finit par s'allier à ce dernier ; il fut battu par les Romains, au printemps de 168, peu de temps avant Pydna. Fait prisonnier, il fut détenu à Iguvium, en Ombrie (Tite-Live 45, 43, 10). Sur les (nombreux) peuples illyriens qui avaient embrassé la cause romaine, en partie à la suite de leur

défection envers Gentios, cf. Tite-Live 45, 26, 13 ; cf. aussi *infra*, n. 8 à la p. 91.

2. Cette île du nord de la côte dalmate avait joué un rôle important lors des hostilités entre Rome et Teuta, reine d'Illyrie, en 229-228. Il semble qu'elle ait été, après la défaite de cette dernière, mise sous la protection de Rome. Au cours de la deuxième guerre punique, les Isséens, sans doute afin d'assurer leur libération du joug illyrien (Démétrios de Pharos) et macédonien, avaient déjà envoyé un contingent de navires dans la flotte romaine.

3. A noter l'exagération de cette affirmation, puisqu'en 169, Gentios hésitait encore à se prononcer entre les deux belligérants.

4. Il avait été préteur en 184 (Tite-Live 39, 32, 14 ; 38, 3). Appelé « proconsul » en 39, 56, 1, il est qualifié correctement de « propréteur » en 40, 2, 5.

5. Inconnu par ailleurs.

6. Sur ce personnage, cf. la n. 7 à la page 42.

7. Cette ambassade doit être celle dont le départ a été signalé par Tite-Live en 42, 6, 4, plutôt que celle (sans doute une fabrication annalistique) mentionnée en 42, 19, 7-8.

Page 78 :

1. Sur l'inexactitude consistant à inclure Rhodes parmi les cités « alliées » de Rome, cf. *supra*, n. 7 à la page 69.

2. Sur ce personnage, cf. 42, 9, 8 et la note.

3. Cf. n. 9 à la page 42.

Page 79 :

1. C'est-à-dire en novembre (172) d'après le calendrier julien. Cette date est acceptée par F. W. Walbank, *A note...*, p. 82.

2. Comme c'est plusieurs fois le cas dans le livre, le mot est employé dans un sens large (Note de Weissenborn-Müller). Sur le sens de *obtinere* dans un contexte analogue, cf. Tite-Live 27, 7, 15 ; 30, 27, 9 ; 31, 8, 7 ; 33, 25, 11 ; 41, 21, 2 ; etc...

3. Il s'agit du fils du consul de 184. Il avait, comme *duumuir* chargé de cette tâche, dédié en 181 un temple à Vénus Éricyne, près de la Porte Colline, temple voué par son père lors de la guerre contre les Ligures (cf. Tite-Live 40, 34, 4).

4. Sur ce personnage, cf. n. 5 à la page 31.

5. Il s'agit de T. Iuventius Thalna, qui avait été préteur pérégrin en 194, donc l'année même de la préture de Sex. Digitius.

6. Il avait été en 173 décemvir pour le partage de terres ligures et gauloises (cf. *supra*, n. 11 à la page 50).

7. C'est-à-dire en novembre (172) du calendrier julien. Cette date du 18 février est tardive, comme le font remarquer Weissenborn-Müller, qui renvoient au § 1, ainsi qu'à Tite-Live 38, 42, 2 (en 187, 18 février également) et 40, 59, 5 (en 179, le 25 février). A noter qu'en 169, les comices auront lieu en janvier (43, 11, 5). Il est probable que ces retards étaient dus à la mésentente opposant presque ouvertement la majorité sénatoriale et les consuls plébéiens (cf. E. Bikerman, *op. cit.*, p. 496).

8. Comme l'année précédente, les deux consuls de 172 sont plébéiens.

9. C'est le préteur de 176 (cf. 41, 14, 5 ; 15, 9). Il est le frère du préteur urbain de l'année précédente, Caius Licinius Crassus. On a vu que celui-ci, comme président du tribunal chargé de juger M. Popilius, avait su ajourner *sine die* le procès (cf. 42, 22, 7). Du coup, les Popilii, alors très puissants, font élire Publius au consulat pour 171.

Page 80 :

1. Il avait été préteur urbain en 174 et *decemuir* pour la répartition de l'*ager Ligustinus* (cf. *supra*, 4, 4 et 41, 21, 1).

2. Sur ce personnage, cf. 41, 21, 9 et la n. 8 à la page 30.

3. On ne sait rien d'autre de lui, sinon qu'il était pontife et mourut en 170 (cf. 43, 11, 13).

4. Il avait été deux ans auparavant (cf. 41, 25, 5 et n.) membre d'une ambassade romaine en Grèce. Il allait être chargé de la province d'Espagne, désormais réduite à une seule (cf. § suivant), et, comme tel, de présider un procès pour exactions contre certains de ses prédécesseurs. L'attitude dilatoire et équivoque qu'il eut à ce propos excita les soupçons contre lui (cf. Tite-Live 43, 2, 3).

5. Il avait été *duumuir naualis* en 181 (Tite-Live 40, 18, 7 et 26, 8). Chargé du commandement de la flotte dans la guerre contre Persée, il s'attira par ses exactions la haine des Grecs et fut condamné à Rome à une forte amende (cf. Tite-Live 43, 4, 5-7 ; 7, 8-11).

6. Inconnu par ailleurs.

7. Ce préteur devait son surnom à la *rogatio* qu'il avait fait voter en 180, alors qu'il était tribun de la plèbe (cf. Tite-Live 40, 44, 1), et qui fixait l'âge auquel il était permis de briguer une magistrature (en fait, la durée de l'intervalle minimum entre deux magistratures). « Il fallait, semble-t-il, trente-six ans pour être édile curule, trente-neuf pour être préteur, quarante-deux pour être consul. La questure n'était pas obligatoire » (A. Piganiol, *La conquête romaine*, Paris, P. U. F., 5e éd., 1967, p. 399).

8. Il semble qu'à partir de cette année, et pour toute la durée de la guerre de Macédoine, les deux provinces d'Espagne (la division de la péninsule existait depuis 197 : cf. Tite-Live 32, 28, 11 — c'est abusivement que Tite-Live en fait état dès son récit des événements de 214 : 24, 41, 2) furent réduites à une seule, cf. 43, 2, 3 ; 11, 8 ; 44, 17, 10). Ce n'est qu'en 45, 16, 1, que Tite-Live mentionne explicitement — encore qu'indirectement — cette importante modification administrative.

9. Sur ce personnage, cf. Tite-Live 41, 13, 5 et n.

10. Il avait été préteur en 205 (cf. Tite-Live 28, 38, 11). Gouvernant la Sicile, il eut sous ses ordres le bisaïeul d'Auguste qui servait alors comme tribun militaire (Suétone, *Aug.* 2, 3).

11. Sur ce censeur qui avait défrayé la chronique l'année précédente, cf. Tite-Live 41, 27, 1 et n.

12. On sait par Pline l'Ancien (36, 107 sq.) que, depuis Tarquin l'Ancien, le suicide était considéré comme tel à Rome. Cf. aussi Servius (*ad Aen.* 12, 604, à propos de la mort d'Amata qui s'était

pendue) : il nous apprend, d'après Varron, qu'on ne rendait pas les honneurs funèbres aux suicidés par pendaison. — Weissenborn-Müller, relevant un passage de Pline l'Ancien (7, 157) selon lequel le *quinquennium* de la censure de Flaccus et d'Albinus (que Pline fait commencer à 175) serait le seul pendant lequel aucun sénateur ne serait mort, se demandent s'il ne faudrait pas, en conséquence, retarder d'un an la mort de Q. Fulvius Flaccus.

13. Les mêmes faits sont évoqués brièvement par Valère-Maxime 1, 1, 20.

14. Cf. *supra*, 42, 3, 1 sq.

Page 81 :

1. Cf. Tite-Live 41, 22, 3 et n. 4 à la p. 31.

2. Tite-Live signale également (29, 38, 7-8), à propos de l'élection de Ti. Sempronius Gracchus comme augure, en 204, qu'il était fort jeune (*admodum adulescens*) et ajoute *quod tum perrarum in mandandis sacerdotiis erat*. (Déjà, en 212, avait été élu au souverain pontificat le jeune P. Licinius Crassus, alors candidat à l'édilité curule ; cela avait d'autant plus surpris que Crassus l'avait emporté sur deux rivaux âgés et couverts d'honneurs : cf. Tite-Live 25, 5, 4).

3. C'est le fils du consul de 192. En 169, il fera partie d'une ambassade romaine envoyée en Macédoine (Tite-Live 44, 18, 6) et, deux ans après, de la commission de dix membres envoyée en Grèce (à moins — cf. F. Münzer, *R. E.*, art. *Domitius*, n. 19, c. 1322 — qu'il ne s'agisse de son père ; cf. Tite-Live 45, 17, 3). Il sera lui-même consul en 161.

4. Cf. *supra*, n. 1 à la page 69.

5. Le roi d'Égypte, Ptolémée VI Philomètor, qui régnait depuis la mort de son père (181-180), était alors mineur, âgé de douze à quinze ans (E. Will, *op. cit.*, II, p. 263). Ptolémée VI était le neveu du roi de Syrie Antiochos IV.

6. N. Lewis (*Ad Livium* 42, 29, 5 in *The Journal of Juristic Papyrology*, Varsovie, IV, 1950, p. 265-266) attire justement l'attention sur le contresens que l'on commettrait en traduisant ici *inertia* par « inertie » : « C'est précisément en raison de leur (= à Eulaeos et Lenaeos) activité intense dans la préparation de la guerre qu'Antiochos se plaignit auprès des Romains : cf. Polybe 27, 19 (17) ». L'auteur propose, à juste titre, selon nous, de prendre *inertia* dans son sens étymologique (« manque d'expérience et d'habileté » politique et diplomatique de ces affranchis devenus hommes d'État).

7. La Coelé-Syrie (mot à mot : la « Syrie creuse » ou « enfoncée ») est, au sens étroit, la dépression, arrosée par les cours supérieur de l'Oronte et du Jourdain, qui sépare le Liban de l'Anti-Liban. En général, on désigne ainsi par extension la région qui va de là jusqu'à l'Euphrate. Faisant originellement partie du royaume de Séleucos, la Coelé-Syrie avait été, dès 280, conquise par Ptolémée Philadelphe et était demeurée égyptienne, sauf pendant de brèves interruptions, jusqu'en 218. Après cette date, elle était repassée sous la domination syrienne (mais cf. la fin de la note suivante).

8. « L'affirmation de Tite-Live, qui montre le Séleucide fourbissant ses armes dès 172/171, est sujette à caution », écrit E. Will (*op.*

cit., II, p. 265), pour qui c'est en réalité au Parthe Mithridate Ier qu'Antiochos songeait à faire la guerre. Le § 7 semble d'ailleurs contredire les assertions de Tite-Live au § 5. Cf. aussi la note suivante. — Sur le cas de la Coelé-Syrie qui aurait, d'après Polybe 28, 20, 9 et Appien, *Syr.* 5 (18), été donnée en dot par Antiochos III le Grand à sa fille, donc à la mère de Ptolémée VI, cf. la discussion d'E. Will, *op. cit.*, II, p. 163.

9. Sur les deux tuteurs, tous deux anciens esclaves, de Ptolémée, l'eunuque Eulaeos et Lenaeos, un Coelé-syrien, on trouvera une bonne mise au point dans E. Will (*op. cit.*, II, p. 263 ; le même historien souligne à deux reprises — p. 265-266 — que « la déclaration de guerre partit d'Alexandrie en 170 »). « Les pensées d'Hamilcar dans le cerveau de Daos », écrit de son côté P. Pédech (*op. cit.*, p. 148) dans le portrait féroce qu'il fait des deux tuteurs, « formaient un cas d'une espèce exceptionnelle, à la fois tragique et bouffon ». L'auteur analyse très finement (p. 149) les renseignements que nous ont laissés Diodore et Polybe sur les deux hommes.

Page 82 :

1. Cf. *supra*, 42, 26, 2.

2. P. Meloni (*op. cit.*, p. 90 et n. 2 et 3) rappelle à propos de ce roi l'hypothèse de certains historiens, selon lesquels l'amitié de Cotys pour Persée daterait de l'époque à laquelle Philippe aurait déposé Seuthès, le père de Cotys. — Les Odryses, d'abord ennemis de Philippe (cf. Tite-Live 39, 53, 12), laissèrent ensuite le passage aux Bastarnes, alliés des Macédoniens. Malgré l'aide constante et fidèle (Polybe 27, 12 = 27, 10 loue la noblesse de caractère du prince thrace) qu'apporta Cotys à Persée, il semble qu'il ait obtenu le pardon des Romains après Pydna, puisqu'il revendiqua Abdère (cf. E. Will, *op. cit.*, II, p. 239). En outre, les Romains lui rendirent son fils qui avait été pris avec les enfants de Persée (Polybe 30, 17 (18), 4).

3. Nous avons adopté la correction de C. Giarratano en raison des indications données au début de la note précédente, concernant l'ancienneté probable des relations de Cotys avec Persée.

4. Par « nations », il faut entendre les États organisés. Weissenborn-Müller rapprochent de Tite-Live 7, 26, 15 (*cuius populi ea cuiusque gentis classis fuerit, nihil certi est*). Harant (*op. cit.*, p. 241) a tort de ne voir aucune différence entre les deux mots peuples et nations.

5. En adoptant la leçon de J. F. Gronovius, nous faisons dépendre le génitif *deterioris* de *erat*. Weissenborn (éd. Weissenborn-Müller, note *ad loc.*, mais l'édition reprend curieusement en la présentant, en note, comme une correction, la leçon *deterioribus* de *V*) rapproche à juste titre de Tite-Live 23, 14, 7 : *plebs... Hannibalis tota esse.*

6. Même attitude de la plèbe étolienne, en 192, à l'égard d'Antiochos (cf. Tite-Live 35, 33, 1). Pour le texte que nous avons adopté, cf. *Introduction*, p. LXXX et n. 7.

Page 83 :

1. Sur ce jugement assez inattendu de Tite-Live, copiant évidemment Polybe, cf. *Introduction*, p. XXX et n. 4. Weissenborn-Müller

(*adn. ad loc.*) rapprochent ces lignes de Polybe 30, 6, 5 — rapprochement qui peut être admis, avec cette réserve qu'il s'agit, en fait, dans le texte de Polybe, des trois catégories d'hommes qui, après *Pydna*, furent accusés de collaboration avec Persée. Seule la « première » catégorie, c'est-à-dire celle des gens qui virent sans plaisir le monde entier soumis, par la victoire de Pydna, à l'hégémonie d'une seule puissance et qui auraient préféré la neutralité, peut vraiment être comparée à la *tertia pars* mentionnée ici par Tite-Live ; la coïncidence n'est donc pas absolue entre les textes des deux historiens,

2. C'est-à-dire en février 171 (= novembre julien). Cf. *supra*, 28, 4.

Page 84 :

1. Cela se passait en mars 171 (= décembre 172 julien). Il y a tout lieu de penser que Tite-Live s'était inspiré du texte officiel. — Quant au vote favorable du peuple sur la déclaration de guerre, Tite-Live ne le mentionne qu'incidemment et par prétérition dans la suite (§ 36, 1).

2. Cette dernière remarque prouve, comme le note F. W. Walbank (*Roman declaration of war*..., in *Cl. Phil.*, 44, 1949, p. 15-19 ; cf. déjà, du même auteur, *A note*..., p. 87 sq.), que la « nature conditionnelle » du vote de la guerre par les comices existait encore à cette date. F. W. Walbank montre aussi comment la procédure fétiale avait été peu à peu abandonnée au profit de l'envoi de *legati* munis de tels pouvoirs. Seule la *denuntiatio belli*, c'est-à-dire, en fait, les derniers mots prononcés par les *legati*, constituait une déclaration de guerre effective. — Sur *nisi... satisfecissent*, cf. *supra*, n. 5 à la page 75.

3. D'après le chapitre 27, 3, Sicinius ne devrait avoir que 400 cavaliers alliés.

4. Rome levait donc au total, chez elle et chez ses alliés, 53.000 hommes, dont 30.000 pour la Macédoine. A ces derniers s'ajoutera une réserve de 38.200 fantassins et cavaliers (cf. 42, 35, 4-5), sans compter 2.000 Ligures et d'autres auxiliaires crétois et numides (*ibid.* 6), dont le nombre n'est pas précisé.

5. L'âge limite pour le recrutement semble avoir été d'habitude de quarante-cinq ans. Il était repoussé à cinquante ans dans les cas urgents (cf. en 181, lors de la guerre contre les Ligures : 40, 26, 7). En revanche, en 169, il est fixé à quarante-six ans (43, 14, 6).

6. Il semble, d'après Tite-Live (7, 5, 9), que ce soit en 362 que « pour la première fois » le peuple ait obtenu le droit d'élire (sans doute dans les comices tributes) les tribuns militaires (six par légion) appelés désormais *comitiati*, par opposition aux *Rufuli* nommés par les commandants en chef, comme cela se pratiquait jusqu'alors. — Bien que Tite-Live ne le précise nullement, il faut, à la suite d'Asconius (*ad* Cic., *Verr.* I, 30), comprendre que cette élection ne valait que pour une seule des quatre légions alors en service (cf. J. Bayet, éd. du livre VII de Tite-Live, Paris, Les Belles-Lettres, 1968, Appendice II, p. 95, n. 5). — En 311 (Tite-Live 9, 30, 3), un plébiscite confie au peuple l'élection de seize tribuns militaires sur les vingt-quatre que comprenaient les quatre légions. En 207, pendant la seconde guerre punique (27, 36, 14), le peuple n'élit plus que les tribuns de quatre lé-

gions sur vingt-trois, sans doute en raison de la situation. Il en est de même, probablement, dans le cas qui se présente ici. En 169 (cf. Tite-Live 43, 12, 7), le peuple reçoit le droit d'élire les tribuns de quatre légions supplémentaires, qui doivent rester en réserve en Italie. C'est à partir de l'année suivante (168 ; cf. Tite-Live 44, 21, 2-3) que le peuple et le général en chef se partagent à égalité le nombre de tribuns militaires à élire ou nommer pour huit légions.

Page 85 :

1. Sur chacun de ces préteurs, cf. les notes à 42, 28, 5.
2. Cf. *supra*, 41, 15, 10.

Page 86 :

1. Qu'il y ait ici une lacune dans le manuscrit ne fait guère de doute. Parmi les nombreuses corrections proposées, celle de Novák (cf. l'apparat critique), tout elliptique qu'elle soit, nous semble être la plus proche de la vraisemblance : « comme les tribuns militaires qui recrutaient les centurions ne les choisissaient pas (sous-entendu : en tenant compte de leur grade : ancien primipile ou centurion ordinaire), mais les appelaient dans l'ordre où ils se présentaient... ».
2. C'est le fils aîné du vainqueur des Étoliens. Il sera édile curule en 166, comme nous l'apprend la didascalie de l'*Andrienne* de Térence, et consul en 159.
3. Sur ce personnage, cf. n. 2 à la page 18.

Page 87 :

1. Weissenborn-Müller font remarquer justement (*ad loc.*) que, si l'on prenait à la lettre la réclamation des vingt-trois centurions, elle aboutirait à un refus pur et simple de servir, étant donné qu'il n'y a en tout et pour tout que deux postes de « primipiles » dans les deux légions appelées à partir pour la Macédoine. Il faut donc admettre que, lorsque Tite-Live parle, en 42, 32, 7, de *primipili*, le mot est impropre : l'auteur désigne sans doute par là les centurions des manipules des *triarii*.
2. Le discours de Spurius Ligustinus que Kromayer-Veith (*Heerwesen und Kriegsführung der Griechen und Römer*, in *Handbuch der Alterturmswissenschaft*, Munich, 1928, p. 321) appellent « ein unschätzbares Dokument », a été à plusieurs reprises commenté et traduit en français depuis quarante ans : cf. L. Homo, *Les institutions politiques romaines*, Paris, Albin Michel, 1933, p. 116 ; L. Catin, *En lisant Tite-Live*, Paris, Les Belles Lettres, 1944, p. 20 ; E. Dutoit, *Tite-Live 42, 34 : L' « exemplum » d'un soldat romain*, in *Hommages à J. Bayet*, Bruxelles-Berchem, Latomus, 1964, p. 180-189.
3. Cette tribu, traditionnellement considérée comme l'une des vingt et une tribus primitives créées en 496-495 (cf. Tite-Live 2, 21, 7 et la note *ad loc.* de J. Bayet dans son édition, Paris, Les Belles Lettres) était située entre l'Anio et le Tibre, aux environs de Fidènes. Étrusque à l'origine, elle s'étendit ensuite sur le sol sabin. L'Allia prend sa source dans les *Crustumini montes* (Tite-Live 5, 37, 7). Le fait que cette tribu porte un nom tiré de celui d'un territoire conduit cependant A. Al-

földi (*Ager Romanus*, in *Hermes*, 90, 1962, p. 212) à penser qu'elle fut créée après les tribus gentilices : de ce fait son existence ne remonterait qu'à la période 426-396 où la *Crustumina* devint romaine — cf. aussi *supra*, n. 1 à la page 13.

4. Le mariage entre cousins germains semble donc permis à cette époque : cf. Plutarque, *Questions romaines* 6 (particulièrement 265 E), et Tacite, *Annales* 12, 6, 6. Il ressort d'ailleurs de Cicéron, *Phil.* 2, 99, qu'Antoine avait d'abord épousé sa cousine germaine, la « vertueuse » Antonia, fille de C. Antonius Hybrida, son oncle. — Kunkel (*R. E.*, art. *matrimonium*, c. 2266) note à juste titre que le mariage n'était interdit qu'entre frère et sœur, oncle et nièce (cf. Tacite, *ad loc.*), tante et neveu.

Page 88 :

1. C'est-à-dire en 200 (cf. Tite-Live 31, 5, 1).
2. Sur le vainqueur de Cynoscéphales, cf. Tite-Live 41, 28, 11 et la note *ad loc.*
3. Spurius Ligustinus devint ainsi centurion (en 198). Les *hastati* constituaient la formation la plus avancée de l'armée rangée en bataille. Elle était composée des soldats les moins expérimentés. Le chef du dixième manipule, sans qu'il soit précisé ici s'il commandait à la *centuria prior* ou *posterior*, occupait le grade le moins élevé de la légion.
4. En 195, l'année du consulat de Caton l'Ancien. Comme le remarquent en général les commentateurs, Spurius Ligustinus partit en Espagne dès son arrivée en Italie (*continuo*), sans attendre le retour de Grèce de Quinctius Flamininus. Ce retour n'eut lieu que l'année suivante, où Flamininus triompha avec Caton.
5. En 191 (cf. Tite-Live 36, 1 sq.).
6. Il s'agit du consul de 191, Manius Acilius Glabrio, qui, grâce à son légat, Caton le Censeur, écrasa l'armée syrienne aux Thermopyles, en mai 191.
7. Nous dirions : « premier centurion des *principes* » (la deuxième ligne de l'*acies*.)
8. Comme le remarquent Weissenborn-Müller (*ad loc.*) on ne voit pas bien l'intérêt de cette remarque ; sans doute l'orateur veut-il opposer ce service de « deux fois un an » à des campagnes qui durent plus longtemps.
9. Il s'agit du censeur de 174, préteur en 182 (Tite-Live 40, 1, 2 ; sur ce personnage, cf. la n. 1 à la p. 40). Comme Fulvius resta deux ans dans son gouvernement d'Espagne citérieure (où il fut précisément remplacé par Ti. Sempronius Gracchus en 180 (40, 36, 10), d'ailleurs avec retard (*ibid.* 39, 1), il faut admettre que c'est en 181 que Spurius servit sous ses ordres. — A en juger par la place importante que Tite-Live consacre (cf. entre autres 40, 30-32) aux opérations militaires en Citérieure (contre les Celtibères), opérations qui se prolongent d'ailleurs au début de l'année suivante, toujours sous le commandement de Q. Fulvius Flaccus (cf. Tite-Live 40, 39-40), la campagne ne dut pas être de tout repos pour notre centurion.
10. En 180 (cf. Tite-Live 40, 35, 2 ; 36, 10 ; 39, 1 ; 40, 14).

11. Ce qui signifie en clair qu'après être revenu à Rome, avec un certain nombre de soldats d'élite, pour participer au triomphe de Fulvius (qui devait être élu consul pour 179) — cf. Tite-Live 40, 43, 4-7 — Spurius Ligustinus *repartit en Espagne*, la même année (180), et sans doute très peu de temps après, avec Ti. Sempronius. C'est dire à quel point le métier lui plaisait...

12. A noter que l'orateur ne nous dit pas à quelle occasion il le fut pour la première fois ; il ne semble pas avoir conservé ce grade quatre années de suite.

Page 89 :

1. Mobilisé en 200 ou peut-être même l'année d'avant, il avait donc été « libéré » pendant huit années diversement réparties au cours des trois décennies précédentes.

2. Le texte latin ne nous paraît pas clair dans la mesure où l'on n'y trouve pas l'opposition qu'on attendrait entre *pro causa mea* et *ipse* (qui semblent au contraire pléonastiques). Nous supposons qu'il faut comprendre comme suit la deuxième phrase : « Pour moi, de toute façon (et sans vouloir préjuger de l'attitude de mes camarades)... »

3. Tite-Live n'éprouve pas le besoin de préciser que, de toute façon, seuls *deux* centurions sur les vingt-trois contestataires pouvaient se voir attribuer le grade de primipile dans la nouvelle armée qui ne comporte que deux légions (cf. *supra*, n. 1 à la p. 87). Il faut donc admettre que certains d'entre eux s'étaient finalement résignés à accepter le commandement inférieur qui leur était offert.

Page 90 :

1. Sur cette cérémonie, cf. la n. 4 à la page 21.

2. En mars julien. — A noter qu'en 176, elles avaient eu lieu en janvier du même calendrier (Tite-Live 41, 16, 1).

3. Tite-Live répétera cette indication en 42, 48, 5.

4. Les légions urbaines *semblent* désigner le contingent de troupes levées à Rome ou dans les environs immédiats de la ville (J. Bayet note cependant qu'en 349, lors de la levée en masse de Rome contre les Latins, « le plus grand nombre des recrues semble avoir été d'origine citadine... alors que les Latins refusaient de fournir leur contingent » — cf. Tite-Live 7, 25, 8 : *undique, non urbana tantum, sed etiam agresti iuuentute*. Éd. de Tite-Live, Paris, Les Belles Lettres, VII, p. 95, n. 5). Ce contingent « urbain » servait à la fois de réserve et de garnison et pouvait être envoyé là où les circonstances l'exigeaient. (Sur les « légions urbaines », cf. Th. Steinwender, *Die legiones urbanae in Philologus*, 39, 1880, p. 527-540 — article encore fort utile, en dépit de sa date ancienne et de ses références parfois fantaisistes. Cf. aussi G. Bloch, *Origines du sénat romain*, Paris, Thorin, 1883, p. 70-80, et, récemment, P. A. Brunt, *The army and the land in the Roman revolution*, in *J. R. S.*, 52, 1962, notamment les pages 73-86, d'où il ressort qu'au Ier siècle avant notre ère, les consuls et généraux évitaient de recruter leurs troupes à Rome même. (Nous remercions notre collègue et ami C. Nicolet de nous avoir indiqué ce dernier article.)

Polybe, dans un texte souvent cité à ce propos (2, 24, 9-10), signale l'existence de ces troupes urbaines en 225 et en évalue l'effectif à quatre légions (20.000 fantassins et 1.500 cavaliers, tous citoyens romains, « auxquels on adjoignait 30.000 fantassins et 2.000 cavaliers fournis par les alliés »). Tite-Live parle en général de deux légions ; cf. en 33, 25, 10, où, mentionnant l'enrôlement de quatre légions nouvelles, il précise « deux urbaines et deux qui seraient envoyées là où on en aurait besoin » (cette dernière formule est traditionnelle). L'imprécision, voire la négligence avec laquelle l'historien parle de ces « légions urbaines » ne nous permet pas d'être davantage renseigné sur leur nature et leur but exacts. Il semble qu'elles aient été constituées en partie de « territoriaux », soldats plus âgés ou malades. Dans la mesure où, peu à peu, les opérations militaires s'éloignèrent de Rome, leur raison d'être (*custodia urbis aut Italiae*) disparut.

5. Sur le nombre total de soldats mobilisés par Rome pour les opérations en Macédoine, cf. *supra*, n. 4 à la page 84.

6. Le consul de 173. Cf. n. 8 à la page 8.

7. Ce personnage important et d'illustre famille s'était rendu célèbre à Rome en défilant, quoique sénateur, coiffé du bonnet d'affranchi dans le cortège du triomphe célébré en 201 par Scipion l'Africain (Tite-Live 30, 45, 5 ; 38, 55, 2 ; Valère-Maxime V, 2, 5). Celui-ci avait, en effet, par sa victoire, délivré Terentius prisonnier des Carthaginois (Tite-Live 30, 43, 11). Terentius devait être ensuite tribun de la plèbe en 189 et préteur pérégrin en 187 (38, 42, 4). Comme tel, la tradition annalistique lui prêta à tort un rôle important, à la fois lors des funérailles de Scipion l'Africain et lors du procès de L. Scipion (Tite-Live 38, 55, 1-8 ; 58, 1 ; 60, 1-10. — Cf. F. Münzer, *R. E.*, art. *Terentius*, n° 43, c. 652-653). En 185, alors que Scipion vivait encore, il échoua au consulat pour 184 (Tite-Live 39, 32, 8).

8. Inconnu par ailleurs.

9. Il s'agit du consul de 180. Sur ce personnage, cf. n. 2. à la p. 40.

10. Il sera préteur pérégrin en 169 et fera partie, l'année suivante, de la fameuse ambassade romaine envoyée en Égypte sous la direction de C. Popilius Laenas (cf. Tite-Live 44, 19, 13 ; 29, 1 ; etc...)

11. En 169, il sera envoyé en Macédoine avec d'autres *legati* pour faire l'inspection des lieux et des conditions de la guerre (44, 18, 6). Il sera préteur en 166 et obtiendra l'une des deux Espagnes comme province (cf. Tite-Live 45, 44, 2). Voir aussi la n. 2 à la p. 8.

12. Tite-Live place ici à tort l'arrivée d'une ambassade macédonienne, arrivée qui n'aura lieu que plus tard et dont il reprendra le récit (*infra*, 48, 1 sq.) de façon un peu différente. Il faut admettre que, la première fois, Tite-Live s'inspire des annalistes, la seconde, de Polybe. L'ambassade ici mentionnée est donc, au même titre que celle signalée en 42, 25, purement imaginaire (cf. E. Bikerman, *op. cit.*, p. 506).

Page 91 :

1. Weissenborn-Müller (*ad loc.*) rapprochent justement cet « envoi » de Sp. Carvilius (personnage par ailleurs inconnu) par Cn. Sicinius de celui de M. Furius, « envoyé tout exprès de Macédoine par Aurélius », en 201 (cf. 30, 42, 5) : il s'agissait alors aussi de réduire à néant de-

vant le sénat les allégations d'ambassadeurs macédoniens. Par sa répétition même, le procédé conduit à douter de la véracité du « délégué » romain. P. Meloni (*op. cit.*, p. 208 et n. 1) considère également que l'accusation de Sp. Carvilius fait partie des falsifications annalistiques relatives aux origines de la troisième guerre de Macédoine.

2. Cf. *supra*, n. 5 à la p. 51. — Qu'il s'agisse là d'une erreur due à une falsification annalistique tendancieuse, c'est ce que prouve le § 53, 8, d'où il ressort au contraire que Persée *entre* en Perrhébie.

3. Cf. 42, 26, 5 : *haesitantibus in responso...*

4. A noter qu'en 42, 48, 3 sq., Tite-Live répétera ce qu'il écrit ici, mais cette fois en suivant Polybe. Appien (*Mac.* 11, 5) mentionne également deux ambassades, mais, outre que la première ne fait qu'enregistrer les plaintes romaines — lesquelles se réfèrent au discours d'Eumène — Appien ne parle d'expulsion que pour la seconde. Cette expulsion fait suite d'ailleurs chez lui à une déclaration de guerre officielle de la part du sénat (*ibid.*, 9). D'autre part, Polybe, Diodore et Appien parlent tous trois d'un délai de trente jours laissé aux ambassadeurs macédoniens, chiffre que Tite-Live n'adopte que pour la seconde (cf. *infra*, n. 2 à la page 107).

5. La plupart des historiens d'aujourd'hui admettent qu'en réalité Cn. Sicinius ne passa en Épire qu'en novembre 172.

6. A noter que ce nombre est inférieur aux effectifs (8.000 soldats et 400 cavaliers) que Cn. Sicinius devait exiger des alliés (*supra*, 27, 3).

7. Lieu situé au sud-ouest d'Apollonie, sur l'Aoüs (aujourd'hui Voioussa). L'endroit était célèbre pour sa richesse en bitume, naphte et gaz naturel (cf. Pline, *H. N.* 3, 145). Les monnaies d'Apollonie montrent des nymphes dansant autour du feu (cf. aussi Strabon VII, 5, 8). Sur l'identification précise du lieu, cf. P. Meloni, *op. cit.*, p. 216, n. 1.

8. Il s'agit de ceux des Illyriens qui, à la différence des sujets de Gentios, ont embrassé la cause de Rome, et dont Tite-Live énumère les peuplades en 45, 26, 13. Les Dassarètes, plusieurs fois cités par l'historien (cf. 27, 32, 9 ; 31, 33, 4), habitaient la rive nord de l'Apsus, au sud de l'Illyrie.

9. « Simple copule », sans signification chronologique, soutient F. W. Walbank (*A note...*, p. 85). Cette opinion nous semble un peu inexacte (cf. *supra*, *Introduction*, p. XLIII et n. 1). En réalité, ces événements se sont déroulés *avant* les faits racontés par Tite-Live au chapitre 36, soit en automne 172 (à la mi-septembre, selon F. W. Walbank, cf. *infra*, n. 4 à la p. 103 ; cf. aussi P. Meloni, *op. cit.*, p. 179-181, où l'on trouvera toutes les justifications chronologiques avec la bibliographie *ad hoc*). L'arrivée de Cn. Sicinius en Épire doit dater de novembre (julien) 172. Il ressort d'ailleurs de la conférence du Pénée (42, 43, 3) qu'à cette date (octobre 172), Rome n'avait pas encore d'armée en Grèce. L'ambassade dont parle Tite-Live en 42, 37, 1 effectue sa mission au cours de l'automne 172 (cf. l'expression caractéristique *ante hiemem* en 42, 37, 3). De telles interversions ne sont pas toujours tendancieuses de la part de Tite-Live : elles proviennent en général de l'utilisation de sources différentes (annalistique et polybienne).

10. Ce personnage, qu'on a vu agir comme *decemuir sacrorum* en

174 (41, 21, 11), va jouer un rôle de premier plan dans la diplomatie, la politique et la stratégie de Rome au cours de la guerre contre Persée. Issu d'une grande famille (son grand-père, consul en 281 et maître de la cavalerie en 263, était lui-même fils du vainqueur des Herniques, Q. Marcius Tremulus), Q. Marcius Philippus, né sans doute vers 229 (cf. F. Münzer, *R. E.*, art. *Marcius*, n° 79, c. 1573-1579), avait été préteur en 188 et consul une première fois en 186, l'année du scandale des Bacchanales. Envoyé en Macédoine et dans le Péloponnèse en 183, il avait amené le roi Philippe à renoncer à la possession des villes thraces de la côte (Polybe 23, 8, 1 ; Tite-Live 39, 53, 10 sq.) ; le discours qu'il tint au sénat l'année suivante contribua largement à inquiéter l'assemblée à l'égard de la politique macédonienne. Le livre 42 de Tite-Live fait le récit détaillé de son activité au cours de l'année 171. Q. Marcius Philippus sera consul II en 169 et censeur en 164, avec Paul-Émile. — Sur les rapports particuliers de la *gens* Marcia avec Philippe V de Macédoine, cf. *infra*, n. 4 à la page 94, et surtout n. 1 à la page 95.

11. Le préteur de 173. Cf. n. 9 à la page 42.

12. C'est le fils du consul de 199 (cf. F. Münzer, *R. E.*, art. *Cornelius*, n° 202, c. 1374-1375). Il sera édile curule en 169 (Tite-Live 44, 18, 8), consul en 162 et *princeps senatus* en 125. Ennemi acharné des Gracques (il fut blessé dans l'assaut de l'Aventin contre C. Gracchus), il dut s'exiler en Sicile où il mourut (cf. Bloch-Carcopino, *Histoire romaine, Des Gracques à Sulla*, Paris, 1940, p. 276 et n. 6). C'est le grand-père de P. Lentulus Sura, le complice de Catilina.

13. Il sera préteur en 169 et obtint le gouvernement de la Sicile (Tite-Live 43, 11, 7). Münzer (*R. E.*, art. *Cornelius*, n° 208 a et b, c. 1376-1377) note que rien ne prouve qu'il soit le frère du précédent.

14. Il sera ensuite envoyé en Illyrie (*infra*, 45, 8). La confusion faite entre lui et les autres Decimius (cf. *supra*, 19, 7 et 35, 7) tient peut-être au fait qu'au § 2, Tite-Live — ou du moins le copiste de *V* — ne l'appelle plus Lucius, mais Publius... Weissenborn-Müller suppriment abusivement — et sans le signaler — tout *cognomen* dans le paragraphe en question. Ils présentent aussi à tort comme une correction le prénom *Lucius* du § 1.

Page 92 :

1. Cf. *supra*, n. 1 à la page 77.

2. Il semble, d'après ce que dit Tite-Live lui-même en 42, 26, 2 et 29, 11, que Gentios donnait au contraire aux Romains de bonnes raisons de penser qu'il penchait en faveur de Persée... Mais il n'y a pas entre ces différents paragraphes une contradiction aussi formelle que certains éditeurs le prétendent. Weissenborn-Müller ont raison de noter l'accord entre ce qui est dit ici et 42, 29, 11.

3. Il s'agit de l'hiver 172-171. — Sur l'importance de cette indication chronologique, cf. *infra*, n. 4 à la page 103.

4. Conformément à ce que nous avons dit à la n. 9 de la page 91, cette lettre de Persée doit être, en tout état de cause, antérieure à l'ambassade qu'il aurait envoyée à Rome (36, 1 sq.).

5. Les Achéens jouent sur les mots : ce n'est en effet qu'à partir

du début de la *deuxième* guerre de Macédoine qu'ils furent les alliés de Rome. Dans la première guerre (212-205), ils étaient au contraire aux côtés de Philippe contre les Étoliens et les Romains (cf. Tite-Live 27, 31, 10 ; 29, 12, 14).

Page 93 :

1. Nous avouons ne pas comprendre pourquoi tous les récents éditeurs de Tite-Live jugent nécessaire, pour corriger le texte partiellement corrompu de *V* (cf. l'apparat critique), de bouleverser ce texte, de *Romanis* à *pro Antiocho*. On en arrive ainsi, si l'on adopte les corrections proposées, notamment par Weissenborn Müller et C. Giarratano, à prêter à Tite-Live l'expression de contre-vérités historiques flagrantes, qu'on a le plus grand mal à tenter ensuite de justifier (cf. les notes *ad loc.* de l'édition Weissenborn-Müller). L'historien peut-il vraiment qualifier les Messéniens et les Éléens d'« ennemis des Romains pendant la guerre de Philippe », alors qu'il les place lui-même explicitement dans le camp romain, à la fois dans la première guerre de Macédoine, lors de la paix de Phoinicè, en 205 (cf. 29, 12, 14), et dans la deuxième, en ce qui concerne les Messéniens (cf. 34, 32, 16 — en 195, à propos de la guerre contre Nabis, et surtout Polybe, 18, 42, (= 25) : Ἠλείους... Μεσσηνίους... συμμάχους τότε (= en 196) Ῥωμαίων ὑπάρχοντας)? Le mot « ensuite » (*postea*) nous paraît précisément exprimer le *changement d'attitude* des Eléens et Messéniens qui, encore alliés de Rome en 195 (contre Nabis), se prononcent trois ans plus tard « pour la coalition étolo-séleucide » (E. Will, *op. cit.*, II, p. 174). A noter enfin que les Achéens n'avaient, pour leur part, apporté aucune aide effective à Rome dans cette dernière guerre...

Il nous semble donc qu'au prix d'une légère addition (outre celle, déjà proposée par Madvig et acceptée par les récents éditeurs, de *quo* devant *Messeni*), à savoir de *qui* devant *pro Antiocho*, et de la correction de *philippo* (*V*) en *philippi*, on peut obtenir un texte fort satisfaisant. Nos corrections ne font d'ailleurs que reprendre celles du seul Weissenborn (cf. édition Weissenborn-Müller, p. 209, apparat critique), mais ce dernier nous semble éliminer à tort *bello* après *Philippo*(*i*).

2. Cette incorporation datait en fait de vingt ans, puisque c'est en 191 que, de gré ou de force, Éléens et Messéniens avaient dû adhérer à la ligue achéenne (E. Will, *op. cit.*, II, p. 176). Sur le sens de *contribuere*, cf. notamment 32, 19, 4 (note de Weissenborn-Müller) : les envoyés romains promettent aux Achéens, en 198, qu'ils « feraient rentrer Corinthe » dans l'antique ligue achéenne (*pollicentes... Corinthum contributuros in antiquum gentis concilium*).

3. Aujourd'hui Melvino, en Albanie méridionale. Cf. M. Krascheninnikov, *De Gitanis Epiri oppido*, in *Hermes*, 37, 1902, p. 497.

4. Peuple illyrien d'Épire, voisin de la Macédoine. D'abord sous la domination macédonienne (la formule de Tite-Live en 33, 34, 6 : *Orestis... Macedonum ea gens est* est pour le moins équivoque), ils sont, lors de la deuxième guerre de Macédoine, le premier peuple à se joindre à Rome, en 199 (cf. Tite-Live 31, 40, 3). Après la défaite de Philippe,

en 196, ils sont proclamés libres (Tite-Live 33, 34, 6). Cette liberté au sein de la province de Macédoine leur est encore conservée du temps de Cicéron (cf. *De harusp. resp.* 35) et de Pline l'Ancien (*H. N.* 4, 10, 35). Cf. I. Schmidt, *R. E.*, *s. u.*, c. 960-965. — A noter qu'en 185, Philippe s'était montré, devant les ambassadeurs romains, très irrité de l'indépendance de l'Orestide (Tite-Live 39, 28, 2 ; cf. Polybe 18, 47, 6).

5. On ignore le nom de ce stratège. La coutume voulant qu'en Étolie le stratège fût élu à l'équinoxe d'automne, il devait être en place depuis fort peu de temps. Il succédait à Thoas (173-172).

6. Il résulte de la note précédente que son élection date de la fin de l'année 172. C'était un partisan fougueux des Romains, sur lequel Polybe porte à maintes reprises des jugements extrêmement sévères (cf. 27, 13, 14 et 32, 20 a (19)). C'est lui qui, après la défaite de Persée, fit exécuter, avec l'aide de soldats romains, 550 notables étoliens appartenant au parti opposé au sien (Tite-Live 45, 28, 7).

7. Sur la guerre qui éclate en 200 entre l'Acarnanie, appuyée par Philippe, d'une part, et Athènes, appuyée par Attale et les Romains, de l'autre, cf. Tite-Live 31, 14, 9 sq. Trois ans plus tard, la nation acarnanienne était, au dire de Tite-Live (33, 16, 1), « la seule nation grecque restée fidèle à l'alliance macédonienne ». Pour l'appui qu'elle apporta à Antiochos, cf. Tite-Live 36, 11, 8-11.

8. Les Béotiens s'étaient, peu avant Cynoscéphales, en 197, alliés aux Romains, mais sans enthousiasme (Tite-Live 33, 2, 6 ; E. Will, *op. cit.*, II, p. 136) et non sans que certains d'entre eux servent dans l'armée de Philippe (Tite-Live, *ibid.* §§ 27-29) : le meurtre d'un partisan du roi par un pro-Romain déclenche même chez eux une révolte contre Flamininus (Tite-Live, *ibid.*) En 191, plusieurs cités béotiennes s'unissent de même à Antiochos (Tite-Live 36, 6 et 36, 20, 3 ; cf. E. Will, *op. cit.*, II, p. 174), mais Rome leur pardonna. Eumène n'en avait pas moins rappelé, l'année précédente, devant le sénat (*supra*, 42, 12, 6), l'existence d'un traité conclu sans doute peu auparavant entre Persée et les Béotiens. — D'une manière générale, nous sommes très mal renseignés sur les rapports exacts de Rome avec la confédération béotienne dans cette période. A lire Polybe (27, 1), on a l'impression que le parti promacédonien avait dû sa prédominance — toute provisoire, du reste — à Thèbes, à la pression des villes voisines, Coronée et Haliarte (cf. Tite-Live, *infra*, § 44, 4).

9. Isménias était stratège depuis décembre 173 : cf. à ce propos la bonne mise au point chronologique de P. Meloni (*op. cit.*, p. 198, n. 1 ; cf. aussi *infra*, n. 1 à la p. 102). Il appartenait, comme Eversa et Callicritus (cf. 42, 13, 7), à l'aristocratie béotienne (cf. *infra*, 43, 9), mais, à l'opposé de ces derniers, était avec Néon, Dicétas et Hippias, un des chefs du parti promacédonien. A la suite de la victoire de ses adversaires politiques, Isménias devait être emprisonné avec Dicétas, à Thèbes ; ils se suicidèrent (Polybe 27, 2, 9). Néon s'enfuit en Macédoine.

***Page* 94 :**

1. Le mot est important. Comme le souligne nettement Polybe

(27, 1, 2 et surtout 2, 7 : ταῦτα δ' ἦν τὸ διαλῦσαι τῶν Βοιωτῶν τὸ ἔθνος), le but des envoyés romains était de détruire à tout prix la confédération béotienne en traitant avec chaque cité en particulier (cf. aussi *infra*, n. 3 à la p. 102).

2. La ligue thessalienne avait toujours eu, depuis la défaite de Philippe, en 197, et la « libération » de la Thessalie, l'appui de Rome : celle-ci soutient notamment les revendications thessaliennes contre les empiétements de Philippe en 186/185. E. Will (*op. cit.*, II, p. 211) souligne d'ailleurs à ce sujet « la convergence des intérêts d'Eumène II et des Thessaliens » contre la Macédoine. En 173 (*supra*, 42, 4, 5), des ambassadeurs thessaliens étaient à nouveau venus à Rome pour tenir le sénat au courant de « ce qui se passait en Macédoine ». Des *legati* romains tentaient en même temps de remettre de l'ordre dans le pays en proie aux troubles sociaux (*ibid.*, 5, 7-9).

3. C'est à peu près l'expression déjà employée par Tite-Live, à propos du « don » annoncé par Flamininus et les dix commissaires romains aux Thessaliens, après les Jeux Isthmiques de 196 (Tite-Live 33, 34, 7 : *Thessalorum genti, praeter libertatem concessam*...).

4. On ignore à quoi fait allusion en réalité cet *hospitium paternum* dont parle Tite-Live (à deux reprises, puisqu'il le met à nouveau dans la bouche de Persée lui même, *infra*, § 42, 4 ; cf. aussi n. 2 à la p. 95). On ne peut que constater, comme le fait P. Meloni (*op. cit.*, p. 185, n. 2) que « les relations d'amitié entre Marcius Philippus et Philippe V sont aujourd'hui encore attestées par les monnaies ». Le savant italien renvoie à ce propos au catalogue de Grueber et à un article de S. L. Cesano, *Studi di Numism.*, I, 2, 1942, p. 199 sq.

5. Au nord de l'embouchure du Pénée, donc de la vallée de Tempé et du mont Ossa. Aujourd'hui Malathria.

Page 95 :

1. La présence de *patrem* plus loin montre qu'il s'agit ici (*maiores*) d' « âge » et non d'une « supériorité » d'ordre plus général. Il est probable, en outre, comme le note Harant (*op. cit.*, p. 243-244), que la signification traditionnelle de *maiores* (indûment corrigé en *maiorem* par Grynaeus, suivi par Weissenborn-Müller) ajoute encore à la plaisanterie. *Maiores* désigne ici les *deux* ambassadeurs romains, A. Atilius et Q. Marcius.

2. Q. Marcius devait ce *cognomen* de Philippus (à noter la valeur de *ipsi* : le *cognomen* est personnel à la *gens* Marcia) à son grand-père qui avait triomphé en 281. Cf. à ce propos la bonne mise au point de J. van Ooteghem, *Lucius Marcius Philippus et sa famille*, Mémoires de l'Académie royale de Belgique, Bruxelles, 1961, p. 45-57. — L'auteur réfute les explications ou hypothèses fantaisistes, fondées parfois sur des anachronismes, concernant les liens spéciaux entre la *gens* Marcia et la famille royale de Macédoine. Ce pourrait être, selon J. van Ooteghem, le fils du vainqueur des Herniques (Marcius Tremulus) qui, compte tenu du rôle important joué par la cavalerie dans sa victoire de 281 sur les Étrusques, aurait changé en *Philippus* le surnom peu glorieux de son père. Ce nouveau surnom, que les Marcii portaient depuis un siècle, aurait facilité, lors de l'ambassade de 183,

les relations entre Q. Marcius et Philippe V. — J. Gagé (*Apollon romain*..., p. 306) pense, pour sa part, que le surnom des Marcii peut remonter « à l'époque des guerres samnites, comme symbole de traditions spécialement cavalières ».

3. Il s'agit d'Hippias de Béroéa qui occupe un des postes les plus importants de l'armée macédonienne, puisqu'il commande la phalange (*infra*, 51, 4 ; 59, 7). Il ne faut pas le confondre avec son homonyme, le stratège des Béotiens, lui aussi « Ami » de Persée (Polybe 22, 4, 12), et le stratège thessalien du même nom (*infra*, § 54, 7). — Sur le rôle d'Hippias et Pantauchos comme « Amis de Persée », cf. P. Pédech, *op. cit.*, p. 132-133, 269, 361-362 (cf. aussi note 5 *infra.*). Hippias devait consacrer tous ses efforts, en 169, à assurer l'alliance entre Persée et Gentios, auprès duquel il était ambassadeur (Tite-Live 44, 23, 2). Il se rendra aux Romains après Pydna.

4. Sur son rôle comme « Ami de Persée » cf. la note précédente. — Il tint lui aussi une place importante dans les tractations entre Gentios et Persée, en 169 (Polybe 29, 3 ; Tite-Live 44, 23).

5. Sur ce titre accordé à certains courtisans des rois de Macédoine, cf. *infra*, n. 2 à la p. 127.

6. Souvent corrigé (notamment par Madvig : *a nobis*) ou supprimé par les éditeurs, ce *nos* nous semble pouvoir et même devoir être maintenu. Rien ne s'oppose d'ailleurs à ce qu'il ait une valeur forte, si l'on donne un sens final à *ut* (« Je pense que tu nous attends, pour que nous répondions... »).

Page 96 :

1. En fait ce ne sera que deux ans plus tard, lors de son deuxième consulat, que Q. Marcius dirigera les opérations militaires contre la Macédoine (43, 15, 3).

2. Cette ambassade date sans doute de septembre 179, soit peu de temps après l'avènement de Persée.

3. Sur ce mot, cf. *supra*, n. 6 à la p. 75.

4. Les griefs contre Persée que Q. Marcius commence à énumérer (et qui reproduisent en grande partie ceux développés par Eumène devant le sénat) ne sont aux yeux de Polybe, on l'a vu (*supra*, *Introduction*, p. LVI, n. 3), que les προφάσεις traditionnellement avancées par les « historiens de la guerre de Persée ».

5. Sur ce personnage, cf. *supra*, n. 1 à la page 62.

6. On a vu que cette affirmation de Q. Marcius sur la violation du traité conclu entre Rome et Philippe, en 196 (Tite-Live 33, 30, 6), s'appuie probablement sur une falsification annalistique (cf. *supra*, n. 4 à la page 62).

7. Sur les réserves qu'appelle cette expression, cf. *supra*, n. 8 à la page 93.

8. Sur ces deux hommes, cf. *supra*, 42, 13, 7 et la note.

9. Cf. *supra*, 41, 25, 1-6 ; 42, 5, 7 ; 12, 7. — G. Daux (*op. cit.*, p. 313) souligne à ce propos l'ignorance où nous sommes de ce qui se passait exactement en Étolie à cette date.

Page 97 :

1. Cf. *supra*, 41, 22, 4 et la note. — Si l'on se réfère aux indications

fournies par Tite-Live lui-même en 41, 22, 4 et 23, 13, ces propos paraissent très exagérés, mais peut-être Marcius fait-il *aussi* allusion aux activités du jeune Persée en Dolopie, en 189 (Tite-Live 38, 5, 10).

2. Tite-Live a déjà employé cette expression au § 29, 2 (*prope ut uictima mactatus*).

3. Sur le pluriel, cf. *supra*, n. 4 à la page 28.

4. Cf. *supra*, 42, 17, 2 sq. et la note.

5. « Il n'est pas impossible », écrit P. Pédech (*op. cit.*, p. 269), « que le roi ait répandu lui-même sa justification, comme Persée le fit plus tard, après sa controverse avec Q. Marcius Philippus. Polybe dit en effet que Persée adressa une circulaire aux Grecs pour leur faire connaître les allégations des Romains et présenter sa propre défense (XXVII, 4, 1-2) ».

Page 99 :

1. Sur la légitimité apparente de l'action de Persée, cf. P. Meloni, *op. cit.*, p. 187 et n. 3. Appien, *Mac.* 11, 6, met aussi dans la bouche des ambassadeurs macédoniens parlant devant le sénat l'affirmation que les Dolopes étaient les sujets de Persée. A noter que le texte de Tite-Live (36, 33) ne fait pas mention explicite d'un « décret » du sénat autorisant Philippe à de telles « conquêtes » ou « récupérations » de territoires en 191 ; du moins le consul romain avait-il laissé le roi agir à sa guise (cf. § 2 : *permittente eo*). Sur la récupération de la Dolopie, cf. *ibid.*, § 7.

Nous nous demandons cependant s'il n'y a pas quelque ironie dans l'expression « par votre décret » qui démentirait par elle-même le bien-fondé des revendications de Persée. Comme le souligne en effet E. Bikerman (*op. cit.*, p. 489), Philippe « n'avait entrepris son expédition qu'avec l'autorisation du consul Manius Acilius de reprendre les villes *qui avaient fait défection de l'alliance romaine*. Or, selon les principes et la politique constante des Romains (ajoute E. Bikerman), nulle parcelle de leur Empire ne pouvait être cédée à un tiers qu'en usufruit et seulement à titre précaire. »

2. C'est ainsi que nous interprétons *qua* (« par lequel chemin Delphes est proche »), qu'il faut, selon nous, maintenir, comme l'a fait Vahlen (et d'autres), et non corriger en *quia* (Madvig) : Persée veut souligner le caractère fortuit du « détour » — en fait considérable — qu'il a accompli. Si le texte est exact, faut-il y voir quelque intention malicieuse de la part de Tite-Live (ou de Polybe)?

3. En fait, ces trois cités sont en Phthiotide, sur le rivage qui fait face à la côte nord-ouest de l'Eubée, donc assez éloignées de Delphes... On doit remarquer, à la suite de Weissenborn-Müller, que le roi, venant de la Dolopie, au sud-ouest de la Thessalie, s'était de là dirigé droit vers l'Est, au lieu de descendre vers le Sud pour se rendre directement à Delphes. — Par Larissa, il faut entendre Larissa Crémastè.

Page 101 :

1. On ignore la durée de cette trêve. P. Meloni (*op. cit.*, p. 191 et n. 2), à la suite d'autres historiens, ne juge pas invraisemblable une

trêve de six mois, qui aurait donc duré jusqu'en mars 171 (du calendrier julien). — E. Bikerman (*op. cit.*, p. 497) doute de l'existence d'une « trêve » proprement dite et pense que les deux puissances s'étaient simplement engagées à « s'abstenir d'user de la force en Grèce... pendant les négociations ». « Par un malentendu de traduction, joint au préjugé patriotique », ajoute l'auteur, « Tite-Live transforme ce répit en trêve gracieusement accordée au roi par le Romain » ; et plus loin (n. 2) : « C'est seulement le général conduisant une campagne qui pouvait accorder une suspension d'armes pour la durée de son commandement ». — Quel que soit l'intérêt de ces observations, on peut difficilement nier que le terme ἀνοχάς dont se sert Polybe (27, 5, 7) désigne bien une trêve et qu'en conséquence ce n'est pas Tite-Live, mais Polybe, le responsable du « malentendu ». En l'absence du texte complet de l'historien grec, on ne peut donc connaître exactement la nature de l'arrangement conclu entre Persée et Q. Marcius. Sans doute la chronologie, en l'occurrence la date de la conférence, interdit-elle d'envisager un accord sur l'interruption de combats... qui n'avaient pas commencé. Notons cependant que Tite-Live, victime à la fois de la falsification chronologique de ses sources annalistiques, de la confusion qui régnait alors dans le calendrier romain et de son parti pris patriotique, nous présente les faits dans un ordre tel que la conférence du Pénée (42, 39 sq.) prend place, dans son récit, « après » le débarquement de Cn. Sicinius en Épire (42, 36, 8). Dans ces conditions, le lecteur a toutes chances de prendre au pied de la lettre le mot « trêve » (*petitio indutiarum*) et, en tout cas, ne risque pas d'en être choqué...

2. Cf. *Introduction*, p. XLIV, n. 4.

3. Cf. *supra*, § 38, 5 et la note.

4. Nous adoptons ici le texte de C. Giarratano, qui suit sur ce point l'opinion de Niese. P. Roesch, *Thespies et la Confédération béotienne*, Paris, De Boccard, 1965, p. 116 sq., juge préférable la correction de l'*editio princeps* (et non de Zingerle, comme il l'écrit), correction d'ailleurs adoptée dans la 5e édition de Weissenborn-Müller, à savoir *comitiis praetoriis Boeotorum* (*V* a *comitiapraetorisboetarum*). P. Roesch s'appuie en effet (p. 112, n. 2) sur un mémoire inédit de M. Holleaux, *Le stratège des Béotiens*, pour nier l'existence d'un « stratège fédéral béotien », même si Polybe, que traduit probablement Tite-Live, le mentionne, par suite d'une analogie erronée avec les institutions achéennes : Isménias ne serait donc pas « stratège », mais « archonte » fédéral. — Quelle que soit la valeur historique de cette argumentation, elle ne paraît pas devoir nous entraîner, du strict point de vue textuel qui, seul, importe ici, à admettre la correction de l'*editio princeps* : cf., en effet, la fin du § 7 et le § 9, où Tite-Live parle des *Boeotarchae* (*V* a *belloetarce*) et du *nouus practor* ; rien ne s'oppose, en fait, à ce que ce dernier soit « l'archonte éponyme » et non le stratège.

Page 102 :

1. Sur ce personnage, alors stratège (de décembre 173 à décembre 172), cf. *supra*, n. 9 à la p. 93. L'expression « nouveau préteur » prouve que les faits en question s'étaient déroulés près d'un an aupara-

vant, soit à la fin de l'année 173 ou au début de 172. Ce n'est que plusieurs mois plus tard que les « exilés de Chalcis » vont trouver les *legati* romains. Une fois de plus, le récit livien, par son imprécision (il aurait fallu écrire « le nouveau préteur d'alors »), révèle ses insuffisances du point de vue chronologique.

2. Comme le notent Weissenborn-Müller, le récit du déplacement des ambassadeurs romains, interrompu au chapitre 38, 2, reprend maintenant.

3. C'est cette « nation » que Rome, on l'a vu (*supra*, n. 1 à la page 94 et 3 à la page 60), voulait détruire dans ce qui en était l'expression et l'organe le plus vivant : la « ligue béotienne » (cf. *infra*, 44, 6 : *ita, quod maxume uolebant, discusso Boeotico concilio*, et surtout 47, 3 : *Boeotorum... concilium arte distraxisse*). L'expression livienne *gentem Boeotorum*, traduction littérale de celle de Polybe τῶν Βοιωτῶν τὸ ἔθνος (27, 2, 7) est ici l'équivalent de *Boeotorum concilium*.

Page 103 :

1. Sur le sens large de *renouare amicitiam*, cf. *supra*, n. 1 à la p. 53 et 7 à la p. 69. — M. Holleaux (*op. cit.*, p. 69) verrait volontiers dans cette expression l'équivalent de Polybe 27, 2, 6, διδόντας αὑτοὺς εἰς τὴν πίστιν, c'est-à-dire d'une démarche de *deditio*.

2. Comme nous l'avons signalé dans l'apparat critique, de nombreux savants (Madvig, Hertz, Weissenborn, Goldbacher) soupçonnent le texte de comporter une lacune entre *res* et *aliud*. L'*editio princeps* corrige *res* en *nihil* ; Goldbacher reconstitue comme suit le texte (éventuellement) omis par *V* : *ubi re sedulo tractata nihil fere aliud*.

3. Chalcis commande le détroit de l'Euripe, entre l'Eubée et le continent. C'est donc une position stratégique de premier ordre. « Comme le défilé des Thermopyles sur la terre », écrit Tite-Live, à propos des événements de 200, lors de la première guerre entre Rome et la Macédoine, « c'est le détroit de l'Euripe qui est sur mer la porte de la Grèce » (Tite-Live 31, 23, 12 *ut terra Thermopylarum angustiae Graeciam, ita mari fretum Euripi claudit*).

4. F. W. Walbank (*A note...*, p. 82) attire justement l'attention sur l'importance de cette indication chronologique directement imitée du κατὰ χειμῶνα polybien (cf. 27, 2, 13), χειμών désignant chez Polybe l'époque de l'équinoxe d'automne (ce que confirme 42, 37, 3). C'est donc au milieu de septembre qu'a dû partir l'ambassade dirigée par Q. Marcius.

5. P. Meloni (*op. cit.*, p. 204) date le départ de cette ambassade de janvier 171. — Sur l'erreur commise par Tite-Live qui, à la suite d'un doublet, a déjà fait partir un an auparavant une ambassade analogue, cf. *supra* 42, 19, 7 et les notes *ad loc.* — Dans le chapitre 45, Tite-Live suit de près Polybe 27, 3.

6. Il s'agit du préteur de 178. Cf. *supra*, n. 2 à la page 7.

7. Sp. Postumius Albinus Paullulus avait été consul en 174 (préteur en 183).

8. M. Iunius Brutus avait été consul en 178 (cf. n. 1 à la page 7).

Page 104 :

1. Il semble que la forme dorienne de ce nom ait été Agésiloque (cf.

Polybe 27, 3, 3, dont Tite-Live s'inspire étroitement dans ce passage). Il ne paraît pas, d'autre part, que les relations entre Rhodes et Rome aient été particulièrement cordiales (cf. *supra*, n. 7 à la p. 69) à cette époque (à noter que le sénat avait fait attendre, sans doute jusqu'alors — janvier-février 171 — l'audience sollicitée depuis longtemps par les envoyés de Rhodes : *supra*, 42, 26, 9)... Le geste d'Hégésiloque est d'autant plus habile.

2. A ceux de Syrie et d'Égypte, autant qu'à Persée.

3. Sur l'aide fournie à Rome par la flotte rhodienne lors de la deuxième guerre de Macédoine, cf. Tite-Live 31, 47, 2 ; 32, 16, 6 ; pendant la guerre contre Antiochos, cf. 36, 45, 5 ; 37, 9, 5 ; 22, 2.

4. Il s'agit ici de L. Decimius : cf. *supra*, n. 1 à la page 92.

5. Sur cette expression, cf. *supra*, p. 77, n. 1.

6. Nous adoptons ici la lecture de l'édition de C. Giarratano. Polybe (27, 4, 3), que Tite-Live suit de près dans ce chapitre, parle en effet de lettres « envoyées » à d'autres peuples, celles destinées à Rhodes étant « portées » par des ambassadeurs.

7. Polybe (27, 4, 3 et 10) cite leur nom à deux reprises : Anténor et Philippe.

Page 105 :

1. Contrairement à ce que l'on aurait pu penser, l'expression (qui désigne bien entendu le parti aristocratique allié de Rome) n'est pas à mettre au compte de Tite-Live, mais de Polybe (27, 4, 9 νικῶντος αὐτοῖς τοῦ βελτίονος...)

2. Il ressort de Polybe (27, 5, 1) que c'est une autre ambassade macédonienne dirigée par « Antigone, fils d'Alexandre » qui se rendit alors en Béotie. P. Meloni (*op. cit.*, p. 200, n. 2) a bien vu la raison pour laquelle il vaut mieux s'en tenir à la version polybienne : Tite-Live a voulu « trop résumer ».

3. Depuis Isaac Casaubon, dont l'opinion a été confirmée de façon indiscutable par la découverte d'un document épigraphique (sénatus-consulte concernant Thisbé = *Syll*³. 646), les éditeurs et commentateurs, reprenant la démonstration de Mommsen (*Ephem. epigr.* I, 279), soulignent que Thèbes ne peut en aucune façon (cf. § 9) être considérée comme une cité favorable à Persée, comme tendrait à le faire croire, à leurs yeux, la leçon *thebas* du manuscrit *V* (cf. Weissenborn-Müller *adn. ad loc.* ; G. Colin, *op. cit.*, p. 395, n. 2, et surtout Tite-Live lui-même 42, 44, 3 ; 46, 10 ; 47, 12). — Que le manuscrit polybien qui servait de modèle à Tite-Live soit responsable de ce que l'on considère en général comme une erreur, c'est ce qui est probable : on lit effectivement en 27, 5, 3 Θήβας et non Θίσβας (correction adoptée cependant par Th. Büttner-Wobst, Éd. de Polybe, Leipzig, Teubner, 1904) ; cf. aussi P. Foucart, *Le sénatus-consulte de Thisbé*, Mém. Acad. Inscr. 37, 2, 1905, p. 321-323 : la mention de Thisbé est explicite sur le document épigraphique. Mais, comme veut bien nous le faire remarquer M. J. Perret, « il est impossible de s'assurer que les ambassadeurs macédoniens ne sont pas allés à Thèbes. Cela ne suppose pas du tout, bien au contraire, que Thèbes eût été favorable à Persée. »

En revanche, en 42, 63, 12, la leçon *Thebas* (correction de *tebanos*) ne nous paraît pas acceptable ; *tebanos* est certainement une faute du copiste (pour *Thisbas* ou *Thisbanos*).

4. La mention des Thébains ne doit causer ici aucun étonnement. Ceux qui considèrent comme erronée la leçon du manuscrit grec utilisé par Tite-Live y voient une tentative désespérée de ce dernier pour concilier cette leçon avec l'attitude réelle (violemment anti-macédonienne, comme le rappelle d'ailleurs le paragraphe suivant) des Thébains, tout au moins dans leur grande majorité (cf. *supra*, § 44, 3 sq.). La remarque en question ne figure pas en effet chez Polybe (27, 5, 5-6), dont le texte sert pourtant de modèle direct à Tite-Live dans tout ce passage.

Page 106 :

1. Il est très probable que (cf. Weissenborn-Müller, *ad loc.*) ces réflexions furent inspirées à Tite-Live par celles de Polybe (13, 3) blâmant les menées obliques de Philippe V, en 205 (par opposition aux coutumes des « Anciens » : οἱ ἀρχαῖοι) et exaltant au contraire la franchise des Romains dans la guerre. — Mais, outre que Polybe n'oppose entre eux que des Grecs, Tite-Live (la suite le prouve) rencontrait suffisamment d'exemples dans l'histoire romaine pour que soit confirmée l'opinion de son modèle grec... P. Pédech (*op. cit.*, p. 366, n. 78) mettrait volontiers — à bon droit, selon nous — au nombre de ces *ueteres Romani*, M. Aemilius Lepidus, alors prince du sénat (cf. Tite-Live 41, 27, 1) qui devait plus tard, « au nom de la dignité romaine, tirer Persée de son infecte prison ».

2. Les réserves qu'appelle une telle affirmation en ce qui concerne les usages proprement romains (cf. P. Jal, *La guerre civile à Rome...*, Paris, P. U. F., 1963, p. 338, n. 2) invitent, nous semble-t-il, à penser que Tite-Live se contente de reprendre ici le texte de Polybe (13, 3, 5), texte dont on a vu qu'il s'appliquait aux seuls Grecs. Il n'est pas exclu, d'ailleurs, que l'historien latin ait été influencé par certaines pratiques en cours dans les guerres civiles de son époque.

3. Sur cet épisode, cf. Florus I, 13 (18), 21 et la note *ad loc.* (éd. G. Budé, I, p. 35, n. 3 — lire Tite-Live, *Per.* 13, et ajouter Cicéron, *De fin.* 5, 62 ; Frontin, *Strat.* 4, 4, 2). — Tite-Live (39, 51, 11) a déjà mis dans la bouche d'Hannibal lui-même, au moment où celui-ci va s'empoisonner, ce rappel de la générosité romaine vis-à-vis de Pyrrhus. L'attitude romaine vis-à-vis de ce roi sera aussi mentionnée par Tacite. L'historien prête à Tibère des sentiments analogues à ceux qu'éprouvent ici les *ueteres Romani* : l'Empereur refuse en effet de faire empoisonner Arminius, parce que « ce n'était pas par la fraude et le mystère, mais ouvertement et par les armes que le peuple romain se vengeait de ses ennemis » (*Annales*, II, 88, 1, *non fraude neque occultis, sed palam et armatum populum Romanum hostis suos ulcisci*).

4. Sur cet épisode, cf. Tite-Live 5, 27, 8 ; Florus I, 6 (12), 4-5. — A noter qu'en pleine guerre punique (213), les membres du conseil réuni dans son camp par Fabius Maximus invoquent encore la no-

blesse du geste romain envers les Falisques et envers Pyrrhus pour refuser l'offre d'un traître promettant de livrer Arpi (24, 45, 3).

5. Dans l'extrait de Diodore (30, 7) correspondant au texte livien (Diodore doit lui-même s'inspirer de Polybe), il n'est question que des Phéniciens...

Page 107 :

1. Ces ambassadeurs, Solon et Hippias, arrivés à Rome à la fin d'octobre 172, ne furent reçus sans doute qu'au printemps (probablement en février ou mars 171). Ainsi, écrit F. W. Walbank (*A note on the embassy of Q. Marcius Philippus, 172 B. C*, in *J. R. S.*, 31, 1941, p. 82 sq.), le sénat « extracted the last ounce of profit from his (i. e. of Marcius) manœuvre by postponing the hearing of Perseus's envoys until the latest possible date ». — A noter que Tite-Live fait ici un nouveau compte rendu de la démarche des ambassadeurs macédoniens, démarche dont il a donné (c'est un des nombreux doublets du récit livien au livre 42) une première version en 42, 36, 1-8 (cf. *supra*, page 90, n. 12).

2. Dans la première version des mêmes faits, version due, on l'a vu (cf. *supra*, page 91, n. 4), à une falsification annalistique, Tite-Live parlait d'un délai de onze jours. Ici l'historien s'en tient au contraire aux indications de Polybe (27, 6 (7), 3). Cf. Diodore 30, 1 ; Appien, *Mac.* 11, 9. Ce dernier, dont la source est ici antiromaine (cf. *Introduction*, p. LXXIX, note), souligne les circonstances dramatiques d'une expulsion qui s'étendait en fait à tous les résidents macédoniens en Italie. Bien entendu, Tite-Live n'en souffle mot.

Page 108 :

1. Tite-Live l'a déjà dit en 42, 35, 3. — A noter (cf. P. Meloni, *op. cit.*, p. 212 et n. 2) que, tandis que la tradition annalistique fait de Brindes (cf. 42, 27, 2 ; 31, 7 ; 35, 3) le port de départ des troupes pour la Grèce, Polybe situe ce départ à Rome.

2. En fait, Tite-Live parle (§ 27, 1 et 7) d'un total respectif de cinquante et de trente-huit navires.

3. Nous avons, en accord avec les plus récents éditeurs, maintenu la leçon de *V* : *ab Vritibus* (corrigée en *ab Thurinis* par A. Schaeffer). G. Radke, dans un récent article de la *R. E.* (*s. u.*, c. 1004-1005), s'en tient lui aussi à la leçon de *V* et voit dans *Vria* le « Veretum » sallentinien.

4. Sur ces insulaires, cf. *supra*, page 77, n. 2.

Page 109 :

1. Qu'il s'agisse là d'un lieu commun de l'historiographie romaine, c'est ce qui a été justement souligné par R. Haüssler, *Tacitus und das historische Bewusstsein*, Heidelberg, 1965, p. 378, n. 40 (avec de nombreuses références). — A noter des réflexions analogues de Tite-Live lors du départ de Rome des consuls de 207 (avant la bataille du Métaure : 27, 40) ou lorsque la flotte romaine de Sicile lève l'ancre pour l'Afrique en 204 (29, 26), avant la bataille décisive. De même en 168, au moment du départ de Paul-Émile.

2. Weissenborn-Müller (*ad loc.*) rapprochent justement ces considérations de celles, très voisines, que fait Tite-Live (31, 1, 7) sur la gloire militaire de la Macédoine, à la veille du déclenchement de la deuxième guerre punique, en 201.

3. On a plusieurs fois noté (cf. Weissenborn-Müller, *ad loc.*) combien il était important pour un consul qui n'avait aucune expérience militaire (P. Licinius n'avait même pas pu en acquérir dans une province, puisqu'il avait refusé d'en gouverner une : *supra*, 41, 15, 9), d'avoir des collaborateurs susceptibles de l'aider en ce domaine.

4. C. Claudius Pulcher est le consul de 177 (cf. *supra*, page 10, n. 1). Il avait, comme tel, défait le roi Épulon ; il réoccupa Modène en 176 (41, 16, 8).

5. Q. Mucius Scaevola avait été préteur en 179 (avec son frère aîné Publius), et avait gouverné la Sicile. Il avait succédé à son frère au consulat en 174. Par suite des lacunes du livre 41, on ignore quelles furent alors ses activités militaires. Il commandera le centre de la cavalerie romaine à Callinicos (*infra*, 42, 58, 13).

6. Weissenborn-Müller (*ad loc.*) pensent qu'il peut s'agir d'un fils de P. Lentulus qui avait accompagné Q. Marcius Philippus comme ambassadeur en Grèce (cf. *supra*, §§ 37, 1 et 47, 12 ; cf. aussi § 56, 3) ; Münzer (*R. E.* IV, 1, c. 1374, n. 202) se demande s'il ne s'agirait pas du même homme. Il faudrait alors admettre : a) que l' « ambassadeur » était devenu tribun militaire ; b) que Tite-Live s'est trompé en le faisant partir d'Italie (*infra*, § 10), alors qu'il était déjà en Grèce.

7. F. Münzer (*R. E.* XIV, 1, *s. u.*, n° 43, c. 1162-1163) identifie le dernier comme le fils du consul de 179, L. Manlius Acidinus Fulvianus (cité *supra*, 42, 22, 5). Le premier est d'autant plus difficilement reconnaissable que le *praenomen* de son père doit être (c'est notamment l'avis de Duker) erroné dans le texte livien : ce *praenomen* était en effet maudit dans la *gens Manlia* depuis la condamnation de M. Manlius Capitolinus (Tite-Live 6, 20, 14). — Il est possible que l'un des deux fils soit le questeur de 168.

8. Sur cet emplacement, cf. *supra*, n. à § 36, 8.

Page 110 :

1. C'est-à-dire en avril 171. E. Bikerman (*op. cit.*, p. 418, n. 6) considère que ce retour des ambassadeurs macédoniens à Pella eut lieu « peu de temps avant le débarquement du consul romain en Illyrie ».

Page 111 :

1. On reconnaît là le procédé de l'allusion *ex euentu*, procédé cher à l'historiographie hellénistique.

2. Localité située probablement à environ 30 kilomètres au sud-ouest de Pella.

3. Cette épithète (« défenseur du peuple » — le mot résulte d'une correction de Kreyssig, correction excellente et admise par tous les éditeurs) n'est donnée nulle part ailleurs à Minerve et demeure en fait inexpliquée. Weissenborn-Müller (*adn. ad loc.*) y voient une allu-

sion à la prétention des rois de Macédoine qui se proclamaient les descendants d'Hercule, petit-fils d'Alcée. On sait d'autre part quelle aide Athéna, dans l'*Iliade* (VIII, 362-369), apporte à Hêraklès.

4. Tite-Live mentionne souvent ces *purpurati* pour désigner les membres de la haute noblesse ou les dignitaires qui entourent non seulement les rois de Macédoine (cf. en 201 : 30, 42, 6 ; en 200 : 31, 35, 1), mais encore Nabis (32, 39, 8) ou Antiochus (37, 23, 7 ; 59, 5).

Page **112** :

1. D'après Tite-Live 33, 4, 3-4, confirmé par 37, 40, 1, la phalange macédonienne était composée de 16.000 hommes. Mais ici, si les chiffres qui suivent sont exacts et si le texte ne comporte aucune lacune, on est obligé d'admettre que la phalange est forte de 21.000 fantassins. Le nombre d'auxiliaires s'élève en effet à 12.000 ; celui des Macédoniens non « phalangistes » à 5.000, soit en tout 17.000 hommes. Si on enlève du total de 43.000, d'une part, le nombre des cavaliers (4.000 hommes en comptant 1.000 cavaliers Thraces Odryses), d'autre part, les 1.000 fantassins de la même nationalité, on obtient un total de 38.000 hommes à pied. L'effectif de la phalange est donc 38.000 — 17.000 = 21.000 hommes. Cf. Weissenborn-Müller, *adn. ad loc.*

2. Béroéa est une ville macédonienne située au sud-ouest de Pella. Son nom est souvent cité par Polybe et Tite-Live dans la mesure où elle joue un rôle important dans la troisième guerre de Macédoine. — Sur Hippias, cf. *supra*, 42, 39, 7 et la note *ad loc.*

3. Les *cetrati* sont donc des voltigeurs au petit bouclier de cuir. Cf. Servius, *ad Aen.* 7, 732 : *caetra scutum loreum, quo utuntur Afri et Hispani.* Ce sont des « peltastes » (cf. Tite-Live 28, 5, 11 : *pelta caetrae haud dissimilis est* ; cf. 21, 21, 12 ; 31, 36, 1 ; 33, 8, 7 ; 13 ; 44, 41, 1).

4. Le mot est plusieurs fois cité par Polybe (cf. 5, 25, 1 ; 65, 2 ; 84, 7), sans jamais être vraiment expliqué par lui. Il semble qu'il s'agisse d'une troupe d'élite, parfois même de gardes du corps dont disposait chacun des généraux importants. A en juger d'après Arrien (*Anabase* II, 8, 3 ; III, 11, 9), cette troupe paraît composée de fantassins ; mais Polybe (31, 3, 8) et Tite-Live (37, 40, 5) désignent explicitement par *agèma*, dans l'armée d'Antiochos, un corps d'élite de 1.000 cavaliers (contrairement à ce que laisse entendre P. Meloni, *op. cit.*, p. 217, n. 4, Plutarque (*Paul-Émile* 21, 6) n'emploie pas le terme ἄγημα pour désigner les « 3.000 hommes d'élite » qui, parmi les Macédoniens, se font tuer sur place à Pydna).

5. Nous avons adopté (la leçon du manuscrit *V* étant très certainement corrompue : cf. Weissenborn-Müller, *ad loc.*) la correction *Euiestas* proposée par P. Meloni, *op. cit.*, p. 217, n. 4. Selon lui, il ne peut s'agir que de la cité dassarète d'Εὔϊα.

6. Ville située à l'ouest de Pella. C'était l'ancienne résidence (*Aegae*) des rois de Macédoine : cf. Hérodote 8, 138 ; Diodore 19, 2.

7. La Péonie est la vaste région située directement au nord de la Macédoine proprement dite ; la Parorée (cf. 39, 27, 10 : mot à mot « à côté des montagnes ») est située au nord de la ville de Maroné, près de l'embouchure du Strymon, dont la Parastrymonie désigne étymologiquement la vallée.

8. Cette peuplade, plusieurs fois mentionnée par Tite-Live (cf. 28, 5, 12 ; 33, 18, 9 ; 44, 11, 7), semble avoir eu son habitat au nord-est de la Péonie, aux alentours du Rhodope. Les Agrianes servent souvent d'auxiliaires aux Macédoniens ; ce sont d'excellents archers. (Sur ce peuple, cf. M. Launey, *Recherches sur les armées hellénistiques*, Paris, 1949, I, p. 404 sq.)

9. Cf. Tite-Live 40, 21, 9 ; 22, 15 ; 24. Didas était en fait gouverneur de Péonie (cf. *infra*, § 58, 8).

10. Ce sont sans doute des Galates d'Asie ou des Bastarnes, parfois assimilés à des Gaulois par les Anciens (cf. Plutarque, *Paul-Émile* 9, 6). On ignore leur origine exacte.

11. Cette ville était située près de l'embouchure du Strymon ; c'est sans doute là que fut tué Démétrios. A la suite des observations de M. Launey (*op. cit.*, I, p. 522, n. 8), nous avons jugé préférable de ponctuer après *Asclepiodotus*. Les 3.000 Thraces sont probablement en effet d'origine sintique.

12. Il commandait à des mercenaires. Cf. P. Meloni, qui l'appelle *Leonidas* (p. 219, n. 1 et surtout 141, n. 1 avec la bibliographie) et émet l'hypothèse que les intrigues de Léonidès avec Persée auraient commencé après l'échec subi par les partisans du roi, lors de la σύγκλητος de la fin de 174 (cf. *supra*, 41, 24, 20).

13. Sur les rapports depuis longtemps difficiles entre Lacédémone et la ligue achéenne, cf. Tite-Live 39, 48, 2 sq.

14. Sur ce personnage, cf. *supra*, page 82, n. 2.

Page 113 :

1. M. Launey souligne à ce propos (*op. cit.*, I, p. 101 sq.) la forte proportion (68 %), exceptionnelle pour une armée hellénistique, de l'élément national dans les troupes de Persée.

2. D'après Tite-Live 9, 19, 5, Alexandre n'avait pourtant emmené en Asie que 30.000 fantassins et 4.000 cavaliers.

3. A noter qu'aux 43.000 hommes cités plus haut, il y a lieu d'ajouter les effectifs (environ 15.000 hommes) des différentes garnisons macédoniennes.

4. En 196. Cf. Tite-Live 33, 30, 1.

5. Cf. *supra* les déclarations d'Eumène en 42, 11, 6 sq., ainsi que celles faites par Caton s'adressant aux soldats romains, alors qu'il était légat du consul M'. Acilius en 191 : l'orateur oppose à Antiochos, roi mou et débauché, la valeur du roi (Philippe V) de Macédoine, « aguerri dès sa jeunesse par les luttes qu'il a soutenues contre les Thraces, contre les Illyriens, contre tous ses voisins » (36, 17, 6).

6. Persée avait également une fille. Cf. Tite-Live 45, 28, 11 ; Plutarque, *Paul-Émile* 33, 7 ; 37, 4.

7. Tite-Live dit « de reprendre les armes ». Cet emploi expressif, d'un effet voisin de celui de la prolepse, est à rapprocher de celui (tout aussi impropre) de *misit* — si tel est bien, en cet endroit, le texte livien — en 41, 22, 5 (cf. la note *ad loc.*).

Page 114 :

1. Persée fait ici allusion aux soldats d'Eumène. Les Lydiens et les Phrygiens passaient traditionnellement pour efféminés.

2. Que ces affirmations soient fausses et tendancieusement placées par Tite-Live (Polybe?) dans la bouche de Persée, c'est ce qui ressort de nombreux passages où Tite-Live souligne au contraire (cf. Scipion en Sicile avant l'expédition d'Afrique : 29, 22, 3 ; 35, 8 — note de Weissenborn-Müller) l'ampleur et la minutie des préparatifs faits par les Romains avant chaque guerre. Les armes étaient stockées dans les *armamentaria* et distribuées à *tous* les soldats.

Page 115 :

1. Sur les problèmes posés par la situation juridique de ces « villes » (sans doute Pella, Béroéa, Edessa, etc.) jouissant probablement d'une certaine autonomie au sein du royaume de Macédoine, cf. les observations de P. Meloni, *op. cit.*, p. 223, n. 4.

2. Sur l'identification de tous les lieux cités dans ce paragraphe et les suivants, cf. P. Meloni, *op. cit.*, p. 224.

Page 116 :

1. Persée a d'abord marché vers l'ouest, pour contourner l'Olympe ; il descend ensuite vers le sud, en Perrhébie (région située au nord de la Thessalie et au sud de la chaîne du Titarion) où se trouvent (cf. Polybe 28, 13 (11), 1) Azoros (sur la rive gauche de l'Europos, affluent du Pénée), Pythoüs et Dolichè. Les historiens modernes semblent d'accord pour admettre qu'il existait des liens politiques spéciaux entre les trois villes.

2. Larissa (de Thessalie) était occupée par une garnison romaine (cf. *supra*, 47, 10).

3. Weissenborn-Müller notent à juste titre qu'il ne ressort pas toujours clairement des indications imprécises, voire contradictoires, de Tite-Live (indications dues à des sources diverses) si la « Tripolis » faisait partie ou non de la Perrhébie. Alors qu'ici (cf. §§ 6 et 8) les deux régions semblent être séparées (de l'une, Persée passe dans l'autre), l'historien latin considère ailleurs (cf. 42, 67, 7) la Tripolis comme une partie de la Perrhébie (*Tripoli aliaque Perrhaebia recepta*), en accord du reste avec Polybe 28, 13 (11), 1 (de même Tite-Live 36, 10, 5 : *Menippus... in Perrhaebiam profectus... depopulatus est agrum Tripolitanum*) ; cf. 44, 2, 8. — Autre contradiction : Tite-Live déclare déjà en 42, 36, 4, sur la foi d'une falsification annalistique, que Persée « s'était emparé par les armes de la Perrhébie... » A noter enfin que « la Tripolis et le reste de la Perrhébie » seront repris avant la fin de l'année par les Romains (*infra*, § 67, 7).

4. Sans doute Malloéa, au sud d'Azoros, sur l'Europos, et qui fut effectivement reconquise par les Romains (cf. *infra*, § 67, 7). Cf. Al. Harant, *Emendationes et adnotationes ad Livium*, Paris, Belin, 1880, p. 251. — Weissenborn, comparant à Tite-Live 36, 13, 4, pense plutôt à Eritium ; Heller, à Oloosson.

5. Cette malheureuse cité, située à quelques kilomètres de la rive gauche de l'Europos, avait été déjà « prise et pillée affreusement » par les Étoliens, en 200 (Tite-Live 31, 41, 5). Elle subit le même sort, en 191, de la part des alliés d'Antiochos (*ibid.*, 36, 10, 5).

6. Cette bourgade se trouve à une dizaine de kilomètres au sud de Cyretiae, sur la rive droite de l'Europos.

Page 117 :

1. Ville de Perrhébie, à 15 kilomètres au nord de Larissa. Persée a obliqué désormais vers le nord-est, en direction du confluent du Pénée et de l'Europos.

2. De localisation imprécise, cette bourgade devait se trouver à une dizaine de kilomètres à l'est de Phalanna.

3. Inconnu par ailleurs.

4. Inconnu par ailleurs.

5. Cette bourgade occupe l'une des deux positions qui barrent la vallée de Tempé, constituée par le bas cours du Pénée. Élatia est située sur la rive droite de ce fleuve.

6. Tite-Live emploie aussi la forme *Gonni* (cf. 33, 10, 6 ; 36, 10, 11). Par sa position stratégique sur la rive gauche du Pénée, la ville était amenée à jouer un rôle important dans toutes les campagnes militaires (cf. en 196 et en 191).

7. De localisation incertaine, sans doute au sud-est d'Élatia, sur les pentes de l'Ossa.

Page 118 :

1. Tripolis Scée est située sur la rive droite du fleuve.

2. C'est-à-dire dans le camp romain.

3. Sans doute 500 hommes. P. Meloni (*op. cit.*, p. 229 et n. 4) se demande s'il ne faut pas voir dans *ala* l'équivalent d'un terme technique étolien. La phrase de M. Launey (*op. cit.*, I, p. 196-197) : « Nous trouvons un escadron de cavalerie étolienne servant dans l'armée romaine en 171 (Tite-Live 42, 55, 9), peut-être à titre officiel » (?), ne nous paraît pas claire.

4. Faut-il comprendre, comme semblent le faire la plupart des éditeurs, que les Étoliens avaient envoyé « toute leur cavalerie » ou, au contraire, comme penche à le croire M. J. Perret, que « 500 hommes seulement étaient venus »? (Tite-Live soulignerait précisément le caractère dérisoire de cette contribution de la part d'un grand peuple.)

On peut, certes, s'étonner, si l'on adopte la première hypothèse, de la petitesse d'un tel effectif ; Weissenborn-Müller relèvent cependant que les Étoliens étaient affaiblis par leurs divisions (41, 25, 1 ; 42, 5, 7). Déjà, d'ailleurs, en 197, si du moins l'on admet les chiffres de Tite-Live, ils n'avaient fourni à Rome que 400 cavaliers (Tite-Live 33, 3, 9). Plutarque (*Flamininus* 7, 3) donne le même chiffre pour les cavaliers, mais parle de 6.000 fantassins là où Tite-Live n'en mentionne que 600. — Sans doute M. Launey (*op. cit.*, I, p. 195, n. 3, cité par R. Flacelière-E. Chambry dans leur édition des *Vies* de Plutarque, Paris, Les Belles Lettres, 1969, V, p. 245, note à la p. 181) rappelle-t-il que « les chiffres de Plutarque sont adoptés généralement par les historiens, de préférence à ceux, dérisoires et dus apparemment à quelque erreur de copie, que donne Tite-Live ». Mais cette remarque ne saurait concerner l'effectif des cavaliers, identique chez les deux historiens.

Page 119 :

1. 400, d'après 42, 58, 14.

2. P. Lentulus commandait la garnison romaine (300 hommes) de Thèbes (cf. *supra*, 42, 47, 12). Dans son commentaire (*Inscriptions inédites d'Akraiphia, B. C. H.*, 79, 1955, p. 418-423) d'une inscription — découverte par lui en 1936 — en l'honneur de ce P. Cornelius Lentulus, P. Feyel revient sur les faits ici mentionnés, l'inscription pouvant être datée de 171 (ou de 167). L'auteur relève à la fois la façon pour le moins cavalière dont P. Cornelius Lentulus est écarté par le préteur et son frère — et le fait que notre légat soit entouré de jeunes Béotiens. P. Feyel en conclut, à bon droit, selon nous, que Lentulus avait eu, et eut par la suite, à l'égard des Béotiens, une attitude beaucoup plus bienveillante que celle des Lucretii. Alors que le préteur devait être, l'année suivante, sévèrement condamné par le sénat pour ses exactions en Grèce (cf. Tite-Live 43, 4, 11), P. Cornelius Lentulus fut, au contraire, gratifié d'une inscription honorifique.

3. La ville servait de port à Thespies, sur le golfe de Corinthe.

4. Weissenborn-Müller émettent l'hypothèse fort vraisemblable suivant laquelle *tum* devant *quinque* soulignerait la différence entre les contingents envoyés par les « alliés » et ceux de Rhodes (qui n'est pas une ville « alliée » de Rome ; cf. *supra*, page 69, n. 7 et page 78, n. 1) — Quant aux villes et îles citées précédemment, nous ne savons pas à quelle date elles avaient conclu un traité avec Rome. On ne peut pas ne pas remarquer non plus la faiblesse du secours finalement envoyé par Rhodes, qui disposait pourtant, on l'a vu, de quarante navires (*supra*, § 45, 7).

5. Il ne semble pas que P. Meloni (*op. cit.*, p. 244) ait raison de voir dans ce renvoi des renforts par le préteur un « ressentiment dû à la faiblesse de ces renforts ». Le motif donné par Tite-Live (cf. Polybe 27, 7, 16) paraît tout à fait plausible.

6. A distinguer d'Alopé de Locride. — Sur Larissa Crémastè, cf. *supra*, note à 42, 42, I (*in fine*). Q. Marcius ne réussit d'ailleurs pas à s'emparer de cette dernière ville (elle est encore assiégée au § 67, 10).

Page 120 :

1. Il s'agit de la célèbre cité de Phères, en Thessalie.

2. Plusieurs éditeurs ont cru déceler soit une, soit deux lacunes, dans le texte de ce paragraphe (le manuscrit n'en garde nulle trace). La première se trouverait, d'après Madvig (suivi par Weissenborn-Müller dans leur édition), après *animaduertisset*, où il faudrait supposer la disparition de quelques mots, tels que *suos in castra reuocauit*. — La seconde prendrait place après *militibus*, d'après Weissenborn, suivi par Giarratano dans son édition (mais Weissenborn-Müller ne

l'indiquent pas dans la leur). Novák rétablit ainsi les mots « manquants » : *captiuos uero sub corona uendidit.*

Ni l'une ni l'autre de ces hypothèses ne nous paraissant emporter la conviction, nous avons maintenu — et traduit en conséquence — le texte du manuscrit.

Page 121 :

1. La distance était d'au moins 30 kilomètres, si l'on admet les localisations établies par les savants modernes.

Page 122 :

1. La lecture de ce mot résulte d'une correction (acceptée par la plupart des éditeurs et historiens) de Madvig : le manuscrit donne en effet CALLICINUM. Ce nom corrigé peut difficilement ne pas être mis en rapport avec l'étymologie (« belle victoire »). — A noter que ce passage de Tite-Live est le seul à nous conserver le nom de la bataille.

2. Sur la ville de Béroéa, cf. *supra*, page 112, n. 2. Antigonéa est-elle ici la ville de Chalcidique ou la cité, beaucoup plus importante, d'Épire?

3. Sur l'agèma, cf. *supra*, page 112, n. 4.

4. On ignore la nature exacte de ces *sacrae alae equitum*, ainsi que leur rapport avec les *regii equites* cités au paragraphe précédent. En 42, 66, 5 Tite-Live parle de cavaliers appartenant à l'*ala quam sacram uocant* et, à nouveau, en 44, 42, 2, de *sacris alis equitum*. Arrien (*Anabase* III, 11, 8) fait allusion à l'ἵππος ἑταιρική dont une partie portait le nom de βασιλική ou d'ἄγημα (cf. Weissenborn-Müller, *adn. ad loc.*). A. C. Schlesinger (*Edition de Tite-Live*, London, Loeb Classical Library, 1957, XII, *ad loc.*) établit un rapprochement avec le bataillon sacré (ἱερὸς λόχος) de Thèbes (Plutarque, *Pélopidas* 18).

Page 123 :

1. Sur ce personnage, cf. *supra*, page 56, n. 5.

2. Il avait été préteur pérégrin en 182 (Tite-Live 39, 56, 5 ; 40, 1, 1) et, en 181, légat du proconsul L. Aemilius Paulus en Ligurie (40, 27, 3).

3. Contrairement à l'attitude observée par tous les éditeurs récents, nous avons maintenu le texte de *V*, écartant ainsi l'adjonction proposée par Drakenborch (et généralement admise depuis) de *et* devant *eiusdem*. Nous nous sommes rendu sur ce point aux arguments de A. Passerini (*Lo schieramento romano nella battaglia di Callicino*, in *Athenaeum*, 14, 1936, p. 267-271), appuyé par M. J. Perret, et avons, de ce fait, modifié la ponctuation traditionnelle du texte.

Outre qu'il n'est plus nécessaire de corriger ce dernier, une telle solution présente deux avantages : 1) elle fait réapparaître les contingents grecs (= étoliens) au centre de l'armée romaine ; 2) celui-ci n'est plus tenu par les seuls *delecti equites extraordinarii* dont le nombre est bien insuffisant (Weissenborn-Müller, *ad loc.*, et P. Meloni, *op. cit.*, p. 233, n. 4, se donnent beaucoup de mal pour tenter de justifier un texte... qu'ils ont eux-mêmes corrigé), en effet, pour occuper le centre de l'*acies.*

Quant au sens de *autem* (« d'autre part », « en sus »), on en trouve plusieurs exemples (nous devons ces deux références à M. J. Perret) : cf. Cicéron, *Fam.* 13, 46... : *L. Nostius Zoilus est coheres meus, heres autem patroni sui* et *Bellum Africum* 19, 3 *quod triennio in Africa suos milites, consuetudine retentos, fideles sibi iam effecisset (Scipio) ; maxima autem auxilia haberet Numidarum equitum...*

4. Il s'agit du tribun militaire cité *supra,* 42, 49, 9 (cf. page 109, n. 5).

5. Si l'on adopte, comme nous l'avons fait nous-même, le texte du manuscrit (*delectis equitibus extraordinariis* — d'habitude, Tite-Live emploie en effet l'expression *equites extraordinarii,* sans *delecti*), on doit admettre qu'il s'agit d'une troupe elle-même choisie parmi les *equites extraordinarii,* les *equites* (alliés) étant, d'après 42, 31, 3, au nombre de 1.400 et le nombre d'*extraordinarii* étant, d'après Polybe 6, 26, 6, fixé au tiers du total, soit 1.400 : 3 = 466 cavaliers.

6. Peuple errant et pillard du nord de la Perse. Des contingents cyrtiens se trouvent, en 190, dans l'armée d'Antiochos, à Magnésie du Sipyle (Tite-Live 37, 40, 9 ; 14). Ce seraient les Kurdes d'aujourd'hui (cf. Weissbach, *R. E., s. u.*)

7. Il est vain, pensons-nous, de vouloir rétablir le texte de ce passage irrémédiablement lacunaire et sans doute aussi corrompu. Le sens et la construction des trois seuls mots entièrement lisibles *hastas petere pedites* semblent devoir échapper à toute analyse. Nous avons, pour notre part, reproduit le texte de Giarratano, mais cru devoir ajouter *Thraces* (cf. TREC dans *V*) devant *hastas.* — La mention (apparente) de la phalange dans *V* semble, d'autre part, aberrante à ce moment de la bataille.

En revanche, nous ne partageons pas la sévérité de la plupart des éditeurs qui écartent le mot *rumpis* (longue lance utilisée spécialement par les Thraces ; cf. Gell. 10, 25, 4 : *rumpia genus teli est Thracae nationis positumque hoc uocabulum in Q. Ennii annalium XIV* ; Plutarque, *Paul-Émile* 18, 5 où, à, propos des Thraces, sont mentionnées les ὀρθὰς... ῥομφαίας, mot employé déjà par Tite-Live, parlant encore une fois du même peuple, 31, 39, 11 : *(Thracas) quoque rumpiae, ingentis et ipsae longitudinis... impediebant*). Nous ne voyons pas pourquoi certains commentateurs s'étonnent de ce que les Thraces, même s'ils sont à cheval, se servent de ces longues lances et non de leur épée ; il serait, selon nous, plus étonnant encore que le copiste ait lu un mot aussi rare en lieu et place de la conjecture traditionnelle *equis,* terme beaucoup plus commun...

8. Cf. *supra,* § 58, 13 et la note *ad loc.*

Page 124 :

1. Le mot ne se comprend que si on le met en rapport avec *progredi* du § 5.

2. Sur ces deux hommes, cf. *supra,* § 51, 4.

3. Cf. *supra,* 42, 15, 3 sq.

4. Ne nous renseignent sur cette bataille, en dehors de Tite-Live,

que de simples allusions chez les historiens : Polybe 27, 8, 1 ; 9, 1 ; Plutarque, *Paul-Émile* 9, 2 ; *Apophtegmes romains* 197 F (*id.*) ; Justin 33, 1, 4 ; Appien, *Mac.* 12, 1 ; Eutrope 4, 6, 13 ; Orose 4, 20, 37.

Page 125 :

1. Plutarque donne des chiffres un peu différents, et d'ailleurs distincts suivant qu'il s'agit de la *Vie de Paul-Émile* 9, 2 (2.500 soldats d'élite tués du côté romain et 600 prisonniers) ou des *Reg. et Imp. Apopht.* 197 E, où il est dit que les pertes totales (tués et prisonniers) du consul au combat de cavalerie s'élevèrent à 2.800 hommes. Nous avons, pour le texte livien, adopté la correction de Madvig qui, comme Kreyssig, du reste, lit *DC* les lettres *ac* de *V*.

Page 126 :

1. Polybe 27, 15, 14 n'en cite que trois (Hippolochos, Nicandre et Lochagos) et déclare que leur déportation à Rome fut faite « sans raison valable » (ἀλόγως).

2. Appien (*Mac.* 12) rend le consul romain lui-même responsable de ces accusations qui sont d'ailleurs, aux yeux de l'historien, de pures calomnies (κατεψεύσατο). Cf. *Introduction*, p. LXXIX, note.

3. J. et L. Robert (*Bulletin épigraphique*, n. 227, dans *R. É. G.*, 77, 1964, p. 182) mettent, de façon fort vraisemblable, nous semble-t-il, cette conduite courageuse des cavaliers thessaliens (sans doute Larisséens, pour la plupart) en rapport avec une inscription de Larissa concernant la célébration des *Eleuthéria*, fondées en 196 pour fêter la libération de la Thessalie de la domination macédonienne. J. et L. Robert croient pouvoir corriger (et compléter) légèrement le texte de l'inscription, de façon à comprendre que, dans le cadre de la fête, un sacrifice est offert τοῖς προσκινδυνεύσασιν ἐπὶ τῶν Στενῶν (les Στενά désignant très probablement les « défilés » où était installée l'armée royale). L'interprétation des deux épigraphistes est acceptée sans discussion par R. Flacelière-E. Chambry, *op. cit.*, p. 80, n. 1.

4. Qu'il y ait là une légère exagération rhétorique, explicable du reste dans la bouche de Persée, c'est ce qu'avait déjà noté G. Bloch, il y a près d'un siècle, dans une bonne mise au point. « Malgré une inexactitude, peut-être voulue, de Tite-Live », écrit G. Bloch, « on entend clairement que Persée fait allusion à la chevalerie *equo publico* placée au centre, auprès du consul. Or il est certain que tous ces chevaliers n'étaient pas de futurs sénateurs, encore moins de futurs consuls. Ces expressions ne pouvaient guère s'appliquer en toute justesse qu'aux chevaliers de famille sénatoriale... [Mais] il est naturel que Persée ne fasse allusion qu'à ceux dont la défaite est la plus glorieuse pour ses armes... D'ailleurs il n'est pas faux de présenter l'ordre équestre tout entier comme une sorte de réserve où s'alimentait l'ordre sénatorial » (G. Bloch, *Les origines du sénat romain...*, Paris, Thorin, 1883, p. 72). De fait, les fils de sénateurs servent dans la cavalerie *equo publico*. — C. Nicolet, auteur de *L'ordre équestre à l'époque républicaine* (Paris, De Boccard, 1966), veut bien nous signaler à ce propos la présence dans la *Vita Seueri* 19, 4, d'une expression visiblement calquée sur celle de Tite-Live : *idem*

(= *Seuerus Alexander*) *libertinos nunquam in equestrem locum redegit, adserens seminarium senatorum equestrem locum esse.*

Page 127 :

1. Le fils de Masinissa : cf. *supra*, 42, 29, 8.

2. Titre officiel accordé à certains courtisans des rois de Macédoine. Cf. P. Pédech, *op. cit.*, p. 52, 203, 361-362 et 403 (avec notes et références). Cf. aussi *supra*, page 95, n. 5.

3. Sur ce traité, cf. Tite-Live 33, 30 ; sur T. Quinctius Flamininus, cf. *supra*, page 13, n. 4.

Page 128 :

1. Tite-Live modifie sérieusement ici, comme le remarquent Weissenborn-Müller, la version polybienne des faits. Alors que l'historien grec prête, comme Tite-Live du reste, ces propos pacifistes à un « petit nombre » de conseillers (27, 8, 1 : τινες), mais les fait approuver ensuite par la plupart (*ibid.* 5 : ταῦτα μὲν οὖν ἐδόκει τοῖς πλείοσι τῶν φίλων) — le roi ne donnant son avis qu'ensuite — Tite-Live ne place l'adhésion de la majorité qu'après l'expression de l'assentiment royal. La personnalité (en l'occurrence la *maiestas regia*) de Persée est ainsi artificiellement mise en valeur (cf. aussi la conception traditionnelle que se fait l'historien latin de la *reuerentia* due à la personne royale : § 3, *ausi sunt.*) — A noter que, pour la plus grande partie du chapitre 62, Tite-Live suit de très près Polybe 27, 8.

2. Polybe (27, 8, 5) donne leur nom : ce sont Pantauchos, fils de Balacros, et Midon de Béroéa, l'un et l'autre déjà nommés, en d'autres circonstances, par Tite-Live (*supra*, 42, 39, 7 ; 58, 7).

3. Comme le font remarquer Weissenborn-Müller, le mot *uectigal* employé par Tite-Live n'est pas tout à fait exact, dans la mesure où il évoque un « tribut annuel ». Or le traité de 196 (cf. Tite-Live 33, 30, 7) prévoyait le paiement par Philippe d'une indemnité de mille talents, la moitié tout de suite, l'autre moitié par paiements échelonnés sur dix ans (*pensionibus decem annorum*). Cf. aussi E. Will, *op. cit.*, II, p. 139. — A noter que le terme φόρους dont se sert Polybe 27, 8, 2 (que Tite-Live suit ici de très près) est tout aussi équivoque.

4. Cf. Polybe 27, 8, 8 : ἴδιον γὰρ τοῦτο πάντῃ παρὰ Ῥωμαίοις ἔθος καὶ πάτριόν ἐστι τὸ κατὰ μὲν τὰς ἐλαττώσεις αὐθαδεστάτους καὶ βαρυτάτους φαίνεσθαι, κατὰ δὲ τὰς ἐπιτυχίας μετριωτάτους. Le § 12, qui suit directement chez Tite-Live, est une traduction libre de Polybe 27, 8, 10.

Page 129 :

1. Les deux premiers paragraphes du chapitre 63 résument à eux seuls les deux chapitres 27, 9 et 10 de Polybe.

2. Tite-Live résume ici en quelques lignes une de ces longues digressions (28, 9-10) dont Polybe est coutumier, non sans en modifier légèrement le sens par l'excès même de sa brièveté. Ce n'est pas tant par goût pour « le moins bon et le plus faible » que la foule grecque soutient ce dernier, que par réaction sportive, lorsque le vainqueur « traditionnel » semble avoir enfin trouvé, de façon inattendue, un

adversaire à sa taille. En fait Polybe blâme la foule d'oser soutenir aux Jeux Olympiques un boxeur *égyptien*, plus faible, contre le boxeur *grec*, jusqu'ici toujours vainqueur. Moralement parlant, l'appréciation polybienne n'en appelle pas moins de fortes réserves. — Sur ce point, cf. *Introduction*, p. LXXXI.

3. Sans doute au début de juin 171.

4. Cf. *supra*, 42, 56, 3. Sur l'attitude promacédonienne des « jeunes gens » de Coronée, cf. *supra*, 42, 46, 9.

Page 130 :

1. Alors qu'en 42, 46, 7 la mention de Thèbes — et donc le texte du manuscrit — nous ont paru justifiables, la leçon *Thebas* (correction de Froben, adoptée par la plupart des éditeurs ; *V* donne *tebanos*) ne nous semble pas ici pouvoir remonter à Tite-Live. Il est invraisemblable, en effet, que la ville de Thèbes, alliée de Rome, soit susceptible d'être *sine certamine recepta* : dès 42, 44, 6, Tite-Live nous la montre d'ailleurs aux mains des exilés proromains et une garnison de 300 soldats y avait été installée (§ 47, 12). Le texte du « sénatus-consulte de Thisbé » (cf. note à 42, 46, 7), texte dont le parallélisme avec celui de Tite-Live saute aux yeux (*Syll.*³ 646, 22 sq. Γαίος Λοκρέτιος τὸ στρατόπεδον πρὸς τὴν πόλιν Θίσβας προσήγαγεν), nous invite à voir dans la leçon du manuscrit une faute de copiste et à lire *Thisbas* (et non *Thebas* ou *Thebanos*).

Page 131 :

1. Ville de Thessalie pélagiotique, située à 22 kilomètres au sud-ouest de Larissa. Prise par Antiochos III en 191 (cf. Tite-Live 36, 10, 1), la ville s'était, bientôt après, donnée au consul romain M'. Acilius (*ibid.*, 36, 14, 10).

Page 132 :

1. Sur cette ville, cf. *supra*, n. 1 à la page 117.

2. F. Miltner (*R. E.*, *s. u.*, nº 10, c. 2055) se demande si ce n'est pas le même personnage (par ailleurs inconnu) qui, envoyé en mission auprès du roi Gentios, suscita, par son courage, l'admiration de ce dernier (cf. Valère-Maxime 3, 3, 2).

Page 133 :

1. Tite-Live emploie le terme technique grec transmis par Polybe 27, 11 (9). Comme l'indique l'étymologie (κέστρος, σφενδόνη), il s'agit d'une fronde qui, au lieu de lancer des projectiles ordinaires (pierres ou balles de plomb), est conçue pour envoyer un κέστρος, sorte de fléchette de métal (de κέστρα, -ας, marteau pointu). — Tite-Live traduit ici d'assez près le texte de Polybe, sans toutefois donner l'impression d'avoir bien compris ce dont il s'agit. Polybe s'exprime ainsi : « Le κέστρος est une invention qui date de la guerre contre Persée. Ce projectile se présentait de la façon suivante : il mesurait deux palmes, la tige étant aussi longue que la pointe. A la première était adaptée une hampe de bois d'un spithame (= 0,231 m.) de long et d'un doigt (0,019 m.) de diamètre, au milieu de laquelle étaient

fixées trois ailettes de bois très courtes. Les deux courroies de la fronde étant de longueur inégale, le projectile était engagé dans la poche centrale de la fronde, de façon à être libéré facilement. Il demeurait immobile en cet endroit pendant qu'on faisait tournoyer la fronde, les courroies tendues, mais, lorsque la main abandonnait une des deux courroies, le projectile, dégagé, était précipité hors de la fronde comme une masse de plomb et, en les frappant brutalement, causait de graves blessures à ceux qu'il touchait. »

2. Comme l'ont remarqué Weissenborn-Müller (*adn. ad loc.*), Tite-Live oublie d'ajouter ici le détail important fourni par Polybe (§ 2) : « la tige étant aussi longue que la pointe ».

3. A. Bertrand (dont les explications, si brèves qu'elles paraissent, sont — avec sa « traduction adaptée » de Polybe et de Tite-Live — particulièrement précieuses (ni Turnèbe ni Juste-Lipse ne comprenaient le texte latin) fait justement remarquer que Tite-Live « oublie » de dire ici que les ailettes devaient être placées « non en arrière, mais au milieu du trait » (cf. A. Bertrand, *Le kestre ou kestrosphendone*, Note lue à l'Académie des Inscriptions et Belles Lettres, *R. A.*, 27, 1874, 1, p. 73-78).

4. Notre traduction, qui trahit volontairement le texte — peu compréhensible dans son état actuel — de Tite-Live, s'efforce de concilier celui-ci avec le bon sens et le modèle grec. La correction apportée par Ernesti (*duo scutalia imparia habebat*) au texte *duocumaliainparihabebat* de *V* est admise, en désespoir de cause, par tous les éditeurs... Force est donc de donner à *scutale* le sens, non de « poche de fronde » (Gaffiot), comme c'est le cas, semble-t-il, en 38, 29, 6, mais bien de « courroie », sens du reste proposé, au même titre que le précédent, par Ernout-Meillet (*Dict. étymol.*, *s. u.*).

Page 134 :

1. Cf. *supra*, 42, 58, 9 et la note.

Page 135 :

1. Phila se trouve près de la côte, au nord de la vallée de Tempé. Sur l'identification de cette ville, cf. P. Meloni, *op. cit.*, p. 248 et n. 2. — La Magnésie, dont il est question quelques lignes plus loin, commence de l'autre côté, c'est-à-dire au sud, du Pénée.

2. Autlesbis, à supposer que cette forme soit correcte, est inconnu ; Corragos est probablement le gouverneur pergaménien de la région de l'Hellespont. Peut-être est-ce le même homme que le Macédonien Corragos que l'on voit déjà au service du roi Eumène, en 189 (Tite-Live 38, 13, 3), et qui aide le consul Manlius Volso à entreprendre la guerre contre les Galates (cf. P. Meloni, *op. cit.*, p. 248 et n. 3).

3. On ignore où se trouve cette région...

Page 136 :

1. Tout en reconnaissant le caractère ambigu de la phrase, nous comprenons, comme Weissenborn-Müller, que Persée, très généreux envers Cotys, se montre au contraire avare envers ses soldats (l'avarice de Persée était proverbiale, on le sait — cf. Tite-Live 44, 26 sq. — et

devait par la suite lui coûter son trône). P. Meloni (*op. cit.*, p. 249 et n. 2) se fonde apparemment sur le fait que Tite-Live, en général hostile à Persée, suit ici de très près Polybe (le modèle grec est perdu, mais l'emploi du mot « talents » par Tite-Live semble donner raison à Meloni) pour comprendre que Persée, au lieu de verser aux soldats la solde d'un semestre qui leur était due, leur verse celle d'une année. Il nous semble que le « mouvement » de la phrase latine conduit à une conclusion inverse (Polybe condamne d'ailleurs longuement, lui aussi, l'avarice de Persée : cf. 29, 8, 2-9, 13).

2. Sur l'expression « le reste de la Perrhébie », cf. *supra*, n. 3 à la p. 116.

3. Cet ancien consulaire était en fait tribun militaire (cf. *supra*, § 49, 9).

4. Sur ces villes, cf. *supra*, note à 42, 42, 1.

5. Il s'agit de Larissa Crémastè : cf. la note précédente et 42, 56, 7, où l'on voit la ville attaquée par Q. Marcius.

Page 137 :

1. Sur l'importance stratégique de cette ville de Magnésie dont la possession avait été laissée par les Romains à Philippe depuis la guerre contre Antiochos, cf. Tite-Live 39, 24, 11, *Demetriadem... urbem ualidam et ad omnia opportunam.*

2. « La ville (de Coronée) ne fut... prise qu'à la fin de 171 ou au début de 170 », écrit L. Robert dans un bref, mais important chapitre (« Sénatus-consulte de Koronée ») de ses *Études épigraphiques et philologiques*, Bibl. de l'École des Hautes Études, Paris, Champion, 1938, p. 290.

3. Comme le remarque Al. Harant (*op. cit.*, p. 258), la correction *ad* de Grynaeus équivaut à donner à la préposition le sens de « outre ».

4. « La Magnésie est en grande partie montagneuse, tandis que la Béotie, où Quinctius (Flamininus) avait lui aussi hiberné (Tite-Live 33, 27, 5), présentait de nombreux avantages » (note de Weissenborn-Müller, *ad loc.*).

INDEX NOMINVM[1]

1. Les noms (ou, le cas échéant, les références des *loci* où il y a eu restitution) qui résultent d'une addition ou d'une correction sont écrits en italiques. — Dans la mesure du possible, notamment afin d'éviter les confusions, les titres et qualités des personnages seront indiqués ; la charge la plus importante — ou la plus significative — sera la seule, en général, à être signalée.

CORRIGENDA

	AU LIEU DE	LIRE
INTRODUCTION		
P. XXIX, § 2, l. 3	V^e décade	IVe décade
P. XXXIV, note 1, l. 1	Justin, 32, 2	32, 3
P. XXXIV, note 3, l. 1	29-31	29-30
P. XXXVI, l. 4	Persée	Persée, jusqu'au milieu de l'été 171
P. XXXVI, note 1, l. 1	ce cette	de cette
p. XLII, avant-dernière l.	soit	eût été
P. XLVII, § 2, l. 5	Q. Marcius	de Q. Marcius
P. LXV, note 2, l. 1	qu'il l'est	qu'il l'était
P. LXXV, note 1, l. 1	42, 42,	42,
P. LXXXII, note 5, l. 4	37, 44, 1	37, 44, 5
P. LXXXVIII, avant-dernière l.	consacrés	consacrées
P. LXXXIX, l. 2 et 3	Basilae	Basileae
P. XC	W. Heerwagen	H. Heerwagen
TEXTE		
P. 24, § 4, l. 2	adf*l*igunt	adfigunt

APPARAT

P. 24, § 4, l. 1 : lire « adfigunt *Briscoe* : adufigunt *V* adfligunt *Sigonius* »

CORRIGENDA

	AU LIEU DE	LIRE
TRADUCTION		
P. 7, 12 lignes du bas	de protéger	protégerait
P. 16, l. 12	et même	et même,
P. 24, titre en marge	Q. Letilius	Q. Petilius
P. 24, 12 lignes du bas	lancent contre les murs	fixent aux murs
P. 25, 15 lignes du bas	en s'avançant	en allant et venant
P. 63, § 2, l. 6	sous différents prétextes	pour des prétextes apparemment différents
P. 71, § 1, 8 l. du bas	vian	vain
P. 106, 7 l. du bas	cette bonne foi	cette même bonne foi
P. 133, l. 10	*cestrosphendones*	cestrosphendones
NOTES		
P. 142, note 4 du haut	43, 5, 1-9	43, 5, 1-6
P. 146, note 3 du haut	quatre *recuperatores*	cinq *recuperatores*
P. 146, note 3 du haut	43, 2	43, 2, 3
P. 148, note 5, l. 4	151	152
P. 149, note 6, l. 3	légat consulaire	tribun militaire
P. 150, note 3 du haut	propéteur	propréteur
P. 151, note 3 du bas : tenir compte de la modification du texte		
P. 155, note 6, l. 3	opposition	apposition
P. 158, note 1, l. 8	des deux piliers	du grand pilier
P. 162, note 3, l. 6	Pulher	Pulcher
P. 162, note 3, l. 6	47	14
P. 163, note 7, 5 et 4 l. du bas	consul	consul suffect

	AU LIEU DE	LIRE
P. 167, note 13 dernière l.	n. 9	n. 6
P. 172, note 6, l. 2	n. 5	n. 4
P. 176, n. 2 du bas, l. 2	de l'année	de l'année 173
P. 177, n. 5, avant-dernière l	10, 14	10, 13
P. 191, note 3	en 161 suffect	en 162
P. 193, note 2 du haut	en février 171	le 1er mars 171
P. 194, note 3	n. 2	n. 5
P. 199, n. 10, dernière ligne	n. 1	n. 2
P. 201, n. 6, l. 4	27, 13 etc.	27, 13 ; 28, 4 ; 5 ; 9 ; 30, 13 (10), 4 ; 32, 4 (20a), 1.
P. 203, note 1, l. 1	deux ans	trois ans

P. 203, note 2 l. 2 ajouter « mais, d'après Tite-Live 45, 9, 3, ce serait seulement en 178 que Persée fut appelé roi. »

P. 207, note 4	n. 1 à la page 92	n. 14 à la page 91
P. 222, note 3 du haut	cet ancien consulaire	ce consulaire

INDEX

P. 225, col. 1 (Cassius Longinus)	42, 4, 4	41, 5, 8 ; 42, 4, 4
P. 225, col. 2 (Claudius Pulcher)	Appius	Caius
P. 230, col. 2 (Péoniens)	42, 51, 6	42, 51, 5 ; 6
P. 231, col. 2 Prusias)	41, 12, 3	42, 12, 3

P. 233, col. 1 : c'est Titinius Curuus qui gouverna la Citérieure, et M. Titinius qui fut préteur urbain.

TABLE DES MATIÈRES

Ce volume,
de la Collection des Universités de France,
publié aux Éditions Les Belles Lettres,
a été achevé d'imprimer
en janvier 2003
sur presse rotative numérique
de Jouve
11, bd de Sébastopol, 75001 Paris

N° d'édition : 4925
Dépôt légal : janvier 2003

Imprimé en France